HAROLD HAMMER-SCHENK
SYNAGOGEN IN DEUTSCHLAND

HAROLD HAMMER-SCHENK

Synagogen in Deutschland

GESCHICHTE EINER BAUGATTUNG
IM 19. UND 20. JAHRHUNDERT

(1780–1933)

TEIL 2

HANS CHRISTIANS VERLAG, HAMBURG
1981

HAMBURGER BEITRÄGE
ZUR GESCHICHTE DER DEUTSCHEN JUDEN
BAND VIII

Für die Stiftung Institut für die Geschichte der deutschen Juden, Hamburg,
herausgegeben von Peter Freimark
Der Schutzumschlag von Bd. 1 zeigt die Apsis der Synagoge in Berlin,
Oranienburger Straße, 1866 eingeweiht
(Farbige Lithographie aus Ztschr. f. Bauwesen, 18. 1868, T. 1A).
Der Schutzumschlag von Bd. 2 zeigt einen Entwurf von Edwin Oppler
für die geplante Synagoge in München (Ausschnitt), um 1871/72,
der nicht ausgeführt wurde (Stadtarchiv Hannover).

Gedruckt mit Unterstützung der Fritz Thyssen Stiftung

© Hans Christians Verlag, Hamburg 1981
Alle Rechte der Verbreitung, auch durch Film, Funk, Fernsehen,
fotomechanische Wiedergabe, Tonträger jeder Art und des auszugsweisen
Nachdrucks sind vorbehalten.
Gesamtherstellung Clausen & Bosse, Leck
Printed in Germany
ISBN 3-7672-0726-5

INHALT TEIL 2

Anmerkungen	545
Literaturverzeichnis	655
Quellenverzeichnis	691
Register	
Personen	695
Orte	701
Abbildungen	709
Abbildungsnachweis	973

ANMERKUNGEN

In den Anmerkungen wird häufig die Abkürzung ‹AZJ› = Allgemeine Zeitung des Judentums, verwendet; die anderen gekürzt verwendeten Titel ergeben sich aus dem Literaturverzeichnis.

1 Die einzige Architekturgeschichte, die Synagogen in einem, ihren relativen Bestand nach, richtigen Maßstab abbildet, ist Josephs Geschichte der Baukunst, vom Anfang dieses Jahrhunderts. Die neueren Publikationen über die Kunst des 19. Jahrhunderts erwähnen Synagogen nicht. Ausnahmen bilden H. Schnell, Der Kirchenbau des 20. Jahrhunderts in Deutschland, München 1973 und E. Trier u. W. Weyres (Hrgb.), Kunst des 19. Jahrhunderts im Rheinland, Bd. 1, Architektur I, Kultusbauten, Düsseldorf 1980, darin: H. Künzl, Synagogen, S. 339–346. Ähnliches gilt für neuere Kunstführer, die nur selten erhaltene Synagogen erwähnen: Reclams Kunstführer Dänemark (1978) bringt den Bau in Kopenhagen, der Band über Köln (1980) verzeichnet die Synagoge in der Roonstraße, wohingegen der Band über das Elsaß (1980) die noch erhaltenen Synagogen nicht aufführt, etwa in Barr, Obernai, Neuweiler, Rosheim, Bergheim u. a. Auch die neueren Ausgaben des Dehio erwähnen Synagogen kaum, Ausnahme ist der Band über Franken (1979).

2 Rachel Wischnitzer, The Architecture of the European Synagogue, Philadelphia 1964. Da das Buch die gesamte Entwicklung vom Mittelalter bis in die Neuzeit in ganz West- und Osteuropa behandelt, kommt der deutsche Raum in der Zeit des 19. Jahrhunderts natürlich zu kurz. Ähnliches gilt für die Arbeiten von A. Eisenberg, The Synagogue through the Ages, New York 1974 und Brian de Breffny, The Synagogue, London 1978. Ausführlicher jetzt H. Eschwege, Die Synagoge in der deutschen Geschichte, Dresden 1980. Wesentliche Angaben über die des neueren Synagogenbaus findet man in den Musterbüchern, die am Ende des 19. Jahrhunderts erschienen. Die Arbeiten von Oppler, Klasen und Gurlitt enthalten ausführliche Abschnitte über den Synagogenbau nicht aus Sympathie mit dem Judentum, sondern weil der wirtschaftliche Aufstieg der Juden den Synagogenbau zu einer neuen Bauaufgabe gemacht hatte.

3 Die statistischen Angaben sind entnommen: Statistisches Jahrbuch deutscher Juden, 17. 1905, S. 7ff. Adolf Diamant, Zerstörte Synagogen vom November 1938, Frankfurt 1978; er rechnet mit etwa 1200 zerstörten Synagogen, was wahrscheinlich noch unterschätzt ist. Im Jahr 1904 gab es in Deutschland die folgende Anzahl von Synagogen:

Preußen:	987 Synagogen	Reg. Bez.	
Ostpreußen	35	Sigmaringen	3
Westpreußen	55	Prov. Sachsen	22
Berlin	12	Königreich Bayern:	239 Synagogen
Brandenburg	46	Oberbayern	5
Pommern	44	Niederbayern	0
Prov. Posen	108	Pfalz	60
Prov. Schlesien	77	Oberpfalz	4
Schleswig-Holstein	8	Oberfranken	25
Hannover	79	Mittelfranken	32
Westfalen	110	Unterfranken	111
Hessen-Nassau	208		
Rheinprovinz	180	Königreich Sachsen:	3 Synagogen

Königreich Württemberg:	50 Synagogen	Sachsen-Koburg-Gotha:	2 Synagogen
Großherzogtum Baden:	117 Synagogen	Schwarzburg-Rudolstadt:	0 Synagogen
Großherzogtum Hessen:	144 Synagogen		
Starkenburg	47	Schwarzburg-Sondershausen	2 Synagogen
Oberhessen	59		
Rhein-Hessen	38	Sachsen-Altenburg:	0 Synagogen
Mecklenburg-Schwerin:	18 Synagogen		
Mecklenburg-Strelitz:	1 Synagoge	Schaumburg-Lippe:	2 Synagogen
Sachsen-Weimar-Eisenach:	6 Synagogen	Waldeck:	3 Synagogen
		Lippe:	10 Synagogen
Großherzogtum Oldenburg:	11 Synagogen	Reuß ä. L. und j. L.:	0 Synagogen
Herzogt. Oldenburg	6		
Fürstent. Birkenfeld	5	Lübeck:	1 Synagoge
Sachsen Meiningen:	9 Synagogen	Bremen:	1 Synagoge
Anhalt:	6 Synagogen	Hamburg:	7 Synagogen
Braunschweig:	4 Synagogen	Elsaß-Lothringen:	138 Synagogen

4 Die Einführungen bei Klasen, Haupt (Oppler), Gurlitt und Wischnitzer (vgl. Literaturverzeichnis) geben jeweils einen kurzen Überblick über die Geschichte des Synagogenbaus, ebenso wie die Artikel in den Speziallexika der Judaistik, wo auch besondere Literatur angegeben ist. Bes. Encyclopedia Judaica, Jerusalem 1971, Bd. 15, Sp. 579 ff.

5 Vgl. zur Geschichte und zur allgemeinen Problematik der Landgemeinden: A. Kopp, Die Dorfjuden der Nordpfalz. Dargestellt an der jüdischen Gemeinde Alsenz ab 1655, Meisenheim 1967. U. Jeggle, Judendörfer in Württemberg, Magstadt 1969.

6 Vgl. Grotte, Deutsche, Polnische ... Synagogen, 1915, bes. S. 63 ff. Wischnitzer, European Synagogues, S. 148 ff. Die innere Ausstattung dieser Bauten behandelt: D. Davidovicz, Wandmalereien in alten Synagogen, Hameln–Hannover 1969, mit weiterer Literatur.

7 R. Wischnitzer-Bernstein, Die Synagoge in Ellrich am Südharz, in: Monatsschrift für Geschichte und Wissenschaft des Judentums, Bd. 83. 1939, S. 493 ff. Wischnitzer, European Synagogues, S. 153 ff. Die Synagoge hatte eine Größe von 8 × 6,7 m. 1938 zerstört. Abbildungen in: Notizblatt der Gesellschaft zur Erforschung jüdischer Kunstdenkmäler, Nr. 11, Juli 1911, Abb. 9–10, und in Menorah. Jüdisches Familienblatt, 4. 1926, S. 527, mit kurzer Beschreibung.

8 Da in Hornburg keine Juden mehr ansässig waren wurde die Synagoge 1924 abgebrochen und Teile der Vertäfelung im Museum in Braunschweig aufgebaut, wo sie noch erhalten sind. Vgl. die Bildberichte: Zur Überführung der Hornburger Synagoge in das Vaterländische Museum zu Braunschweig, in: Aus alter und neuer Zeit. Ill. Beilg. z. Isr. Familienblatt, Hamburg, Nr. 20 vom 21. 5. 1925, S. 156 f. K. Wilhelm, Die Hornburger Synagoge, in: Menorah, 8. 1930, S. 257 ff. Hinzuweisen ist in diesem Zusammenhang

auch auf die alte Synagoge in Peine, die mit den beiden besprochenen Bauten nahe verwandt erscheint. Abb. in: H. M. Finger, Die Stadt Peine, Essen 1926, S. 37. Vergleichbar ist auch die Synagoge in Celle, die ebenfalls hinter einem Vorderhaus liegt und als Fachwerkbau mit querliegenden Kultraum errichtet wurde. Siehe: J. Busch, J. Rücklefs u. a., Zur Geschichte der Juden in Celle. Festschrift zur Wiederherstellung der Synagoge, Celle 1974. Siehe auch die 1835 in ein bestehendes Fachwerkhaus eingebaute Synagoge in Bad Münder: S. Krinke, Die jüdische Bevölkerung in der Stadt Bad Münder, in: Der Söltjer, Bad Münder 1977, S. 35 ff. Einem fast identischen Typ folgt die 1846 erbaute Synagoge in Dannenberg, allerdings mit vierseitigem Pyramidendach über quadratischem Bau. Auch die Lage hinter einem traufständigem Vorderhaus entspricht dem Hornburger Beispiel. Für Pläne und Fotos sei Herrn Weidner (zu Hornburg) und Herrn Sänger (Dannenberg) vom Institut für Denkmalpflege, Hannover, gedankt. Akten Staatsarchiv Hannover, Bestand: Hann 74 Dannenberg VI B Nr. 13. Siehe auch Anm. 376.

9 Zu Hofgeismar siehe: R. Hallo, Jüdische Volkskunst in Hessen. Festschrift der Sinai-Loge zu Kassel. Hrsgb. aus Anlaß ihres 40jährigen Bestehens, Kassel 1928, bes. S. 18 und S. 54 f. Arnsberg, Hessen, Bd. 1, S. 380–382. 1938 zerstört. Zu den hessischen Dorfsynagogen siehe auch: G. Mühlinghaus, Synagogen in Hessen, in: Hessische Blätter für Volks- und Kulturforschung, 9. 1979, S. 22 ff.

10 Zur allgemeinen Situation vgl.: Max Aschkewitz, Zur Geschichte der Juden in Westpreußen, Marburg 1967 = Wiss. Beiträge zur Geschichte und Landeskunde Ost-Mitteleuropas, Bd. 81.

11 Alfred Grotte, Ostjüdische Sakralkunst und ihre Ausstrahlung auf deutsches Gebiet, in: Monatshefte für Kunstwissenschaft, 11. 1918, S. 135–138, bes. S. 136. Aschkewitz, S. 26 und 106 (wie Anm. 10).

12 Vgl.: E. Neuhaus, Die Fridericianische Kolonisation im Warthe-Netze-Bruch. = Schriften des Vereins für die Geschichte der Neumark, Landsberg/W., 1906, Heft 18, S. 353. Grotte, Deutsche, polnische Synagogen, 1915, S. 40. Seine Datierung der Synagoge in Deutsch-Krone in das Jahr 1824, die auch von Wischnitzer in ihrem Aufsatz über Ellrich (siehe Anm. 7) übernommen wird, stimmt nicht und ist auch, im Vergleich mit den protestantischen Fachwerkkirchen unwahrscheinlich. Das bei Aschkewitz (siehe Anm. 10), S. 106 genannte Datum, 1791, dürfte deshalb das richtige sein.

13 J. Herzberg, Geschichte der Juden in Bromberg. Zugleich ein Beitrag zur Geschichte der Juden des Landes Posen, Frankfurt a. M. 1903, S. 44 f. Wahrscheinlich ganz als Steinbau, in sehr ähnlichen Formen ist auch die Synagoge in Meseritz/Posen (wohl 1. Drittel des 19. Jh.) entstanden. Siehe: Stadt und Kreis Meseritz. Ein Heimatbuch, Wanne-Eickel, o. J. (1973), S. 17.

14 Grotte, Deutsche, böhmische ... Synagogen, 1915, S. 73 ff. Anton Gnirs, Topographie der historischen und kunstgeschichtlichen Denkmale in den Bezirken Tepl und Marienbad, Augsburg 1932, S. 35 ff.

15 Grotte, Deutsche, polnische ... Synagogen, 1915, S. 89.

16 R. Kestenberg-Gladstein, Neuere Geschichte der Juden in den böhmischen Ländern, Teil 1. 1780–1830, Tübingen 1969.

17 Zu Neuwied vgl.: Eine Synagoge am Rhein, in: Menorah. Jüdisches Familienblatt, 7. 1929, S. 278. Ähnlich war wahrscheinlich auch die Synagoge in Bad Kreuznach, 1737 eingeweiht. (W. Zimmermann, Die Kunstdenkmale des Kreises Kreuznach, Düsseldorf 1935, S. 92 = Kdm. der Rheinprovinz, Bd. 18/1) Vergleichbare Formen zeigte auch die Synagoge in Kleinheubach a. Main, die um 1750 entstanden war. (F. Mader u. H. Karlinger, Die Kdm. von Unterfranken und Aschaffenburg, Bd. 18. B. A. Miltenberg, München 1917, S. 156. Gottlieb Wagner, Geschichte der jüdischen Gemeinde Kleinheubach a. M., Kleinheubach 1934.)

18 Vgl. Reinhard Rürup, Die Judenemanzipation in Baden, in: Zeitschrift für die Geschichte des Oberrheins, N. F. 75, 1966, S. 241 ff.
19 Hundsnurscher, Juden in Baden, S. 239 ff.
20 Wischnitzer, European Synagogues, S. 154, Abb. 134. Die Synagoge in Endingen dürfte auch für die neue Synagoge in Hohenems, Vorarlberg als Vorbild gedient haben, die 1772 errichtet worden war. Die Bauformen sind weitgehend die gleichen. Die Juden in Hohenems waren besonders auf den Handel mit der Schweiz spezialisiert, hatten also sicher Kontakt mit den Endinger Juden, die ja einer der ersten schweizer Gemeinden angehörten. (Vgl.: A. Tänzer, Die Geschichte der Juden in Hohenems, Meran 1905. Dagobert Frey u. a., Die Kdm. des politischen Bezirks Feldkirch. = Österreichische Kunsttopographie, Bd. 32, Wien 1958, S. 399–400. Lothar Rothschild, Geschichte der Juden in Hohenems, in: Hugo Gold, Geschichte der Juden in Österreich. Ein Gedenkbuch, Tel Aviv 1971, S. 27–32. Eine Abbildung der Synagoge findet sich in: Encyclopedia Judaica, Bd. 8, Jerusalem 1971, Sp. 815.) Der Bau ist noch erhalten.
21 E. Martini, Sulzburg. Eine Stadt-, Bergwerks-, und Waldgeschichte, in: Zeitschrift der Gesellschaft für Beförderung der Geschichts-, Altertums- und Volkskunde von Freiburg, dem Breisgau und den angrenzenden Landschaften, 5. 1879–1882, S. 1 ff, bes. S. 97 f und S. 146 ff. Ludwig Kahn, Wir sind dagewesen... Aus der Geschichte der ehemaligen Judengemeinde Sulzburg, in: Mitteilungsblatt des Oberrates der Israeliten Badens, 10. 1958, Nr. 12 (s. p.). Hundsnurscher, Juden in Baden, S. 266 ff. L. D. Kahn, Die Geschichte der Juden von Sulzburg, Müllheim 1969, S. 57 ff. Die Synagoge, stark beschädigt, wurde seit 1978 wiederhergestellt.
22 Die Fenster der Synagoge waren nach der Profanierung und den Umbauten gerade geschlossen worden.
23 Hundsnurscher, Juden in Baden, S. 72 ff, Abb. 43–44.
24 Heinrich Sinz, Geschichtliches vom ehemaligen Markte und der nunmehrigen Stadt Ichenhausen, Bd. 1, Ichenhausen 1926, S. 241 ff und 279. Eugen Ganzenmüller, Ichenhausen. Vom Dorf zum Markt zur Stadt, Ichenhausen 1970, S. 153 ff.
25 Vgl.: Alois Wohlhaupter, Die Brüder Hans Adam und Joseph Dossenberger. Zwei Baumeister des schwäbischen Spätbarocks, München 1950, bes. S. 49–50. Karl Heinrich Koepf, Joseph Dossenberger, 1721–1785. Ein schwäbischer Baumeister des Rokoko, Weißenhorn 1973, S. 75 ff. Die Synagoge in Ichenhausen ist noch erhalten und dient als Schuppen.
26 Vgl.: Eugen Gradmann, Die Kunst- und Altertums-Denkmale im Königreich Württemberg. Jagstkreis. Oberamt Heidenheim, Esslingen 1913, S. 116. Eine ähnliche Bauform, wenn auch unterschiedliche Ornamentik, findet man in der Kirche in Huchlingen/Kr. Heidenheim, ebd., S. 193.
27 Hermann Rose, Geschichtliches der israelitischen Kultusgemeinde Altenstadt, Altenstadt 1931. Hans Böhm, Die Juden in Altenstadt, in: Illereichen–Altenstadt. Beiträge zur Geschichte der Marktgemeinde, Weissenburg 1965, bes. S. 52–65 = Forschungen aus dem oberen Schwaben, Heft 10. Heinrich Habel, Der Landkreis Illertissen. München 1967 = Bayerische Kunstdenkmäler. Kurzinventar, S. 19.
28 Das Innere der Synagoge wurde bei der Restaurierung von 1861 und 1867 stark verändert. Die Synagoge bekam eine neue Ausmalung, die beweglichen Betständer wurden durch Bänke ersetzt, der Almemor, der bisher in der Mitte des Baues stand, wurde nach Osten, vor den Heiligen Schrein gestellt. Koepf, 1973, S. 91 (wie Anm. 25). Der Bau wurde nach den Zerstörungen von 1938 abgerissen.
29 Heinrich Habel, Der Landkreis Krumbach, München 1969, S. 135 = Bayerische Kunstdenkmäler. Kurzinventar. Anton H. Konrad, Der Landkreis Krumbach. Bd. 2.

Kunstwerke und Künstler, Weissenhorn 1970, Abb. 82 und Text zu dieser Abbildung. Die Synagoge wurde 1938 weitgehend zerstört und später abgerissen.

30 Sauer, Juden in Württemberg, S. 33 f. Hans Garbelmann, Die jüdische Gemeinde in Kappel, in: Rosch Haschana. Feiertagsschrift, Stuttgart, September 1968, S. 26–27. Wichtiges Material enthalten die Arbeiten Elkan Weimann, Entstehung der israelitischen Gemeinde Kappel (verfaßt 1873), Buchau 1938 und Moritz Vierfelder, Betsäle und Synagogen in Buchau und Kappel, Buchau 1938 (beide als MS im Archiv des Leo Baeck Institutes, New York). Die Synagoge wurde 1881 abgebrochen.

31 Sauer, Juden in Württemberg, S. 129 ff. Utz Jeggle, Judendörfer in Württemberg, Magstadt 1969, S. 32.

32 Die Baudenkmäler in Frankfurt/M., Bd. 1, Frankfurt/M. 1896, S. 362–368. Eschwege, Synagogen, S. 70–71 (wie Anm. 2).

33 Obwohl die Synagoge im Ghetto lag und von der christlichen Bevölkerung kaum gesehen werden konnte, moniert Schudt in seinen «Jüdischen Merkwürdigkeiten» von 1714 den Aufwand: «Wer nun die vorige Synagoge vor dem Brand gesehen, ... der muß sich über der Juden Hochmuth und Pracht zum höchsten verwundern, ...» (S. 124). Vgl. auch: E. Kirschbaum, Deutsche Nachgotik, Augsburg 1930 und H. Hipp, Studien zur Nachgotik des 16. und 17. Jahrhunderts ..., Diss. Tübingen 1974, Hannover 1979.

34 Vgl. die Beschreibung bei Johann Chr. Müller u. Georg Gottfried Küster, Fortgesetztes und Neues Berlin, Berlin 1752, S. 1026 ff, bes. S. 1027–1028: «Dieser Tempel wird vor eins von den allerschönsten Schul-Gebäuden, so die Juden in ganzen Römischen Reich haben, gehalten, und soll an Schönheit derjenigen Schule, so die Portugiesischen Juden in Amsterdam haben, nichts nachgeben. Der sogenannte Regenspurger Zimmer-Meister, Nahmens Kemmeter ... hat das Werk schön eingerichtet ... Es ist dieser Tempel mit hohen Fenstern und länglich angelegt ... Der hohe Altar ist von Bildhauer-Arbeit künstlich verfertigt. In der Mitte desselben hangen die zehn Gebothe auf 2 Tafeln gezeichnet. Unter diesen hanget ein roher von Sammet, mit Golde reich gestickter, und mit güldenen Frangen umsetzter Vorhang, hinter welchem sie die Lade oder Schrank, (so sie Aaron nennen), zum Gedächtnis der Bundes Lade, und darinnen über 100 Stück Thora oder 5 Bücher Mosis auf Pergament geschrieben, und zusammen gerollet liegen haben. ... Oben über dem Eingang der Thüre quer durch sind zwey über einander gebaute Chöre, mit Gitterwerk vermacht, auf welchen die Weiber sitzen. Unten auf der Erde sind viel Gestühle mit Zierrathen nach Jüdischer Weise. ... Um die neue Schule herum ... ist ein schöner Garten, dabey ein Hinter-Haus, worinnen der Schul-Klöpper wohnt ...». Ferner: M. Kayserling, Die Synagoge zu Berlin. Eine historische Skizze, in: Jeschurun, 3. 1857, S. 173–183. Wischnitzer, European Synagogues, S. 155 f. M. M. Sinasohn, Die Berliner Privatsynagogen und ihre Rabbiner. 1671–1971. Zur Erinnerung an das 300jährige Bestehen der Jüdischen Gemeinde zu Berlin, Jerusalem 1971, S. 5 ff.

35 Siegfried Guggenheim, Aus der Vergangenheit der israelitischen Gemeinde zu Offenbach am Main, Offenbach 1915. Arnsberg, Juden in Hessen, Bd. 2, S. 160 ff. E. Roth u. M. Willner, Die Juden im 1000jährigen Offenbach am Main, in: Udim. Zeitschr. d. Rabbinerkonferenz in der Bundesrepublik Deutschland, 7./8. 1977–78, S. 159 ff, bes. S. 162 f.

36 Fritz Scholl, Leopold Retti. Markgräflich Ansbachscher Baudirektor. Ein Beitrag zur Baugeschichte des 18. Jahrhunderts, Ansbach 1930, bes. S. 81–82. G. P. Fehring, Stadt- und Landkreis Ansbach, München 1958, S. 24 ff = Bayerische Kunstdenkmale. Kurzinventar. Wischnitzer, European Synagogues, S. 157–158.

37 Johannes Chrzaszcz, Geschichte der Stadt Zülz, Zülz 1926, darin: Israel Rabin, Die Juden in Zülz, S. 117–161. Bernhard Brilling, Die jüdischen Gemeinden Mittel-

schlesiens. Entstehung und Geschichte, Stuttgart 1972 = Studia Delitzschiana, Bd. 14, passim. 1938 zerstört.

38 Zur Kirche in Brieg vgl.: Helmut Bode, Die Kirchenbauten der Jesuiten in Schlesien, Diss. Halle 1935, bes. S. 52ff, Abb. 20a–c.

39 Vgl. zu Heidingsfeld: Moses Loeb Bamberger, Ein Blick auf die Geschichte der Juden in Würzburg, Würzburg 1905, bes. S. 11f. derselb., Beiträge zur Geschichte der Juden in Würzburg-Heidingsfeld, Würzburg 1905; Franz Schneider, Heidingsfeld, ein altfränkisches Städtebild, Heidingsfeld 1908, S. 53–57; Felix Mader, Die Kunstdenkmäler von Unterfranken und Aschaffenburg, Heft 3, B. A. Würzburg, München 1911, S. 57ff, Erich Toeplitz, Die Synagoge in Heidingsfeld, in: Menorah. Jüdisches Familienblatt, 3. 1925, Nr. 10, S. 203ff. 1938 zerstört.

40 Reinhard Dorn, Bauten und Projekte Peter Joseph Krahes in Düsseldorf, Koblenz, Hannover und Braunschweig, 1787–1806. Braunschweig 1971, bes. S. 44ff, S. 134ff. Der Bau wurde in stark vereinfachter Form von Peter Köhler 1790–1792 ausgeführt. Die Pläne im Stadtgesch. Museum Düsseldorf erhalten. P. Sültenfuß, Das neue Düsseldorf nach Schleifung der Wälle, in: Zeitschr. d. Rhein. Vereins f. Denkmalpflege und Heimatschutz, 1924, S. 48ff. Karl Riemann, Die Karlsstadt in Düsseldorf, in: Das Tor. Düsseldorfer Heimatbll., 6. 1937, Heft 1, S. 1ff; E. Spohr, Düsseldorf. Stadt und Festung, Düsseldorf 1978, S. 305ff.

41 Vgl.: Elisabeth Moses, Jüdische Kult- und Kunstdenkmäler in den Rheinlanden, in: Rhein. Verein f. Denkmalplg. u. Heimatschutz, 1931, S. 99ff, bes. S. 122–123 (Deutz). H. Schröter, Die Synagoge in der II. Webergasse in Essen, in: Das Münster am Hellweg, 26. 1973, S. 146ff. Aus der Geschichte der Auricher Judengemeinde, 1592–1940. Ausstellung von Dokumenten..., Aurich 1975, S. 59.

42 Vgl.: Sulamith, 7. 1826, T. 1, S. 424f und Monatsbl. f. Bauwesen und Landesverschönerung, 8. 1828, H. 2, S. 12. Architekt war Hellner. Arnold Nöldecke, Die Kunstdenkmäler der Provinz Hannover. Die Stadt Hannover. Hannover 1932, S. 201ff. Die rechtlichen Verhältnisse der Juden behandelt: Moritz Cohen, Über die Lage der Juden nach gemeinem deutschen Rechte... mit besonderer Berücksichtigung des Königreichs Hannover, Hannover 1832. M. Zuckermann, Die Vorarbeiten der Hannoverschen Regierung zur Emanzipation der Juden..., Hannover 1909.

43 A. Heppner und J. Herzberg, Aus Vergangenheit und Gegenwart der Juden und der jüdischen Gemeinden in den Posener Landen. Teil 1, Koschmin und Bromberg 1909. Max Aschkewitz, Zur Geschichte der Juden in Westpreußen, Marburg 1967. Westpreußen wurde 1772 preußisch, Posen 1793. Juristisch hatten die Juden dieser Provinzen noch weniger Rechte als im übrigen Preußen, sie besaßen jedoch einen relativ hohen Lebensstandard. Vgl.: Julian Bartys, Grand Duchy of Poznán under Prussian Rule. Changes in the economic position of the jewish population. 1815–1848, in: Leo Baeck-Institute. Yearbook 17. 1972, S. 191–204. Zur Bevölkerungsstruktur vgl.: Kurt Wilhelm, Kleinstadt- und Großstadtgemeinden, in: Leo Baeck-Institute. Bulletin, 1958, bes. S. 18.

44 J. Kohte, Verzeichnis der Kunstdenkmäler der Provinz Posen, Bd. 3. Die Kunstdenkmäler der Landkreise des Regierungsbezirks Posen, Berlin 1896, S. 339. Heppner und Herzberg, 1909, S. 514–525 (wie Anm. 43). Grotte, Deutsche, böhmische Synagogen, 1915, S. 46–47. J. Kastan, Alt-Kempen. Eine Kulturskizze aus der Mitte des vorigen Jahrhunderts, in: Jahrbuch für jüdische Geschichte und Literatur, 25. 1923–24, S. 81ff. Wischnitzer, 1964, S. 190. Die Synagoge ist noch erhalten, vgl.: Katalog Zabytkow Sztuki w Polsce, Bd. 5, Wojwodztwo Poznánskie. Hrgb. T. Ruszcyuskiej u. A. Slawskiej, Warschau 1958, Abb. 10. J. Lozinski u. A. Milobedzki, Guide to Architecture in Poland, Warschau 1967, S. 103.

45 Die reichen Schnitzereien im Innern der Synagoge weisen dagegen auf die polnischen Holzsynagogen hin.
In den 20er Jahren des 19. Jhdts. entstand in Wielun, etwa 30 km östlich von Kempen, aber in dem Teil Polens, der an Rußland gefallen war, eine Synagoge in ähnlichen Formen. Ob hier die allgemeine Vorliebe für klassizistische Bauformen, das Kempener Vorbild oder ein ähnliches Bemühen um Angleichung wie in Kempen vorlag, ist schwer zu sagen: Sicher versuchten sich die Juden unter russischer Herrschaft dem russischen Klassizismus der Zeit anzupassen, zumindest aber waren antikisierende Stilformen bedeutungsneutraler als etwa die Übernahme von Formen der alten polnischen Holzsynagogen, was als polnischer Nationalismus hätte gedeutet werden können.
46 Zit. nach Max Boyens, Der Lübecker Stadtbaumeister Nikolaus Börm, in: Nordelbingen, 44. 1975, bes. S. 21 ff und 25. Dr. Winter, Geschichte des jüdischen Gottesdienstes in Lübeck und Moisling, in: Festnummer der Mitteilungen aus der Israelitischen Gemeinde Lübeck zum 50jährigen Bestehen der Synagoge, Nr. 9 vom Dez. 1930, S. 2 ff. Ähnliche Verhältnisse lagen in Sondershausen vor, wo 1825/26 mit Hilfe des Fürsten eine Synagoge erbaut wurde, vgl. Rudolf David, Geschichte der Synagogengemeinde Sondershausen, Sondershausen 1926.
47 G. v. Velsen, Die Stadt Cleve, 1846, S. 128–129. E. Moses, Jüdische Kult- und Kunstdenkmäler, in: Rheinischer Verein für Denkmalpflege und Heimatschutz, 1931, S. 128 ff. Wischnitzer, European Synagogues, 1964, S. 128 f. Fr. Gorissen, Geschichte der Stadt Kleve, Kleve 1977, S. 76. 1938 zerstört.
48 Der Bau war etwa 30 m lang und 15 m breit. Die Höhe des Innenraums betrug 15 m. Vgl.: Jean Baptiste Metivier, Grund-Pläne. Durchschnitte und Façaden nebst einigen Details der Synagoge in München, erbaut im Jahre 1824/25, München o. J. M. Megele, Baugeschichtlicher Atlas der Landeshauptstadt München, München 1951, S. 119 (= Neue Schriften des Stadtarchivs München, 3). Klassizismus in Bayern, Schwaben und Franken. Architekturzeichnungen 1775–1825. Ausstellung der Architektursammlung der Technischen Universität München, Hrgb. W. Nerdinger, München 1980, S. 112–114; die Farbtafel auf S. 113 leider seitenverkehrt.
49 Vgl.: A. Cohen, Die Münchner Judenschaft, in: Zeitschrift für die Geschichte der Juden in Deutschland, 2. 1931, S. 262 ff.
50 Stephan Schwarz, Die Juden in Bayern im Wandel der Zeiten, München 1963, S. 63 ff.
51 Joseph Heimberger, Die staatskirchenrechtliche Stellung der Israeliten in Bayern, Freiburg 1893, S. 9.
52 Zit. nach Schwarz, 1963, S. 97 (wie Anm. 50). Die Forderung ist enthalten in einer Zusage auf Reformen durch Kurfürst Max IV. vom Jahre 1801.
53 Vgl.: Graf von Arco, Vor- und Antrag des Reichsgrafen von Arco über die künftige Stellung der Juden in Baiern, München 1819, bes. S. 4 und S. 6. Ferner: I. D. Goldschmidt, Ein Wort über die israelitischen Glaubensgenossen, München 1822, S. 51: «Bei dem niedrigen sittlichen und politischen Culturstande der Juden, ... bei der buchstäblichen Interpretation ihrer Gesetze können die Juden durchaus nicht eine gleiche Behandlung ansprechen.»
In einer kleinen Schrift von 1822 versucht die Judenschaft alle Vorurteile, die in den verschiedenen Gutachten vorgebracht wurden, zu widerlegen: Vorstellung an die hohen Stände des Reiches von den Israeliten im Königreiche Baiern über ihre künftige politische und bürgerliche Stellung im Staate, München 1822.
54 Gutachten von 1801, zit. nach Schwarz, 1963 (wie Anm. 50), S. 102–104.
55 So das Regulativ vom 17. 6. 1805. Schwarz, 1963, S. 116 (wie Anm. 50).
56 Note an die Polizeidirektion vom 15. 9. 1808; Schwarz, S. 128, (wie Anmk. 50).

57 Enthalten in einem Vorschlag der Polizeidirektion aus dem Jahre 1811. Schwarz, S. 142 (wie Anm. 50).
58 Schwarz, S. 132–133.
59 Ebd., S. 133.
60 «Bei einem Teile dieses Volkes herrschen so gereinigte Ideen von Moral, solche Wärme für Tugend und allgemeine Menschenliebe, solche Anhänglichkeit an König und Vaterland, wie sie nur bei den Edleren eines jeden anderen Volkes angetroffen werden.» aus: S. W. Rosenfeld, Denkschrift an die Hohe Ständeversammlung des Königreichs Baiern, die Lage der Israeliten und ihre bürgerliche Verfassung betreffend, München 1819, S. 11.
Ähnlich äußert sich auch die Stellungnahme der Juden von 1822 (vgl. Anmk. 53): «... eben deswegen, weil wir bereits die Gemeindepflichten erfüllen, kann man uns nicht mehr als eine eigene abgesonderte Nation ansehen...» (S. 4).
61 Die Eingabe, bzw. Denkschrift von 1822 weist schon darauf hin, daß die meisten Einwände gegen eine Gleichberechtigung der Juden, aus Handelskreisen stammten (wie Anm. 53, S. 11).
62 Es darf sich z. B. nur ein Kind jeder Familie in München niederlassen, die anderen sind zur Auswanderung gezwungen. Die Judenmatrikel setzen eine bestimmte Zahl von Familien für jede Stadt fest, dadurch wird ein Zuzug von auswärtigen Juden verhindert und eine größere Mobilität unterbunden.
63 § 24 des Edikts. Veröffentlicht in: Königlich-Baierisches Regierungsblatt, 39. 1813, col. 929. Vgl. auch: J. Heimberger, Staatskirchenrechtliche Stellung, S. 90 f (wie Anm. 51).
64 Festgabe. 50 Jahre Hauptsynagoge München, München 1937, S. 18. Stephan Schwarz, Vom einstigen jüdischen Leben auf Münchner Boden, in: Münchner Jüdische Nachrichten, 13. 6. 1958, S. 6: «Die Ausübung des Gottesdienstes darf für die Zukunft nur mehr in einer Schule erfolgen, alle Nebenschulen, alle heimlichen Zusammenkünfte hören auf – es ist also, da die gegenwärtige Schule sich hierfür nicht eignet, ...darauf Bedacht zu nehmen, daß hierzu ein schickliches Local ausgemittelt werde», aus: Protokoll des Vorstandes vom 17. 2. 1815.
65 Ebenfalls in § 24: «Wo die Juden in einem gewissen, mit der Territorial-Einteilung des Reiches übereinstimmenden Bezirke, in einer Zahl von wenigstens 50 Familien vorhanden sind, ist ihnen gestattet, eine eigene kirchliche Gemeinde zu bilden und an einem Orte, wo eine Polizei-Behörde besteht, eine Synagoge, einen Rabbiner und eine eigene Begräbnisstätte zu errichten.» In: Kgl. Baierisches Regierungsblatt, 39. 1813, 929.
66 Ebd., § 25.
67 Oberbayerisches Staatsarchiv, München Akten, RA 2091/33888. Schreiben vom 26. 2. 1815.
68 Ebd. Akten vom 19. 3. 1816 und Schreiben des Gemeindevorstandes vom 14. 8. 1816.
69 In dem Protokoll vom 19. 3. und besonders während einer Sitzung mit dem Polizeikommissar wird darauf hingewiesen, daß den «Juden Gelegenheit gegeben werde, ... nach allerhöchster Intention zur Verschönerung unserer Straßen... bey zu tragen...», in: Protokoll vom 14. 5. 1816, (ebd.).
70 Protokoll vom 17. 11. 1818, (ebd.).
71 Polizeidirektionsprotokoll vom 2. 5. 1823, (ebd.). In einem weiteren Protokoll der Polizeidirektion vom 21. 5. 1823 werden noch einmal alle Vorurteile gegen die Juden mobilisiert: «... in allen Verhältnissen konnten die Israeliten nur durch Ernst und Strenge bestimmt werden, und sie werden auch nur durch gleiche Mittel von den Nebensynagogen und dem heimlichen Gottesdienst abgezogen und zum Bau einer gemeinschaftlichen Synagoge gebracht werden.»

72 In einem Protokoll der Polizeidirektion vom 21. 5. 1823 wird erwähnt, daß die Gemeinde «Pläne von verschiedener Art aus dem Auslande kommen» ließ. Von diesen ist keiner mehr auffindbar.
73 Heimberger, Staatskirchenrechtliche Stellung, 1912, S. 9 (wie Anmerkung 51).
74 Die abgelegene Lage der Synagoge wird in Reiseführern und zeitgenössischen Berichten bedauert, denn als Kunstobjekt ist sie sehenswert. Als Bauwerk im sozialen Gesamtgefüge der Stadt, als Kultstätte einer unterdrückten Minderheit, ist sie nicht erwünscht. Vgl.: Inland. Ein Tageblatt f. d. öffentl. Leben in Dtschld. Nr. 234, vom 22. 8. 1829, S. 935: «... ist jedoch der Sinn für die höchsten Leistungen der Baukunst wieder erwacht. Die Israeliten bauten sich eine schöne Synagoge, leider in einem abgelegenen Winkel der Stadt, ...».
75 J. B. Metivier war 1781 in Reims geboren und 1789 mit seinem Vater nach Paris gekommen. 1811 findet er als Dekorateur Anstellung in München, wo er bald zum Mitarbeiter Klenzes wird. Er leitet 1819/20 den Bau der Glyptothek als Stellvertreter Klenzes. In seiner Lebensbeschreibung (München, Staatsbibl., Handschriftenslg. Cod. Gall. 892) gibt er eine Fülle von Arbeiten, besonders von Villen und Palästen an, von denen er auch einige selbst errichtet hat.
Vgl.: Hans Rose, J. B. Metivier, der Erbauer des Braunen Hauses, in: Ztschr. d. dt. Ver. f. KW., 1. 1934, S. 49 ff. Die sonstige Literatur ist sehr spärlich: Adolf von Schaden, Artistisches München im Jahre 1835, München 1836, S. 75. Söltl, Die Bildende Kunst in München, 1842, S. 76-77. Allgemeine deutsche Biographie, Bd. 21, Leipzig 1885, S. 518. Friedrich Pächt, Geschichte der Münchner Kunst, München 1888, S. 26. Siehe auch den in Anm. 48 genannten Katalog.
76 Abgebildet in Ztschr. f. KW., 1934, S. 59.
Größte Ähnlichkeit hat die Gartenseite der Synagoge auch mit der Villa von Ollivier in Paris, rue de la Pépinière. Auch hier zeigt die Rückseite zum Garten an den beiden Seiten gegenständige Treppenanlagen. Der Bau entstand 1790. Vgl.: L. Hautecœur, Histoire de l'Architecture classique en France, Bd. 5, Revolution et Empire, Paris 1953, Abb. 202.
77 K. Eggert, Friedrich von Gärtner. Der Baumeister König Ludwig I., München 1963, Abb. 32. O. Hederer, Friedrich von Gärtner 1792-1847. Leben-Werk-Schüler, München 1976, S. 112 ff.
78 In dieser Frühphase der Emanzipation ist das Bemühen, durch kirchliche Formen oder Stile zur Angleichung beizutragen, bei den jüdischen Gemeinden noch selten zu bemerken. Da es aber das Ziel der Gemeindevorstände ist, auf allen Gebieten die Gleichberechtigung zu erreichen, sind solche Tendenzen in der Baukunst nur folgerichtig.
Wie stark das Bemühen um Angleichung der Lebensbedingungen an christliche Gewohnheiten war, zeigt eine Bittschrift der Juden von 1804, in der die Einrichtung von Schulen gefordert wird, um die «Grundsätze christlicher Moral ... zu vermitteln». (Schwarz, Juden in Bayern, S. 110, siehe Anm. 50.) 1819 richtet die Kammer der Abgeordneten auf Bitten der Judenschaft ein Schreiben an den König mit dem Ersuchen, den Zustand der Juden zu verbessern, «daß dieselben den anderen christlichen Glaubensgenossen angenähert werden können». (ebd., S. 215)
79 Metivier, Grundpläne und Durchschnitte ..., S. 4 (wie Anm. 48).
80 Ebd.: Da die Synagoge im Westen eingebaut ist, konnte der Haupteingang nicht «gegenüber dem Altar angelegt werden», deshalb lag der eine Eingang «auf der einen Seite, und der für die Damen auf der anderen Seite, welcher von jenem der Männer abgesondert seyn muß ... wodurch die beyden Vorbauten (Avant-Corps) erforderlich wurden».

81 Allgem. Bauzeit. 1837, S. 361–363, 433–435. M. A. Gessert, Die fünf neuen Kirchen Münchens in Bildern und Beschreibungen, München 1847, S. 15 ff.
82 Karl Baum, Die Matthäuskirche. Ein Jubiläumsbüchlein, München 1933, S. 12–15, Abb. 1. Heinrich Habel, Der Münchner Kirchenbau im 19. und 20. Jhdt., in: Festschrift Dtsch. Kunstverlag. 1921 bis 1971, München/Berlin 1971, S. 15.
83 Gessert (s. Anm. 81) würdigt diese Kirche als «Denkmal der Freiheit, womit in Bayern alle christlichen Confessionen ... sich entwickeln dürfen». Die neue Synagoge ist in seinem Buch nicht erwähnt. St. Jakob am Anger in München mit ihren klassizistisch-revolutionsarchitektonischen Stilformen kann ebenfalls zum Vergleich mit der Synagoge dienen. Sie wurde 1810 von Karl von Fischer umgebaut. Vgl. O. Hederer, Karl von Fischer. Leben und Werk. München 1960, S. 69–70. Für beide Bauten siehe: Klassizismus in Bayern, S. 84 ff, 108 ff (wie Anm. 48).

84 Am ähnlichsten der Situation der Münchner jüdischen Gemeinde ist die Lage der reformierten Gemeinde in Frankfurt/M. Dort behielt sich der Rat der Stadt vor, der Kirchengemeinde für ihren Neubau ein Grundstück anzuweisen, ferner machte er die Auflage, daß der Bau keinen Turm und keine Glocken haben dürfe. So entstand zwischen 1790 und 1793 die Deutsch-Reformierte Kirche als siebenachsiger, spätbarocker Stadtpalast ohne äußeres Zeichen, daß es sich hier um einen Kultbau handelt. In ganz ähnlicher Weise wurde die Französisch-Reformierte Kirche in Frankfurt/M. gebaut. (Abb. 48) Vgl.: Die Baudenkmäler in Frankfurt am Main, Bd. 1, Frankfurt/M. 1896, S. 296 ff.

85 Der Mangel einer Synagogenbautradition wird seit dem 19. Jhdt. in der Literatur immer wieder betont. Eine eigentliche Bautradition bildet sich erst nach der Mitte des Jahrhunderts heraus. Sie ist allerdings zunächst nur in Dorfsynagogen erkennbar, während die großen Stadtsynagogen stark individualistische Züge aufweisen. Vgl. hierzu: Max Fleischer, Über Synagogenbauten, in: Ztschr. d. Östr. Ing.-Arch. Verein, 46. 1849, bes. S. 256; C. Gurlitt, Handbuch der Architektur. Kirchen, Stuttgart 1906, S. 139. C. Roth, Die Kunst der Juden, Bd. 2, Frankfurt/M. 1964, S. 107. H. Strauss, Kunst der Juden im Wandel der Zeit und Umwelt, Tübingen 1972, S. 113.

86 S. Scheuermann, Der Kampf der Frankfurter Juden um ihre Gleichberechtigung. Diss., Kallmünz 1933, bes. S. 4 ff.

87 Z. B. lebten 1817 in Oberschlesien 41,5 % der Juden auf dem Land, in Bayern sind es 1840 noch 90 %, in Württemberg 1846 noch etwa 80 %, in manchen rheinischen Provinzen leben zur Mitte des Jahrhunderts bis zu 60–70 % auf dem Land. Vgl.: A. Kober, Jewish Communities in Germany from the Age of Enlightenment to their destruction by the Nazis, in: Jewish Social Studies, 9. 1947, S. 195 ff, bes. S. 199–200. Die Landflucht setzte bei den Juden etwa ab 1850 ein, als die liberalere Judengesetzgebung den Zugang in die Städte gestattete, also etwa gleichzeitig mit dem Zuzug anderer ländlicher Schichten in die Städte. Vergl.: Kurt Wilhelm, Kleinstadt- und Großstadtgemeinde, in: Leo Baeck Institute Bulletin, 1958, S. 18 ff. Mit der sozialen Lage der Landjudenschaft und ihrem Verhalten beschäftigt sich die Arbeit von Utz Jeggle, Judendörfer in Württemberg, Magstadt 1969.

88 Vgl. A. Grotte, Deutsche, böhmische Synagogen, S. 94–96. M. Weinberg, Geschichte der Juden in der Oberpfalz. V. Herzogtum Sulzbach, München 1927 (= Schriften der Historischen Kommission des Verbandes der bayerischen israelitischen Gemeinden, Bd. 2, S. 72–111.) Stefan Schwarz, Die Synagoge in Floß (Oberpfalz) wird eine würdige Gedenkstätte bleiben, in: Münchner jüdische Nachrichten, 24. 9. 1971. Ders., dass. in: Zeitschrift für d. Geschichte der Juden, 10. 1973, S. 113 ff. W. Schuster (Hrgb.), 1000 Jahre Floß, Floß 1976, S. 335–345, 380 f (hier eine ausführliche zeitgenössische Beschreibung). Weihe des Neubaus am 22. 8. 1817; die Synagoge ist erhalten.

89 Vgl. Sauer, Württemberg, S. 129ff. Utz Jeggle, Judendörfer in Württemberg, Magstadt 1969, S. 32.
90 A. Grotte, Deutsche, polnische Synagogen, S. 96. Er nennt als Baudatum für Sulzbach 1826. M. Weinberg, Geschichte der Juden in der Oberpfalz, Teil 5, Herzogtum Sulzbach, München 1927, und Encyclopedia Judaica, Jerusalem 1971, Bd. 15, Sp. 506–507, nennen 1824 als Einweihungsdatum. Eschwege, 1980, S. 102 (wie Anm. 2).
91 Der Fraueneingang befindet sich an der Nordostecke und ist durch den Garten zu erreichen.
An Querräumen dieser Zeit sind mir nur die Synagogen in Köln-Deutz von 1786, der kleine Bau in Ronsperg (Böhmen), 1816, Berlin, Beerscher Tempel, 1817; Moisling, 1827, bekannt. In Deutz besaß die Gemeinde nur ein sehr schmales Grundstück, das in S-N-Richtung an der Straße lag, somit kam, bei Einhaltung der strengen Orientierungsvorschrift, nur ein Querraum in Frage. Ähnliche Bedingungen galten auch für die Bauten in Ronsperg und Celle von 1740.
92 Wischnitzer, 1964, S. 82ff. F. J. Dubiez, De portugees israelitesche Gemeente te Amsterdam, in: Ons Amsterdam, 17. 1965, Heft 11 und 12. J. F. van Agt, Synagogen in Amsterdam, 's Gravenhage 1974, S. 36–52.
93 Vgl.: H. Rosenau, The synagogue and the protestant church architecture, in: Journal of the Warb. Court. Inst., 1941, S. 80ff. Wischnitzer, 1964, S. 86. Rosalys Coope, Salomon de Brosse and the development of the classical style in French architecture from 1565 to 1630, London 1972, S. 183ff, 212f, Abb. 214–216.
94 Die Münchner Synagoge mit ihrer Kassettendecke und der eingezogenen Apsis weist eine damals sicher bekannte Nähe zu römischen Bauten auf, wenn auch nicht das gleiche Schema gewählt wurde, so hat der Bau doch die gleichen Proportionen von Länge zu Breite (2:1), wie sie Teilen der Basilika Vitruvs zugeschrieben wurden. Siehe: Vitruv, De Architectura, ed. Curt Fensterbusch, Darmstadt 1964, S. 208–209 und K. Ohr, Die Form der Basilika bei Vitruv, in: Bonner Jahrbücher, 175. 1975, S. 113–127.
95 Am weitesten verbreitet war wohl Romein de Hooghes Festblatt, das anläßlich der Einweihung der Synagoge im Jahr 1675 entstand, und von F. de Wit gestochen wurde. (Siehe: Hollstein Bd. IX, S. 121, Nr. 116–118.)
96 Der Bau wurde 1941 zerstört. Vgl.: Rosenau, 1941, S. 82 (wie Anm. 93). Wischnitzer 1964, S. 82. C. Roth, The Great Synagogue. London 1690–1940, London 1950 (bes. S. 167ff).
97 Wischnitzer, 1964, S. 102–104, Abb. 79–81.
98 Dr. Vogelstein, Eine Jahrhunderterinnerung. Zur Jahrhundertfeier der Einweihung der alten Gemeindesynagoge und der Weihe der Kriegsfreiwilligen in Königsberg in Preußen am 19. April 1815, in: Achtundvierzigster Bericht über den Religionsunterricht der Synagogengemeinde zu Königsberg... für das Schuljahr 1914/15..., Königsberg o. J. (um 1915), S. 3ff. Joseph Rosenthal, Die gottesdienstlichen Einrichtungen in der jüdischen Gemeinde zu Königsberg in Preußen. Festschrift zur 25. Wiederkehr des Tages der Einweihung der neuen Gemeindesynagoge, Königsberg/Pr. 1921, bes. S. 7ff.
99 Vgl. Anm. 42. Zur Verbreitung der hier vorliegenden Raumform vgl. etwa die nicht allzu fern liegende Johanniskirche in Wolfenbüttel von 1664.
100 Hundsnurscher, Baden, S. 72ff, Abb. 43/44. Siehe auch die Publikation des Architekten Ch. Arnold, Practische Anleitung zur bürgerlichen Baukunst, Karlsruhe 1832, T. 13ff.
101 Der Tempel Salomons als traditionsreichstes jüdisches Bauwerk ist eine äußerst schwierige Frage, weil einerseits die Wiederherstellung des alten Heiligtums der Ankunft des Messias vorbehalten war, eine Kopie also einem Sakrileg gleichkommen konnte, andererseits in Einweihungspredigten der Vergleich zwischen dem alten Tempel und

den jeweiligen Neubauten geradezu zum Topos wurde. Genaue Vorstellungen über das Aussehen der alten palästinensischen Synagogen existieren nicht, obwohl über den Kult und seine Einrichtungen eine Fülle von Literatur verfaßt wurde. Die verbreitesten Traktate, in denen die bauliche Gestalt fast nicht behandelt wird, sind: J. Buxtorf, Synagoga judaica noviter restaurata..., Hannover 1622. C. Vitringa, De synagoga vetera libri tres, 2. Aufl., Leucopetra 1726.

102 Metivier, Grundpläne u. Durchschnitte..., S. 3 (wie Anm. 48).

103 Vgl. L. Hautecœur, Histoire de l'architecture classique en France, Bd. 5, Paris 1952, S. 212ff, Abb. 99–101, 198. Die Kirche war sehr berühmt und wurde von Schinkel im Jahre 1826 gezeichnet (Wolzogen, Nachlaß, Bd. 4, S. 154). Die Himmelfahrtskirche in Rees (Weihe 1828), die unter Schinkels Einfluß entstand, dürfte auf Chalgrin's Bau zurück gehen. Vgl. E. Brües, Schinkel, Lebenswerk, Rheinland, München 1968, S. 203 ff.

104 Vgl. Katalog der Ornamentstichslg. der Kunstbibliothek Berlin, Berlin 1939, Nr. 2435. Als Metivier 1789 nach Paris kam, war der Bau erst seit wenigen Jahren fertiggestellt. Johann Amann verwendete 1798 für den Umbau der Kirche Am Hof in Wien für den Chor ebenfalls eine kassettierte Tonnendecke. Mollers zweiter Entwurf für die katholische Kirche in Darmstadt von 1813 und Frederik Hansens Frauenkirche in Kopenhagen, von 1811–1829, zeigen die gleichen Wölbungsformen.

105 Tonnengewölbe sind im Synagogenbau der Zeit durchaus geläufig, allerdings fast ausnahmslos bei Bauten in sehr kleinen Gemeinden: Lehrensteinsfeld, 1652; Ellrich, 1730; Braunsbach, 1732; Nordstetten, 1767; Karlsruhe 1798–1800; Königsberg a. Eger, 1802; Deutsch-Krone, 1824; Oderberg, 1825; Pinne, 1826.

106 Vgl.: S. Dubnow, Weltgeschichte des jüdischen Volkes, Bd. 8, 2. Aufl., Berlin 1920/23, S. 153–157. Eingeschränkt wurde die Wirkung der Versammlung durch die antifranzösische Haltung der meist patriotisch eingestellten Juden. Siehe: Raphael Mahler, A history of modern jewry, 1780–1815, London 1971.

107 Vgl.: Franz Reber, Bautechnischer Führer durch München. Festschrift zur zweiten Versammlung des Verbandes Deutscher Architekten und Ingenieure. München 1876, S. 129. O. Hederer, Leo von Klenze, München 1964, S. 406. Norbert Lieb, München. Die Geschichte seiner Kunst, München 1971, S. 248; eine Abbildung des Saales findet sich in: Reidelbach, König Max I. Joseph, München 1919, S. 21. Der Bau befand sich in der Prannerstraße 20. Metivier war 1816 Inspektor der königl. Baucommission und 1818 Hofbaudekorateur geworden, damit direkter Untergebener Klenzes, den er auch öfter vertreten mußte. Siehe vor allem: Klassizismus in Bayern, 1980, S. 285–288 (wie Anm. 48) und Wittelsbach und Bayern, Bd. III, 2. Krone und Verfassung. König Max I. Joseph und der neue Staat, Katalog, München 1980, S. 311 ff.

108 Bericht der Münchner Abendzeitung, abgedruckt in: Sulamith, 7. 1826, Teil 1, S. 210–216 und Der Bayerische Volksfreund, 1826, Nr. 49 vom 25. 4., S. 199–200.

109 Etwa 80% der bayerischen Staatsanleihen wurden von jüdischen Bankiers übernommen. Vgl.: A. Cohen, Die Münchner Judenschaft (1750–1861), in: Zeitschrift für die Geschichte der Juden in Deutschland, 2. 1931, S. 262ff, bes. S. 270.

110 Eduard Schöpflich, Zur Geschichte der Juden in München, in: Bayerische Israelitische Gemeindezeitung, 1926, S. 221 ff, bes. S. 223.

111 Eingabe von Eduard Marx an die Polizeidirektion vom 14. 8. 1816 und an die Kammer des Innern vom 26. 5. 1823. (Oberbayrisches Staatsarchiv: RA 2091/33888.)

112 Ebd., RA 2090/33874, Eingabe vom 23. 3. 1832.

113 Zur Geschichte des orthodoxen Judentums, vgl.: H. Schwab, The History of orthodox Jewry in Germany, London 1950, bes. S. 40ff. Zu Eduard Marx, siehe: Leo Baerwald, Juden und jüdische Gemeinden in München vom 12. bis 20. Jhdt., in: Schwarz, Juden in Bayern, S. 19ff (wie Anm. 50).

114 Der Bayerische Volksfreund, Nr. 50 vom 27. 4. 1826, S. 202–203.
115 Hirsch Aub, Rede bei der Einweihungs-Feyer. München 1826, S. 6; Aub war Gemeinderabbiner.
116 Leo von Klenze, Anweisung zur Architektur des christlichen Cultus, München 1822, S. II–III. Die Schrift wurde an alle Staatsbehörden, die mit Baufragen zu tun hatten, verschickt.
117 Ebd., S. 3.
118 Ebd., S. 4–5.
119 Vgl. hierzu: Karl von Lützow, Leo von Klenze und sein Verhältnis zum Kirchenbau, in: Jahrbuch der Westermann's Monatshefte, 1865, S. 305 ff. B. Zittel, Der Klassizismus und die Theorie des Kirchenbaus, in: Das Münster 1952, S. 343 ff. Klenze hebt in seinen «Anweisungen» das Tonnengewölbe als besonders würdige Wölbungsform hervor.
120 Auch der Wiener Gemeinde war bei ihrem, in einem Hinterhof liegendem Neubau von 1826, nicht gestattet, an dem Vorderhaus durch Inschriften oder Embleme auf die Synagoge hinzuweisen, vgl. Abb. 113.
121 I. Rudhardt, Über den Zustand des Königreichs Bayern nach amtlichen Quellen, Stuttgart und Tübingen 1825, Bd. 1, S. 77.
Die erste Münchner Synagoge wurde in den folgenden Jahrzehnten mehrfach umgebaut; Ende der 80er Jahre, als die Gemeinde in der Innenstadt einen Neubau errichtete, wurde sie abgerissen.
122 Zit. nach Max Freudenthal, Die ersten Emancipationsbestrebungen der Juden in Breslau..., in: Monatsschrift für die Geschichte und Wissenschaft des Judentums, 1893, S. 41 ff, bes. S. 426.
123 Dr. Heppner, Zur Jahrhundertfeier der Storchsynagoge am 23. April 1929, in: Breslauer Jüdisches Gemeindeblatt, Nr. 4 vom April 1929, S. 59 ff.
124 Ebd., S. 61, Anm. 3.
125 Ludwig Bergmeister u. Günther Grundmann, Die Kunstdenkmäler der Stadt Breslau, Breslau 1934, S. 157 ff (= Die Kunstdenkmäler der Provinz Niederschlesien, Bd. 1, Teil 3). Der Name Storchsynagoge geht auf den alten Flurnamen des Grundstücks zurück. Verschiedene Anbauten, so ein zusätzliches Treppenhaus an der Hauptfassade, haben den Bau verändert. Die Ausmalung durch den damals nicht unbekannten Raphael Biow, war schon vor den Zerstörungen 1938 nicht mehr erhalten. Der Bau ist, wenn auch beschädigt und verändert, noch vorhanden; siehe: T. Broniewskiego, Sztuka Wrocławia, Wrocław 1967, S. 401.
126 Vgl. zur Wiederaufnahme ägyptischer Motive in der Architektur: Hans Vogel, Ägyptische Baukunst des Klassizismus, in: Zeitsch. f. Bild. Kunst, 62. 1928/29, S. 160–165. Fritz Baumgart, Ägyptische und klassizistische Baukunst. Ein Beitrag zu den Wandlungen architektonischen Denkens in Europa, in: Humanismus und Technik, 1. 1953, S. 70–90. N. Pevsner und S. Lang, The Egyptian Revival, in: Architectural Review 119. 1956, S. 242–254. Erich Hubala, Egypten, in: RDK, Bd. 4, Sp. 750–775. Ders., Das alte Ägypten und die bildende Kunst im 19. Jhdt., in: Weltkulturen und moderne Kunst. Katalog der Ausstellung München 1972, S. 36-39. Als allgemeine Darstellung ist heranzuziehen: Siegfried Morenz, Die Begegnung Europas mit Ägypten = Sitzungsber. d. Sächs. Akad. d. Wiss., Leipzig, Phil. Hist. Kl. Bd. 113, Heft 5, Berlin 1968, bes. S. 154 ff. Zur Verbindung von ägyptischem Stil und Synagogenbau, siehe: Rachel Wischnitzer-Bernstein, The Problem of Synagogue Architecture. Creating a Style expressiv of America, in: Commentary, 3. 1947, S. 233 ff. Dies., The Egyptian Revival in Synagogue Architecture, in: Publications of the American Jewish Historical Society, 51. 1951, Septemberheft S. 61–75. Wischnitzers Untersuchungen betreffen zum großen Teil nur

amerikanische Synagogen. Eine konkrete Begründung für die Wahl ägyptischer Motive gibt sie nicht: «We would like to know, in this case (Munich) as in Weinbrenners, just what meaning the associations with Egypt conveyed by the architectural motifs had for the jewish congregation concerned», (Commentary S. 234). Siehe neuerdings Richard G. Carott, The Egyptian Revival. Its sources, monuments and meaning, 1808–1858, Berkeley 1978.

127 I. Kracauer, Geschichte der Juden in Frankfurt, Bd. 2, Frf./M. 1927. Siegfried Scheuermann, Der Kampf der Frankfurter Juden um ihre Gleichberechtigung. Diss. Frankfurt 1933.

128 Emanuel Schwarzschild, Die Gründung der israelitischen Religionsgesellschaft zu Frankfurt am Main. Frankf. 1896, S. 6. Es scheint nicht eindeutig klärbar, wann die Synagoge im Compostellhof in der abgebildeten Form eingerichtet wurde. 1815 wurden jedenfalls reformierte Gottesdienste abgehalten; der wirkliche Durchbruch scheint den Reformern aber erst 1828 gelungen zu sein, allerdings bleibt zweifelhaft, daß erst danach der Betsaal in dieser Form eingerichtet worden wäre. Vgl. Wischnitzer, Synagogues, S. 176f, die an dem Datum 1810 festhält. Ferner Friedrich Krug, Historisch-topographische Beschreibung von Frankfurt a. M., Frankfurt 1845, S. 218.

129 Scheuermann, S. 3–4 (wie Anm. 127).

130 S. Dubnow, Weltgeschichte des jüdischen Volkes, Bd. 8, 2. Aufl., Berlin 1928, S. 19. Kracauer, S. 388 (wie Anm. 127). Es muß darauf hingewiesen werden, daß die Verwendung einer französisch-klassizistischen Dekoration im Innern der Synagoge sicher eine Anlehnung an die Formen der Besatzungsmacht war, dies aber nicht Ausdruck einer ausgeprägten Franzosenfreundlichkeit bedeutete.

Der Konflikt der deutschen Juden in den französischen Gebieten bestand darin, daß sie von ihrer national-deutschen Überzeugung ausgehend, antifranzösisch eingestellt waren (Teilnahme vieler Juden an den Befreiungskriegen), daß sie aber andererseits von Napoleon die fast völlige Gleichberechtigung erhalten hatten, die ihnen ihre Vaterländer nicht im Entferntesten gewähren wollten, bzw. nach 1815 wieder nahmen.

131 Vgl. zu diesen Gedanken die Arbeit von Klemens Felden, Die Übernahme des antisemitischen Stereotyps als soziale Norm durch die bürgerliche Gesellschaft Deutschlands (1875–1900), Diss. Heidelberg 1965. Wenn diese Arbeit auch einen späteren Zeitraum behandelt, so sind viele an dem dort gemachten Beobachtungen auch auf das frühe 19. Jahrhundert übertragbar.

132 Der Bayerische Volksfreund, Nr. 49 vom 25. 4. 1826, S. 199–200.

133 Jakob und Wilhelm Grimm, Dtsch. Wörterbuch, Bd. IV/2, Leipzig 1877, Sp. 2038–2039. Hier wird die Definition Kants als Beispiel abgedruckt: «ideal bedeutet die vorstellung eines einzelnen, als einer idee adäquaten wesens».

134 L. L. Hellwitz, Die Organisation der Israeliten in Deutschland, Magdeburg 1819, S. 34.

135 Zu dem Widerspruch von Emanzipation und jüdischem Eigencharakter vgl.: Caesar Seligmann, Geschichte der jüdischen Reformbewegung von Mendelssohn bis zur Gegenwart, Frankfurt/M. 1922. Dubnow, Weltgeschichte Bd. 9, S. 84ff. Max Wiener, Jüdische Religion im Zeitalter der Emanzipation, Berlin 1933. Jakob Katz, Die Entstehung der Judenassimilation in Deutschland und deren Ideologie. Diss. Frankfurt/M. 1935. Michael A. Meyer, The origins of the modern Jew. Jewish Identity and European Culture in Germany, Detroit 1967, bes. S. 167ff. Reinhard Rürup, Judenemanzipation und bürgerliche Gesellschaft in Deutschland, in: Gedenkschrift für Martin Göring. Veröffentl. d. Inst. f. Europäische Geschichte, Bd. 50, Wiesbaden 1968, S. 174ff. Ders., Emanzipation und Antisemitismus. Studien zur ‹Judenfrage› der bürgerlichen Gesellschaft, Göttingen 1975, S. 11ff.

136 Vgl. Hundsnurscher, Juden in Baden, S. 70 ff. Hier dürfte als Vorbild neben dem Bau in Karlsruhe auch die 1829–30 erbaute Synagoge in Eichstetten gedient haben. Ebd., S. 72. Im Generallandesarchiv Karlsruhe befindet sich ein umfangreicher Akt zu Efringen-Kirchen (Sign. 368/Zug. 1907, Nr. 4, Heft 312). Vgl. auch: Axel Huetter, Die jüdische Gemeinde von Kirchen, 1736–1940, o. O. 1978, bes. S. 66 ff.
137 Akten, wie in Anm. 136. Schreiben vom 20. 6. 1828.
138 Ebd., Schreiben vom 2. 10. 1828.
139 Siehe Anm. 202.
140 Vgl.: Quatremère de Quincy, De l'Architecture égyptienne, considerée dans sons origine..., Paris 1803, bes. Tafel 10, 36 und 47. Friedrich Christian Gau, Neuentdeckte Denkmäler von Nubien an den Ufern des Nils, Stuttgart 1822, T. 3.
141 Ch. L. Stieglitz, Beiträge zur Geschichte der Ausbildung der Baukunst, 1. Teil, 1834, Tafel 7 und 8. Zu Kopp siehe Anm. 181.
142 Zu Roedelheim vgl.: Georg Faust, Sozial- und wirtschaftsgeschichtliche Beiträge zur Judenfrage in Deutschland vor der Emanzipation unter besonderer Berücksichtigung der Verhältnisse in der ehemaligen Grafschaft Solms-Roedelheim, Diss. Giessen 1937. E. Hartmann u. Paul Schubert, Alt-Roedelheim. Ein Heimatbuch, Frankfurt/M. 1921, S. 154–160 u. S. 197. Encyclopedia Judaica, Jerusalem 1971, Bd. 14, Sp. 219–220. Das hier angegebene Baudatum der Synagoge ist nicht richtig und bezieht sich auf den Vorgängerbau, der 1730 entstanden war.
143 Vgl.: Allgemeine Zeitung des Judentums, 2. 1838, S. 389. Die zweite mir bekannte Predigt eines christlichen Geistlichen wurde in den dreißiger Jahren des 19. Jhdt. in Westfalen, ebenfalls von einem protestantischen Geistlichen gehalten. Siehe hierzu: Rede eines evangelischen Superintendenten bei der Grundsteinlegung einer Synagoge (ca. 1830) in: Monatsschrift für Gottesdienst und kirchliche Kunst, 1896, S. 161. 1855 notiert der Bürgermeister von Roedelheim: «Wenn eine Gemeinde im Großherzogtum Hessen der Toleranz sich rühmen darf, so ist es gewiß die Gemeinde Roedelheim.» (Zit. nach Hartmann, Altroedelheim, S. 160). 1938 zerstört.
144 Zur Geschichte der Juden in Würzburg gibt es nur sehr unzureichende Untersuchungen: Jakob Weissbart, Geschichtliche Mitteilungen über Ende der alten und Entwicklung der neuen israelitischen Gemeinde, Würzburg 1882. L. Bamberger, Ein Blick auf die Geschichte der Juden in Würzburg, Würzbg. 1905. David Schuster, Geschichte... (wie Anm. 202). Synagoge 1938 zerstört.
145 Die Akten, den Synagogenbau betreffend, sind im Staatsarchiv Würzburg erhalten (Sign.: Reg. Abg. 1943/45, Akt Nr. 7108). Lückenhafte Bauakten mit einer Bauaufnahme von 1928 sind im Stadtarchiv Würzburg erhalten.
146 Schreiben des Ordinariats des Bistums Würzburg an die Regierung des Untermainkreises vom 29. 12. 1834 (Staatsarchiv).
147 Die endgültigen Pläne stammten von dem Zimmermannsmeister Anton Eckert.
148 Gutachten vom 12. 1. 1836 (Staatsarchiv).
149 «Königreich Bayern. Staatsministerium des Innern. Seine Majestät wollen, daß die auf Kosten der israelitischen Gemeinde in Würzburg neu zu erbauende Synagoge nach dem angefügten, den Anschlag nicht erhöhenden Entwurf Lit. C ausgeführt, übrigensfalls das Eindecken des Daches mit Schiefersteinen der Kosten wegen Anstand finden sollte, vor dem Beginne des Baues darüber noch Bericht erstattet werde. Pläne und Beilagen des Berichtes vom 2. Juli v. Js. folgen behufs der Vollziehung gegenwärtigen königlichen Beschlusses anliegend zurück. München, den 13. Februar 1837. Auf seiner königlichen Majestät allerhöchsten Befehl.»
150 Protokoll der Stadtbaugeschworenen vom 1. 7. 1834.
151 Wie anachronistisch die Anordnung war, die Fenster möglichst klein zu halten,

zeigt die Beschwerde eines katholischen Geistlichen mehr als hundert Jahre früher: Im Jahre 1725 richtete der Dechant der Gemeinde Altenstadt-Illereichen in Schwaben eine Beschwerde an den zuständigen Grundherrn: Er möge dafür sorgen, «daß ...sogleich sowohl die langen Fenster als auch das Gewölb (bei der neuen Synagoge) abgethan und geändert, mithin alles in den Stand eines gemeinen Bauernhauses hergestellt werde, dazumalen von keinerlei Obrigkeit gestattet werden könne, denen Juden einen Tempel zu ihrer Superstition aufbauen zu lassen.» Vgl. Hermann Rose, Geschichtliches der israelitischen Kultusgemeinde Altenstadt, Altenstadt 1931, S. 30–31. Ganz ähnlich argumentiert auch 1840 die christliche Gemeinde in Mollenfelde gegen den Bau einer Synagoge: Es ist «auf dem platten Lande, besonders in einer kleinen Dorfschaft sehr auffallend, daß jüdische Glaubensgenossen sich ein solches Recht heraus nehmen förmliche Kirchen wie die christlichen Gemeinden zu erbauen ...». (Akten, Staatsarchiv Hannover, sign.: Hann. 74, Rheinhausen N, Nr. 6 vom 17. 6. 1840).

152 Schreiben des Magistrats vom 13. 3. 1837 und Gutachten vom 27. 3. 1837.

153 Schreiben des Civilbauinspektors vom 16. 6. 1840 und vom 30. 6. 1840.

154 Der Name Gärtners wird hier das einzige Mal erwähnt, sonst ist immer nur von dem «Plangeber» die Rede. Die zitierte Mitteilung befindet sich als Aktennotiz auf einem Schreiben vom 20. 9. 1840. Klaus Eggert, Friedrich Gärtner. Der Baumeister König Ludwig I., München 1963 und O. Hederer, Friedrich von Gärtner, 1792–1847. Leben – Werk – Schüler, München 1976 erwähnen die Synagoge nicht. Zu Gärtners Beziehungen zum jüdischen Kultbau siehe auch hier die Bemerkungen über die Synagoge in Ingenheim.

155 M. A. Gessert, Die fünf neuen Kirchen Münchens in Bildern und Beschreibungen, München 1847, S. 7.

156 Vgl. Carl Friedrich Gau, Denkmäler Nubiens (wie Anm. 140). Zu Schinkels Theaterdekorationen siehe: Paul Zucker, Die Theaterdekoration des Klassizismus, Berlin 1925, T. 31.

157 Allgemeine Zeitung des Judentums, Nr. 113, vom 2. 9. 1838, S. 455.

158 Dr. Meges, Bericht aus Würzburg, in: Orient, Heft 11, Bd. 2. 1841, S. 85.

159 Baumgart gibt in seinem Aufsatz eine kurze Bibliographie der Reiseliteratur: Fritz Baumgart, Ägyptische und klassizistische Baukunst, in: Humanismus und Technik, 1. 1953, S. 70 ff, bes. Anm. 7.

160 G. B. Piranesi, Diverse Maniere d'adornare i camini ed ogni altra porte delgi edifici desunte dell 'architettura Egizia, Rom 1769. (Hind, S. 86; Focillon, S. 271 ff).

161 Joseph del Rosso, Untersuchungen über die Baukunst der Ägypter, Chemnitz 1801. (ital. Ausg., Florenz 1787).

162 Vgl.: Johann Gottfried Grohmann, Handwörterbuch über die bürgerliche Baukunst und schöne Gartenkunst, Leipzig 1804, Bd. 1, S. 30. Alois Hirt, Die Geschichte der Baukunst bei den Alten, Bd. 1, Berlin 1821.

Das Zitat ist entnommen: Ernst Kopp, Architektonische Entwürfe, 1. Lieferg., Erfurt 1831, S. 1. Siehe ferner: Ch. L. Stieglitz, Geschichte der Baukunst, 2. Aufl., Leipzig 1837, S. 143 ff.

163 Eleonore Sterling, Judenhaß. Die Anfänge des politischen Antisemitismus in Deutschland, Frankfurt/M. 1969, S. 51 f, nach Historisch-politische Blätter, 1838, S. 394.

164 Johann Georg Sulzer, Allgemeine Theorie der Schönen Künste, Bd. 1, 2. Auflg., Leipzig 1792, S. 318.

165 Alois Hirt, 1821 (wie Anm. 162), S. 103.

166 Quatremère de Quincy, De l'architecture égyptienne, considérée dans sons origine, ses principes et son goût, et comparée sous les mêmes rapports à l'architecture Greque, Dissertation, Paris 1803.

167 Ebd., S. 219–222.
168 Dubnow, Weltgeschichte, Bd. 9, S. 24–25.
169 Grohmann (wie Anmk. 162), S. 30.
170 K. M. Hegelein, Lehrbuch der Höheren Baukunst für Deutsche, Bd. 3, Leipzig 1832, S. 7–9.
171 Zit. nach: Dubnow, Weltgeschichte, Bd. 8, S. 220–221.
172 Zit. nach: Rosa Dukas, Die Motive der preußischen Judenemanzipation von 1812 mit besonderer Berücksichtigung ihres Verhältnisses zu den Ideen der Judengesetzgebung der französischen Revolution. Diss. Freiburg, 1915, S. 32.
173 H. Beenken, Der Historismus in der Baukunst, in: Historische Zeitschrift, 157. 1938, S. 27ff. Ders., Das neunzehnte Jahrhundert in der deutschen Kunst, München 1944. G. F. Hartlaub, Zur Sozialpsychologie des Historismus in der Baukunst; abgedruckt in seiner Sammelschrift: Fragen an die Kunst. Studien zu Grenzproblemen. Stuttgart 1950, S. 45ff. H. Sedlmayr, Die Grenzen der Stilgeschichte und die Kunst des 19. Jahrhunderts, in: Historisches Jahrbuch der Görres-Gesellschaft, 74. 1955, S. 394f. Vgl. ferner: Die Aufsätze verschiedener Autoren in dem Sammelband: Historismus und Bildende Kunst, Vorträge und Diskussionen im Oktober 1963 in München und auf Schloß Anif = Studien zur Kunst des 19. Jahrhunderts. Bd. 1, München 1965. Vgl. weiter hierzu die Arbeiten von Hermann Bauer und Friedrich Piel, in: Probleme der Kunstwissenschaft, Bd. 1, Kunstgeschichte und Kunsttheorie im 19. Jahrhundert, Berlin 1963, S. 13ff und S. 133ff.
Als Übersicht und Untersuchung zur Begriffsbildung: Wolfgang Götz, Historismus. Ein Versuch zur Definition des Begriffs, in: Zeitschr. d. dt. Vereins f. Kw. 1970, S. 196ff. Martin Fröhlich, Hinter der Fassade, in: archithese, 2. 1972, S. 30ff. M. Brix u. M. Steinhauser, Geschichte im Dienste der Baukunst, in: Geschichte allein ist zeitgemäß. Historismus in Deutschland, Gießen 1978, S. 199ff.
174 Vgl. hierzu die Arbeit von Horst Fischer, Judentum, Staat und Heer in Preußen im frühen 19. Jahrhundert. Zur Geschichte der staatlichen Judenpolitik, Tübingen 1968 = Schriftenreihe wissenschaftlicher Abhandlungen des Leo Baeck Instituts, 20, bes. S. 63ff und S. 88ff.
Vgl. auch die antisemitische Polemik für die beispielhaft die Arbeiten des Heidelberger Theologen Paulus stehen: H. E. G. Paulus, Die Folgen der jüdischen Nationalabsonderung nach der neuesten Preußischen Gesetzgebung, in: Sophronizon, 13. 1831, Heft 6, S. 1–18. Ders., Der wahre Standpunkt von welchem her die Frage: Warum kann die Judenschaft nicht aus Schützbürgern in Staatsbürger verwandelt werden?, ebd., Heft 4, S. 1–149. (Auch als Separatdruck erschienen.)
175 Johann Georg Sulzer, Theorie, S. 318 (wie Anm. 164).
176 Ch. L. Stieglitz, Geschichte der Baukunst vom frühesten Alterthume bis in die neueren Zeiten. Nürnberg, 2. Aufl. 1837, S. 116/7.
177 Leo von Klenze, Anweisungen zur Architectur des christlichen Cultus. München 1822, S. 3.
178 A. Hirt, Die Baukunst nach den Grundsätzen der Alten, Belin 1809, S. 10–22.
179 Die Erscheinungen der Judenfeindschaft in ihren sozialpsychologischen Ursachen und Folgen finden eine breite Komponente auch in den baulichen Äußerungen der Juden. Unter diesen psychologischen Aspekten betrachtet, wird ein orientalischer Stil, der z. T. auch in christlichen Bauten Verwendung fand, bei den Juden zu einem fremden Stil, zum Abzeichen der Außenseiter. Hier wird, wie Allport formuliert, das Vorurteil zu einem subjektiven Zustand, in dem Vorstellungen und Gefühle von Andersartigkeit die Hauptrolle spielen, selbst wenn die Unterschiede nur in der Einbildung existieren. Diese Aspekte hier weiterzuführen ist leider nicht möglich. Vgl. hierzu: Gordon W.

Allport, The Nature of Prejudice, Boston 1954, deutsch, Köln 1971; amerik. Ausgabe: bes. S. 116ff, 192ff, 300f. Georges E. Simpson und J. M. Yinger, Racial and cultural minorities. An analysis of prejudice and discrimination, 3. Aufl., New York-London 1965, bes. S. 221 ff.

180 Der einzige Autor der oben zitierten Literaturliste (vgl. Anm. 126), der sich auch mit den kritischen Stimmen zum ägyptischen Stil und deren Ursache auseinandersetzt, ist Morenz. Er stellt die breite Ablehnung ägyptischer Motive, besonders in der Literatur der Zeit dar, die vor allem bei Herder und Goethe zum Ausdruck kommt. Vgl. auch: K. H. Dittmann, Goethe und die ‹Egyptischen Sachen›, in: Mitteilungen des Dt. Archäolog. Instituts, Abt. Kairo, 12. 1943, S. 96ff. L. Volkmann, Goethe und Aegypten, in: Zeitschrift für ägyptische Sprache und Altertumskunde, 72. 1936, S. 1ff. Morenz, S. 157ff.

181 Lohde, Der Tempel Salomon's von Ernst Kopp. Neue Ausgabe. Stuttgart 1839, in: Literatur- und Anzeigenblatt für das Baufach als Beilage zur Allgemeinen Bauzeitung, 1840. Nr. 34, S. 302–303. Titel von Kopps Buch: Der Tempel Salomonis. Neue, zur vergleichenden Darstellung mit Meyers, Hirts und Stieglitz's Tempel Salomonis, vermehrte Auflage, Stuttgart 1839.

182 E. Kopp, Beiträge zur Darstellung eines reinen Baustyls, 2. Heft, 1837, Tafel 1–2. Es würde hier zu weit führen, einen Vergleich von Kopps Tempelrekonstruktionen mit seinen Synagogenentwürfen vorzunehmen.

183 C. Perrault entwarf die Rekonstruktionen für Compiègne de Veils erste Publikation über den Tempel in Jerusalem (1678). Siehe hierzu: Wolfgang Herrmann, Unknown designs for the temple of Jerusalem by Claude Perrault, in: Essays in the history of architecture presented to Rudolf Wittkower, London 1967, S. 143 ff. Für die Wiederverwendung der Kupfertafeln im 18. Jhdt. siehe: Ludovicus Compiègne de Veil, Proemium in tractatum Maimonidis de domo electa, in: Thesaurus antiquitatum sacrum complectus... veterum Hebreorum mores... Baslius Ugolinus, Bd. 8, Venedig 1747, S. 875 ff.

Zum Tempel in Jerusalem allgemein vgl.: G. Bandmann, Tempel von Jerusalem, in: Lexikon der christl. Ikonographie, Bd. 4, Freiburg 1972, Sp. 255–260 u. H. Rosenau, The vision of the Temple. The image of the Temple of Jerusalem in Judaism and Christianity, London 1979.

184 Leo von Klenze, Anweisung zur Architektur des christlichen Cultus, München 1822, S. 3.

185 Christian Ludwig Stieglitz, Geschichte der Baukunst vom frühesten Alterthume bis in die neueren Zeiten, Nürnberg, 2. Aufl. 1837, S. 117. A. Hirt, Der Tempel Salomons, Berlin 1809. Franz von Meyer, Der Tempel in Jerusalem, Berlin 1830. In seinen Beiträgen zur Geschichte der Ausbildung der Baukunst, Teil 1, Leipzig 1834, meint Stieglitz, daß ein genaues Bild von jüdischer Architektur erst mit Hilfe der ägyptischen und phönizischen Architektur möglich sei, da «die Ägypter den Israeliten erst Kultur gegeben hätten». (S. 66)

186 In der Festrede anläßlich der Einweihung der Münchner Synagoge setzt Hirsch Aub den neuen Bau mehrmals mit dem Tempel Salomons in Beziehung, indem er die Worte Salomons, die dieser bei der Einweihung des Jerusalemer Tempels gebraucht, verwendet u. ausdrücklich auf die Parallele hinweist. Vgl.: Hirsch Aub, Rede bei der Einweihungs-Feyer, München 1826. Man kann die Verwendung des Ausdrucks «Tempel» in der Rede Aubs nicht so programmatisch verstehen, wie es die Reformer in Hamburg und Seesen taten, die dadurch ausdrücklich den Verzicht auf eine Wiedergründung des Jerusalemer Tempels kundtun wollten.

187 Deutlich «tragende» Funktion haben die Palmen in der Rekonstruktion des Tem-

pels von Samuel Reyher, Mathesis Mosaica sive loca Pentateuchi Mathematica, Kiel 1679, Abb. neben S. 631 und in: Louis Cappel, Trisagion sive Templi Hierosolymitani triplex delineatio, in: Critici Sacri, Bd. 5, Tafel 7, Amsterdam 1698. Das berühmte Werk von Villalpandus wurde für eine große Zahl von späteren Kommentaren über den Tempel Salomons verwendet. Vgl.: W. Herrmann, wie in Anm. 183 und Erik Forssman, Säule und Ornament. Studien zum Problem des Manierismus in den nordischen Säulenbüchern, Stockholm 1956, S. 208–210.

Auch das berühmte Modell des Tempels im Museum für Hamburgische Geschichte ist nach Villalpandus' Angaben um 1700 angefertigt worden. Die Kupfertafeln mit den Rekonstruktionen sind in Bd. 2 seines Werkes enthalten: Juan Baptista Villalpandus, In Ezechielem explanationes et apparatus urbis ac templi Hierosolymitani, Commentariis et imaginibus illustratus, Rom 1596 ff. Bd. 2, 1605. Die Arbeit von B. Vogelsang, Theater und Theologie. Architekturtheorie und Gesellschaft im 17. Jahrhundert. Materialien zu Gerhard Schotts Hamburger Bühnenmodell des Templum Salomonis, Diss. Köln 1979, war mir noch nicht zugänglich.

Noch Durand verwendet in seinem ‹Recueil d'architecture› von 1800–1801 den Grundriß von Villalpandus (Tafel 6). Andere verbreitete Rekonstruktionen, die den Palmenschmuck zeigen, sind: Johannes Coccejus, Opera Omnia, Amsterdam 1673, Bd. 3, Tafel 10. Conrad Mel, Salems Tempel oder Beschreibung des herrlichen Tempels Salomons, Frankfurt 1726, Abb. zu S. 119 u. 159. Johannes Lund, Die alten jüdischen Heiligtümer, Hamburg 1738. A. Hirt, Der Tempel Salomons, Berlin 1809, Tafel 3. Ernst Kopp, Der Tempel Salomons. Neue Ausgabe, Stuttgart 1839, Abb. 1–4. Chr. L. Stieglitz, Beiträge zur Gesch. d. Ausbildung d. Baukunst nebst erläuternden Beilagen, Teil 1, Leipzig 1834, Taf. 7 u. 8.

188 Vgl.: R. Steche, Beschreibende Darstellung der älteren Bau- und Kunstdenkmäler des Königreichs Sachsen. Amtshauptmannschaft Chemnitz, Dresden 1886, S. 62.

189 Vgl. Anton Eckardt, Die Kunstdenkmäler der Pfalz, Bd. 4, B. A. Bergzabern, München 1935 = Kunstdenkm. v. Bayern, Reg. Bez. Pfalz, S. 241–244. Abb. 175–177. R. Herz, Die Juden in der Pfalz, 1937. Gärtners Mitarbeiter Voit wurde 1841 dessen Nachfolger an der Akademie in München. Als Baukonduktor in Amberg seit 1832 als Zivilbauinspektor in Speyer hat er eine große Zahl von Kirchen in der Pfalz errichtet. Von ihm stammen unter anderen die Synagogen in Speyer (1862 stark verändert) und Kirchheimbolanden. Vgl. H. J. Kotzur, Forschungen zum Leben und Werk des Architekten August von Voit, Diss. Heidelberg 1977, Bamberg u. Köln 1978, bes. Bd. 2, S. 80 ff. Siehe auch hier im Kapitel über maurische Synagogen.

190 W. von Matthey u. H. Klaiber, Die Kunst- und Altertumsdenkmale im ehemaligen Donaukreis. Kreis Riedlingen, Berlin 1936, S. 78. Sauer, Württemberg, S. 31–36. Die Synagoge war 1839 eingeweiht worden. Siehe auch Vierfelder, Betsäle, S. 9 ff (wie Anm. 30), der berichtet, daß Metiviers Pläne für die Synagoge in München vor Baubeginn eingesehen wurden.

191 Goldenberg, Synagogenbau, S. 51 ff. R. Klée Gobert, Die Bau- u. Kunstdenkmale der Freien und Hansestadt Hamburg, Bd. 2, Elbvororte, Hamburg 1959, S. 102. Eduard Dukesz, Iwoh Lemoschaw ..., Krakau 1903, S. XXXII ff. Die Altonaer Synagoge, in: Jahrbuch für d. jüd. Gemeinden Schleswig-Holsteins und der Hansestädte, 6. 1934/35, S. 30 ff; zu O. J. Schmidt siehe: Fr. Schiøtt, Ole Jørgen Schmidt, in: Arkitekten. Medd. fra Akad. Architektforenigen Kopenhagen, 8. 1905/06, S. 379 ff. U. Nabel, Ole Jørgen Schmidt, in: Hamburger Nachrichten, vom 17. 7. 1931, Beilage, s. p.

192 Sowohl für Laugier als auch für Stieglitz handelt es sich bei diesen Umgestaltungen um rein ästhetische Probleme. Vgl.: C. H. L. Stieglitz, Encyklopaedie der bürgerli-

chen Baukunst. Ein Handbuch, Leipzig 1796, Bd. 3, s. v. ‹Kirche›, S. 101 ff, bes. S. 199 (Hinweis von H. Hipp). Laugier, Observations sur l'architecture, deutsch Leipzig 1768, S. 83; siehe auch: W. Herrmann, Laugier and eighteenth century theory, London 1962, bes. S. 184 ff.

193 F. G. Leonhardi, Geschichte und Beschreibung der Kreis- und Handelsstadt Leipzig, Leipzig 1799. Zit. nach: D. Dietrich, Die Erneuerung der Nikolaikirche zu Leipzig in den Jahren 1784–1796, in: Der Hausvater. 7. 1898, S. 151 ff, bes. S. 152–153.

194 Zu den Palmsäulen vgl. auch: Eva Börsch-Supan, Garten-, Landschafts- und Paradiesmotive im Innenraum. Eine ikonographische Untersuchung, Berlin 1967, S. 179 ff. Hella Müller, Natur-Illusion in der Innenraumkunst des späten 18. Jahrhunderts, Diss. Göttingen, 1957 (MS), bes. S. 156 ff.

Zum Luisenmausoleum vgl.: G. F. Koch, Schinkels architektonische Entwürfe im gotischen Stil. 1810–1815, in: Zeitschr. f. Kunstgeschichte, 32. 1969, S. 262–316. Joachim Gaus, Schinkels Entwurf zum Luisenmausoleum, in: Aachener Kunstbll., 41. 1971, S. 254 ff = Festschrift Wolfgang Krönig.

Die direkte Verknüpfung von ägyptischen Palmenkapitellen und Palmenbäumen behandelt Pococke in seinem berühmten Reisewerk: «On a souvent cru que les chapiteaux en forme de cloche, étaient une imitation d'un vase posé sur une colonne, entrelacée de feuilles mais ceux qui ont vu les chapiteaux d'Egypte, croiroient plutôt que c'est celle de la tête d'un arbre, par exemple du palmier, dont les jets ont la pointe en haut, & qui a la pointe d'un chapiteau, aprés qu'on en a coupé ceux d'un bas ainsi qu'on le fait que les palmiers qui étoient sculptés dans le temple de Salomon, fussent des colonnes ou du moins des pilastres de cette espece, qui ont la figure d'un palmier.» Aus: Voyages de Richard Pocockσ, ... en Orient, dans l'Egypte, ..., Bd. 2, Paris 1772, S. 171–172.

195 Protokolle des Kollegiums der Gemeindeältesten der Hochdeutschen Israel. Gmde., Altona, Bd. 2, 1831–1839, anno 1831, anno mundi 5592, fol. 12. (Staatsarchiv Hamburg, Jüdische Gemeinde Nr. 133.)

196 Eine spezielle jüdische Kultsymbolik, die plausibler wäre, als der Hinweis auf den Tempel Salamonis, scheint es nicht zu geben. Vgl.: Immanuel Loew, Die Flora der Juden, II. Wien und Leipzig 1924 = Veröffentlichungen der Alexander Kohut Foundation, Bd. 2, bes. S. 303–362. H. N. Moldenke, Plants of the Bible, Waltham 1952, S. 171. Winifred Walker, All the plants of the Bible, 5. Aufl. London 1960, S. 160.

197 Vgl.: Nicolaus Goldmann, Vollständige Anweisung zu der Civilbaukunst, Leipzig 1708. Goldmanns Entwurf befindet sich auf Tafel 10, der von Sturm auf Tafel 17.

198 Vgl. Siegfried Guggenheim, Aus der Vergangenheit der Israelitischen Gemeinde zu Offenbach am Main, Offenbach 1915. Vgl. auch Anm. 35.

199 Johann Bernhard Fischer von Erlach, Entwurf einer historischen Architektur, 2. Aufl. 1725, Taf. 2. Joh. Lund, Die alten jüdischen Heiligthümer, Hamburg 1725. Conrad Mel, Salems Tempel ... Leipzig 1724. Vgl. Anm. 187.

200 Hier muß auf die Tradition der Schreine mit Ädikula und dreieckigem Giebel hingewiesen werden, die seit der Spätantike die vorherrschende Form darstellen, wenn auch vielfach Anlehnungen an christliche Altäre diese Form variieren. Vgl.: Erwin R. Goodenough, Jewish Symbols in the Greco-Roman Period, Bd. 4, New York 1954, bes. S. 99 ff, 122 ff.

201 Bei evangelischen Altären ist die häufige Verwendung von Engeln auffallend. Oft tragen sie den Altarbaldachin, stehen also formal immer in Verbindung mit den Palmsäulen, – ein Motiv durch das die Nähe zur biblischen Schilderung noch deutlicher wird. Cherubim waren in der Synagoge auf Grund des durch die Tradition entstandenen Bilderverbotes damals nicht möglich. Später taucht das Motiv häufiger auf, wie etwa in der Synagoge in Posen von 1907 (Abb. 430) oder bei der Ausmalung der Synagoge in Stettin von 1914.

Nicht nur im jüdischen und protestantischen Kultbau wird das Palmenmotiv verwendet, sondern auch barocke Kirchenbauten der Katholiken werden damit ausgestattet, wenn auch sehr versteckt, so doch an ikonologisch relevanter Stelle: In der Klosterkirche Ottobeuren sind die Zwickelbilder an den Kuppeln von Palmbüscheln, die auch farblich von der Stuckdekoration unterschieden sind, umgeben. Noch deutlicher treten sie an ähnlicher Stelle in der Klosterkirche von St. Gallen auf, wo ebenfalls über den Pfeilern und über dem abschließenden Gesims Palmenbüschel in den Zwickeln der Mittelschiffsgewölbe angebracht sind. Auffallendstes Beispiel für dieses Motiv ist die Umgestaltung des Chores im Konstanzer Münster, wo die gotischen Rippen auf palmenblättrigen Konsolen ruhen. Die Umgestaltung erfolgte hier 1775–1780 durch d'Ixnard, also fast gleichzeitig mit dem Umbau der Nikolaikirche in Leipzig. N. Lieb, Barockkirchen zw. Donau und Alpen, München 1953, Abb. 100 und 101. H.-R. Hitchcock, Rococo Architecture in Southern Germany, London 1968, Abb. 170.

202 Zu Efringen-Kirchen vgl.: Hundsnurscher, Juden in Baden, S. 71. Zu Hamburg-Altona siehe Anm. 191. Zu Würzburg vgl. David Schuster, 850 Jahre Juden in Würzburg, in: Die Einweihung der Synagoge in Würzburg, Würzburg 1970. Die Synagoge in Kopenhagen wird von Wischnitzer, 1964, S. 183–185, ausführlich behandelt. Der Bau ist von Gustav Friedrich Hetsch aus Stuttgart errichtet worden. Hetsch, der in Paris ausgebildet wurde, lebte seit 1815 in Kopenhagen.

Wischnitzer kommt bei der Behandlung der Synagoge in Kopenhagen *wegen* der falschen Interpretation einer Stelle in Karl Christian Baehrs, Der Salomonische Tempel, 1848, S. 256, zu einer richtigen (!) Deutung der Verwendung des ägyptischen Stils. Baehr berichtet, der Architekt Hetsch habe eine Rekonstruktion des «Tempels» in ägyptischen Formen erstellt. Wischnitzer ist der Meinung, es handle sich hierbei um eine Rekonstruktion des Tempels in Jerusalem, doch Baehr bespricht in diesem Teil seines Buches den Einfluß ägyptischer Architektur auf heidnische Tempel und bezieht sich hier auf den Tempel in Paphos auf Cypern. Für diesen hat Hetsch auch die Rekonstruktion entworfen und in Friedrich Münters, Der Tempel der himmlischen Göttin zu Paphos, Kopenhagen 1824, Taf. 3, publiziert, und zwar in ägyptischen Formen.

Wischnitzer vertritt nun die These, Hetsch habe, angeregt durch seine Rekonstruktion des Tempels Salomonis die Kopenhagener Synagoge in ägyptischen Formen erbaut. Richtig ist, daß Hetsch, auch ohne eigene Wiederherstellungsversuche des Tempels, der herrschenden Auffassung folgend, er sei in ägyptischen Stil erbaut worden, seine Synagoge in ägyptisierendem Stil errichtet hat.

In seinem Gutachten zu den am 14. 10. 1829 eingereichten Plänen schreibt Hetsch: «Bei der Konzeption des Projekts war ich bestrebt, das Zweckmäßige mit dem Charakteristischen zu vereinen, und habe beabsichtigt, den Bau unter den übrigen öffentlichen Bauten der Hauptstadt auszuzeichnen und leicht erkennbar zu machen durch das Gepräge des orientalischen Ursprungs, das ich versucht habe, dem Ganzen zu geben.»

Er betont ausdrücklich, daß ein Tonnengewölbe nicht zum ägyptischen Stil der Synagoge passe und vor allem an die von Hansen erbaute Frauenkirche erinnern würde. Die Einweihung der Synagoge in Kopenhagen fand am 12. 4. 1833 statt. Vgl.: Josef Fischer, Synagogen i København, in: Jødisk Familieblad. Tilstilles alle Medlemmer af det Mosaiske Trossamfund i Danmark, Festnummer i Anledning af Synagogens 100 aars jubilaeum, Heft v. 21. 4. 1933, S. 2 ff.

203 Kopp, Tempel, Abb. 1, 2 und 4 (wie Anm. 181).

204 L. Canina, L'architettura antica, descritta e dimonstrata coi monumenti. 11 Bde. Rom 1830–1844, Tafelbd. 1, Taf. CXLII.

205 Arnsberg, Juden in Hessen, Bd. 1, S. 414–440, bes. S. 416.

206 R. Hallo, Geschichte der jüdischen Gemeinde Kassel, Kassel 1931, S. 25. Helmut

Berding, Napoleonische Herrschafts- und Gesellschaftspolitik im Königreich Westfalen, 1807–1813, Göttingen 1973.
207 Vgl.: Ludwig Horwitz, Die Gesetze um die bürgerliche Gleichstellung der Israeliten im ehemaligen Kurhessen. 1816 und 1833, Kassel 1927. S. Dubnow, Die neueste Geschichte des jüdischen Volkes = Weltgeschichte des jüdischen Volkes, Bd. 9, 2. Aufl., Berlin 1929, S. 72–73.
208 Vgl.: J. M. Jost, Neuere Geschichte der Israeliten in der ersten Hälfte des 19. Jahrhunderts. Bd. 1, Deutsche Staaten, Breslau o. J. (1845), bes. S. 215–218. Gerhard Hentsch, Gewerbeordnung und Emanzipation der Juden im Kurfürstentum Hessen, Wiesbaden 1979, bes. S. 45 ff, 56 ff, 75 ff.
209 Die weitgehend emanzipierten Stadtgemeinden versuchten zwar ihre Zugehörigkeit zu einer anderen Schicht zu betonen, sich von den armen Schacherjuden zu distanzieren, andererseits sorgte ein ausgeprägtes Wohlfahrtswesen, wie es die christlichen Gemeinden kaum kannten, für die armen Juden. Zur wirtschaftlichen Aktivität der Juden vergleiche: J. Sombart, Die Juden in der Wirtschaft, 1911. Jakob Segall, Die beruflichen und sozialen Verhältnisse der Juden in Deutschland, Berlin 1912. E. Sterling, Judenhaß, bes. S. 29 ff. Raphael Strauß, Die Juden in Wirtschaft und Gesellschaft, Frankfurt/M. 1964. Abraham Leon, Judenfrage im Kapitalismus, München 1971.
Die sogenannten kleinen Schacherjuden hatten ihre Verdienste besonders in der Versorgung der Landbevölkerung mit notwendigen Kleinwaren. Sie waren oft die einzigen, die bereit waren, beschwerliche Wege für geringsten Verdienst auf sich zu nehmen, ein minimaler Verdienst, der durch besondere Findigkeit und kleinkapitalistische Methoden aufgebessert wurde. (Kredit-Zinswesen, Preisunterbietung)
210 Vgl.: L. Horwitz, Die Kassler Synagoge und ihr Erbauer, Kassel 1907, bes. wichtig: Rudolf Hallo, Kassler Synagogengeschichte, in: Geschichte der jüdischen Gemeinde Kassel, Bd. 1, Kassel 1931 (mehr nicht erschienen). Hallo berücksichtigt zum gr. Teil die im Staatsarchiv Marburg erhaltenen Akten über den Synagogenbau, vor allem aber waren ihm noch die Akten im Archiv der jüdischen Gemeinde in Kassel zugänglich. Er hat auch einige der vielen Vorentwürfe aufgefunden.
211 Erlaß vom 26. 4. 1743. Horwitz, S. 8 (wie Anmk. 210).
212 Über diesen ersten Bau vgl. Hallo, S. 17 ff und Abb. 2 ebd. (wie Anmk. 210).
213 Hallo, S. 21. Akten Staatsarchiv Marburg: Geheimer Rat, 2408. Der Bau sollte sogar in der Mitte eines Platzes liegen!
214 Eine eingehende Untersuchung solcher Tarnarchitektur religiöser Minderheiten, die wahrscheinlich zu interessanten Ergebnissen führen würde, liegt meines Wissens nicht vor.
215 Horwitz, S. 10 (wie Anm. 210). Hallo, S. 22 bringt keine Klärung dieser Frage. Simon Louis du Ry sollte die Pläne zu dem Neubau entwerfen, und der Landgraf wollte das Bauholz schenken. Dieser Plan steht wohl im Zusammenhang mit der Ausgestaltung am Holländischen Tor. Vgl. A. Holtmeyer, Kreis Kassel-Stadt, Bd. 1, Marburg 1923, S. 78, Anm. 8 und Abb. S. 131 (= Die Bau- und Kunstdenkmäler im Regierungsbezirk Kassel).
Der Plan scheiterte aus unbekannten Gründen, doch ist er wohl identisch mit du Ry's Vorschlag von 1768, bei einer Stadterweiterung eine Judensiedlung um einen viereckigen Platz anzulegen. Vgl. zu du Ry: Hans-Kurt Boehlke, Simon-Louis du Ry als Stadtbaumeister Landgraf Friedrich II. von Hessen-Kassel, in: Zeitschr. d. Vereins f. Hess. Geschichte u. Landeskunde, 69. 1958, S. 174–192.
216 Vgl. Hallo, S. 22–23. Er datiert den Entwurf in die Jahre dieser Stadterweiterung. Er hat sicher damit zu tun, ist aber wohl einige Jahre später entstanden, da sich Jussow bis 1775 als Student in Marburg befand und nur 1776 für einige Monate in Kassel weilte,

dann bis 1778 in Göttingen weiterstudierte. Erst in diesem Jahr tritt er in das Landgräfliche Baudepartement, unter der Leitung von Simon du Ry, ein. Wahrscheinlich entstand der Entwurf frühestens in diesem Jahr. Siehe: Heinrich Christoph Jussow (1754–1825). Baumeister in Kassel und Wilhelmshöhe. Ausstellungskatalog, Kassel 1958, S. 3 und Abb. 1. Aufklärung und Klassizismus in Hessen-Kassel unter Landgraf Friedrich II. 1760–1785, Katalog, Kassel 1979, S. 214. (Staatl. Kunstslg. Kassel, Kupferstichkabinett, Inv. Nr. K II 6003.)

217 Dieser Entwurf zeigt in der Grundrißgestaltung der Gesamtanlage ein Charakteristikum, das uns noch bei zwei anderen, etwas später entstandenen Bauten, begegnet: Die Synagoge liegt im Scheitel eines halbkreisförmigen Vorhofes. Vor der Synagoge in Treuchtlingen, in Mittelfranken, wurde bei ihrem Neubau 1819 ein halbkreisförmiger Vorhof angelegt, der durch einen Zaun von der Straße her abgeschlossen war. Eine ähnliche Bildung des Vorhofs plante man bei der Synagoge in Düsseldorf, die 1787–1789 von Peter Joseph Krahe entworfen wurde. (Abb. 31) Elisabeth Moses deutet in ihrer Besprechung des Düsseldorfer Baus eine Ähnlichkeit dieses Vorhofs zu Vorstellungen vom Tempel von Jerusalem an, doch ist mir keine Rekonstruktion des Tempels bekannt, die eine derartige Gestaltung aufweist. Eher ist hier an repräsentative Formen des Palastbaues (Caprarola) zu denken. Vgl. hierzu die leider sehr lückenhafte Beschreibung von R. B. Horwitz, Die Tempelhalle oder die neue Synagoge in Markt Treuchtlingen..., o. O., 1820, bes. S. 11. Reinhard Dorn, Bauten und Projekte Peter Joseph Krahes in Düsseldorf, Koblenz,..., Braunschweig 1971, bes. S. 18 ff und Abb. 6–8. E. Moses, Jüdische Kunst- und Kultdenkmäler in den Rheinlanden, in: Rheinischer Verein f. Denkmalpflege und Heimatschutz, 1931, Heft 1, S. 99 ff, bes. S. 127.

218 1789/90 wurde versucht, durch Verkleinerung der Estrade des Hl. Schreins neue Plätze zu gewinnen. Hallo, S. 24.

219 Hallo, S. 23. Man könnte auch vermuten, daß die Opposition gegen eine Synagoge, die vom Konsistorium gebaut wird, ihren Grund in der Furcht vor Reformen im Kultus hatte. Israel Jacobsons (Vorsitzender des Konsistoriums und Anhänger einer extremen Reform des Judentums) Tempel in Seesen galt bei vielen Gemeinden als «kirchlich».

220 Horwitz, 1907, S. 11. Hallo, S. 43, Anm. 2 (Polizeidirektion Cassel, Sonderakten, Abt. I. Fach 42).

221 Nach Horwitz, S. 9, hatte die alte Synagoge 70 Männer- und 39 Frauenplätze. Nach Arnsberg, Hessen, I, S. 416, gab es 1823 in Kassel schon 900 Juden, von denen allerdings nicht alle Mitglied der Gemeinde waren.

222 Horwitz, S. 11. Hallo, S. 44. Als offizieller Grund wird die hohe Verschuldung der Gemeinde angegeben. Kreisrat Koch hatte eine Sondersteuer auf den Fleischverbrauch vorgeschlagen, aus der die Bausummen teilweise aufgebracht werden sollten. Diese Steuer hätte natürlich die wohlhabenden Mitglieder der Gemeinde am stärksten betroffen.

223 Horwitz, ebd. Gutachten des Kreisamtes. Akten Staatsarchiv Marburg. Sign.: 16.XIV/2. Nr. 22. Akten, betreffend die Erbauung einer neuen Synagoge für die israelitische Gemeinde in Kassel, 1828–18... (1867). Ministerium des Innern. Rep. XIV. Kl. 2, Nr. 22. Im Folgenden zit.: Akten, Marburg. Zitat im Gutachten des Kreisamtes vom 16. 12. 1828 referiert.

224 Horwitz, S. 12. Beschluß vom 11. 9. 1828.

225 Kabinettsbeschluß vom 27. 12. 1828. Hallo, S. 44–45. Akten, Marburg: 28. 12. 1828: «Allerhöchster Beschluß im Geheimen Kabinett. Als schicklichster Bauplatz wird derjenige, worauf jetzt das Laboratorium der Artillerie steht, zum Kaufe vorgeschlagen, indem dort der neue Tempel in das point de vue der neuen Straße am Zeughause kommt;...»

226 Trotz der Schenkung des Grundstücks mit der mahnenden Aufforderung vom
31. 12. 1828 des Ministeriums, Risse und Kostenvoranschlag für diesen Platz vorzulegen, lehnt die Gemeinde ihn ab: Sie begründet ihre Entscheidung damit, daß die Stelle zu abgelegen sei, für alte Leute und generell zu weit von den jüdischen Wohnvierteln entfernt sei (Akten, Marburg vom 17. 2. 1829).
Hallo glaubt, die Ablehnung dieses hervorragenden Platzes beruhe auf einem Irrtum des Vorstandes, da der Platz nur wenige hundert Meter von dem später endgültig angekauften, allerdings etwas versteckteren Platz liegt. Aber eben diese Tatsache macht stutzig: Es ist einfach abwegig dem Vorstand zu unterstellen, er hätte nicht gewußt, wo das vom Kurfürsten geschenkte Grundstück liege. Vielmehr ist hier die einzigartige Lage der Synagoge zu berücksichtigen. Außerhalb eines Ghettos gab es in Deutschland kaum eine Synagoge, die um diese Zeit, in so auffallender Lage errichtet wurde. (Die Synagoge in Wörlitz nimmt eine architekturgeschichtlich und ikonologisch völlig andere Stellung ein.) Verfolgt man die Entstehungsgeschichte der Kassler Synagoge weiter, so wird aus den Erörterungen des Vorstandes und des Architekten klar, wie bedacht die Gemeinde auf ihr Bild in der Öffentlichkeit war, das durch die Synagoge entstehen könnte. Hier ist eindeutig der Wunsch vorhanden, nicht aufzufallen; nicht Anlaß für antijüdische Propaganda zu liefern ist der Grund für die Ablehnung, – eine Ablehnung, die ja der Gemeinde nicht leicht fallen konnte, da sie einer Beleidigung des Landesherrn gleichkam.
227 Mitglied der Stadtverschönerungskommission war auch der jüdische Architekt Rosengarten, der spätere Erbauer der Synagoge. Das Grundstück wird am 14. 10. 1830 genehmigt. Hallo, S. 45, Anm. 12. Akten, Marburg, Schreiben vom 14. 10. 1830 und ein weiteres undatiertes Schreiben von Baudirektor Bromeis vom Oktober. Bitten um kostenlose Überlassung des Grundstücks und Gewährung von Krediten durch den Staat werden für diesen neuen Platz von der Regierung abgelehnt. Akten, Marburg: Schreiben vom 16. 7. 1831.
228 Hallo hat diese S. 50 ff dargestellt. Die Baugeschichte ist deshalb so kompliziert, weil in den vorhandenen Akten im Staatsarchiv Marburg eine große Zahl von Projekten erwähnt wird, von denen zwölf erkennbar sind, aber niemals der Name des entwerfenden Architekten auftaucht. Von der großen Zahl von Projekten sind aber nur drei erhalten. Ich erwähne hier nur die Projekte, aus denen eine deutliche Aussage über die Absichten des Bauherrn, der Regierung oder des Architekten zu entnehmen ist.
229 Hallo, S. 50. Akten Marburg, Schreiben vom 5. 12. 1830: «... ob wir zur Veranschlagung und Leitung des fraglichen Baus der Synagoge uns des in Vorschlag gebrachten Oberlandbaumeisters Schuchardt bedienen dürfen ... so wir wiederholt gehorsamst bitten: zu genehmigen, daß die Gemeinde sich der Geschicklichkeit und Thätigkeit des Oberlandbaumeisters Schuchardt zur Veranschlagung und Leitung des neuen Synagogenbaues allhier bedienen dürfe.»
230 Zeichnungen sind nicht erhalten. Nur ein Begleitbrief der Gemeinde und Schuchardts erläutern den Entwurf kurz. Akten, Marburg, Eingabe der Gemeindeältesten vom 14. 5. 1832, dabei liegt ein Schreiben Schuchardts vom 7. 5. 1832. (Auszug): «Das Gebäude hat ein längliches Viereck zur Grundform, dessen Seiten 66 und bzw. 124 Fuß lang sind. Das Innere der Synagoge ist ... bis zum Anfange der Bogendecke 39' hoch und dieser Raum bedingt durch die Bestimmung, vierhundert Männer und 240 Frauen aufnehmen zu können. In der Mitte ist der Almemor für Ablesen der Thora, in einer großen Nische des Hintergrundes die Bundeslade, in der Richtung nach Osten, wie solches der Ritus verlangt, angebracht. Vor dem Eingange befindet sich eine Vorhalle mit zwey Waschbecken, rechts ein Zimmer für den Diener und links das Treppenhaus zu den Emporbühnen, welche durch dorische Säulen getragen werden. Eine zweite Reihe solcher Säulen trägt die gewölbte Decke.»

231 Hallo, S. 50.
232 Vgl. Thieme-Becker, Bd. 5, S. 54 und Erwin Schwarzer, in: Veröffentlichungen der historischen Kommission für Hessen und Waldeck. 20, 4. Lebensbilder aus Kurhessen und Waldeck, 1830–1930. Marburg 1950, S. 39–52.
Bromeis war Direktor der Architekturabteilung der Kasseler Akademie und Nachfolger H. Chr. Jussows, des Entwerfers der zweiten Synagoge in Kassel. Am 29. 6. 1830 wurde er Leiter des gesamten staatlichen Bauwesens in Kurhessen. Als Oberhofbaumeister hatte er bis 1831 auch das fürstliche Bauwesen unter sich.
233 Hallo, S. 51 ff. Abb. 6. Marburg, Staatsarchiv Nr. D 306. Aus den erhaltenen Beschreibungen dieses Entwurfs ist sicher, daß die Zuschreibung Hallos an Bromeis zutrifft, obwohl D 306 nicht bezeichnet ist.
234 Bericht der Oberbaudirektion (Unterzeichner Bromeis) an das Innenministerium vom 6. 3. 1833 (Akten, Marburg): «Was die Anwendung dieses Styls (ägyptischen) betrifft, so halten wir solchen zwar im Allgemeinen, nicht nur wegen des climatischen Unterschiedes, sondern auch, weil die Baukunst durch den freieren Schönheitssinn der Griechen eine höhere Ausbildung und Vervollkommnung erhalten hat, nicht mehr anwendbar. Schon Strabo bemerkt, daß dem ägyptischen Style das Einnehmende, das schöne Maß und die edleren Verhältnisse fehlen. Was diesem Style nicht abgesprochen werden kann, ist der Charakter der Festigkeit und der unzerstörbaren Dauer; auch wohl der Ruhe und der einfachen Größe ... Was aber den ersten Tempel zu Jerusalem betrifft; so ist kein architektonisches Denkmal auf unsere Zeit gekommen, woraus sich mit völliger Sicherheit auf den Baustyl dieses merkwürdigen Werkes einer prachtvollen altorientalischen Kunst schließen ließe ... Ob wir nun zwar ... die Anwendung des ägyptischen Baustyls zu einer Synagoge nicht gerade verwerfen wollen; so halten wir uns doch ... jenen Baustyl zu diesem Zwecke nicht besonders zu empfehlen.»
235 Die religionsgeschichtliche Verwirrung dieser Argumentation beruht auf der Projektion des Aufklärungsgedankens, daß Moses der Gesetzesstifter sei und nicht eine göttliche Offenbarung und auf der Annahme, das Volk habe dies gewußt, also aus den Bauformen die ägyptische Grundlage der Gesetzgebung erkennen können.
236 Vgl. Hallo, S. 51 ff. Akten, Marburg: Gutachten Schuchardts über den Entwurf von Bromeis, vom 3. 3. 1833. Ich kann hier nur die wichtigsten Stellen aus dem sechzehn Seiten umfassenden Gutachten wiedergeben.
«Den Charakter der Festigkeit und unzerstörbaren Dauer, so wie der Ruhe und einfachen Größe erhalten die ägyptischen Denkmäler nur durch die Anwendung kolossaler Werkstücke von fast unvergänglichem Material an den selbst kolossalen Bauten, durch Festigkeit ausdrückende Verhältnisse der Höhe zur Länge oder Breite, ... durch die Symbolik einer reichen Verzierung, durch das von keinen Fensteröffnungen durchbrochene Mauerwerk, durch die in jenem Klima bei solchen Material entbehrlichen Bedachungen und endlich durch die überall sichtbare im Äußern und Innern streng durchgeführte Riesenkonstrukzion dieser Werke. Sind wir nun genötigt, fast überall auf entgegen gesetzte Weise zu verfahren, schwache Mauern von Bruch- und Backsteinen aufzuführen, das angegebene Verhältnis der Höhe zur Breite aufzugeben, Fensteröffnungen in großer Anzahl und von höchst ungewöhnlicher Größe anzulegen, kleine Säulen und Pilaster in bedeutender Höhe anzubringen, wie solches an ägyptischen Denkmälern nie vorkommt, unpassende Verzierungen ohne alle Beziehung anzuwenden, Bedachungen anzulegen und solche hinter leere Mauern zu verstecken, im Innern endlich den Rundbogenstyl anzuwenden, welcher den Ägyptern völlig unbekannt war – wie dies Alles in den vorliegenden Projekten vorkommt –, wie kann man da erwarten, daß ein solches Bauwerk den oben bezeichneten Charakter ägyptischer Tempel ausspreche? ... Es dürfte also hieraus hervorgehen, daß der ägyptische Baustyl unter dem, von dem

Direktorio für zulässig erachteten und deren Zeichnungen ersichtlichen Modifikationen den angegebenen Charakter durchaus verliert, ja selbst zu einem Fantasiegebilde ohne Charakter und Beziehung wird und nur noch dasjenige einer näheren Prüfung zu unterwerfen seyn, was für die Ähnlichkeit der Bauwerke der Juden mit denen der Ägypter weiter aus der Geschichte der erstern aphoristisch angeführt wird.

So wahrscheinlich es ist, daß Moses die Grundzüge seiner Gesetzgebung aus den empfangenen Lehren der ägyptischen Priester schöpfte; so unwahrscheinlich ist es, daß er dieselben äußeren, seinen Glaubensgenossen bekannten Formen der Gottesverehrung beibehielt, welche stets an den Ursprung seiner Weisheit erinnert haben würde.

Götzendienst war bei den Juden eine Todsünde und es ist nicht wahrscheinlich, daß ihre Tempel mit den Götzentempeln der Ägypter die äußeren Formen gemein hatten. Während ihrer Wanderung in der Wüste errichteten die Juden keine dauernden Gebäude und Palästina betrat eine andere Generation, fremd den Eindrücken, welche die ägyptischen Bauwerke bei ihren Vätern hinterlassen hatten und Veranlassung zur unwillkürlichen Nachahmung hätte geben können. Auch lehrt die Geschichte, daß Völker welche, wie die Israeliten, einer schmählichen Knechtschaft entgangen waren, alles möglichst vermeiden, was an jenen Zustand erinnern könnte, vielmehr überall in Kontraste sich gefallen.

Es ist daher bei Weitem wahrscheinlicher, daß die späteren Bauwerke der Juden den Charakter ihrer Grenznachbarn der Araber annahmen, welche von dem der Ägypter durchaus verschieden war, indem letztere ihre Steinhöhlen, erstere ihre Zelte dabei zum Vorbilde hatten, wozu auch das Klima aufforderte.

Keines der in Palästina noch vorhandenen Denkmäler, erinnert im Entferntesten an den ägyptischen Baustyl, wohl aber an den arabischen, wovon die Kuppeln zeugen und wär ersterer beherrschend gewesen; so würde er doch nicht spurlos verschwunden seyn, besonders wenn man dabei die ungeheuerliche Konstrukzion der Ägypter beibehalten. So unvollkommen auch die im ersten Buche der Könige enthaltene Beschreibung des Salomonischen Tempels ist, so läßt sich doch daraus – daß solcher Fenster und drei übereinander befindliche Galerien oder Umgänge, so wie eine Verdachung hatte, – denn eine horizontale Bedachung mit Zedernholz würde das von dem ägyptischen abweichende Klima von Palästina nicht zugelassen haben – schließen, daß solcher keine Nachahmung ägyptischer Tempel war, bei welchen über das niemals sich Holz angewendet sich findet.

Geht nun aus dem Angeführten hervor, daß der ägyptische Baustyl für eine Synagoge nicht geeignet, vielmehr nur veranlassen würde, die Israeliten an die traurigste Epoche ihrer Geschichte zu erinnern und ein Abzeichen zu bilden, welches ihren Tempel von denen aller übrigen, den alleinigen Gott anbetenden Völkern, unterschiede, ergiebt sich ferner, wie solches die Ober-Baudirekzion auch zugiebt, daß dessen Anwendung für unsere Zeiten und Himmelstriche nicht mehr paßt, abzusehen von den Rücksichten, welche die Kunst thun würde, indem sie zu einem Style zurückkehren, welchen die gebildeten Griechen schon vor Jahrtausenden verließen. So hält es der Unterzeichnete für seine Pflicht, von dessen Anwendung überall abzurathen, wie es denn auch an jedem Beispiele gebricht, daß Architekten von Ruf sich dessen jemals bedient hätten.

Der Anblick der ägyptischen Denkmäler besticht allerdings unsere Fantasie, er versetzt uns gleich einem Zaubermärchen, in jene herrlichen Gefilde, wo ein ewig klarer Himmel sich wölbt, wo ein berühmtes Volk lebte, dessen Religion und Sitten ein tiefes Geheimnis verhüllt, welches diese Monumente noch zu bewahren, und der Ewigkeit zu trotzen scheinen.

Allein der bildende Künstler darf sich dergleichen dunklen Gefühlen nicht überlassen, er muß sich vielmehr des Zweckes und der Mittel seiner Schöpfungen vollkommen bewußt seyn und legt er nun den Maßstab verständiger Kritik an jene Alterthümer; so verschwindet der Zauber einer augenblicklichen Begeisterung und er gewinnt die Überzeugung, daß solches nur jener fernen Zeiten angehören, nicht aber nachgeahmt werden können und dürfen.»

237 Akten, Marburg. Gutachten vom 13. 2. 1833.

238 Ebd.

239 Akten, Marburg. Enthalten in einem Schreiben der Oberbaudirektion an das Innenministerium vom 2. 5. 1833. Hallo, S. 53. Die von der Gemeinde eingereichten Risse tragen die Signatur: Ka/Kb.

240 «... gehorsamst bemerken, daß obschon derselbe den gothischen, mit dem bizantinischen und römischen Baustile vereinigt und somit in dieser Beziehung von dem Muster einer guten reinen Architektur abweicht, doch nicht zu verkennen ist, wie diese Vereinigung sinnig ist, und deshalb so wie in Betracht, daß sie den übereinstimmenden Wünschen der Israelitischen Gemeinde entspricht, zuzulassen sein dürfte.» (Akten vom 20. 9. 1833) Im Konzept des Gutachtens der Gemeinde werden auch die Namen der Architekten genannt, die bisher für den Neubau Entwürfe angefertigt hatten: Schuchardt, Bromeis, Kühnert und Rudolph. Diese Namen wurden dann im offiziellen Schreiben weggelassen.

241 Inventar Kassel, Bd. 1. S. 390 ff. Tafel 275 (wie Anm. 215).

242 Vgl.: Gotthilf Walter, Geschichte der Religionsschule und des Kultus, in: Geschichte der jüdischen Gemeinde Kassel, Bd. 1, Kassel 1931, S. 169 ff. Vgl. zur Situation des Kultus und den intensiven Gebrauch des Hebräischen während des Gottesdienstes: Dr. B....r, Bericht aus Cassel, in: Orient, Heft 17. 1840, S. 128 ff.

243 Jacob und Willhelm Grimm, Deutsches Wörterbuch, Bd. X/1, Leipzig 1905, Sp. 1181–1182.

244 Das Gutachten des Gemeindevorstandes vom August 1833 wird hier ausführlich wiedergegeben, da es eines der wenigen erhaltenen Zeugnisse ist, die wir von einer jüdischen Gemeinde überhaupt haben, in dem sie ihre Absichten über die zu erbauende Synagoge niederlegt. (Akten, Staatsarchiv Marburg) Hervorhebung wie im Original.

«Bei der Beurtheilung sowohl der folgenden Entwürfe, als überhaupt dessen, was bei der Erbauung eines israelitischen Bethauses in Deutschland als Erforderniß im Grunde zu legen ist, haben wir zuforderst feststellen zu müssen geglaubt, daß der Entwurf zu einem solchen Gebäude *vornehmlich* und *überall* folgenden drei Hauptmomenten nothwendig entsprechen müsse.

1. *Dem Zweck seiner Bestimmung* und zwar nicht nur
    a) in *materieller* Hinsicht, also in Betreff der äußeren Forderungen zur bestmöglichen und angenehmen Benutzung des Gebäudes nach den Vorschriften des für den darin zu feiernden Gottesdienst bestehenden Ritus, sondern auch
    b) in *ideeller* Hinsicht, nach dem religiösen Grundgedanken, dessen Ausfluß und Wert dieser Kultus ist, – welchem also das Gebäude so viel innere und äußere Bedingungen es an die Hand geben, in Umriß und Charakter sich dienend anpassen und wenigstens in strenger Enthaltung von allem was rein bleiben muß, was demselben fremd, oder gar im entstellenden Widerspruch damit seyn würde.
2. Neben der Erfüllung dieses ersten Erfordernisses würde aber, unseres Erachtens, dieses Gebäude auch soviel als möglich angemessen sein müssen dem *Himmelsstrich des Landes*, auf dessen Boden es errichtet, der Zeit in welcher es zunächst benutzt werden soll und den allgemeinen Zügen der Volkssitte, welche es zunächst umgeben wird. Würde es, statt eine Beziehung zu diesen auszusprechen, vielmehr in einem schneidenden Contraste zu demselben stehen, so würde auch der Mangel äußerer Vormundschaft und Beziehung zu den Formen, Begriffen und Sitten, in welche das Leben der Gegenwart sich niedergelassen hat – nothwendig eine innere Entfremdung erzeugen

und nur das über aus momentane Interesse der Sonderbarkeit und einer kalten Schaulust hinterlassen, also nicht nur die unter 1) angedeutete Zweckangemessenheit an sich vermindert, sondern auch durch diesen Abgang einer lebendigen Beziehung des Äußern des Gebäudes zu der Habitualität der Gemeinde und allen ihren Verhältnissen, ein noch wesentlicheres Moment des zum Gottesdienste bestimmten Gebäudes und damit auch dessen Bedeutung und Würde verloren gehen, ihm also nun der seiner Bestimmung durchaus fremde Charakter einer willkührlichen Dekoration und phantastisch baulichen Ausschmückung irgend eines leeren Platzes übrig bleiben ...».
Der Entwurf von Bromeis sei ungenügend, weil:
«ad 1) Hinsichtlich des ersten Gesichtspunktes in Bezug auf die Bestimmungsangemessenheit, so darf, unseres Erachtens, zuvörderst und in *materieller* Hinsicht nicht außer Acht gelassen werden, daß die Bestimmung eines Gebäudes, wie diejenigen, die man im Alterthum *Tempel* nannte, und die eines israelitischen *gottesdienstlichen Hauses* in Bezug auf die nächste Benutzung derselben eine sehr wesentlich verschiedene ist. Die Tempel der alterthümlichen Kulte waren bestimmt zur Aufnahme der Götterstatuen, zur Aufbewahrung der Heiligthümer, zu Opferungen, zu Mysterien, zu Orakeln, zum Aufenthalte der Priesterschaft. Von allem diesem hat und kennt die Synagoge nicht eines; keine Bilder, sie sind aus ihr verbannt; keine materiellen Heiligthümer, sie hat nur heilige Schriften; keine Mysterien, keine Priester; sie ist ein Haus, worin sich die *Gemeinde* versammelt zum Gebet und zur Anhörung des göttlichen Wortes – sie ist also in diesem Sinne kein Tempel, wird nur uneigentlich so genannt, sie ist ein *Bethaus*; und daß folglich die Entwürfe zu Gebäuden von so verschiedener Bestimmung nicht durchaus aus einem und demselben Gesichtspunkte zu betrachten sein würden, geht schon daraus hervor, daß auch bei dem Aufkommen der christlichen Religion die Form der alterthümlichen Tempel zugleich mit dem Kultus, dem sie angehörten, verlassen ward, und die Versammlungshäuser der älteren christlichen Gemeinden, wo es thunlich war, mit ganz veränderten Umrissen und Verhältnissen hervortreten.
Betrachten wir aber diese Frage aus der anderen dabei eintretenden Rücksicht, die der ideellen Übereinstimmung des Styls eines gottesdienstlichen Gebäudes zu dem obersten Gedanken der Religion, welcher dasselbe gewidmet ist, so wird ein Gebäude, dessen Konstruktion und Verzierung zum größten Theile dem Anblick von dem ägyptischen Volks Kultus gewidmeten Gebäuden entnommen ist, noch weit weniger der leitenden Idee der mosaischen Gottesverehrung entsprechen. So weit wir uns nämlich eine allgemeine Vorstellung von dem untergegangenen Kultus der alten Ägypter zu machen im Stande, erscheint derselbe größtentheils als ein *Naturgottesdienst*, welcher in seiner volksthümlichen Form als *Vielgötterei*, in seiner philosophischen Anschauung als *Pantheismus* sich zeigt, wenn auch nicht zu läugnen sein wird, daß darin zugleich, namentlich den Lehren von der Fortdauer und vom Gericht über die Abgeschiedenen, ein sittliches Element zurückgeblieben, das auf einen der höheren Wahrheitsstrahlen deutet, die den alten Völkern niemals ganz erloschen war. Das religiöse Verhältniß war aber in dem durch die architektonischen Überreste beurkundeten Volks=Kultus aus der Begeisterung und den Schrecken der übermächtigen Natur, durch tiefe Anschauung vermittelt, gleichsam in höherer Bedeutung ein *naturnothwendiges*, ein *sinnliches*. Ihm entsprach jene Tempelbauart, in ihrer breiten pyramidalischen Grundform so viel Erdoberfläche als möglich ergreifend, und bedeckend – so viele Kraft und so vielen Halt als möglich vereinend; ihre Gestalten entsteigen, wie durch die «zeugende Weltkraft» entbunden, dem Schoße der «allgebährenden Mutter» in entfalteter Fülle wie die Pracht ihrer Palmen, phantastisch wie ihre Tierwelt, erstaunlich wie ihre Felsen, in der Ausführung stolz und gewaltig wie der Glanz

und die Macht ihrer Könige, welche ganze Völkerschaften bezwangen, um sie als Baukolonien in die Grundlinien ihrer Riesenwerke zu versenken. Ganz verschieden muß sich aber die geoffenbarte Religion und das durch sie begründete Verhältniß zwischen Gott und Menschen darstellen. Hier wird nicht die Allheit der waltenden Weltkräfte, nicht das Mittelbare, das Erschaffende und Dienende – sondern der *lebendige Schöpfer* angerufen, in dessen heiligen *Willen* nicht allein der Ursprung aller Dinge, sondern auch der Grund des selbstendig *Guten*, im Gegensatze zum selbstendig Bösen, also der Grund aller Sittlichkeit zu finden, und zu welchem auch das Verhältniß des Menschen ein freies, ein geistiges und sittliches, ebendeshalb aber auch ein menschliches, einfaches und unmittelbares wie zu einem *Vater* und *Herzenskündiger* ist. Wenn demnach sowohl in Hinsicht auf die äußere Bestimmung und die Form des Kultus, als auf den darin ausgedrückten Grundgedanken eine so tiefe Verschiedenheit augenfällig ist, so dürfte davon, daß der Styl ägyptischer Tempel *an und für sich* der geeignetste zur Erbauung einer Synagoge sey, nicht wohl die Rede seyn können.

ad 2) Aber auch in der zweiten oben aufgestellten Hauptrücksicht, dürfte dieses unzweifelhaft seyn.

Vor allem glauben wir uns hier über die zuweilen vorgekommene, jedoch wie es uns scheint *irrthümliche* Ansicht aussprechen zu müssen, als ob aus dem Standpunkte des bei einem solchen Bau festzuhaltenden *historischen Moments*, derselbe nothwendig die Karaktere *morgenländischer* und *vorweltlicher* Bauart an sich tragen müsse.

Wir stellen allerdings nicht in Zweifel, daß bei der Anordnung eines Gebäudes zum Dienste irgendeines Kultes auch ein *historisches Moment* zum Grunde muß gelegt werden, weil keine positive Religion ohne eine historische Grundlage gedacht werden kann. Bei der Ermittelung dieses historischen Moments würde aber das *bedingtere* und *äußerlichere* von dem *unbedingteren* und *wesentlicheren* zu trennen und auszuscheiden seyn. Auch die christliche Religion ist im Oriente entstanden; nichtsdestoweniger würde es als eine auffallende architektonische Verirrung betrachtet werden, wenn zur Festhaltung des historischen Moments der modernen Kirchenbaukunst eine durchgängige Zurückführung auf unterschiedene Merkmale morgenländischer Bauart vorgeschrieben würde, eben weil hierin der mehr bedingte und äußere historische Charakter ausgesprochen – in der Anbringung von unmittelbar auf die positive Grundlage der Religion bezüglichen Symbolen aber der unbedingtern und wesentlichern Karakter derselben enthalten seyn würde. Eben so dürfte auch bei israelitischen Bethäusern das *wesentliche* historische Moment nur in dem unmittelbar Symbolischen, in der Bezugnahme auf Gesetzestafeln, Bundeslade, heilige Geräthschaften – keineswegs oder ! (aber) in einer Rücksicht auf das architektonische *Kostüm* einer fernen Zeit oder eines fernen Landes zu finden seyn, welches durch seynen Abstich gegen Brauch und Sitte heutiger Zeit und unseres Landes um so störender wirken möchte, als selbst in Sprache und Begriff der Gemeindemitglieder ihm nichts mehr entsprechen würde. Zudem würde auch, wenn hierin eine Annahme nicht durchaus *willkührlich* erscheinen soll, an der Hand einer verständigen historischen *Kritick* verfahren werden müssen. Diese würde aber nur drei Leitsterne anweisen: den ersten Ursprung, die selbstständige Entwicklung und die längste Periode. Der erste würde nicht nach Ägypten, sondern wohl bis an die Quellen des Euphrat führen; der zweite würde außer der Beschreibung der Salomonischen und der späteren Herodianischen Tempelbaue keine leitende Spur geben. Es bliebe dann das dritte Kriterium übrig, welches uns aber in das Abendland, in die spätere Zeit und auf diejenige einfache Lösung führt, die wir weiterhin anzudeuten uns beehren werden.» (Siehe auch Anm. 249)

245 Vgl. Hallo. 1931. S. 57f und Abb. 7. Ferner Rudolf Hallo, Jüdische Volkskunst in Hessen, Kassel 1929. Abb. Taf. I und VII. Akten, Marburg. 27. 3. 1834.

246 Hallo, 1931. S. 57–58. Akten, Marburg. Schreiben der Gemeindeältesten vom 4. 8. 1834.
«Weil uns diese Zugrundelegung, wie es scheint, moresker Bauformen der Bestimmung des Gebäudes sowohl in kunstgeschichtlicher als in unmittelbar auf den Zweck gerichteter Hinsicht nicht angemessen däucht. Zwar führt die israelitische Religion auf einen morgenländischen Ursprung zurück (gleich der christlichen); dieser Ursprung der bekannteren vorderasiatischen Bauweisen vorangegangenen Periode, und wenn die sogenannten morgenländischen Bauweisen wesentlich und geschichtlich vornehmlich der jüngsten der drei positiven Religionen angehören, so dürfte eine Annahme, daß man um den antik=morgenländischen Karakter einer Religion zu bezeichnen, bei dem Bau der zu deren Cultus bestimmten Bethäuser nur auf die architektonischen Formen heutiger islamitischer Völker zu rekurrieren brauche, selbst dann sehr irrig sein, wenn, wie im vorliegenden Falle, dieser allerdings nur in sehr mäßiger Weise und mit einem feinen künstlerischen Takt geschehen und dadurch, sinnreich genug, eine gewisse Repristination ursprünglicher Einfachheit erlangt ist, welche auch wohl an mehreren alten, der christlichen Religion gewidmeten Bauwerken im südlichen Europa erinnern und sich dem Begriffe der wahlverwandten Idee gothischer und moresker Bauformen leicht accomodiren könnte. Wir würden indes auf diese Rücksichten minderen Werth legen, wenn nicht zugleich a) besonders die eigenthümliche zeltförmige Construction der Kuppel dem Gebäude ein, in der Umgebung aller anderen vaterländischen Bauten, so ausfallendes Ansehen geben würde, daß dadurch gegen unsere in der ausführlichen Äußerung vom 18ten September v. J. ausgesprochene Ansicht in Betreff des daselbst unter 2) namhaft gemachten Erfordernissen, daß nämlich ein israelitisches Bethaus auch entsprechen müsse: dem Himmelsstriche des Landes, der Zeit in welcher es zunächst benutzt werden soll, und den allgemeinen Zügen der Volkssitte, welche es zunächst umgeben wird, – wesentlich verstoßen werden möchte, ...».
247 Inventar Kassel, Atlas, Bd. 1. Taf. 16 und 18. Stadtpläne von F. W. Seelig, 1822 und W. Blumenauer, 1896 (wie Anm. 215).
248 Die neuerbaute Synagoge zu Kassel, in: Kasselsche Allgemeine Zeitung, Nr. 126 vom 6. 8. 1939, S. 1673. Neue Synagoge, in: Allgemeine Zeitung des Judentums, 3. 1839, S. 445–447. A. Rosengarten, Die neue Synagoge in Cassel, in: Allgemeine Bauzeitung, 1840. S. 205 ff.
249 Akten, Marburg. Gutachten des Gemeindeältesten vom August 1833 (wie Anmk. 244, Fortführung des dortigen Schreibens).
«Da das unterzeichnete Vorsteheramt keinen Sach- und Kunstverständigen ex professo unter seinen Mitgliedern zählt, so ist es unsere Sache nicht, die Elemente des für diese Zeichnung beachteten Styls näher zu benennen und zu würdigen, am wenigsten dieselben der Behufs der Ausführung etwa erforderlichen speciellen Prüfung und Berichtigung zu unterwerfen, und dürfen wir hierin mit vollkommener Zuversicht einer Kurfürstlichen Ober=Bau=Direkzion die Initiative überlassen. Wenn derselbe jedoch nach allgemeinem Anblick denjenigen Bauarten am meisten sich nähern möchte, welche man, wenn wir nicht irren, die spätrömischen oder byzantinischen, neuerdings auch wohl, vielleicht nicht unbezeichnend, die romanischen benannt hat, so können wir darin nur in jeder Hinsicht eine passende Bauart finden, weil dieselbe nicht nur an und für sich neben der Erhaltung von allem, was dem mosaischen Kultus fremd oder widersprechend wäre, einen äußern Eindruck von stillem würdigen Ernst mit einer seiner Bestimmung leicht und einfach sich anbequemenden baulichen Form verbinde – sondern auch zu gleicher Zeit sich ohne Kontrast den andern öffentlichen Bauten unserer Zeit und unseres Landes anzuschliessen geeignet erscheint, wobei wir zugleich, wenn wir hier auch das äußere historische Moment ins Auge zu fassen nicht unterlassen wollen, zu bemerken uns erlau-

ben, daß diese Bauart auch in der oben angeführten Rücksicht gewissen wissenschaftlichen Forderungen insofern genügen würde, als wenn selbige die mehrerer früherer christlicher Kirchen ist, sie ganz sicher auch die der meisten ältesten Synagogen war, indem der israelitische Kultus in seiner heutigen Gestalt der Kultus ohne Opfer und ohne Priester, der Kultus des Gebetes und des Gesetzes hauptsächlich aus der Zeit kurz vor der Zerstörung des *einzigen* Tempels der Israeliten zu Jerusalem, und der Niederlassung derselben in den Provinzen des römischen Reichs datirt, die Erbauung der meisten früheren Synagogen also, mit der, der meisten ältesten christlichen Kirchen ziemlich in eine Epoche fällt und bekanntlich schon die früheren römischen Kaiser die Bethäuser der Juden und der Christen nicht unterscheiden konnten.»

250 Adolf Leschnitzer, Geschichte der deutschen Juden vom Zeitalter der Emanzipation bis 1933, in: Judentum. Schicksal, Wesen und Gegenwart. (Hrsgb. Franz Böhme und Walter Dirks), Wiesbaden 1965, S. 255–288.

251 Vgl. hierzu: Benno Offenburg, Das Erwachen des deutschen Nationalbewußtseins in der preußischen Judenheit. Von Moses Mendelssohn bis zum Beginn der Reaktion, Hamburg 1933. Bes. S. 51 ff. Ferner: Kurt Wilhelm, The Jewish Community in the Post-Emanzipation Period, in: Leo Baeck Institute Yearbook. 2. 1957, S. 47 ff.

252 Vgl. zu dem ganzen Komplex von ‹Nationalstaat, Christentum, Germanentum und Judentum› die gründliche Untersuchung von Eleonore Sterling, Judenhaß. Die Anfänge des politischen Antisemitismus in Deutschland. Frankfurt/M. 1969. Bes. S. 105 ff und 115 ff.

253 Hallo, S. 98–99, Anm. 47.

254 Kasselsche Allgemeine Zeitung, Nr. 216 vom 6. 8. 1839. S. 1673.

255 Hallo, S. 100. Anm. 60. Über den Vornamen Rosengartens scheint Unklarheit zu bestehen. Hallo spricht von Albert (S. 99), ebenso A. Holtmeyer im Inventar: Bau- und Kunstdenkmäler im Regierungsbezirk Cassel. Bd. VI/2, Cassel 1923. S. 726. Anm. 6. Thieme-Becker, Bd. 29. S. 18 und Horwitz, Synagoge, 1907, S. 24 sprechen von Albrecht. S. Wininger, Große Jüdische National-Biographie, Bd. 5, S. 242– 243: Albert Rosengarten.

256 Allgemeine Bauzeitung. 1840. S. 205 ff. Diesem Aufsatz sind die folgenden Zitate entnommen, soweit sie nicht anders gekennzeichnet sind.

257 A. Rosengarten, Die Architektonischen Stylarten. Braunschweig 1857, S. 125.

258 Vgl. hierzu, abgesehen von den ausführlichen Würdigungen in den zeitgenössischen Baugeschichten: H. Hübsch, In welchem Style sollen wir bauen? Karlsruhe 1828. Friedrich Eisenlohr, Rede über den Baustyl der neueren Zeit und seine Stellung im Leben der gegenwärtigen Menschheit. Karlsruhe 1833. C. Heideloff, Der kleine Byzantiner. Taschenbuch des byzantinischen Baustyles. Nürnberg 1837. Wilhelm Stier, Beiträge zur Feststellung des Principes der Baukunst für das vaterländische Bauwesen in der Gegenwart. I. Architrav und Bogen, in: Allgemeine Bauzeitung, 8. 1843, S. 309–339.

259 Allgemeine Bauzeitung, 1840. S. 206. Rosengarten bezieht diese Charakterisierung auf seine Vorstellung von frühchristlicher Architektur, doch ist in seiner Benennung des Stils der Synagoge als Rundbogenstil eindeutig die Romanik gemeint, wie ja auch die gewählten Formen zeigen. Wie unklar die Benennung des romanischen Stils in der ersten Hälfte des 19. Jahrhunderts war, zeigt die Terminologie von Hübsch und Heideloff. Hübsch, In welchem Style sollen wir bauen? Karlsruhe 1828, S. 34, nennt die Frühromanik eine Mischung aus altchristlich und byzantinisch, findet aber die Bezeichnung Rundbogenstil am geeignetsten. Heideloff, Der kleine Byzantiner. Taschenbuch... (wie Anm. 258), S. 11–12, definiert die Romanik: «Rundbogenstyl, auch neugriechischer, altgothischer, fränkischer, sächsischer, normännischer und carolingischer Styl genannt, ... eine vollendete Abart römischer Kunst», als aus der altchristlichen Kunst entstanden.

260 Kunstdenkmäler Reg. Bz. Kassel, Bd. VI/1, S. 211 ff, Taf. 143.
261 Ebd., S. 255 ff.
262 Ebd., S. 219 ff und Klassizismus, 1979, S. 207 (wie Anm. 216).
263 Ebd., S. 203 ff. Bei dieser Kirche fällt das Portal mit seinen beiden dorischen Säulen auf, die einen Architrav ohne Giebel tragen. Dieses Motiv taucht bei der kurz vorher errichteten Alten Münze von Gentz in Berlin auf, und wir finden es wieder an der Synagoge von Efringen-Kirchen in Baden und bei der von Rexingen in Württemberg: Jüdische Friedhöfe und Gotteshäuser in Württemberg, S. 118. (Abb. 73, 121)
264 Ebd., S. 220 und Klassizismus, 1979, S. 214 f (wie Anm. 216).
265 Allgemeine Bauzeitung, 1840, S. 206–207.
266 Heinrich Hübsch, Bauwerke, Tafelband, Karlsruhe 1838, T. 10. Der Entwurf stammt aus dem Jahr 1834.
267 Paul Ortwin Rave, Berlin. 1. Teil. Bauten für die Kunst, Kirchen, Denkmalpflege. Berlin 1941 = K. F. Schinkel. Abt. 1. Bd. 1. Teil 1, Abb. 167.
268 Kasselsche Allgemeine Zeitung, vom 6. 8. 1839, S. 1673.
269 Allgemeine Zeitung des Judentums, vom 3. 8. 1839, S. 11–12.
270 Kasselsche Allgemeine Zeitung (wie Anm. 268).
271 Anordnung des Staatsministers vom 8. 8. 1839. Akten, Marburg.
272 Orient, Heft 17, 1840. S. 128–130 und S. 137–138. Der an sich schon sehr scharfe Bericht aus Kassel wird noch durch einen anderen aus der Zeitschrift «Der Israelit des neunzehnten Jahrhunderts» übertroffen, der ebd. abgedruckt wurde. Hieraus die folgenden Zitate.
273 In Kassel wird erst 1871 ein Harmonium aufgestellt und dann ein Jahr später eine Orgel installiert. Die Stellung des Almemors in der Mitte war um 1840 noch normal, nur die Reformgemeinden hatten ihn an die Ostseite verlegt. Die Synagoge in Kassel wurde 1938 zerstört.
274 Die Synagoge in Nordhausen wurde im Jahre 1845 eingeweiht. Ihre Heilige Lade ist eine Kopie des Kasseler Schreins. Über den Außenbau kann ich leider nichts in Erfahrung bringen, da die Synagoge im Jahre 1888 umgebaut wurde und dabei auch eine neue Fassade erhielt. Das Innere scheint nicht so sehr Rosengartens Entwurf zu folgen, als vielmehr Schuchardts erstem Plane: Eine tonnengewölbte Basilika mit eingestellten Emporen, deren Stützen bis zum Ansatz der Tonne hochgezogen wurden – nach dem Modell der Amsterdamer Synagoge. Vgl.: Heinrich Stern, Geschichte der Juden in Nordhausen. Nordhausen 1927. Das Tausendjährige Nordhausen. Festschrift zur Jahrtausendfeier. Nordhausen 1927, Bd. 2, S. 130 ff und 239 ff.
Die Synagoge in Wolfhagen weist stilistisch größte Ähnlichkeit mit Rosengartens Bau auf, besonders im Äußeren. Vgl.: Gustav Siegel, Geschichte der Stadt Wolfhagen in Hessen. Wolfhagen 1929, S. 203. Arnsberg, Juden in Hessen, II, S. 416–418. Die Synagoge wurde am 25. 10. 1859 eingeweiht.
275 Moritz Peritz, Aus der Geschichte der jüdischen Gemeinde zu Liegnitz. Ein Beitrag zur Hundertjahrfeier. Liegnitz 1912. Eugen Wolbe, Eine Hundertjährige. Die jüd. Gemeinde Liegnitz, in: Allg. Ztg. d. Judentums, 76. 1912, S. 319 f. 1938 zerstört.
276 Zur Geschichte der Mannheimer Synagoge vgl.: K. O. Watzinger, Die jüdische Gemeinde in Mannheim, in: Mannheimer Hefte, 3. 1957, S. 2 ff. Hundsnurscher, Juden in Baden, S. 186 ff. Das 75-jährige Jubiläum der Mannheimer Synagoge, in: Neue Mannheimer Zeitung, Nr. 292 vom 28. 6. 1930 und 290 vom 27. 6. 1930. Jakob Baroggio, Die Geschichte Mannheims von dessen Entstehung bis 1861, Mannheim 1861, S. 535. G. E. Döring, Kultusbauten, in: Mannheim und seine Bauten. Hrsgb. vom unterrheinischen Bezirk des badischen Architekten-Ingenieur-Vereins. Mannheim 1906, S. 131–132. Max Oeser, (Hrsgb.) Die Stadt Mannheim und ihre Sehenswürdigkeiten. Im Auftrag des

Stadtrats, Mannheim 1899, S. 668–669. Friedrich Walter, Mannheim in Vergangenheit und Gegenwart. Bd. 2, Geschichte Mannheims vom Übergang an Baden bis zur Gründung des Reiches (1871), Mannheim 1907, S. 474–475.

277 Mannheimer Unterhaltungsblatt, 8.1855, Nr. 163, vom 11. 7. 1855, S. 650–652. Zur Baugeschichte siehe auch: Dr. Moses, Zum 75-jährigen Bestehen der Hauptsynagoge, in: Isr. Gemeindeblatt. Offizielles Organ f. d. Gemeinden Mannheim u. Ludwigshafen, Nr. 6 vom 25. 6. 1930, S. 5 ff und G. Oppenheim, Die Hauptsynagoge, in: ebd., Nr. 14, 14. 1936, S. 11 f. Synagoge 1938 zerstört.

278 Allgemeine Zeitung des Judentums, 19.1855, S. 478–479. Es ist interessant zu beobachten, daß die Zeitung einige Nummern vor dieser kritischen Äußerung den begeisterten Artikel des Mannheimer Unterhaltungsblatts abgedruckt hat (ebd. S. 465–466).

279 Vgl.: Emanuel Schwarzschild, Die Gründung der Israelitischen Religionsgesellschaft zu Frankfurt/M. und ihre Weiterentwicklung bis zum Jahre 1876, Frankfurt/M. 1896.

280 Schwarzschild moniert noch 1896, daß der Rabbiner der Hauptgemeinde enge Beziehungen zu den «Linken» im Parlament habe. Vgl. auch: Paul Arnsberg, Bilder aus dem jüdischen Leben im alten Frankfurt, Frankfurt/M. 1970, bs. S. 19; ders., Neunhundert Jahre ‹Muttergemeinde Isreal›. Frankfurt a. M., 1704–1974. Chronik der Rabbiner, Frankfurt/M. 1974, S. 85 ff.

281 Die orthodoxen Juden Frankfurts blieben zunächst noch Mitglieder der Hauptgemeinde, da eine Trennung oder ein Austritt nicht gestattet waren. Doch besuchten sie ihren eigenen Gottesdienst und besaßen eine eigene Verwaltung. Sie waren de facto getrennt von der Hauptgemeinde, nur fehlte die gesetzliche Grundlage für einen Austritt. Zum Bau vgl.: A. Koch, Kultusbauten, in: Frankfurt und seine Bauten, Frankfurt 1886, S. 97 ff, bes. S. 126. Die Weihe des Neubaus erfolgte am 29. 9. 1853.

282 Die Zurückgezogenheit der orthodoxen Gemeinde ging wohl nicht so weit, wie Rabbiner Schwarzschild, S. 35 (s. Anm. 279) behauptet, der versichert, zur Einweihung seien keine Nichtjuden geladen gewesen. Vgl. hierzu: Frankfurter Journal Nr. 233 vom 30. 9. 1853, S. 2: «An der Feier beteiligten sich außer den beiden Herren Bürgermeistern, dem größeren Theile der Mitglieder unseres Senats und der Geistlichen der beiden christlichen Confessionen, sehr viele besonders Eingeladene aus allen Ständen.»

283 Die Synagoge der israelitischen Religionsgesellschaft zu Frankfurt a. M., in: Illustrirte Zeitung, 23.1854, S. 231.

284 Hier wären zu nennen: die Fenster der Bibliothek zu Kairuan und diejenigen an der Hauptfassade des Alcazar von Sevilla. Abb. in: Georges Marçais, Manuel d'art Musulman. L'Architecture, Bd. 1, Abb. 147, Bd. 2, Abb. 378, Paris 1927.

285 Heinrich Gescheit, Geschichte der Juden in Pohrlitz, in: Hugo Gold, Die Juden und Judengemeinden Mährens in Vergangenheit und Gegenwart. Ein Sammelwerk, Brünn, 1929, S. 477 ff.

286 Moritz Brunner, Geschichte der Juden in Brünn. Ebd. S. 137 ff.

287 Auf diese böhmischen Bauten hat mich freundlicherweise Prof. G. Bandmann aufmerksam gemacht. Siehe hierzu auch die Arbeit von Eyvind Unnerbäck, Welsche Giebel. Ein italienisches Renaissancemotiv und seine Verbreitung in Mittel- und Nordeuropa, Stockholm 1971 = Antikvarisk Arkiv, 42; bes.: S. 2 ff und S. 26 ff.

288 Zu Mährisch-Weißkirchen siehe: J. Rabbinowicz, Geschichte der Juden in Mährisch-Weißkirchen, wie Anm. 285, S. 381 ff. Für Lundenburg siehe ebd. S. 321 ff.

289 Wie Anm. 285, S. 243 ff. Der Bau lag mitten in der Stadt, woraus man deutlich sieht, wie willkürlich und regional verschieden die Auflagen waren, die man den einzelnen Gemeinden machte.
Eine fast direkte Kopie der Kasseler Synagoge findet man auch in der neuen Synagoge

in Linz/Donau. Obwohl sie erst 1877 eingeweiht wurde, zeigt sie kaum aufwendigere Formen als die Kasseler Synagoge, die 40 Jahre früher entstanden war. Diese «schlichten» Formen sind wohl damit zu erklären, daß die Juden in den oberösterreichischen Städten nur sehr schwer Fuß fassen konnten. So wurden in Linz erst in den 50er Jahren die ersten jüdischen Bürger zugelassen. Vgl.: Die Juden in Linz. Festschrift anläßlich des 50-jährigen Bestandes des Linzer Tempels, Linz 1927. (Abb. 96)

290 Wilhelm Lustig, Von den Juden in Gleiwitz, in: Alte Heimat. Stadt- und Landkreis Gleiwitz/Oberschlesien in Wort und Bild. Bottrop 1961, S. 53–55.

291 Wie in Anm. 285, H. Gold, Die Juden... Mährens, S. 119 ff.

292 M. Kopfstein, Geschichte der Synagogen-Gemeinde in Beuthen. O.-S. Beuthen 1891. Mitteilungen des Beuthener Geschichts- und Museumsvereins. Heft 24, 1962. Beuthen, O.-S. Ein Heimatbuch des Beuthener Landes. Dortmund 1962, S. 56.

293 Max Hoch, Geschichte der Juden in Pilsen, in: Hugo Gold, Juden und Judengemeinden Böhmens in Vergangenheit und Gegenwart. Brünn–Prag, 1934. S. 479 ff. Rudolf Iltis (Hg.) ‹Die aussäen unter Tränen, mit Jubel werden sie ernten.› Die jüdische Gemeinde in der Tschechoslowakischen Republik nach dem 2. Weltkrieg. Prag 1959. S. 45. Die Synagoge ist noch erhalten.

294 Das Motiv der Doppelturmfassade, unabhängig von Kassel, taucht in ganz entschieden monumentaler Form an der Synagoge in Bad Homburg von 1866 an West- und Ostseite auf, in seiner Massigkeit gleichsam die Neuromanik der Marienkirche der neunziger Jahre vorwegnehmend. Vgl. H. u. S. Kottek, Geschichte der Juden in Bad Homburg v. d. H., Bad Homburg 1931 (MS, Leo Baeck Institute, New York); Arnsberg, Hessen, Bd. 1, S. 391 ff.

295 Vgl.: Die Synagoge zu Dresden von Semper, Professor der Baukunst zu Dresden, in: Allgemeine Bauzeitung, 12. 1847, S. 127. Die Bauten, technischen und industriellen Anlagen von Dresden, Dresden 1878. S. 148 ff. Ludwig Klasen, Grundriß-Vorbilder von Gebäuden für kirchliche Zwecke. Leipzig 1889, S. 1465 ff. Paul Schumann, Dresden. Berühmte Kunststätten, Bd. 46, Dresden, 2. Aufl., 1922. S. 244. Fritz Löffler, Das alte Dresden. Dresden 1958, S. 136, 377. R. Wischnitzer-Bernstein, The Problem of Synagogue Architecture, in: Commentary, 3. 1947, S. 233 ff. Rosenau, Development of Synagogue, London 1939, S. 70, (MS). Rachel Wischnitzer, The Architecture of the European Synagogue. Philadelphia 1964, S. 198 ff. Helen Rosenau, German Synagogues in the early period of emancipation, in: Year Book Leo Baeck Institute 8. 1963, S. 214 ff, bes. S. 220. Edwin Oppler, Synagogen und jüdische Begräbnisplätze, in: Baukunde des Architekten, Bd. II, 2. Aufl. Berlin 1899, S. 373. (Der Text von A. Haupt ergänzt). Cornelius Gurlitt, Kirchen, Denkmäler und Bestattungsanlagen = Handbuch der Architektur. Teil 4, Bd. 8.1. Stuttgart 1906, S. 145. Henry Russel Hitchcock, Architecture: Nineteenth and Twentieth Centuries. 3. Aufl. Harmondsworth 1969, S. 67. Ferner wäre die wichtigste Literatur über Semper zu nennen, über den es leider immer noch keine umfassende Monographie gibt. Vgl.: Ernst Fleischer (Hg.), Chronologische Übersicht von Gottfried Sempers Werken, Literatur und Gedenkstücken ... Führer durch die Semper-Ausstellung ..., Dresden 1892, S. 7. Claus Zoege von Manteuffel, Die Baukunst Gottfried Sempers. (1803–1879). Diss. Freiburg i. Br. 1952. (MS), S. 39–46. Zur allgem. Geschichte der Gemeinde siehe: Adolf Diamant, Chronik der Juden in Dresden, Darmstadt 1973. Eschwege, 1980, S. 104–106 (wie Anm. 2). Vgl. auch Anm. 329.

296 Alphons Levy, Geschichte der Juden in Sachsen. Berlin 1901. Zacharias Frankel, Dr. Bernhard Beer – Ein Lebens- und Zeitbild, Breslau 1863. Diese Monographie über den Führer der Dresdner Gemeinde enthält reiches Material über die Zustände bei den Juden in Dresden während der ersten Hälfte des 19. Jahrhunderts. Simon Dubnow, Die

neueste Geschichte des jüdischen Volkes, = Weltgeschichte des jüdischen Volkes, Bd. 9, 2. Aufl., Berlin 1929, S. 75–77.

297 Zur Geschichte der Gemeinde vgl.: Emil Lehmann, Aus alten Akten. Bilder aus der Entstehungsgeschichte der israelitischen Religionsgemeinde zu Dresden, Dresden 1886. Ders.: Ein Halbjahrhundert in der israelitischen Religionsgemeinde zu Dresden. Erlebtes und Erlesenes, Dresden 1890.

298 Die Judenverordnung vom 15.9.1772 verbot für Dresden den Bau einer öffentlichen Synagoge. § 16–18 der Ordnung enthalten folgende Bestimmungen: «Doch wird weder zum Gottesdienst eine Synagoge zu errichten, noch ein besonderer Ort zu Verrichtung gemeinschaftlicher Ceremonien gestattet. Vielmehr hat alles dieß jeder Hausvater mit seiner Familie in möglicher Stille zu vollziehen.» Zit. nach: K. Sidori, Geschichte der Juden in Sachsen mit besonderer Rücksicht auf ihre Rechtsverhältnisse. Leipzig 1840, S. 95.

299 Lehmann, 1890 (wie Anm. 297). Die drei anderen Synagogen gehörten Philip Aron in der Zahngasse, dem sehr reichen Juden Bondi in der Schreibergasse und der Familie Seckel, deren Haus hinter der Frauenkirche lag. Um 1800 hatte es sogar noch sieben solcher Privatsynagogen gegeben.

300 Brief Frankels an den Vorstand der Dresdner Gemeinde vom 29.3.1836. Lehmann, 1890 (wie Anm. 297). S. 19.

301 Worte des Friedens und der Wahrheit. Ansprache des israelitischen Gemeindevorstandes zu Offenbach a. Main an seine Gemeindemitglieder. Offenbach 1843. Neudruck Offenbach 1915, S. 5–6.

302 Lehmann, 1890, S. 21 (wie Anm. 297). Gesuch vom 2.2.1836.

303 Zit. nach Lehmann, 1890, S. IV. (wie Anm. 297) Gesetz v. 18.5.1837.

304 Allgemeine Zeitung des Judentums, 2.1838, S. 409.

305 Lehmann, 1890, S. 20 (wie Anm. 297). Die Miete der Synagogenplätze sollte durchschnittlich 2,5 Taler betragen. Bei einer anfänglichen Schätzung der Baukosten auf 14000 Taler hätte das nicht ganz 10% der Gesamtkosten eingebracht.

306 Zitiert nach Lehmann, 1890, S. 22. ebd.

307 Ebd. S. 23.

308 Hans Semper, Gottfried Semper. Ein Bild seines Lebens und Wirkens. Berlin 1880, S. 5.

309 Der Einfluß des religiös-orthodoxen Hauses Rothschild war für den Synagogenbau nicht unbedeutend. Wir sind bei der Behandlung der Frankfurter Synagogen schon darauf zu sprechen gekommen. Die Kasseler Gemeinde, die in ihrem Kultus wesentlich weniger fortschrittlich war als die Dresdner Gemeinde, erhielt für ihren Synagogenbau 300 Taler an Spenden von Anselm von Rothschild.

Der stark liberal eingestellten Gemeinde in Leipzig war es beim Bau einer Synagoge ähnlich ergangen wie der Dresdner, sie bekam nur 10 Taler an Spenden aus Frankfurt. Im gleichen Jahr allerdings spendete Rothschild 300 Taler für den Kölner Dom. Vgl.: Der Orient. Bd. 1.1840, Heft 10, S. 80.

310 Über die finanziellen Schwierigkeiten und die hieraus entstehenden Streitigkeiten innerhalb der Gemeinde vgl.: Allgemeine Zeitung des Judentums, 4.1840, S. 131, 192, 312.

311 Ebd., S. 312–313.

312 Ausnahme ist die Bauzeichnung in der Allgemeinen Bauzeitung, 1840. T. 105 und eine frühe Zeichnung vor der Zubauung, vom Brühlschen Garten aus. Abb. in: Universal Jewish Encyclopedia, Bd. 4., S. 563.

313 Die Beschreibung ist dem Bericht der Allgemeinen Bauzeitung entnommen. Die Allgemeine Zeitung des Judentums brachte in 3.1839, S. 13 und S. 97 ebenfalls kurze Beschreibungen.

314 Es war ja allgemein bekannt, daß die barocke Faltkuppel des Aachener Doms nicht ursprünglich sein konnte. Die erste mir bekannte Rekonstruktion mit dem in seiner Höhe reduziertem Oktogon und flachem achtteiligen Zeltdach wurde von Franz Mertens, Über die karolingische Kaiser-Kapelle zu Aachen, in der Allgemeinen Bauzeitung 5.1840, S. 135–152, T.CCCXL, veröffentlicht, also im Jahr der Einweihung der Synagoge.

315 Vgl.: Fr. X. Geier, Über den Werth der Formen in der Baukunst, Gießen 1828, S. 38: «Die Form bildet den geistigen Stoff der Architektur. So lange sich in ihr bloßes Bedürfnis ausspricht, bestimmt sie dieses genau; sucht sie aber Empfindungen auszudrücken, dann liegt architectonische Sprache in ihr, sie wird bedeutsam. Liegt aber diese Metaphysik der Architektur in der Form, so müssen verschiedene Formen auch verschiedene Bedeutungen haben; ihr Gebrauch ist daher nicht willkürlich, noch viel weniger zufällig.»

A. Rosengarten, Die neue Synagoge in Cassel, in: Allgemeine Bauzeitung, 1840, S. 206: «... daß man aus den Vorbildern verständiger Benutzung, d. h. ohne dieselben zu kopieren, Motive entnehmen müsse, um unseren Gebäuden einen Styl zu geben, der ihrer Bestimmung und ihrem Zwecke entsprechend und gewissermaßen daraus hervorgegangen sei. Möge Beides immer so vereinigt sein, daß der gewählte Styl für das Gebäude geschaffen scheine, daß wir in demselben und in der Bestimmung des Gebäudes eine Gegenseitigkeit und Beziehung erkennen.» Ähnlich auch Georg Wagner, Die Ästhetik der Baukunst. Ein Leitfaden, Dresden und Leipzig 1838, S. 3–4: Die Gesamtheit der Formen muß «Empfindungen und Gefühle erwecken, die, indem sie mit höheren Begriffen in Verbindung stehen, eine erhebende, befriedigende und wohltätige Wirkung auf den Geist hervorbringen ... Jene bedeutungsvolle und Geist anregende Gestaltung der Bauwerke gehört vor Allem den höheren Gattungen von Gebäuden an, welche bestimmt sind, als Mittel zu dienen, auf eine ergreifende und erhebende Weise hohe, geistige Begriffe dem Sinne der Menschen durch sichtbare Formen und Gestalten näher zu bringen (Gotteshäuser, öffentliche Gebäude, Monumente).»

316 Arabische und maurische Bauwerke waren durch die vielen, reich illustrierten Publikationen von Reiseschriftstellern und auch von frühen baugeschichtlichen Untersuchungen in der ersten Hälfte des 19. Jahrhunderts durchaus zugänglich. Vgl.: Richard Pococke, Beschreibung des Morgenlandes und einiger anderer Länder. 4 Bde., Erlangen 1791–1792. Karsten Niebuhr, Reisebeschreibung nach Arabien und anderen umliegenden Ländern, 3 Bde. Kopenhagen und Hamburg 1774–1838. Die maurischen Bauten Spaniens waren publiziert in Girault de Prangey, Monuments Arabes et Moresques de Cordoue, Seville et Granade, 1837.

317 Allgemeine Zeitung des Judentums, 2.1838, S. 409.

318 Das deutlichste Beispiel für die Verwendung dieser kleinen Kuppeln findet man bei der Moschee des Sultans Soliman II. in Konstantinopel aus der Mitte des 16. Jahrhunderts. Hier sind die Umgänge des großen Vorhofs mit kleinen achtteiligen Kuppeln gedeckt, die fast die gleiche Form aufweisen wie die der Dresdner Kuppeldächer. Abb. 2041–2043 bei Karl Klasen, Grundriß-Vorbilder von Gebäuden für kirchliche Zwecke. Handbuch für Baubehörden. Leipzig 1889.

319 Vgl. hierzu das fast gleichzeitig mit dem Dresdner Synagogenbau erschienene Monumentalwerk über die sächsische Baukunst des Mittelalters, L. Puttrich und Geyser, Denkmale der Baukunst des Mittelalters in Sachsen, Leipzig 1836–1852. Der Vorbilderbereich beschränkt sich nicht nur auf sächsische Kirchen, man könnte für einen allgemeinen Vergleich auch die Westfassaden von Mainz, Maria Laach und Maursmünster heranziehen.

320 Hieraus soll sich auch ergeben, wie völlig unsinnig Manteuffels Auffasung der

theoretischen Schriften Sempers ist: «(Sempers kunsttheoretische Schriften werden) grundsätzlich, auch wo eine Erläuterung oder Ergänzung unserer Interpretation der Bauwerke durch die Sempersche Theorie naheliegt, nicht herangezogen. Die Kunst ist in ihrem Wesen rational nicht erfaßbar. Die Theorie kann niemals Grundlage einer Kunst sein. Vielmehr ist jede Kunsttheorie ein Versuch, das als Grundlage gegebene Kunstgefühl durch rationale Überlegungen zur Doktrin zu erheben. So können wir die Kunst auf keinen Fall durch Kunsttheorie, sondern nur umgekehrt, die Kunsttheorie durch die Kunst begründen.» (Manteuffel, Semper, S. 8, wie Anm. 295)

Es soll hier nicht der Eindruck entstehen, daß Manteuffel dadurch recht bekommt, daß die theoretischen Schriften Sempers, die meiner Meinung nach für die Baugestalt der Synagoge wichtig sind, alle erst mehrere Jahre nach deren Erbauung erschienen sind. Daß die Baupraxis Sempers Theorie beeinflußt hat, ist selbstverständlich (Nikolaikirche), doch Manteuffels Auffassung schließt jede geschichtlich gebildete, jede durch gegenwärtige Zustände beeinflußte Kunst aus, und er steht damit mit seiner Meinung jeder historischen Erkenntnismöglichkeit entgegen; er nimmt sich damit selbst die Möglichkeit, und schließt diese grundsätzlich aus, irgendwelche Erkenntnisse über ‹Kunst› zu gewinnen, die über persönliche Gefühle hinausgehen. «The Romantic idea that art is the language of the emotions has a long and complex history reaching back to the belief in spells and incarnation.» (E. Gombrich, Expression and communication, in: Meditations on a Hobby Horse and other essays on the History of art, London, 2. Aufl. 1971, S. 56)

321 Vgl. hierzu die ersten beiden Kapitel von Heinz Quitzsch, Die ästhetischen Anschauungen Gottfrieds Sempers. = Studien zur Architektur- und Kunstwissenschaft, Bd. 1, Berlin 1962.

322 Gottfried Semper, Wissenschaft, Industrie und Kunst. Vorschläge zur Anregung nationalen Kunstgefühles bei dem Schlusse der Londoner Industrie-Ausstellung, Braunschweig 1852, bes. S. 15–19.

323 Gottfried Semper, Über Baustyle. Ein Vortrag. Zürich 1869, S. 11.

324 Gottfried Semper, Über den Zusammenhang der architektonischen Systeme mit allgemeinen Kulturzuständen. Vortrag, gehalten in London 1853, in: G. Semper, Kleine Schriften, Hrg.: M. u. H. Semper, Berlin 1884, S. 351–368, bes. S. 351.

325 Wie Anm. 323, S. 6.

326 Gottfried Semper, Über den Bau evangelischer Kirchen, in: Kleine Schriften, S. 443–467, bes. S. 452. Zuerst erschienen im Jahr 1845 (s. Anm. 324).

327 ebd. S. 462.

328 Ebd. S. 463–464.

329 Puttrich, S. 1 (wie Anm. 319). Der von Helen Rosenau bekannt gemachte sog. Vorentwurf für die Dresdner Synagoge ist mit größter Sicherheit nicht für Dresden, sondern für Paris entstanden und ein Vorentwurf zu den schon von Fröhlich publizierten Plänen für eine Synagoge in Paris, die Semper 1850 entworfen hat. Weitere Projekte für Paris, mit Lageplan in der Deutschen Fotothek, Dresden. Für Auskünfte zu diesen Plänen ist Volker Helas und Walter May, Dresden, zu danken. Vgl.: H. Rosenau, Gottfried Semper and German Synagogue Architecture, in: Yearbook, Leo Baeck Institute, 22. 1977, S. 237 ff. M. Fröhlich, Gottfried Semper. Zeichnerischer Nachlaß an der ETH Zürich, Basel 1974, S. 75, Kat. Nr. 99. Volker Helas, Sakralbauten, in: Gottfried Semper zum 100. Todestag. Katalog der Ausstellung im Albertinum zu Dresden, Dresden 1979, S. 278 ff.

330 Allgemeine Zeitung des Judentums, 2. 1838, S. 410. Der Hinweis auf den frequentiertesten Stadtteil ist natürlich eine Übertreibung und drückt eher den Wunsch aus, die Synagoge doch an einem der früher vorgeschlagenen Plätze zu sehen. Der jetzt gewählte Platz ist zwar durchaus nicht abgelegen, und der Bau liegt auch an zwei Seiten

frei doch bezeichnenderweise ist diese Gegend der Altstadt genau entgegengesetzt gelegen, den Gebieten, wo sich das offizielle Leben abspielte, also Theater, Kirchen, Residenz und Palais liegen. Die Synagoge befindet sich quasi im Freizeitgebiet des damaligen Dresden: Zwischen Brühlschem Garten, Gondelhafen und Botanischem Garten. Sie steht zwar noch in der Innenstadt, aber doch am Rande.

331 Wie Anm. 326. S. 456.

332 Ebd. S. 451.

333 Gottfried Semper, Noch etwas über den Nikolai-Kirchenbau, ebd., S. 468–473. (Zuerst abgedruckt in den Neuen Hamburgischen Blättern, Nr. 12, 1845.)

334 Semper war überzeugt, mit der neuen Synagoge in Dresden einen gültigen Typus für den jüdischen Kultbau geschaffen zu haben. Im dritten Band seiner ‹Stil– Lehre›, der leider nicht erschienen ist, hat er, soweit es überliefert ist, für die Baugattung ‹Synagoge› einen Bau ähnlich dem Dresdner entworfen. Hans Semper, der im Besitz des Manuskripts war, berichtet darüber anläßlich der Erwähnung der Dresdner Synagoge: «Auch diese Anlage entstand wie mit Naturnothwendigkeit aus den Erfordernissen des jüdischen Kultus ... Sie entspricht vollkommen dem Programm, welches er in seiner Gebäudelehre für jüdische Tempel aufstellt, das wir hier jedoch der Kürze wegen nicht mittheilen können.» Aus: Hans Semper, Gottfried Semper, in: Biographisches Jahrbuch für Alterthumskunde, 2.1879, Berlin 1880, S. 49–83, bes. S. 62.

335 Semper, Kirchenbau, S. 465 (wie Anm. 333) Sempers hier gegebene Deutung der Kuppel als «Sinnbild der Harmonie des Weltalls, der Vereinigung der Gegensätze des Fleisches und des Geistes in Christo, des Endzieles, Ideals, wonach wir unsere innere Welt zu bilden haben, ...» geht wohl eher auf eine private Meinung zurück, als daß sie eine offizielle oder verallgemeinernde Sinnbildhaftigkeit der Kuppel darstellt. Für den Dresdner Bau ist dieses Bild nur schwer übertragbar, da der Vergleich zu sehr auf Christus bezogen ist.

336 Ernst Kopp, Beiträge zur Darstellung eines reinen einfachen Baustyls. Zweites Heft. 1837, Tafel 5.

337 Ebd., Erläuternder Text bei Tafel II.

338 Allgemeine Bauzeitung, 12.1847, S. 127.

339 Leipziger Allgemeine Zeitung, Nr. 40, 1839, abgedruckt in: Allgemeine Zeitung des Judentums, 3.1839, Heft 25, S. 97.

340 Mitteilungen, in: Der Orient. 2. 1841, Nr. 30, S. 211.

341 Ebd. Nr. 32, S. 218.

342 Siehe den oben zitierten Text zu Anm. 306 aus der Eingabe der Gemeinde an die Stadtverwaltung vom 18. 5. 1836, in: Lehmann, Halbjahrhundert, S. 22 (wie Anm. 297).

343 Wie Anm. 339.

344 Allgemeine Zeitung des Judentums, 2.1838, S. 409.

345 Ebd., 3.1839, Heft 4, S. 13.

346 Z. Frankel, Die Heiligung des Gotteshauses, Rede bei der Einweihung der neuen Synagoge zu Dresden, am 8. Mai 1840. Dresden 1840, S. 20. 1938 wurde die Synagoge zerstört.

347 Gottfried Semper, Vorläufige Bemerkungen über bemalte Architektur und Plastik bei den Alten. Altona 1834, in: G. Semper, Kleine Schriften, Berlin u. Stuttgart 1884, S. 215ff, bes. S. 233. Semper hatte keine weitere Synagoge mehr gebaut, obwohl sein Dresdner Entwurf bis zum Ende des Jahrhunderts als einer der berühmtesten galt. Noch 1880 wird in der Deutschen Bauzeitung in einem Nekrolog auf Semper von der Synagoge in Dresden geradezu von einem Bautyp gesprochen: «... verbindet (der Synagogenbau) in seinem Äußeren mit einer ernst-malerischen Wirkung eine entschiedene Physiognomie, die uns in seiner großartigen, weihevollen Erscheinung unzweifelhaft den jüdischen Tempel erkennen» läßt.

Von einer direkten Nachfolge der Dresdner Synagoge ist trotz der Publikation und der zahlreichen lithographischen Ansichten, die es von ihr gab, im Synagogenbau der späteren Jahre wenig zu bemerken; wir werden darauf noch zurückkommen. Wenn es auch keine Kopien gibt, so hat die Auffassung vom jüdischen Kultraum, wie Semper sie im Dresdner Bau vorführt, doch großen Einfluß gehabt. Zentralbauten waren vor 1840 bis auf wenige Ausnahmen nicht zu finden, während sie in den folgenden Jahrzehnten immer häufiger errichtet wurden.

Die Verwendung des romanisch-byzantinischen Stils für Synagogen dürfte ohne das Kasseler und Dresdner Vorbild nicht so weit verbreitet gewesen sein. Vgl. zu einer gewissen Nachfolge in Stil und vor allem Grundriß auch die Synagoge in Landsberg/W. von 1854 (Zeitschr. f. Prakt. Baukunst, 1854, Sp. 319–322, T. 37 und Allgem. Zeitung des Judentums, 18. 1854, S. 533 f) und die Synagoge in Bochum von 1863.

348 Zit. nach Caesar Seligmann, Geschichte der jüdischen Reformbewegung von Mendelssohn bis zur Gegenwart, Frankfurt/M. 1922, S. 37.

349 Siehe bes. Jakob Katz, Die Entstehung der Judenasimilation in Deutschland und deren Ideologie, Diss. Frankfurt 1935. Heinz M. Graupe, Die Entstehung des modernen Judentums. Geistesgeschichte der deutschen Juden, Hamburg 1969, bes. S. 165 ff (= Hamburger Beiträge zur Geschichte der deutschen Juden, 1). Das Judentum in der deutschen Umwelt, 1800–1850. Hg. H. Liebeschütz u. A. Paucker, Tübingen 1977, darin bes.: H. Liebeschütz, Judentum und deutsche Umwelt im Zeitalter der Restauration, S. 1 ff und J. Toury, Der Eintritt der Juden ins deutsche Bürgertum, S. 139 ff.

350 Vgl. bes. Michael A. Meyer, Jewish Religious Reform and Wissenschaft des Judentums, in: Yearbook. Leo Baeck Institute, 16. 1971, S. 19 ff; ders., Christian Influence on early german Reform Judaism, in: Studies in jewish bibliography, history and literature in honor of I. Edward Kier, New York 1971, S. 289 ff.

351 Staatsarchiv Wolfenbüttel, sign. 2 alt 13 294, Schreiben vom 18. 5. 1803. Vgl. auch die in Anm. 151 genannten Beispiele.

352 In der Laterne hing die sowohl von christlicher Seite als auch von jüdischer heftig bekämpfte Glocke, die den kirchlichen Charakter des Baus betonte. Noch 1928 weigerten sich einige Vorstandsmitglieder der Berliner Gemeinde unter Hinweis auf diese Glocke, einen Beitrag für die Renovierung zu bewilligen. Vgl. Gmdebl. d. Jüd. Gmde. zu Berlin, 18. 1928, S. 382. Auf die Glocke der Synagoge in Buchau ist zu verweisen; der Dachreiter der Synagoge in Harmuthsachsen erregte 1831 ebenso den polizeilichen Unmut wie ein 1854 in Hebenshausen geplanter kleiner Turm, der mit der Begründung abgelehnt wurde, «daß das ganze Gesuch offenbar nur bezwecke, der Synagoge das Ansehen einer Dorfkirche zu geben». Zit. nach R. Hallo, Jüdische Volkskunst in Hessen, Kassel 1928, S. 16 f.

353 Feyerliche Einweihung des Jacobs-Tempels in Seesen, in: Sulamith, 3. Jg., Bd. 1, H. 5, 1810, S. 298 ff, bes. S. 308 f.

354 Vgl. Dr. Goldenthal, Synagoge und Tempel. Eine Zeitfrage, in: Jahrbuch für Israeliten. Volkskalender, Wien N.F. 1.5615 (1854) S. 153 ff.

Zur allgem. Geschichte der Anstalt vgl. auch: G. Rülf, Einiges aus der ersten Zeit und über den Stifter der Jacobson-Schule in Seesen, Braunschweig 1890; Die Hundertjahrfeier der Jacobson-Schule nebst 2 Festpredigten ... Beilage z. Bericht über die Jacobson-Schule, Realschule zu Seesen am Harz, Goslar 1902, bes. S. 46 ff; Gerhard Ballin, Die Jacobson-Schule in Seesen, in: Tausend Jahre Seesen. Beiträge zur Geschichte der Stadt Seesen am Harz, 974–1974, Seesen 1974, S. 349 ff, ders., Geschichte der Juden in Seesen, Seesen 1979, bes. S. 26 ff. Zur Synagoge: Bau- u. Kunstdenkmäler d. Herzogtums Braunschweig, Kreis Gandersheim, Wolfenbüttel 1910, S. 337 f. Zu Jacobson: Jacob R. Marcus, Israel Jacobson. The founder of the Reform Movement in Judaism., Cincinnati 1972.

355 «Das Gerücht als sei der Tempel aufgehoben, hat seinen Grund in folgender Tatsache: Die drei Säle, die Jakobson und Gumpertz für den Privattempel eingeräumt haben, sind zu eng geworden; auch ist die Orgel nicht viel besser als eine Drehorgel. Der Tempel wird daher in das Haus eines hiesigen Krösus namens Beer verlegt, woselbst auch die Seesensche Orgel angebracht wird.» Brief von L. Zunz vom 12. 11. 1815; zit. nach: Leopold Zunz. Jude-Deutscher-Europäer. Ein jüdisches Gelehrtenschicksal des 19. Jahrhunderts in Briefen, Hg. Nahum N. Glatzer, Tübingen 1964, S. 78 (= Schriftenreihe wiss. Abhandlg. des Leo Baeck Instituts, 11).

356 In einem Brief von I. M. Jost von 1817 findet sich die Beschreibung und eine Grundrißskizze, s.: Nahum N. Glatzer, On an unpublished letter of Isaak Markus Jost, in: Yearbook. Leo Baeck Institute, 22. 1977, S. 129ff (mit Abb.).

357 Salomon Jacob Cohn, Historisch-kritische Darstellung des jüdischen Gottesdienstes und dessen Modifikation von den ältesten Zeiten bis auf unsere Tage, Leipzig 1819, S. VII.

358 Zit. nach L. Geiger, Geschichte der Juden in Berlin, Bd. 2. Berlin 1871, S. 223. Siehe auch Eugen Wolbe, Geschichte der Juden in Berlin und in der Mark Brandenburg, Berlin 1937, bes. S. 246 ff und Michael A. Meyer, The Religious Reform Controversy in the Berlin Jewish Community, 1814–1823, in: Yearbook. Leo Baeck Institute, 24. 1979, S. 139ff.

359 Gotthold Salomon, Kurzgefaßte Geschichte des Neuen Israelitischen Tempels in Hamburg während der ersten 25 Jahre seines Bestehens nebst Anmerkungen und Beilagen, Hamburg 1844, S. 5 ff.

360 Zit. nach Helga Krohn, Die Juden in Hamburg 1800–1850. Ihre soziale, kulturelle und politische Entwicklung während der Emanzipationszeit, Frankfurt 1967, S. 33 f. Die Darstellung der Hamburger Reform-Synagogen folgt H. Hammer-Schenk, Hamburgs Synagogen des 19. und frühen 20. Jahrhunderts, Hamburg 1978, S. 14 ff.

361 Festschrift zum 100jährigen Bestehen des Israelitischen Tempels in Hamburg, 1818–1918, Hg. D. Leimdörfer, Hamburg 1918, S. 10f.

362 G. Salomon, Der achtzehnte Oktober. Ein heiliges Denkmal in künftigen Zeiten, Hamburg o. J. (1825), S. 3.

363 Kurt Goldenberg, Der Kultus- und Profanbau der Juden erläutert an Hand von Hamburg-Altona-Wandsbek, Diss. Dresden o. J. (um 1924), S. 55. Es scheint, daß der Bau schon bestand und für den ‹Tempel› umgebaut wurde. (Für Hinweise ist Frau Irmgard Stein, Hamburg, Inst. f. d. Gesch. d. dt. Juden, zu danken.)

364 Zit. nach Festschrift zum 120jährigen Bestehen des Israelitischen Tempels in Hamburg, 1817–1937, Hg. Bruno Italiener, Hamburg 1937, S. 9f. Die Schilderung der Leipziger Zeitung vom 14. Okt. 1820 lautet: «Diese Messe ward in Leipzig der israelitisch-deutsche Gottesdienst mit Predigt und Gesang, nach dem verbesserten Rituale des Hamburgischen Tempelvereins, in einem der akademischen Hörsäle, den die Universität zur Beförderung der guten Sache unentgeltlich für diese Messe hergegeben hatte, feierlich eröffnet und erregte die lebhafteste Teilnahme der Gebildeten aller Konfessionen ... wurden mehrere treffliche Predigten in deutscher Sprache höchst musterhaft gehalten und machten den tiefsten Eindruck. Die Liedersammlung, deren sich die Gemeinde bedient, enthält zweckmäßige Gesänge von den besten deutschen Dichtern, welche mit Orgelbegleitung gesungen werden. Diese Gemeinde, durch welche ein folgenreicher Schritt zur höhren Kultur und Veredlung ihres Volkes um so sicherer geschehen ist, als man auch einen geläuterten Schulunterricht damit verbindet, hat bereits Tempel zu Berlin, Dessau, usw. und, wie man vernimmt, wird auch in Leipzig diese öffentliche Gottesverehrung während der Messe fernerhin stattfinden, da gerade Leipzig der Ort ist, wo diese veredelte israelitische Kirche Freunde und Anhänger gewinnen, und sich

von da in alle Länder, wo Israeliten leben, schnell verbreiten kann.» Zit. nach Zunz, 1964, S. 113 f (wie Anm. 355).

365 Gabriel Riesser, Denkschrift über die bürgerlichen Verhältnisse der Hamburgischen Israeliten..., Hamburg 1834, S. 38. Vgl. hierzu Mosche Zimmermann, Hamburgischer Patriotismus und deutscher Nationalismus. Die Emanzipation der Juden in Hamburg 1830–1865, Hamburg 1979, bes. S. 36 ff.

366 Abraham Geiger, Der Hamburger Tempelstreit, eine Zeitfrage, Breslau 1842, in: ders., Gesammelte Schriften, Berlin 1875, S. 113 ff, bes. S. 182, 188.

367 Zitate nach Salomon, Geschichte, S. 14 u. 29 (wie Anm. 359).

368 Zit. nach Goldenberg, Kultus- und Profanbau, S. 56 (wie Anm. 363). Zu Bernays siehe: Hans J. Bach, Jacob Bernays. Ein Beitrag zur Emanzipationsgeschichte der Juden und zur Geschichte des deutschen Geistes im 19. Jahrhundert, Tübingen 1974, bes. S. 7 ff, 27 ff. Zur heftigen Ablehnung der Orgel bei den Orthodoxen, trat bei den Reformern die verbissene Verteidigung dieser Neuerung, was sogar zu einer separaten Weihe der Orgel führte, die in Hamburg von Salomon mit den Worten «kunstreiches Tonwerk ... ich weihe auch dich im Namen meines Gottes... Deine Töne und Klänge, die nur zu lange aus Unverstand und Unkunde in Zions Mauern verstummen mußten, sollen uns zu heiligen Psalmen begeistern,...» vorgenommen wurde. Zit. nach: G. Salomon, Selbst-Biographie, Leipzig 1863, S. 46.

369 Vgl. dazu den Bericht im Hamburger Beobachter vom 7. Sept. 1844, Nr. 36, S. 285.

370 Salomon, Geschichte, S. 51 (wie Anm. 359).

371 Ebd., S. 137. Zimmermanns These, daß bei den Reformern nationaldeutsche Tendenzen nicht vorlagen, sodern hamburgisch-patriotische, kann gerade anläßlich der Einweihungsfeierlichkeiten, mit ihren Bezügen auf Leipzig etwa, nicht zugestimmt werden. Vgl. Zimmermann, 1979, S. 126 ff (wie Anm. 365).

372 Wie Anm. 369.

373 Zu denken ist an die Westfassade der Kathedrale von Winchester sowie die Entwürfe von Schinkel für die Petrikirche in Berlin oder für die Kirche in der Oranienburger Vorstadt von 1828, Entw. 5, vgl. P. O. Rave, Schinkel. Lebenswerk. Berlin. Bauten für die Kunst, Kirchen, Denkmalpflege, Berlin 1941, Abb. 87, 201 f. Große Ähnlichkeit weist der Tempel auch mit der Kirche von Schloß Hirschberg in Sachsen auf, die Friedrich Wilhelm IV. 1843 in Auftrag gegeben hatte, vgl. Deutsche Kunstdenkmäler, ein Bildhandbuch, Provinz Sachsen, Land Anhalt, Darmstadt 1969, Abb. 158.

374 Zit. nach Krohn, Juden, 1967, S. 65 (wie Anm. 360).

375 Heinrich Heine, Deutschland. Ein Wintermärchen, caput XXII.

376 F. Schumacher, Die neuen Regungen des Hamburger Backsteinbaus in der Mitte des 19. Jahrunderts, in: Zentralbl. d. Bauverwaltung, 43.1923, S. 63 u. Abb. auf S. 64. Günther Lange, Alexis de Chateauneuf. Ein Hamburger Baumeister (1799–1853), Hamburg 1965, S. 44, Abb. 67. Außer Schumachers Hinweis, daß es sich um den Entwurf für eine Synagoge handelt, gibt es keine direkten Merkmale für diese Interpretation. Aus der Bautypologie scheint eine solche Benennung aber sehr wahrscheinlich.

Zudem liegt der Zugang zur Synagoge bei Chateauneufs Entwurf über einem Untergeschoß, ist gleichsam eine Brücke; ein ähnlich erhöht liegender Zugang war auch bei Klees-Wülberns Tempel geplant: «Nach dem ersten Plane des Baumeisters sollte der Fußboden des Tempels, der jetzt 6 Fuß tiefer als die Straße liegt, in gleicher Höhe mit derselben gebracht werden, wodurch das Gebäude teilerhöht hätte werden müssen; der Kostenpunkt verhinderte aber die Ausführung dieses Planes.» Zit. nach: Hamburger Beobachter, Nr. 36 vom 7. 9. 1844, S. 285. Verwiesen sei noch auf die bereits erwähnte Synagoge in Dannenberg von 1846, die nur zwei Jahre nach dem Bau in der Poolstraße entstanden war und nach dem euphorischen Bericht in der Allgem. Zeitung des Judentums, 13.1849, S. 374–375, einen Reformgottesdienst, wahrscheinlich nach Hamburger Vorbild, eingeführt hatte. Leider lassen die erhaltenen Aufnahmen kaum Rückschlüsse auf bauliche Details zu (vgl. Anm. 8).

377 Zit. nach S. Dubnow, Weltgeschichte des jüdischen Volkes, Bd. 9, Berlin 1929, S. 138, 158. Eine detaillierte Darstellung der Vorgeschichte bieten: Ludwig Aug. Frankl, Zur Geschichte der Juden in Wien, Wien 1853, S. 48 ff. G. Wolf, Geschichte der israelitischen Cultusgemeinde in Wien, Breslau 1885 (1. A. Wien 1861), S. 9ff. Sigmund Husserl, Gründungsgeschichte des Stadt-Tempels der Israelitischen Kultusgemeinde Wien, Wien/Leipzig 1906.

378 Paul Tausig, Josef Kornhäusel, Wien 1916, S. 23 ff. Max Eisler, Der Seitenstetten Tempel, in: Menorah, 4.1926, S. 57 ff. Hedwig Herzmansky, Joseph Kornhäusel. Eine Künstlermonographie, Diss. Wien 1964 (MS), bes. S. 258 ff, hier findet sich eine genaue Besprechung der verschiedenen Entwürfe für die Synagoge, die z. T. auch abgebildet sind in: 150 Jahre Wiener Stadttempel Wien o. J. (1976) Hg. Ernst Blaha. Vgl. auch: Israelitische Kultusgemeinde Wien. An die Besucher des Wiener Stadttempels, Hg. E. Blaha, Wien o. J. (um 1976) und ausführlich in: Klassizismus in Wien, Architektur und Plastik. Katalog, Ausstellung im Historischen Museum der Stadt Wien, Wien 1978, S. 66 ff, 142, sowie Der Wiener Stadttempel 1826–1976. Hg. Kurt Schubert. Im Auftrag des Vereins Österreichisches Jüdisches Museum in Eisenstadt, Eisenstadt 1978 (= Studia Judaica Austriaca, 6) bes. N. Vielmetti S. 91–103.

379 Zit. nach Sulamith, Bd. 7, 1.1826, S. 290 ff, bes. S. 291 f.

380 Zit. nach S. Holdheim, Geschichte der Entstehung und Entwicklung der Jüdischen Reformgemeinde zu Berlin, Berlin 1857, S. 28, 31.

381 Zit. nach M. Pinner, Geschichte der neuesten Reform der jüdischen Gemeinde Berlins und deren Bekämpfung, Berlin 1857, S. 10 f.

382 Allgemeine Zeitung des Judentums, 18.1854, S. 495. Ebd., S. 4 wird zur Motivation bemerkt: «Die hiesige jüdische Reformgemeinde hat durch den Bau eines für sie bestimmten Gotteshauses in ihrer Consolidierung einen wesentlichen Fortschritt gemacht. So lange sie in einem provisorischen Locale ihren Gottesdienst abhalten mußte, erschien auch ihr ganzes Bestehen ... nur als ein provisorisches, ... mit dem Bau ist sie ... in das Stadium der Mitberechtigung getreten.»

383 Vgl. die versch. Abbildungen in den Mitteilungen der jüdischen Reformgemeinde zu Berlin (jeweils mit kurzen Baubeschreibungen), 1920, Nr. 2 vom 1. 4., S. 2; 1928, Nr. 4 vom 1. 8., S. 47; 1935, Nr. 4 vom 2. 4., S. 1. Siehe auch Paul Nansen, Die Synagoge der Reformgemeinde in der Johannisstraße, in: ebd., 1928, Nr. 4, S. 50 f. Entwürfe für den Grundriß in Plansammlung der TU Berlin, sign. Inv. Nr. 7120.

384 AZJ, 18.1854, S. 519, 528.

385 Mitteilung aus der Kg. Priv. Berlinischen Zeitung, Nr. 209 vom 7. 9. 1855; zit. nach Pinner, 1857, S. 24 f (wie Anm. 381). Siehe hierzu auch die Berichte in der AZJ 19.1855, S. 386 f, 451, 461, 468 f, 514, 625 ff.

386 Zur Berliner Reformbewegung sind noch an allgemeiner Literatur von Bedeutung: Samuel Holdheim, Die Einweihung des neuerbauten Gotteshauses der jüdischen Reformgemeinde zu Berlin. Predigt gehalten am 10. Sept. 1854, Berlin 1854. M. Levin, Die Reform des Judentums. Festschrift zur Feier des 50jährigen Bestehens der jüdischen Reformgemeinde zu Berlin, Berlin 1895. J. H. Ritter, Die jüdische Reformgemeinde zu Berlin, Berlin 1902. W. Hamburger, Das Judentum der Jüdischen Reformgemeinde zu Berlin, in: Tradition und Erneuerung. Zeitschrift d. Vereinigung f. d. religiös-liberale Judentum in d. Schweiz, 1972, Nr. 34, S. 14 ff, 1973, Nr. 36, S. 13 ff. K. J. Herrmann, Weltanschauliche Aspekte der Jüdischen Reformgemeinde zu Berlin, in:

Emuna. Horizonte zur Diskussion über Israel und das Judentum, 9.1974, H. 2, S. 83 ff.

387 Adolf Leschnitzer, Saul und David. Die Problematik der deutsch-jüdischen Lebensgemeinschaft. Heidelberg 1954, bes. S. 40 ff. Kurt Wilhelm, The Jewish Community in the Post-Emancipation Period, in: Leo Baeck Institute Yearbook, 2.1957, S. 47 ff. Ders., Kleinstadt- und Großstadtgemeinden, in: Leo Baeck Institute Bulletin, 1958, S. 18 ff. Jacob Toury, Soziale und politische Geschichte der Juden in Deutschland, 1847–1871, Düsseldorf 1977, bes. S. 27 ff.

388 A. Heppner und J. Herzberg, Aus Vergangenheit und Gegenwart der Juden und der jüdischen Gemeinden in den Posener Landen, Teil 1, Koschmin und Bromberg 1909, bes. S. 190 ff.

389 Ebd., Teil 2, Breslau 1929, S. 966–971. Vgl. ferner: Benno Thome, Schwerin an der Warthe. 1793–1945. Wirtschafts-, Kultur- und Sozialgeschichte einer ostdeutschen Kleinstadt, Kiel 1963, bes. S. 74–75. Die Gemeinde zählte im Jahr 1838 über 1 540 Mitglieder.

390 AZJ, 3.1839, S. 220 und 5.1841, S. 252 f.

391 Paul Ortwin Rave. Schinkel, Lebenswerk. Abt. 1, Bd. 1, Teil 1, Bauten für die Kunst, Kirchen, Denkmalpflege, Berlin 1941, S. 301 ff. Abb. 189.

Es handelte sich um den ersten von fünf Entwürfen, die Schinkel für die beiden zu erbauenden Kirchen anfertigte.

392 Statistisches Jahrbuch deutscher Juden, 17.1905, Berlin 1905. Ferner: Jakob Thon, Die jüdischen Gemeinden und Vereine in Deutschland. = Veröffentlichung des Bureaus für Statistik der Juden. Heft 3, Berlin 1906, S. 5 ff. Siehe auch die Einleitung und Anm. 3.

393 Max Aschkewitz, Zur Geschichte der Juden in Westpreußen, Marburg 1967. = Wissenschaftliche Beiträge zur Geschichte und Landeskunde Ost-Mitteleuropas, Bd. 81.

394 Ebd., S. 64.

395 Zu Märkisch-Friedland vgl.: Max Aschkewitz, S. 27 f (ebd.). Zur Synagoge vgl.: Jacob Jacobson, Fahrt in die Provinz, in: Menorah. Jüdisches Familienblatt, 9.1931, S. 232 ff. Ders., Alle Wege führen nach Berlin, 2. Märkisch-Friedland, in: Gemeindebl. der jüd. Gemeinde zu Berlin, 1931, S. 121 ff.

396 Rave, Abb. 204 und 205 (wie Anm. 391). Der Entwurf Schinkels von 1832 wurde 1834 ausgeführt = Nazarethkirche in Berlin, Wedding.

397 Günter Grundmann, Schinkel, Lebenswerk. Schlesien. Abt. 1, Bd. 1, Teil 5, Berlin 1941, S. 191 ff, Abb. 125–126.

398 Zu Fordon siehe: Gemeindebl. d. jüd. Gmde. zu Berlin, 22.1932, Nr. 5, s. p.; zu Tilsit: Fritz Brix, Tilsit-Ragnit. Stadt und Landkreis. Ein westpreußisches Heimatbuch, Würzburg 1971, S. 342 (= Ostdeutsche Beiträge aus d. Göttinger Arbeitskreis, Bd. 50).

399 Rahel Wischnitzer-Bernstein, Die Synagoge in Ellrich im Südharz, in: Monatsschrift für Geschichte und Wissenschaft des Judentums, Bd. 83 = N.F. Bd. 47.1939, S. 493 ff, bes. S. 501 und Anm. 27.

400 P. Sauer, Württemberg, S. 151 ff. A. Loewengart, Geschichte der Juden in Rexingen, in: Pessach-Festschrift der Israelitischen Religionsgemeinde Württemberg, Stuttgart, 1971 (April), S. 12 ff. Zu Eschwege siehe Allgem. Ztg. d. Judentums, 1837, S. 236 u. 1839, S. 555 f. Arnsberg, Hessen, Bd. 1, S. 167 ff. Vgl. auch Rolf Hochhuth und Hans H. Koch, Kaisers Zeiten. Bilder einer Epoche, Gütersloh 1977, s. p.

401 Vgl. zur Synagoge in Buchau, die Anm. 190 angegebene Literatur. Genannt werden müssen hier die Bauten in den folgenden Orten, die alle die gleichen Strukturen aufweisen: Iserlohn, 1831; Sinsheim, 1837; Hohebach, 1838; Hagenburg, um 1840 (?); Bingen, 1838; Erfurt, 1840; Gambach, 1843; Rendsburg 1845; Friedrichstadt, 1848;

Stadthagen, 1848; Luck, um 1850; Helmarshausen, um 1850; Castrop-Rauxel, 1845; Herford, 1851. Die Synagoge in Stadthagen ist noch erhalten. Zu Neustadt-Gödens siehe Z. Asaria, Die Juden in Niedersachsen von den ältesten Zeiten bis zur Gegenwart, Leer 1979, S. 278 ff (mit Abb.).
402 S. Levi, Aus der Geschichte der jüdischen Gemeinde Krefeld, in: Die Heimat, Krefeld, 1928, S. 293 ff. R. Errell, Die Fleischtöpfe Ägyptens. Die jüdische Gemeinde im Leben Krefelds, in: Krefelder Studien, Krefeld 1973, S. 327 ff. Klaus Eichenberg, Heinrich Johann Freyse, 1809–1850. Stadtbaumeister in Krefeld. Leben und Werk, Mönchengladbach 1970, S. 118–120 (= Veröff. d. Bischöfl. Diözesanarchivs Aachen, 28). G. Rottoff, (Hg.), Krefelder Juden, Bonn 1980 (= Krefelder Studien, 2), bes. S. 66 ff.
403 Albrecht Mann, Die Neuromanik. Eine rheinische Komponente im Historismus des 19. Jahrhunderts, Köln 1966, bes. S. 15 und Michael Bringmann, Studien zur neuromanischen Architektur in Deutschland, Diss., Heidelberg 1968, bes. S. 19 ff.
404 C. Heideloff, Der kleine Byzantiner, Taschenbuch des byzantinischen Baustyles. Zum Handgebrauch für Architekten und technische Lehranstalten, Nürnberg 1837. Heideloff nimmt eine genaue Definition der einzelnen regionalen und zeitlichen Erscheinungsformen des Rundbogenstils vor. In der Benennung entscheidet er sich für «byzantinischer Stil», hält aber auch «Rundbogenstil, neugriechischer, altgothischer, fränkischer, sächsischer, normannischer und carolingischer Stil» für zulässig. Zu Hübsch' Theorie siehe: Dagmar Waskönig, Konstruktion eines zeitgemäßen Stils zu Beginn der Industrialisierung, in: Geschichte allein ist zeitgemäß. Historismus in Deutschland, Hg. M. Brix und M. Steinhauser, Gießen 1978, S. 93 ff.
405 Georg Wagner, Die Ästhetik der Baukunst. Ein Leitfaden, Dresden u. Leipzig 1838, S. 99 f, 112 ff.
406 Hundsnurscher, Juden in Baden, S. 205 ff (Müllheim) und S. 55 (Gondelsheim).
407 K.-J. Rumpel, Die jüdische Gemeinde Hoppenstädten, in: Mitteilungen des Vereins f. Heimatkunde im Landkreis Birkenfeld und der Heimatfreunde Oberstein, 31.1968, H. 1/2, S. 3 ff.
408 Arnsberg, Hessen, Bd. 2, S. 241 f.
409 Sauer, Württemberg, S. 149 ff.
410 M. Grünwald, Zur Geschichte der jüdischen Gemeinde Dyhernfurth, Breslau 1881 (er gibt als Baujahr 1851 an). L. Manasse, Das Schicksal einer alten schlesischen Judengemeinde, in: Oberschlesien, 17. 1918, H. 4, S. 116 ff (nennt kein genaues Baudatum). B. Brilling, Die jüdischen Gemeinden Mittelschlesiens, Stuttgart 1972, S. 66 nennt als Einweihungsdatum den 9. 1. 1848.
411 Heinrich Schubert, Chronik der Stadt Winzig, Winzig 1914, S. 165 ff. Jacob Cohn, Geschichte der Synagogen-Gemeinde Kattowitz. Festgabe anl. d. Einweihung der neuen Synagoge am 12. Sept. 1900, Kattowitz 1900, S. 20 ff. Ähnliches gilt auch für die Synagoge in Wesermünde/Bremerhaven, die erst 1878 entstanden war.
412 Karl Bauer, Geschichte von Hildesheim von dem Anfange bis zur Gegenwart, Hildesheim 1892, bes. S. 206 f, 266. J. Gebauer, Geschichte der Stadt Hildesheim, Hildesheim 1922–1924, Bd. 2, S. 174 ff, 442 f. H. v. Jan, Zur Geschichte. Hildesheimer Juden, in: Hildesheim, 1968, H. 11, S. 24 ff. – In gewisser Weise ist hier in Hildesheim die ehemals in Seesen geplante oktogonale Synagoge verwirklicht worden. Hinzuweisen ist auch auf einen Entwurf innerhalb der Monatskonkurrenzen in Berlin vom Januar 1848, der von einem anonymen Architekten eine achteckige Synagoge zeigt, allerdings in Anklängen von maurischem Stil. Berlin, Plansammlung, Technische Universität, Universitätsbibliothek, sign.: vorm. inv. nr. MK 1848/49, Bl. 3.
413 Adolf Eckstein, Geschichte der Juden im ehemaligen Fürstbistum Bamberg,

Bamberg 1899. Ders., Die israelitische Kultusgemeinde Bamberg von 1803–1853. Festschrift zur Einweihung der neuen Synagoge in Bamberg, Bamberg 1910. Ders., Ein kurzer Gang durch die Vergangenheit der israelitischen Kultusgemeinde Bamberg, in: Bayerische Israelitische Gemeindezeitung, 1928, S. 161–164. Ders., Aus der Geschichte der jüdischen Gemeinde Bamberg, ebd., 1935, S. 361 f. Ders., Bilder aus der Vergangenheit der israelitischen Gemeinde Bamberg, Bamberg 1933. H. Friedrich-Brettinger, Die Juden in Bamberg, Bamberg 1963.

414 Eckstein, 1910, S. 111, (siehe Anm. 413).

415 Ebd., S. 112.

416 Tagblatt der Stadt Bamberg vom 5. 11. 1853, Nr. 304, S. 1521. Die Synagoge hatte 108 Männer- und 85 Frauenplätze.

417 Eckstein, 1910, S. 38–39, (wie Anm. 413).

418 Ebd., S. 67.

419 Herman Schmitz, Die Gotik im deutschen Kunst- und Geistesleben, Berlin 1921, S. 160, Abb. 84; siehe auch die Lit. in Anm. 33.

420 Grotte, Synagogentypen, 1915, Abb. 57. Ferner: M. Weinberg, Geschichte der Juden in der Oberpfalz. V. Herzogtum Sulzbach, München 1927 und Encyclopedia Judaica. Jerusalem 1971, Bd. 15, Abb. Sp. 507.

421 Grotte, Synagogentypen, 1915, Abb. 54.

422 Das Schrifttum über die Synagoge in Worms ist sehr umfangreich und fast vollständig in der Arbeit von Otto Böcher, Die Alte Synagoge in Worms, in: Die Alte Synagoge zu Worms. Hg. Ernst Roth, Frankfurt/M., 1961, S. 11–154 abgedruckt. Diese sehr gründliche Arbeit ist zuerst erschienen in: Der Wormsgau. Zeitschrift der Kulturinstitute der Stadt Worms und des Altertumsvereins Worms. Beiheft 18, Worms 1960. Richard Krautheimer, Mittelalterliche Synagogen, Frankfurt/M. 1927, S. 151 ff.

423 Böcher, S. 79–82. Abb. 50–51. Krautheimer hatte diese Gitter noch ins 14. Jahrhundert datiert.

424 Alle Zitate nach Moses Mannheimer, Die Juden in Worms, ein Beitrag zur Geschichte der Juden in den Rheingegenden, Frankfurt/M. 1843, S. 2, 9, 17.

425 Vgl.: R. Krautheimer, Mittelalterliche Synagogen, Berlin 1927, S. 181–186.

426 Zu der Verwendung der Löwen im Synagogenbau vgl.: M. Grunwald, Bilder und Zeichen auf jüdischen Denkmälern, in: Mitteilungen der Gesellschaft für jüdische Volkskunde, Heft 10, 1902, S. 121–144, bes. S. 130–131; Rahel Wischnitzer-Bernstein, Symbole und Gestalten der jüdischen Kunst, Berlin 1935, S. 74; Zu den fränkischen Holzsynagogen vgl.: David Davidovicz, Wandmalereien in alten Synagogen. Das Wirken des Malers Elieser Sussman in Deutschland. Hameln und Hannover 1969; Der Aufsatz von Leopold Goldschmied, Bilderschmuck in der Synagoge, in: Allgemeine Zeitung des Judentums, 60. 1902, S. 353–354, ist nicht so sehr eine historische Klärung der verschiedenen Symbole jüdischer Wandmalerei als vielmehr eine der ersten Versuche, für einen bildlichen Schmuck, der auch figurale Motive verwendet, einzutreten. Diese Bemühungen um 1900, die von verschiedenen Rabbinern und Historikern unterstützt wurden, hatten auch Erfolg. Die Synagogen in Szegedin, Augsburg und Plauen i. V. sind Beispiele für das Wiederaufleben einer symbolisierenden Dekorationsmalerei, die sich in den Motiven sehr stark an die alten Vorbilder des 18. Jahrhunderts anlehnen (s. u.).

427 Zu Dünsbach vgl.: Jüdische Friedhöfe und Gotteshäuser in Württemberg, Augsburg, 1932, S. 71. S. Oppenheim, Hundert Jahre Synagogengemeinde Wattenscheid. Festgabe zur Feier des 100-jährigen Bestehens der Synagoge in Wattenscheid, Wattenscheid 1929.

428 Vgl.: Allgemeine Zeitung des Judentums, 1860, S. 623–624.

429 Gustav Siegel, Geschichte der Stadt Wolfhagen in Hessen, Wolfhagen 1929, S. 203. Arnsberg, Hessen, Bd. 2, S. 416–418. Die Weihe des Neubaus erfolgte am 25. 10. 1859.

430 Zu Seligenstadt siehe: Arnsberg, Hessen, Bd. 3, Abb. S. 187; zu Hamm vgl. A. Dartmann, Die soziale, wirtschaftliche und kulturelle Entwicklung der jüdischen Gemeinde in Hamm, Hamm o. J., (1976).

431 Von den frühen Synagogen weisen solche Pilaster oder Säulen, die als Nachbildung der beiden Tempelsäulen angesehen werden können, im Außenbau folgende Bauten auf: Frankfurt/M., 1711; Zülz/Schlesien, 1774; Steinbach, 1809; Bühl/Bd., 1823; zwischen 1830 und 1850 zeigen nur die Synagogen in Hildesheim und Hamburg, Poolstraße dieses Motiv. Zwischen 1850 und 1860 sind es die Bauten in Altdorf; Berlin, Entwurf Muyschel; Frankfurt, Hauptsynagoge; Fulda; Landsberg/Warthe; Pilsen; Stuttgart; Wien, Tempelgasse. Zwischen 1860 und 1870 finden wir die beiden Pilaster bei folgenden Synagogen: Lundenburg; Nürnberg; Wiesbaden; Zagreb. Von 1870 bis 1880 bei den Synagogen in Bonn; Brüx; Budapest, Bau von Otto Wagner; Czernowitz; Darmstadt; Duisburg; Eppingen; Heilbronn; Hockenheim; Recklinghausen; Sadagora. Von 1880 bis 1890: Erfurt; Glogau; Lorsch; Marienbad; Neunkirchen; Wien, Türkische Synagoge; Wien, Schmalzhofgasse; Znaim. Von 1890 bis 1900: Antwerpen; Bilin, Böhmen; Budapest, Synagoge von Baumhorn; Eger; Köln, Roonstraße; Königgrätz; Sofia.

432 L. Förster, Über Synagogenbau, in: Allgemeine Zeitung des Judentums, 22.1858, S. 314–316, bes. S. 315. Ähnlich äußert sich Förster in der Publikation seines Neubaus in der Allgemeinen Bauzeitung, 1859, S. 14–16. Taf. 230–235.

433 Iselin Gundermann, Bilder ostpreußischer Kirchen, Göttingen 1968 = Walter Hubatsch, Geschichte der evangelischen Kirche Ostpreußens, Bd. II. Bes. die Kirchen in Saugen, 1854, Abb. 431; Werden, 1847, Abb. 435–436.

434 J. B. Schwabacher, Geschichte und rechtliche Stellung der Portugiesisch-Jüdischen und der Deutsch-Israelitischen Gemeinde zu Hamburg, Diss. Berlin 1914.

435 Zur Geschichte der sephardischen Juden vgl.: Alfonso Cassuto, Gedenkschrift anläßlich des 275-jährigen Bestehens der Portugiesisch-Jüdischen Gemeinde in Hamburg, Amsterdam 1927.

436 Kurt Goldenberg, Der Kultus- und Profanbau der Juden, erläutert an Hand von Hamburg-Altona-Wandsbek, Diss. TH Dresden o. J. (MS). S. 57–58. C. F. Gaedechens, Historische Topographie der Freien und Hansestadt Hamburg und ihrer nächsten Umgebung von der Entstehung bis auf die Gegenwart, Hamburg 1880, S. 254.

437 Die Beschreibung bezieht sich auf die bei Cassuto (Anm. 383) wiedergegebene Abbildung. Allerdings bin ich nicht sicher, ob die Bemalung ursprünglich ist.

438 Adolf Bernt, Deutsche Bürgerhäuser, Tübingen 1968, Abb. 28–33. Die meisten der Hamburger Häuser des 14. und 15. Jahrhunderts waren bei dem großen Brand von 1842 zerstört worden. Doch war die Bauform natürlich durch die Beispiele in anderen Städten, besonders Lübeck, durchaus noch geläufig.

439 Das mittlere Portal diente als Eingang für die Männer, während die Seitenportale zu den Frauenemporen führten.

440 M. M. Haarbleicher, Aus der Geschichte der Deutsch-Israelitischen Gemeinde in Hamburg, 2. Aufl. Hamburg 1886, S. 194. Goldenberg, S. 58, Vgl. zu beiden Bauten auch H. Hammer-Schenk, Hamburgs Synagogen, S. 22 ff (wie Anm. 360).

441 Fritz Schemann, Zur Geschichte der Juden in Hagen, in: Gedenkbuch zum tragischen Schicksal unserer jüdischen Mitbürger. Hagen 1961, S. 19 ff. Die Gemeinde hatte schon 1832 ein Grundstück erworben, aber von der Regierung nicht die Erlaubnis zum Bau einer Synagoge erhalten. Erst 1858 konnte der Neubau, am 9. September, einge-

weiht werden. 1895 erfolgte ein völliger Umbau mit romanisierender Doppelturmfassade.
442 Am Schulgebäude von Droste, zwischen 1850 und 1854 errichtet, findet man die gleichen Fensterrahmenmotive wie an der Synagoge in Hagen. D. Joseph, Geschichte der Baukunst vom Altertum bis zur Neuzeit. Ein Handbuch. Bd. 3, Teil 1, S. 254–255, Abb. 257. Leipzig, 2. Aufl. o. J.
443 Heinrich Hübsch, Bau-Werke, Karlsruhe 1838, Taf. 1.
444 M. M. Haarbleicher, Aus der Geschichte der Deutsch-Israelitischen Gemeinde in Hamburg, 2. Aufl. Hamburg 1886, S. 312. H. Levy, Die Entwicklung der Rechtsstellung der Hamburger Juden, Diss. Hamburg 1933. O. Wolfsberg-Aviad, Die Dreigemeinde Hamburg-Altona-Wandsbek, Hamburg 1960. Helga Krohn, Die Juden in Hamburg, Hamburg 1967. Zimmermann, 1979, S. 178 ff (wie Anm. 365).
445 Haarbleicher, 1886, S. 431 und Julian Lehmann, Gemeindesynagoge Kohlhöfen, 1859–1934, Hamburg 1934, S. 12 ff.
446 Vgl. die Pläne im Staatsarchiv Hamburg, sign. Jüd. Gemeinde Nr. 446a, Plan vom 12. 10. 1855. Schon 1854 sind (ebd.) Äußerungen zu finden, die eine völlige Freilegung fordern.
447 Ebd., Schreiben des Vorstehers Alexander vom 29. 11. 1855.
448 Ebd., Nr. 446b, Eingabe vom 22. 2. 1856.
449 Ebd., Nr. 446a, Pläne vom 12. 10. 1855 und 4. 12. 1855.
450 Die Beschreibung folgt den Angaben in folgenden Arbeiten: Hamburg. Historisch-Topographische und Baugeschichtliche Mittheilungen, den Mitgliedern der XV. Versammlung deutscher Architecten und Ingenieure, dargebracht von dem architectonischen Vereine. Hamburg 1868, S. 110–112; Ludwig Klasen, Grundrißvorbilder, Abth. XI. Gebäude für Kirchliche Zwecke, Leipzig 1889, S. 1466–67; Goldenberg, Kultusbau, S. 60–61 (wie Anm. 436). Hammer-Schenk, Synagogen, S. 27 ff (wie Anm. 360).
451 A. Rosengarten, Die Architektonischen Stylarten, Braunschweig 1857, S. 143.
452 Historisch-Topographische... Mittheilungen..., S. 110 (wie Anm. 450).
453 Klasen, Grundrißvorbilder, S. 1466 (wie Anm. 450).
454 Illustrirte Zeitung, Die Synagoge in Hamburg, 33. 1859, S. 205.
455 Ludwig Runge und A. Rosengarten, Architektonische Mitteilungen über Italien. Eine Auswahl interessanter und werthvoller Darstellungen. Berlin 1847. Ludwig Runge, Beiträge zur Kenntnis der Backstein-Architectur Italiens. N. F. Berlin 1853 und 1856. Die Synagoge an den Kohlhöfen wurde 1934 auf Abbruch an den Staat verkauft; Pläne dafür bestanden seit 1914. Die noch zu besprechende Synagoge am Bornplatz war schon seit 1906 der eigentliche Ersatz.
456 Akten im Badischen General Landesarchiv Karlsruhe, Sign. 233/16362 und 233/16412. Ferner: B. Schwineköper und F. Laubenberger, Geschichte und Schicksal der Freiburger Juden = Freiburger Stadthefte, 6. 1963. Hundsnurscher, Baden, S. 86–94. Freiburg im Breisgau, die Stadt und ihre Bauten, Freiburg i. Br. 1898, S. 406. Adolf Lewin, Die Juden in Freiburg i. Br., Trier 1890. Der Bau wurde 1938 gesprengt.
457 Zur Klosterkirche von Tennenbach vgl.: Mann, Neuromanik, S. 62 und Bringmann, Neuromanik, S. 21 (wie Anm. 403).
458 Die dreiteiligen, gekoppelten Rundbogenfenster des Erdgeschosses sind wohl in allen Einzelheiten von Hübschs Entwurf für die Kirche in Bulach übernommen. (H. Hübsch, Bau-Werke, Karlsruhe 1838–1859, Taf. 9).
459 Allgemeine Zeitung des Judentums, 1869, S. 827. Im Jahr 1925 wurde die Synagoge durch einen quadratischen Anbau an der Westseite erweitert. (Abb. 474)
460 T. Nordemann, Zur Geschichte der Juden in Basel. Jubiläumsschrift, Basel 1955.

Die Freiheiten wurden den Juden auf Intervention Napoleons III. gewährt, da ein Teil von ihnen aus Frankreich stammte (Elsaß). Vgl.: Zum Zentenarium der Basler Synagoge. Eine Festschrift, Basel 1965. Siehe auch: A. Meyer, Neugotik und Neuromanik in der Schweiz, Zürich 1972, S. 169. Mehrere Entwürfe sind erhalten.
461 Bericht der ‹Basler Nachrichten› anläßlich der Einweihung am 9. 9. 1868. Zit. nach Nordemann, S. 80.
462 Die Synagoge in Basel wurde 1892 vergrößert, indem man im Westen den Bau, nach gleichen Plänen, noch einmal ansetzte, also zwei gleiche Bauten aneinanderfügte. Auch stilistisch paßte man sich völlig an den alten Bau an. Zu den Zentralbauten in romanischem Stil sind auch die Synagogen in Bielefeld, 1845 erbaut und in Bochum, 1863 eingeweiht, zu rechnen; letztere kommt in den Schmuckformen dem Dresdner Bau nahe.
463 Werner Sombart, Die Juden in der Wirtschaft, Leipzig 1911. Adolf Leschnitzer, Saul und David. Die Problematik der deutsch-jüdischen Lebensgemeinschaft. Heidelberg 1954. Toury, Geschichte, 1977, bes. S. 69 ff und 277 ff (wie Anm. 387). Werner E. Mosse, Judaism, Jews and Capitalism – Weber, Sombart and beyond, in: Yearbook. Leo Baeck Institute, 24. 1979, S. 3 ff.
464 Leschnitzer, S. 82 (wie Anm. 463).
465 Allgemeine Deutsche Biographie, Bd. 24, Leipzig 1887, S. 404. S. Wininger, Große Jüdische Nationalbiographie, Bd. 4, S. 585. Helmut Zimmermann, Edwin Oppler, in: Leben und Schicksal. Zur Einweihung der Synagoge in Hannover, Hannover o. J. (1963), S. 70–79. Peter Eilitz, Leben und Werk des königl. Hannoverschen Baurats Edwin Oppler, in: Hannoversche Geschichtsblätter, N. F., Bd. 25, Heft 3/4, Hannover 1971, S. 127–310.
466 Günther Kokkelink, Die Neugotik Conrad Wilhelm Hases. Eine Spielform des Historismus, in: Hannoversche Geschichtsblätter, N. F. 22, Heft 1/3, Hannover 1968, S. 1–212, bes. S. 40–41.
467 Edwin Oppler, Architektonische Entwürfe. Hg. Ferndinand Schorbach, Halle a. S. 1884–1887 (unvollständig). Die Synagoge in Karlsbad stammt nicht von Oppler, wie Eilitz, S. 207, Katalog Nr. 61, noch glaubt. Oppler hat 1874 nur mehrere Pläne entworfen (Stadtarchiv Hannover). Der Bau wurde von 1876–1877 nach den Plänen des Baurats Adolf Wolff errichtet. (Festschrift zur 74. Versammlung deutscher Naturforscher und Aerzte, Karlsbad 1902, S. 203, Abb. 202.)
468 Opplers Theorie des Synagogenbaus erschien in: Baukunde des Architekten, Bd. II, Teil 2, Berlin 1884, Synagogen und jüdische Begräbnisplätze, S. 270–285. In der 2. Aufl. von 1899 wird der Artikel von Albrecht Haupt erweitert und durch eine große Zahl von Abbildungen, besonders von Bauten Opplers, zu einer Bauanleitung für Synagogen ausgestattet; 1. Aufl. als Lieferung schon 1882 erschienen.
469 Oppler, in: Baukunde, S. 273. Alle folgenden Zitate ebenfalls hieraus (wie Anm. 468).
470 Eine Einrichtung von Frauenplätzen im Erdgeschoß, wie es z. T. in mittelalterlichen Synagogen und auch noch bis ins 18. Jahrhundert vereinzelt vorkam hält Oppler für unzulässig. Wie völlig kontrovers hier die Meinung innerhalb der jüdischen Architekten war, zeigen die Synagogen in Wien, IX., Müllnergasse und Budweis, die der jüdische Architekt Max Fleischer in den 90er Jahren errichtete. Hier sitzen die Frauen nicht auf Emporen, sondern in den Seitenschiffen. Diese beiden Synagogen gehören auch zu den wenigen in gotischem Stil, der hier so ausgeprägt auch in der Bauform angewendet wurde, daß bis heute noch jüdische Historiker nur verächtlich von «Kathedralen» sprechen, ohne zu bedenken, welche Gründe die durchaus nicht unfrommen oder unjüdischen Gemeinden zu solchen Formulierungen führte (s. u., Abb. 374–378).

471 Aus Opplers Gutachten vom 5. 8. 1863 über die Synagoge in Hannover, erhalten in einer Abschrift von J. H. Kastenholz, vgl. ders., Dem Andenken des Königl. Hannoverschen Baurates Edwin Oppler, Hannover 1929, Manuskript in Privatbesitz, Kopie im Stadtarchiv Hannover. Siehe zu Opplers Vorstellungen H. Hammer-Schenk, Edwin Opplers Theorie des Synagogenbaus. Emanzipationsversuche durch Architektur, in: Hannoversche Geschichtsblätter, N. F. 32.1979, S. 99 ff.

472 Theodor Unger, Die Hannoversche Architekturschule, in: Hannover, Führer durch die Stadt und ihre Bauten. Festschrift. Hannover 1882, S. 105 ff.

473 Kokkelink, Hase, S. 15 f und S. 24 ff (wie Anm. 466).

474 Abraham Löb, Die Rechtsverhältnisse der Juden im ehemaligen Königreiche und der jeztigen Provinz Hannover, Diss. Göttingen, Frankfurt 1908.

475 Otto Dov Kulka und Baruch Z. Ophir, Leben und Schicksal in sechseinahlb Jahrhunderten, in: Leben und Schicksal, S. 21 (wie Anm. 465).

476 Allgemeine Zeitung des Judentums, 25.1861, S. 312–313. Akten, Staatsarchiv, Hannover, sign. Hann. 80, Hann. II e 2, Kirchensachen Nr. 138.

477 Erläuterungsbericht vom 5. 8. 1863 (wie Anm. 471).

478 Die Vorentwürfe und die Pläne für die endgültige Ausführung sind im Stadtarchiv Hannover erhalten. Außerdem ein Aquarell, das die Synagoge als romanischen Zentralbau mit Doppelturmfassade zeigt (Abb. 149). Dieser leider undatierte Entwurf gibt die Synagoge in spätromanischen Formen, wie sie z. T. an französischen Kirchen der Mitte des 11. Jahrhunderts zu finden sind: Zumindest die Westtürme weisen auf die Fassade von St. Trinité, Caen oder den Turm von Saint-Germain in Auxerre. Der Vierungsturm erinnert nicht nur an mittelalterliche Vorbilder, sondern auch an die Synagoge in Dresden. Es würde hier zu weit führen, alle Entwürfe im einzelnen zu besprechen. Außer in der bisher genannten Literatur ist die neue Synagoge in Hannover in folgenden Arbeiten behandelt: Die neue Synagoge in Hannover, in: Allgemeine Zeitung des Judentums, 1869, S. 1015–1016. ebd., 34.1870, S. 784 f. Die neue Synagoge zu Hannover, in: Neue Hannoversche Zeitung, Nr. 274 vom 23. 11. 1869, S. 2. Hermann Uhde, Die neue Synagoge zu Hannover, in: Illustrirte Zeitung, vom 20. 11. 1869, S. 407. Op. (pler), in: Kunst im Gewerbe, 1.1872, Heft 4, Text zu Blatt 18. M., Notes de Voyage d'un Architecte dans le Nord-Ouest de l'Europe (1), in: Gazette des Architectes et du Bâtiments, 1876, S. 123. Theodor Unger, (Hg.) Hannover. Führer durch die Stadt und ihre Bauten. Festschrift, Hannover 1882, S. 6 und S. 145. Klasen, Grundrißvorbilder, S. 1478 (wie Anm. 450). Führer durch Hannover und seine Umgebung, Hannover 1912/13, S. 41. Arnold Nöldecke, Die Kunstdenkmäler der Provinz Hannover. Stadt Hannover. Hannover 1932, S. 203–206. Weitere Literatur ist bei Eilitz angegeben.

479 In seinem Erläuterungsbericht von 1863 schreibt Oppler: «Die Ecktürme sind zur Aufnahme der Aborte bestimmt, welche frei und luftig liegen müssen; sie haben an dieser Stelle freien Zugang von den Vorzimmern und liegen von dem Hauptraume der Synagoge so weit als möglich entfernt. Der Vorwurf, welchen Ästhetiker mit Recht machen werden, daß dergleichen Räume in ein Gotteshaus nicht gehören, wird durch die Anordnung, daß sich dieselben am äußersten Ende des Gebäudes befinden, allerdings etwas gemildert... Außerdem gestatten die Ecktürme die Aufführung der Schornsteine für die Wasserheizung. Wo sollten diese nothwendigen großen Schornsteine wohl anders angelegt werden können, ohne daß sie dem ganzen schaden?» Zit. wie Anm. 471.

Solche etwas kurios anmutenden Lösungen sind durchaus nicht selten im 19. Jahrhundert und zeigen nur, wie Bauglieder, die eine bestimmte architektonische und auch bedeutungsmäßige Funktion haben, gleichzeitig Träger praktischer Aufgaben sein können, ohne daß dabei die übergreifende Bedeutung verlorengehen würde.

Eine ähnliche Lösung für die Kamine findet sich an der Synagoge in Budweis, wo sie in zwei Fialen münden. In Wien, am Parlamentsgebäude von Hansen, 1874, ist ein Kamin als ionische Säule ausgebaut.

480 Die besondere Stellung der Synagoge wird in dem Bericht der Allgemeinen Zeitung des Judentums ausdrücklich hervorgehoben: «Im siebzehnten Jahrhundert ließ der Großvogt ... den damals in derselben Straße, in welcher sich die neue Synagoge erhebt, befindlichen Judentempel niederreißen, und heute erbauen die Juden ein Gotteshaus in großartigem Style als eine der größten Zierden der Stadt in unmittelbarer Nähe einer christlichen Kirche.» (1869, S. 1016) Hermann Uhde sieht in dieser Nähe der neuen Synagoge zu einer christlichen Kirche ein Zeichen der «Toleranz» im «Jahrhundert der Humanität». (Illustrirte Zeitung, 1869, S. 407.) Die hier zitierte Kirche ist wohl die Neustädter Kirche aus dem 17. Jahrhundert.

481 Gutachten Opplers vom 15. 2. 1864 (wie Anm. 471).

482 Gutachten vom 5. 8. 1863, ebd.

483 1. Zitat ebd., 2. Zitat aus Gutachten zur Synagoge in Breslau vom 28. 9. 1865 (wie Anm. 471).

484 Simon Dubnow, Die neueste Geschichte des jüdischen Volkes. Das Zeitalter der ersten Reaktion und der zweiten Emanzipation. = Weltgeschichte des jüdischen Volkes, Bd. 9, Berlin 1929, 2. Aufl., S. 322–323. Siehe auch Toury, 1977, S. 119ff, 277ff (Anm. 387) und R. Moldenhauer, Die jüdischen Petitionen an die Deutsche Nationalversammlung in Frankfurt am Main 1848/49, in: Archiv für Frankfurts Geschichte und Kunst, 54.1974, S. 177–208.

485 Vgl. zur These, eine Emanzipation der Juden sei nur möglich durch eine «Emanzipation der Menschheit»: K. Marx, Zur Judenfrage (1843), in: Marx-Engels Gesamtausgabe, 1. Abt. Bd. 1, Frankfurt/M. 1937, S. 580ff.

486 Jacob Toury, Die politischen Orientierungen der Juden in Deutschland. Von Jena bis Weimar, Tübingen 1966, bes. S. 38ff. Heinz M. Graupe, Die Entstehung des modernen Judentums. Geistesgeschichte der deutschen Juden. 1650–1942, Hamburg 1969.

487 Selbst Befürworter eines Rundbogenstils wie Heinrich Hübsch sprechen von der Gotik als «altdeutschem» Stil, von «höchster Schönheit» (In welchem Style sollen wir bauen? Karlsruhe 1828, S. 39 und 42. Ludwig Friedrich Wolfram, Vollständiges Lehrbuch der gesamten Baukunst, Bd. III, Stuttgart 1838, S. 152: «teutscher Stil» = Spitzbogenstil. Georg Wagner, Die Aesthetik der Baukunst. Ein Leitfaden, Dresden 1838, S. 112, zählt eine Fülle von Namen für den romanischen Stil auf, doch «altdeutsche Bauart» ist der Spitzbogenstil.)

Noch eindeutiger sind die Benennungen natürlich in Werken, die sich ausschließlich mit der Gotik beschäftigen. Sie hier aufzuzählen, ist überflüssig. Erst zur Zeit der Erbauung der Synagoge in Hannover erscheinen Arbeiten, in denen die Romanik als «deutsch» bezeichnet wird. Doch auch hier wird nicht der Ausdruck «deutscher Stil» verwendet. Franz Kugler, Geschichte der Baukunst, Bd. 2, Stuttgart 1858, S. 303: «Der romanische Styl erscheint dem deutschen Volksgeist so nachhaltig eingeprägt, daß es ihm wiederum schwerfällt, von seinen Formen zu scheiden.» Oscar Mothes, Bauwörterbuch, Bd. II, 1859, S. 422, spricht von einer «germanischen Auffassung des Christentums» im romanischen Baustil.

488 Gazette des Architectes et des Bâtiments, 1876, S. 123.

489 Eduard Metzger, Beitrag zur Zeitfrage: In welchem Stil man bauen soll!, in: Allgemeine Bauzeitung, 10.1845, S. 169–179, bes. S. 177: «Der Spitzbogen ist das deutsche volkstümliche Bausystem, die technisch tüchtigste Wölbeform, ... das System ist demjenigen der Eisenkonstruktion sehr nahe ... dieses moderne Material fordert den alten Stil.»

490 Kokkelink, Hase, S. 26ff (wie Anm. 466).

491 Jan Bialostocki, Stil und Ikonographie, Dresden 1966, S. 25. Bialostocki glaubt die Stile im 19. Jahrhundert als Ganzes als ‹Modi› bezeichnen zu können, die als «bewußt gewählte Tonarten künstlerischer Gestaltung» angewendet werden. Diese umfassende Deutung der Stilwahl in der Architektur des 19. Jahrhunderts ist sicher viel zu unscharf, wenn das Phänomen in der von Bialostocki beschriebenen Weise sicher auch vorkommt. Es bedarf gar nicht dieser radikalen Interpretation, sondern eine relativ enge Übertragung des Modusbegriffs, wie er ihn für die Malerei herausarbeitet, läßt sich auch auf die Architektur übertragen. D. h., daß Stile so verändert werden können, daß sie bestimmte Tonarten dem jeweiligen Gebäude verleihen. Ein Stil kann im 19. Jahrhundert einen bestimmten Charakter annehmen, der, unabhängig von seiner stilistischen Festlegung, bestimmte Vorstellungen vermitteln will, – einem Gebäude einen bestimmten ‹Modus› geben will.

492 Hermann Uhde, Die neue Synagoge zu Hannover, in: Illustrirte Zeitung, 1869, S. 407. Auch der Berichterstatter der Allgemeinen Zeitung des Judentums verwendet in seinem Bericht Ausdrücke wie «ragt empor», «kühne Verhältnisse» usw., Ausdrücke, die in Beschreibungen gotischer Bauwerke verwendet werden. Die allgemeine Wertschätzung des Mittelalters, im besonderen der Gotik, wird in Hannover gefördert durch die Aufnahme und Veröffentlichung der mittelalterlichen Bauwerke Niedersachsens, Herausgeber des Werkes ist der Architekten- und Ingenieurverein: Die mittelalterlichen Baudenkmäler Niedersachsens, Bd. 1, Hannover 1861. Das Vorwort stammt von Hase. Besonders wird die Gotik hervorgehoben. Seit 500 Jahren «erlosch die heilige Flamme (= Gotik) religiöser und nationaler Begeisterung, welche die christlichen Völker durchglühend, die größten Kunstwerke geschaffen hatte.» (S. 5) Merkwürdigerweise befand sich in Opplers Nachlaß kein einziges architekturgeschichtliches Werk über die mittelalterliche Baukunst. Dagegen sind fast alle italienischen und französischen Theoretiker in Originalausgaben vertreten.

An jüdischer Literatur ist nur interessant eine Ausgabe von Flavius Josephus, der ja eine Beschreibung des Tempels in Jerusalem gegeben hat, und Johannes Lundius, Die alten jüdischen Heiligthümer, Gottesdienste..., Hamburg 1701. Dieses Werk, das eine ausführliche Schilderung des Tempels in Jerusalem und Kupferstichillustrationen enthält, war in drei verschiedenen Ausgaben vertreten. Vgl.: Katalog der Bibliothek des königl. Baurats Edwin Oppler-Hannover. Versteigerung C. G. Boerner. Leipzig 1913, bes. Nr. 262–275 und 465–469.

493 Eilitz, Oppler, S. 156ff (wie Anm. 465).

494 Kurt Wilhelm, Kleinstadt- und Großstadtgemeinde, in: Leo Baeck Institute, Bulletin, 1958, S. 18ff, bes. S. 22. Ernst J. Cohn, Die jüdische Gemeinde zu Breslau, in: Breslau. Hauptstadt Schlesiens. (Hg. Herbert Hupka), München 1955, S. 23–25.

495 Allgemeine Zeitung des Judentums, 30.1866, S. 775–776. Gutachter waren die Oberbauräte Strack und von Arnim. Das Grundstück für den Neubau lag jenseits des Stadtgrabens gegenüber dem kgl. Schloß, mit der Westfassade zur Straße Am Anger.

Die Literatur zur Synagoge ist umfangreicher als über den Bau in Hannover, da besonders die verschiedenen Bauzeitungen laufend Berichte über den Neubau brachten. Mitteilungen über die Bauprojekte und Bauausführungen, in: Wochenblatt des Architektenvereins zu Berlin, 1. 1867, S. 28–29, bes. S. 29. Die Bauthätigkeit Breslaus, in: Deutsche Bauzeitung, 3.1869, S. 575–576 und S. 591, bes. S. 575. Die neue Synagoge in Breslau, in: Illustrirte Zeitung, 54.1870, S. 245–246. Baubericht, in: Deutsche Bauzeitung, 1870, 212. St., Die Berliner Bauausstellung 1874, in: Deutsche Bauzeitung, 8.1874, S. 370. H. Luchs, Breslau. Ein Führer durch die Stadt..., Breslau 1882, S. 29. Die Synagoge zu Breslau, in: Zeitschrift für Bauhandwerker, 31.1887, S. 107ff. Adolf Weiß, Chronik der Stadt Breslau, Breslau 1888, S. 1163. Edwin Oppler, Architektonische Entwürfe. Profan- und Kultbauten, innere Einrichtungen..., (Hg. Ferdinand

Schorbach), Halle 1884 ff., Heft XI, Bl. 55, Heft XII, Bl. 57–59. Klasen, Grundrißvorbilder, S. 1469. Eilitz, Oppler, S. 167–169. Weitere Literatur bei Eilitz. Zur allgemeinen Geschichte der Juden in Breslau vgl.: B. Brilling, Die jüdischen Gemeinden Mittelschlesiens. Entstehung und Geschichte. Stuttgart 1972, bes. S. 38 ff. Einweihungsbericht in: Allgem. Ztg. d. Judentums, 36.1872, S. 829 f.

496 Die ersten Entwürfe sind im Stadtarchiv Hannover erhalten, sie weichen geringfügig vom endgültigen Bau ab.

497 Eilitz hält diese Fassade irrtümlich für die Südseite der Synagoge (S. 168). In einem ersten Entwurf hatte Oppler den nördlichen Eingang direkt ins Querhaus münden lassen, ohne die Vorhalle; ferner waren bei diesem Entwurf die flankierenden Türme rund, die Giebel über den Eingängen trugen keinen Säulenfries (Diesem Entwurf entstammt der hier abgebildete Grundriß, Abb. 161).

498 Erläuterungsbericht Opplers vom 28. 9. 1865 (wie Anm. 471).

499 Siehe Anm. 495.

500 Knoblauch war zwar im Jahr 1867 nicht mehr am Leben, doch hatte Stüler die Synagoge vollendet. Auffallend ist auch, daß die Kritik gleich in der ersten Nummer des Wochenblatts erschien, also knapp nach der Einweihung des Berliner Baues. Die Deutsche Bauzeitung brachte (als Nachfolgeblatt) eine wesentlich freundlichere Beurteilung des Neubaus: Leider wird die «Kuppel erst im nächsten Jahr vollendet und damit (wird) die belebte, thurmreiche Silhouette unserer Stadt um eine bedeutende und interessante Baumasse bereichert werden.» (Deutsche Bauzeitung, 3.1869, S. 575)

501 Rosenthal, In welchem Style sollen wir bauen, in: Zeitschrift für Praktische Baukunst, 4.1844, S. 23–27, bes. S. 23. Zur neueren Diskussion siehe: Klaus Döhmer, «In welchem Style sollen wir bauen?» Architekturtheorie zwischen Klassizismus und Jugendstil, München 1976 und Beiträge zum Problem des Stilpluralismus, Hg. W. Hager u. N. Knopp, München 1977, darin bes. die Aufsätze von F. W. Fischer, S. 33 ff, W. Götz, S. 49 ff, N. Knopp, S. 245 ff. Ferner: M. Brix u. M. Steinhauser, Geschichte, 1978 (wie Anm. 173).

502 G. Palm, Von welchen Principien soll die Wahl des Baustyls, insbesondere des Kirchenbaustyls geleitet werden? Hamburg 1845, S. 9.

503 Ebd., S. 15.

504 Ebd., S. 11.

505 Carl Friedrich von Wiebeking, Von dem Einfluß der Baukunst auf das allgemeine Wohl und die Civilisation..., Nürnberg 1816, S. 3.

506 Carl Heideloff, Über den Kirchenbau der Protestanten, namentlich der Evangelischen, in: Architectonische Entwürfe und ausgeführte Bauten in byzantinischem und altdeutschem Styl, Heft 1, Nürnberg 1850, S. 24–54, bes. S. 27–30.

507 Die «Stillosigkeit» wurde am häufigsten im Kirchenbau angeprangert, der zunächst immer unter dem Aspekt gesehen wurde, daß die mittelalterlichen Formen und Stile kopiert wurden, er also kunstästhetisch nichts Besonderes war. Selbst Hildebrandt in seiner umfangreichen Darstellung vernachlässigt den Kirchenbau, weil er in ihm nur ein Mittel zur «Stabilisierung» des Staates sieht und darin eine künstlerische «Verkümmerung». (Hans Hildebrandt, Die Kunst des 19. und 20. Jahrhunderts, Wildpark-Potsdam 1924 = Handbuch der Kunstwissenschaft, S. 147 ff.) Auch Beenken, der wohl als einer der ersten sich mit dem 19. Jahrhundert ausführlich beschäftigt hat, geht von der künstlerischen Bedeutungslosigkeit der Stilformen aus und sieht den Kirchenbau als besonders hinfällige Baugattung an: «Das Unvermögen des 19. Jahrhunderts, der trostlose Verfall... wird nirgends so offenbar wie in der kirchlichen Kunst.» (Hermann Beenken, Das Neunzehnte Jahrhundert in der deutschen Kunst. Aufgaben und Gehalte. Versuch einer Rechenschaft, München 1944, S. 21).

508 Heinrich Hübsch, Die Altchristlichen Kirchen nach den Baudenkmalen und älteren Beschreibungen und den Einfluß des altchristlichen Baustyls auf den Kirchenbau aller späteren Perioden. Dargestellt und hrsgb. für Architecten, Archäologen, Geistliche und Kunstfreunde, Karlsruhe 1862, S. I–II. Fast wörtlich sind diese Gedanken schon in Hübschs Arbeit, Die Architectur und ihr Verhältnis zur heutigen Malerei und Sculptur, Stuttgart 1847, S. 3–4, erschienen.
509 Palm, Principien, S. 3 (wie Anm. 502).
510 J. A. Romberg, Über die Mittel der byzantinischen und gothischen Baukunst in Anwendung auf die Baukunst unserer Zeit, im Vergleich zu den Mitteln, welche die griechische Baukunst der modernen bietet; oder Gründe, warum wir byzantisch und gothisch und nicht griechisch bauen sollen, in: Zeitschrift für Praktische Baukunst, 11.1851, Sp. 9–26, bes. Sp. 9–11.
511 Erschienen zwischen 1844 und 1852 in Potsdam.
512 Ministerielle Bekanntmachungen. Vorschriften, betreffend die Ausarbeitung der Entwürfe zum Bau neuer Kirchen in baulich-technischer Hinsicht, in: Zeitschrift für Praktische Baukunst, 16.1856, Sp. 377–380. Die Verordnung ist herausgegeben vom Ministerium für Handel, Gewerbe und öffentliche Arbeiten. Abtheilung für Bauwesen, das die Oberaufsicht über die Baubehörden führte.
513 Vgl. zur Geschichte des Begriffs: Lore Termehr, Romanische Baukunst. Beitrag zur Geistesgeschichte des Stilbegriffs. Diss. Bonn 1950 (MS), bes. S. 74–78. Siehe zur Terminologie auch: Heinrich Hübsch, Die Architectur und ihr Verhältnis zur heutigen Malerei und Sculptur, Stuttgart 1847, S. 65–67. Um 1860 ist der Ausdruck bereits eingebürgert (Mothes, Bauwörterbuch, Bd. II, 1859, S. 422 ff). Der Ausdruck ‹Rundbogenstil› bleibt allerdings noch vereinzelt in Gebrauch.
514 Bringmann, Neuromanik, S. 15; Mann geht in seiner Arbeit auf diese Frage nicht ein (wie Anm. 403). Auch bei Willy Weyres und Albrecht Mann, Handbuch zur Rheinischen Baukunst des 19. Jahrhunderts, Köln 1968, finden sich keine Angaben über die Häufigkeit der Baustile in der rheinischen Baukunst, und leider sind auch in dem umfangreichen Katalog keine Angaben über den Baustil der jeweiligen Bauten zu finden.
515 Gezählt wurden in den einzelnen Gruppen jeweils die Bauten mit den überwiegenden Stilmerkmalen. Es kommen natürlich an vielen Bauten Stilüberschneidungen vor, doch überwiegt fast immer ein Baustil. Bei der Statistik wurden Synagogen des ‹Reichsgebietes› von 1871, Böhmens, Mährens und der deutschsprachigen Gebiete Österreichs sowie der Hauptstädte des Baltikums berücksichtigt, da diese Gebiete eine relativ einheitliche jüdische Gesellschaftsstruktur aufwiesen.
Die Schweiz, Frankreich, die Niederlande und die Nordischen Staaten mit ihren relativ geringen Anteilen an jüdischer Bevölkerung weisen ein völlig anderes gesellschaftliches Bild auf, das z. T. geprägt ist durch wesentlich frühere Gewährung der Grundrechte und eine bessere gesellschaftliche Integration der Juden bzw. durch eine größere Freiheit, sich Eigentümlichkeiten zu bewahren. Z. B. ist in den Niederlanden der gotische Baustil für Synagogen fast so häufig wie in Deutschland der romanische. Maurische Synagogen dagegen sind sehr selten. Vgl.: Mozes Heimann Gans, Memorboek. Platenatlas van het leven der Joden in Nederland van de middeleeuwen tot 1940, Baarn, 3. Aufl. 1972.
516 Rosenthal, S. 25, 41 (wie Anm. 501).
517 Hermann Allmers, Die altchristiche Basilika als Vorbild des protestantischen Kirchenbaus. Eine Studie, Oldenburg 1870. Ziel von Allmers ist es, eine protestantische Basilika in Form «einer Basilika nach altchristlicher Einrichtung, aber mit romanischen Einzelheiten» zu errichten (S. 19 ff).
518 Eduard Mezger, Formenlehre zur Rundbogenarchitectur mit Anwendung auf den Verband von Gewölbe- und Eisenconstruction, München 1851, bes. S. 3.

519 Mothes, Bauwörterbuch, Bd. II, 1859, S. 422. Franz Kugler, Geschichte der Baukunst, Bd. 2, Stuttgart 1858, S. 303. Ähnliche Meinungen finden sich bei Wilhelm E. Giefers, Praktische Erfahrungen und Rathschläge bei Erbauung neuer Kirchen ..., 3. Aufl., Paderborn 1869, bes. S. 17 und S. 55.

520 Ein anonymer Autor spricht der Romanik sogar die «nationale Bedeutsamkeit» völlig ab, da sie nun einmal von der Gotik bei weitem übertroffen werde. Vgl. N. N., Die byzantinische Baukunst, in: Zeitschrift für Praktische Baukunst, 4.1844, S. 213–229, bes. S. 227.

521 Rudolph Wiegmann, Über den Ursprung des Spitzbogenstils, Düsseldorf 1842, S. 12–13.

522 Vgl. Anm. 520, bes. S. 214.

523 Vgl. hierzu die Zitate bei Georg Germann, Das Kölner Domblatt des 19. Jahrhunderts und die doktrinäre Neugotik, in: Kölner Domblatt, 35.1972, S. 81 ff, bes. S. 84–85. Hier wird ein Aufsatz des Pfarrers Prisac aus dem Jahr 1842 zitiert, in dem dieser für den Übergangsstil als christlichen Baustil auch für Neubauten eintritt. Doch wird Maria Laach als beispielhafter Bau bezeichnet, also ein Gebäude, das seiner Stilstufe nach noch nicht in den Übergang zur Gotik fällt. Sonst zum Übergangsstil: Georg Kallenbach, Hauptmotive der mittelalterlichen Baukunst Deutschlands, München 1843, S. 3. Mothes, Bauwörterbuch, Bd. 2, 1859, S. 424. Heinrich Otte, Geschichte der romanischen Baukunst in Deutschland, Leipzig 1874, S. 309. Wilhelm Lübke, Geschichte der Architektur, Bd. 1, 6. Aufl., Leipzig 1884, S. 511 f.

524 Karl Möllinger, Elemente des Rundbogenstils, München 1845–1848, S. 3. Ähnliche Gedanken vertritt Eduard Mezger, Formenlehre zur Rundbogenarchitectur mit Anwendung auf den Verband von Gewölbe und Eisenconstruction, München 1851, S. IV–VI. Alfred Moerning, Die zwei Principe in der Architektur und ihre Begründung. Ein Wort zugunsten des Rundbogenstyls..., München 1853, S. 3–9.

525 R. Wiegmann, Gedanken über die Entwicklung eines zeitgenössischen Baustyls, in: Allgemeine Bauzeitung, 6.1841, S. 207–214, bes. S. 212–213.

526 J. v. Görres, Der Dom von Köln und das Münster von Straßburg, Regensburg 1842, S. 25.

527 Wie Anm. 520, S. 227. In diesem Aufsatz wird auch die «nationale Bedeutsamkeit» der Romanik als «gering» bezeichnet, im Vergleich mit der Gotik.

Sehen die Befürworter der Gotik die geringe nationale Kraft dieses Stils, so finden die Vertreter klassizistischer Baukunst in ihm den typischen «dunklen» Mittelalterstil. «Den barbarischen Nachwuchs einer Welt (Antike), über deren leuchtendste Erscheinungen, über deren Geist ... auf Jahrhunderte nächtliche Wolken und erstarrender Frost sich lagerten, höher zu achten als diese Welt in der Zeit ihrer Blütenfrische, dies ist ein seltsamer Irrthum ...». Vgl. Wilhelm Stier, Beiträge zur Feststellung des Princips der Baukunst für das vaterländische Bauwesen in der Gegenwart I. Architrav und Bogen, in: Allgemeine Bauzeitung, 8.1843, S. 309–339, bes. S. 336.

528 E. Viollet-le-Duc, Dict. rais. de l'arch. Français, Paris 1854, Bd. 1, S. 139 ff.

529 Palm, Baustyl, S. 77–79 (wie Anm. 502). Die Arbeit von Palm erschien im Jahr 1845, im gleichen Jahr publizierte F. Stöter eine Schrift anläßlich des Streites um die Nikolaikirche in Hamburg und verwendet dort das gleiche Bild, allerdings angewendet auf den Vergleich von Kuppel und Turm. «Jene (Romanik) endigt mit der Kuppel, mit dem rundbogigen Abschluß, der zum Himmel anstrebt, aber zur Erde zurückkehrt; dieser (gotische Stil) bietet den Thurm dar, den nachdrücklichen Himmelsweiser, der unverwandt nach oben zeigt und den Blick nicht wieder hinabgleiten läßt ... die ganze Kirche drückt das Trachten nach dem, was droben ist, aus.» F. Stöter, Andeutungen über die Aufgabe der evangelischen Kirchenbaukunst. Hamburg 1845, S. 13–14. (Zit.

nach Bringmann, Neuromanik, S. 162) Stöters Vergleich trifft noch deutlicher auf die Juden zu, da seine Argumentation auch die baugeschichtliche Parallele zuläßt. Die Kuppel ist bei vielen Synagogenbauten der monumentale Ersatz für die Türme, die der Ausweis des christlichen Sakralbaus sind.

Ein ähnliches Bild findet sich auch bei Carriere: «Das Mittelalter erfand jene bewundernswerthe Technik des gothischen Styls, ... weil durch sie allein dem dunklen Drang der Gemüther ein Genüge geleistet, weil durch sie allein die Kirche zu einem Sinnbilde des Gottesreiches werden konnte. Der Rundbogen leitet in seinem Umschwung das Auge wieder herab, in seinem ununterbrochenen Halbkreis wird im Flusse der Linien der Mittelpunkt der Höhe nicht festgestellt und festgehalten; der Scheitelpunkt des Spitzbogens aber erscheint als die wechselweise einander sich stützende Verbindung zweier emporstrebender Glieder; der Blick wird hier nicht wieder hinabgelenkt, sondern doppelt emporgeführt und in der höchsten Stelle als der sichtbaren Mittellinie des ganzen Baues festgehalten.» Aus: Moriz Carriere, Briefe über die bildende Kunst. Technik und Material der Architektur, in: Morgenblatt für gebildete Leser, Nr. 26, 24. Juni 1855, S. 601 ff, bes. S. 603.

530 Vgl.: Eduard Fuchs, Die Juden in der Karikatur. Ein Beitrag zur Kulturgeschichte, München 1921.

531 Architekt war der Stuttgarter Baurat Adolf Wolff. Auf den Bau wird in einem späteren Zusammenhang noch eingegangen.

532 Allgemeine Evangelisch-Lutherische Kirchenzeitung, Leipzig 1874, Nr. 39, vom 25. Sept. 1874, Sp. 780–782.

533 Zeitschrift für Praktische Baukunst, S. 224 (wie Anm. 520).

534 Vortrag von Wilhelm Stier bei der Architektenversammlung in Bamberg. Der Vortrag ist wiedergegeben in: Fr. Steger, Der Kunststyl der Gegenwart. Eine literarische Übersicht der verschiedenen Theorien, Systeme, Ansichten und Vorschläge, in: Zeitschrift für Praktische Baukunst, 9.1849, Sp. 41–108, bes. Sp. 91. Ähnlich drückt sich August Reichensperger aus; Romanik ist für ihn «Unbestimmtheit des Ausdrucks, vorchristliche Reminiscenzen, ... der Geist ringt da noch mit der Materie um die Herrschaft. Alles deutet unverkennbar auf ein Entwicklungsstadium, nicht auf volle Reife.» In: Fingerzeige auf dem Gebiete der kirchlichen Kunst, Leipzig 1854, S. 22.

535 Alfred Moerning, Zwei Principe, S. 15–16 (wie Anm. 524).

536 Zit. nach Eleonore Sterling, Judenhaß. Die Anfänge des politischen Antisemitismus in Deutschland (1815–1850), Frankfurt 1969, S. 85.

537 Ebd., S. 85.

538 Gabriel Riesser, Besorgnisse und Hoffnungen für die künftige Stellung der Juden in Preußen, 1842. Zit. nach Simon Dubnow, Weltgeschichte des jüdischen Volkes, Bd. 9, 2. Aufl., Berlin 1929, S. 51.

539 Vgl.: E. Panofsky, The Friedsam Annunciation and the Problem of the Ghent Altarpiece, in: Art Bulletin, XVII. 1935, S. 433 ff. Ders., Early Netherlandish Painting, 3. Aufl., Cambridge, Mass. 1964, S. 134 ff.

540 N. N., Die byzantinische Baukunst, in: Zeitschrift für Praktische Baukunst, 4.1844, S. 213–229, S. 224: «Waltet auch in der ganzen romanischen Periode das Bestreben vor, die Idee des Christenthums in den Bauwerken...auszusprechen, so konnte dies Bestreben ... nicht gelingen.»

541 So sind die meisten Risse in den «Entwürfen zu Kirchen...zum amtlichen Gebrauch, hrsgb. von der Ober-Bau-Deputation, Potsdam 1844–1852» im romanisierenden Stil gehalten. Die Mehrzahl der Beispiele soll aber Modell für Kleinkirchen in der preußischen Provinz sein.

542 August Reichensperger, Die christlich germanische Baukunst und ihr Verhältnis zur Gegenwart, 3. Aufl., Trier 1860, S. 52 und S. 56.

543 Jacob Toury, Die politischen Orientierungen der Juden in Deutschland. Von Jena bis Weimar. Tübingen 1966, bes. S. 47–123.

544 Eleonore Sterling, Der Kampf der Juden um die Emanzipation im Rheinland. Vom Zeitalter der Aufklärung bis zur Gründung des Deutschen Reiches, in: Monumenta Judaica. 2000 Jahre Geschichte und Kultur der Juden am Rhein. Handbuch, Köln 1964, 2. Aufl., S. 282–308.

545 Vgl. Sterling, Antisemitismus, S. 139–141 (wie Anm. 536) und Toury, Geschichte, 1977, bes. S. 299 ff (wie Anm. 387).

546 Vorlage Schrötters an den König von 1808 über die Gleichberechtigung der Juden. Zit. nach: Simon Dubnow, Weltgeschichte des jüdischen Volkes, Bd. 8, 2. Aufl., Berlin 1928, S. 221.

547 Vgl. «Der Vorwurf der jüdischen Nationalabsonderung», in: Eleonore Sterling, Judenhaß, Frankfurt 1969, S. 81–86. Simon Dubnow, Die Historiographie und die nationale Idee, in: Weltgeschichte, Bd. 9, S. 352–361 (wie Anm. 546).

548 Gabriel Riesser, Verteidigung der bürgerlichen Gleichstellung der Juden gegen die Einwürfe des Herrn Doktor Paulus, 1831. Zit. nach: S. Dubnow, Bd. 9, S. 45 (wie Anm. 546).

549 Georg Germann, Gothic Revival in Europe and Britain: Sources, Influences and Ideas. London 1972, dt. Stuttgart 1974. Frankl, siehe Anm. 562.

550 August Reichensperger, Einleitung zu dem Gothischen Musterbuche von V. Statz und A. Ungewitter (1855). Abgedruckt in: A. Reichensperger, Vermischte Schriften über christliche Kunst, Leipzig 1856, S. 168 ff, bes. S. 171.

551 Ebd., S. 178–179.

552 G. Palm, Von welchen Principien soll die Wahl des Baustyls, insbesondere des Kirchenbaustyls, geleitet werden? Hamburg, 1845, S. 36.

553 J. A. de Gobineau, Essai sur l'inégalité des races humaines, Bd. 4, Paris 1855, S. 215–216. Vgl. dazu: G. Deschner, Gobineau und Deutschland. Der Einfluß J. A. de Gobineaus ‹Essai sur inégalité des races humaines› auf die deutsche Geistesgeschichte. 1853–1917. Diss. Erlangen-Nürnberg 1967.

554 Ocar Mothes, Bauwörterbuch, Bd. 2, 1859, S. 96–97.

555 Wilhelm Lübke, Der gothische Stil und die Nationalität, in: Zeitschrift für Völkerpsychologie und Sprachwissenschaft. Bd. II. 1862, S. 257 ff, bes. S. 259. Diese Angriffe gegen die Neugotiker dürfen nicht aus Lübkes zweifellos vorhandener Vorliebe für die deutsche Renaissance als einseitig interpretiert werden. Lübke sieht in der Gotik durchaus den überragenden Baustil des Mittelalters und vor allem «der christlichen Cultur» (S. 278). Besonders die Hallenkirchen der deutschen Spätgotik sind für ihn ein Höhepunkt deutscher Architekturgeschichte, da sich in ihnen zum ersten Mal der «demokratische Geist des deutschen Bürgerthums» ausdrücke (S. 274).

556 Die Forschungslage zu Weinbrenner im Allgemeinen und zur Synagoge im Besonderen ist nicht sehr günstig. Die Literatur besteht fast ausschließlich aus älteren Arbeiten. Besonders sind zu nennen: O.Seneca, Jugend und Lehrjahre Friedrich Weinbrenners, Diss. Karlsruhe 1907. Arthur Valdenaire, Friedrich Weinbrenner, Diss. Karlsruhe 1914. Ders., Friedrich Weinbrenner. Sein Leben und seine Bauten, Karlsruhe 1919. Otto Fiederling, Dimensionierung der architektonischen Glieder. Ein Gesetz abgeleitet aus den Bauten Friedrich Weinbrenners, Diss. Karlsruhe 1930.

Die neuere Literatur beschränkt sich auf kurze Bemerkungen in verschiedenen Zeitschriftenaufsätzen, die am besten zusammengefaßt sind bei: Stefan Sinos, Entwurfsgrundlagen im Werk Friedrich Weinbrenners, in: Jahrbuch der Staatlichen Kunstsammlungen in Baden-Württemberg, 8. 1971, S. 195 ff; K. Lankheit, Friedrich Weinbrenner-Beiträge zu seinem Werk, in: Fridericiana. Ztschr. d. Univ. Karlsruhe, H. 19, 1976, S. 5 ff und M. Klinkott, Fr. Weinbrenners Monumentalbauten in Karlsruhe, in: Friedrich Weinbrenner, 1766–1826. Eine Ausstellung, Katalog, Karlsruhe 1977/78, Karlsruhe 1977, S. 56 ff.

Daneben sind die theoretischen Schriften Weinbrenners von Bedeutung, die zum größten Teil in den Arbeiten Valdenaires verzeichnet sind. Dazu kommen: A. Valdenaire (Hg.), Briefe und Aufsätze Friedrich Weinbrenners, Karlsruhe 1926, Arthur von Schneider, (Hg.) Friedrich Weinbrenners Denkwürdigkeiten. 3. Aufl., Karlsruhe 1958.

Über diese Literatur hinaus beschäftigen sich mit der Synagoge die folgenden Arbeiten: Die Residenzstadt Karlsruhe. Ihre Geschichte und Beschreibung. Festgabe der Stadt zur 34. Versammlung deutscher Naturforscher und Ärzte. Karlsruhe 1858, S. 101–102. K. Ehrenberg, Die Baugeschichte von Karlsruhe. 1715–1820. Karlsruhe 1909, S. 101. Rudolf Hallo, Geschichte der jüdischen Gemeinde Kassel, Bd. 1, Kassel 1931, S. 48–49. Helen Rosenau, German Synagogues in the early period of emancipation, in: Yearbook. Leo Baeck Institute, 8. 1963, S. 214–225, bes. S. 218. Rachel Wischnitzer, The Egyptian Revival in Synagogue Architecture, in: Publications of the American Jewish Historical Society, 51. 1951, S. 61–75, bes. S. 68. Dies., The Architecture of the European Synagogue, Philadelphia 1964, S. 160–161. Die Akten, den Synagogenbau betreffend, sind nach Auskunft der Bauaufsicht seit dem Krieg unauffindbar. Sonstige Akten siehe Badisches General Landesarchiv, Karlsruhe, sign. 357/2570; 357/2569; 206/2207; 422/439; 76/8414. Zur allgem. Geschichte der Gemeinde s. Hundsnurscher, S. 143 ff.

557 Zur Stadtanlage vgl.: Zeitschrift für Bauwesen, 63. 1913, Sp. 567 ff. Bes. Blatt 64 mit Weinbrenners Bauten.

558 Der aufwendige Vorhof der Synagoge dürfte auf den Tempel in Jerusalem zurückgehen, da auch dort die Vorhöfe von Arkadengängen umsäumt waren, wie es auch viele Rekonstruktionen des 18. Jahrhunderts zeigen. Weinbrenner hat selbst während seines Italienaufenthaltes eine Rekonstruktion des Tempels in Jerusalem vorgenommen, die aber leider verschollen ist. Der Vorhof diente als Raum für Trauungszeremonien und Prozessionen.

Eine sehr ähnliche Lösung wählte Brongniart für seinen Entwurf des Kapuzinerklosters in Paris, das zwischen 1780 und 1789 an der Chaussée d'Antin errichtet wurde. Auch hier ist der Klosterhof hinter einem Straßengebäude verborgen und von einer dorischen Säulenstellung umgeben (vgl. Louis Hautecœur, Histoire de l'Architecture classique en France. Bd. 4, Paris 1952, S. 301, Abb. 165).

Weinbrenner selbst ist sich in späteren Jahren der Bedeutung seines Synagogenbaus bewußt und auch informiert darüber, welchen Einfluß sein Bau auf spätere Synagogen hatte: «... Manches von dem, was ich hier gebaut, z. B. das Theater, die Synagoge, das Museum usw. werden an anderen Orten als Muster betrachtet, ...» (Weinbrenner, Briefe und Aufsätze, Karlsruhe 1926, S. 6).

559 Neuer Nekrolog der Deutschen, Bd. 4. 1812, Teil 1, Ilmenau 1828, S. 100–123, bes. S. 111.

560 Die frühesten Äußerungen über die Gotik dürften in Weinbrenners «Über die wesentlichen Theile der Säulen-Ordnungen und die jetzige Bauart der Italiener, Franzosen und Deutschen», Tübingen 1809, stehen.

561 Architektonisches Lehrbuch, 3. Teil, Tübingen 1819, 3. H., S. 5.

562 Die verschiedenen Theorien über den orientalischen Ursprung des Spitzbogens hat Frankl aufgearbeitet: Paul Frankl, The Gothic, Princeton 1960, bes. S. 364 ff, 376 ff und 390 ff.

563 Johann Georg Sulzer, Allgemeine Theorie der schönen Künste, 2. Bd., 2. Aufl., Leipzig 1792, S. 434.
564 K. H. Heydenreich, Aesthetisches Wörterbuch über die bildenden Künste nach Watelet und Levesque. Bd. 2, Leipzig 1794, S. 428.
565 Vgl.: Joachim Gaus, Die Urhütte. Über ein Motiv in der Baukunst und ein Motiv in der bildenden Kunst, in: Wallr. Rich. Jahrb., 33.1971, S. 7–70. J. Rykwert, On Adam's house in paradise. The Idea of the primitive hut in architectural history, New York 1972, S. 43 ff; siehe auch Anm. 707.
566 Das Aquarell stammt wohl von Weinbrenner selbst. Ein schönes Aquarell, das leider nur den Vorhof zeigt, befindet sich im Kupferstichkabinett Basel; es stammt von dem Weinbrenner-Schüler Abraham Stähelin. Vgl.: Basler Baurisse 1800–1860. Katalog der Ausstellung im Kunstmuseum und Kupferstichkabinett. 2. Aufl. Basel 1967, Nr. 8, S. 9 (Frl. S. Michaelis, Bonn, hat mich freundlicherweise auf dieses Blatt hingewiesen.).
567 Mischna Sukka I, 1. Zit. nach: Der Babylonische Talmud. Ausgewählt, übersetzt und erklärt von Reinhold Mayer. München 1965, S. 536. Vollständig: Der Babylonische Talmud. Mit Einschluß der vollständigen Misnah. Hg. von Lazarus Goldschmidt, Bd. 3, Berlin 1899, S. 3 ff. «Die Rabbanen lehren: Zwei (Wände) müssen vorschriftsmäßig sein, und für die dritte reicht eine Handbreite.» (S. 16) Sukka II, 2. (ebd. S. 58): «Eine dünne Festhütte, oder eine die mehr Schatten als Sonne gewährt, ist brauchbar. Eine gleich einem Haus sehr dicht bedeckte ist brauchbar, selbst wenn man keine Sterne durchsehen kann.» Vgl. hierzu auch: Paul Christian Kirchner, Jüdisches Ceremonial oder Beschreibung derjenigen Gebräuche, welche die Juden ... in acht zu nehmen pflegen, Nürnberg 1724, S. 125: «Sie verfertigen aber unter freyem Himmel (Sokah) eine Hütten, bedecken dieselbe mit grünem Laub (a) ...» (a) Doch so, daß man noch die Sterne dadurch sehen kann.»
568 Ebd. ed. Goldschmidt, Sukka I, 1. (S. 18 und 19).
569 Es sei noch angemerkt, daß die Weihe des Tempels Salomonis in der Zeit des Laubhüttenfestes erfolgte. Vgl.: 1 Kg. 8,2; 2 Chr. 5,3. Vgl. zur Auflösung der Datierung ('Siebenter Monat'): 3. Mos. 23, 34.
Anläßlich des 'Wettbewerbs' um die Kasseler Synagoge hatte auch der Oberingenieur Kühnert einen Entwurf eingereicht, der leider verloren ist. Jedoch erwähnt er in einer kurzen Beschreibung, daß «dem Haupteingange gegenüber die Thora in einer großen Nische, deren Kuppel laubhüttenartig verziert ist ...», sich befinde. (Gutachten des Oberingenieurs Kühnert zum Synagogenbau in Kassel vom 13. 2. 1833, Akten, Staatsarchiv Marburg. Rep. XIV. Kl. Z. Nr. 22).
Auch die Apsiskalotte der Synagoge von Metivier ist mit Pflanzenranken gitterartig ausgemalt (Abb. 43), so daß man auch hier an eine Anspielung auf die Laubhütte denken könnte.
570 Ein Vergleich von Laugiers Frontispice der Ausgabe seines 'Essai' von 1753 mit der Laubhütte aus Kirchners Ceremonial (vgl. Anm. 567) zeigt die Ähnlichkeit der beiden Hütten. Im Essai stellt Laugier die Urhütte als erstes menschliches Bauwerk dar (Abb. 166, 167). In dieser Schrift steht er der Gotik noch sehr distanziert gegenüber. In seinen Observations sur l'architecture, Den Haag 1765, hingegen widmet er der Gotik einen längeren Abschnitt, in dem er ausführlich auf die Baumtheorie eingeht, die angeblich die Bildung der Gotik erklärt (S. 116–117). Obwohl zwischen der Urhütte und der Baumtheorie der Unterschied darin besteht, daß die Äste der Hütte vom Menschen zusammengefügt wurden, während die Bäume nur das Bild und die Anregung abgeben für die gotische Gewölbe- und Rippenbildung, ist trotzdem eine Verwandtschaft beider Theorien nicht zu verkennen. Mit der jüdischen Laubhütte verbindbar werden diese Theorien durch Heydenreichs Vorstellungen vom Ursprung dieser Bauformen im Orient.

571 Encyclopedia Judaica, Jerusalem 1971, Bd. 4, Sp. 217; zu Staedtel: Brilling, Mittelschlesien, 1972, S. 172 ff (wie Anm. 37).
572 Hundsnurscher, Baden, S. 173 ff. Hans Huth, Die Kunstdenkmäler des Landkreises Mannheim, München 1967, S. 212 f (noch erhalten). Erwähnt seien hier auch die stark gotisierenden Fenster- und Portalrahmungen der Synagoge in Hadamer/Hessen von 1842, vgl. Arnsberg, Hessen, Bd. 1, S. 310 ff (noch erhalten).
573 Rudolf Stahl, Geschichte der Nauheimer Juden. Festschrift zur Einweihung der neuen Synagoge. Bad Nauheim 1929 = Bad Nauheimer Jahrbuch, 8. Jahrgang, Nr. 9–12. Rudolf Hallo, Geschichte der Synagoge in Kassel, Kassel 1932, S. 60, Anm. 51. Arnsberg, Hessen, S. 103–111. Saul Lilienthal, Jüdische Wanderungen in Frankfurt am Main, Hessen, Hessen-Nassau, Frankfurt a. M. 1938, S. 52 ff.
574 Zit. nach Stahl, S. 20 (wie Anm. 573).
575 D. Brosius, Die Schaumburg-Lippischen Juden. 1848–1945, in: Schaumburg-Lippische Mitteilungen, H. 21, 1971, S. 59 ff; die Synagoge ist noch erhalten.
576 Hallo, Kassel, S. 63, Abb. 5 (wie Anm. 573).
577 Allgemeine Bauzeitung, 1840, S. 205.
578 Fronmüller, Chronik der Stadt Fürth, Fürth 1887, 2. Aufl., S. 57 f, 109, 253, 334, 433. Stephan Schwarz, Die Juden in Bayern. Im Wandel der Zeiten, München-Wien 1963, bes. S. 88. Sax, Die Synagoge in Fürth, Fürth 185–(?). (Synagoge = Gemeinde).
579 Rudolf Wassermann, Die Entwicklung der jüdischen Bevölkerung in Bayern im 19. Jahrhundert, in: Zeitschrift für Demographie und Statistik der Juden, Jg. 1, S. 11 ff., bes. S. 13.
580 Sax, S. 37 (wie Anm. 578).
581 Dr. Behrens, Aus der Geschichte der israelitischen Kultusgemeinde in Fürth, in: Bayerische Israelitische Gemeindezeitung, 1927, S. 53 ff.
582 Richard Krautheimer, Mittelalterliche Synagogen, Berlin 1927, S. 243 ff. Wischnitzer, European Synagogue, S. 81. Es ist in diesem Zusammenhang zu erwähnen, daß Krautheimers These, der Umbau von 1692 habe kaum Veränderungen gebracht, wohl die richtigere ist als Wischnitzers gegenteilige Meinung, die vor allem auch Schrein und Almemor auf 1692 datiert. Beide zeigen aber deutlich Formen der Nürnberger Renaissance des ersten Viertels des 17. Jahrhunderts.
583 Im Archiv der Stadt Fürth ist ein Teil der Pläne für den Umbau von Reindel erhalten.
584 Zu Dr. Loewi vgl.: Cäsar Seligmann, Geschichte der jüdischen Reformbewegung von Mendelssohn bis zur Gegenwart, Frankfurt a. M. 1922, S. 86.
585 Bericht über die Renovierung der Synagoge in Fürth, in: Morgenblatt für Gebildete Stände. Beilage: Kunstblatt 12. 1831, S. 364. Die Synagoge wurde 1938 zerstört.
586 Alexander Kisch, Die Synagogen Prags. I. Die großen Synagogen, in: Jahrbuch für die israelitischen Cultusgemeinden Böhmens. Zugleich Führer durch die israelitische Cultusgemeinde in Prag, Prag 1893, S. 85 ff, bes. S. 86–88. Jan Herman und Milada Vilimkova, Die Prager Synagogen, Prag 1970, S. 15 ff. Der offizielle Name der in der Geistgasse gelegenen Altschul war: Neuer Israelitischer Tempel.
587 Zu der gemäßigten Reform vgl.: Dubnow, Weltgeschichte, Bd. 9, S. 195 f.
588 Zit. nach Morgenblatt f. gebildete Stände vom 7. 6. 1837, S. 540; siehe auch Allgemeine Zeitung des Judentums, 1.1837, S. 60, 135 f. Der neue Gottesdienst fand derartigen Zuspruch, daß die Altschul vergrößert werden mußte; der fast völlige Neubau entstand im maurischen Stil und wurde 1868 eingeweiht, s. ebd. 1867, S. 358, 976 (Abb. 222).
589 In einem späten Bau von 1867 in Groß-Meseritsch in Mähren finden wir eine

ähnliche Situation im böhmisch-mährischen Raum. Hier bestand eine Synagoge in gotischem Stil aus der Mitte des 16. Jahrhunderts, die allerdings ein Renaissanceportal von etwa 1580 hatte, das bei der Planung des Neubaus noch erhalten war. Direkt neben der alten Synagoge entstand 1867 durch den Architekten August Prokop ein dreischiffigbasilikaler Neubau in gotischem Stil, mit hohem Treppengiebel und Zinnen über den Seitenschiffdächern. Das Innere wurde von einer hohen Spitztonne überwölbt. Auch diese Gemeinde pflegte einen reformerischen Kult. Es scheint auch hier ein Zusammenhang zwischen Altbau und Stilwahl des Neubaus zu bestehen, vielleicht auch zwischen Stil und Reform. (Vgl.: Gold, Mähren, S. 225 ff)

590 Is. Meyer, Zur Geschichte der Juden in Regensburg, Regensburg 1913. Schratz-Dengler, Regensburg, Ein historischer und praktischer Führer, Regensburg, 7. Aufl. 1910, S. 78. Karl Bauer, Regensburg. Aus Kunst-, Kultur- und Sittengeschichte, Regensburg 1970, S. 19. Guido Hable, Geschichte Regensburgs. Eine Übersicht nach Sachgebieten, Regensburg 1970, S. 123 ff. Ausführliche Beschreibung bei: Karl Theodor Pohlig, Die Patrizierburgen des Mittelalters in Regensburg, in: Verhandlungen des historischen Vereins von Oberpfalz und Regensburg, Bd. 57 = N. F. 59, 1917, S. 1–84, bes. S. 33–34 und Richard Strobel, Das Bürgerhaus in Regensburg, Tübingen 1976 (= Das deutsche Bürgerhaus, 23), S. 34, 44 ff, T. 37c, 40b.

591 Bericht über die Einweihung in: Allgemeine Zeitung des Judentums, 5. 1841, S. 440–441. Die Synagoge wurde 1938 abgebrochen, nachdem die Gemeinde schon 1912 einen Neubau errichtet hatte.

592 Akten Staatsarchiv Hannover, sign. Ha 8c, Ha I, Cb Nr. 143; der Bau ist noch erhalten.

593 Allerdings sind auch die gotischen Kirchen in den USA um die Mitte des 19. Jahrhunderts wesentlich «kirchlicher» als die Synagogen. D. h. man hält sich streng an die mittelalterlichen Vorbilder; so sind auch Türme, Wimperge, Fialen, Chorkapellen usw. ausgeprägter. Vgl.: J. Paul, Chartres in Amerika. Ein Beitrag zur mittelalterlichen Ikonographie der Neuzeit, in: Kunstgeschichtliche Studien für Kurt Bauch zum 70. Geb. von seinen Schülern, München 1967, S. 287 ff, bes. S. 292 ff. Phoebe B. Stanton, The gothic revival and American Church Architecture. An Episode in Taste. 1840–1856, Baltimore 1968.

594 Zit. nach Rachel Wischnitzer, Synagogue Architecture in the United States. History and Interpretation, Philadelphia 1955, S. 52. Hier wird auch die weiteren gotischen Synagogen in den USA behandelt. Siehe auch: J. R. Fine u. G. R. Wolfe, The Synagogues of New York's Lower East Side, New York 1978, bes. S. 14.

595 Vgl. zur grundsätzlichen Problematik der orientalischen Formen: G. Bandmann, Das Exotische in der europäischen Kunst, in: Der Mensch und die Künste. Festschrift für Heinrich Lützeler zum 60. Geburtstag, Düsseldorf 1962, S. 337 ff. Wolfgang Pehnt, Der Orient und die Architektur des 19. und 20. Jahrhunderts, in: Weltkulturen und moderne Kunst, Katalog der Ausstellung München 1972, S. 47 ff.

Die wichtigsten Werke mit Abbildungen arabisch-maurischer Bauwerke bis etwa 1870 sind: Description de l'Egypte ou Recueil des observations et des recherches qui ont été faites en Egypte pendant l'expédition de l'armée française. Paris 1809–1828. Pascal Coste, Architecture arabe ou monuments du Caire mesurés et dessinés de 1817 à 1826. Paris 1837–1839. A. Devoulx, Les édifices de l'ancien Alger, Alger 1870. Girault de Prangey, Essai sur l'architecture des Arabes et des Maures en Espagne, en Sicilie et en Barbarie, Paris 1841. J. Caveda, Geschichte der Baukunst in Spanien, Stuttgart 1858. P. de Escosura, España artistica y monumental, Paris 1842–1850. Monumentos arquitectonicos de España. Madrid 1859 ff. Girault de Prangey, Choix d'ornements moresques de l'Alhambra, Paris 1837. Ders., Monuments arabes et mauresques de l'Espagne. Paris 1839. Ders., Monuments arabes et mauresques de Cordoue, Séville et Grenade, Paris 1837. O.Jones, Plans, élévations, coups or détails de l'Alhambra, London 1842–1848. Flandin und Coste, Voyage en Perse pendant les années 1840 et 1841, Paris 1843–1854 (6 Bde.). Texier, L'Arménie, la Perse et la Mésopotamie. Monuments anciens et modernes, Paris 1840–1852 (2 Bde.).

Im folgenden wird, sofern von arabisch-islamischen Stilen im allgemeinen die Rede ist, der Kürze wegen von ‹maurischem Stil› gesprochen. Nur dort, wo Vorbilder im einzelnen zurückverfolgt werden, wird die jeweils exakte Benennung «arabisch», «persisch», «indisch», «maurisch» verwendet.

596 J. I. Hittorf und L. Zanth, Architecture moderne de la Sicile ou Recueil des plus beaux Monuments Religieux..., Paris 1835. Zur Geschichte der Verwendung arabischer Stile vgl. E. v. Schulz, Die Wilhelma in Stuttgart. Ein Beispiel orientalisierender Architektur im 19. Jahrhundert, Diss. Tübingen 1974, bes. S. 161f.

597 Ebd., S. 6–13 (Hittorf/Zanth).

598 Rosenthal, In welchem Style sollen wir bauen? In: Zeitschrift für Praktische Baukunst, 4.1844, S. 23–27 und S. 25–26.

599 F. M. Hessemer, Arabische und Alt-Italienische Bau-Verzierungen. Berlin 1842. Die Besprechungen von maurischen Bauten in der Tagespresse zeigten deutlich das geringe Ansehen, das dieser Stil genoß, der fast auf die Stufe von Jahrmarktsattraktionen rückt. Vgl. die Besprechung der Villa des Prinzen Albrecht von Preußen bei Dresden und den Bericht über den maurischen Kiosk, den Diebitsch auf der Weltausstellung in Paris zeigte und der später von Ludwig II. erworben wurde, in: Illustrirte Zeitung 34.1860, S. 432ff und 49.1867, S. 68. Das Moment des Kuriosen und Launenhaften, das der maurischen Architektur anhaftete, hat seinen Grund wohl auch darin, daß sie zu einem sehr großen Teil in der Parkarchitektur angewendet wurde, also gleichsam Fürstenlaunen entsprang. Da diesem Stil der christliche Hintergrund fehlte, konnte er sich nicht, wie die Gotik, aus diesem Assoziationsbereich lösen.

600 Georg Wagner, Die Aesthetik der Baukunst. Ein Leitfaden. Dresden und Leipzig 1838, S. 146, 147, 148.

601 Josè Caveda, Geschichte der Baukunst in Spanien, Stuttgart 1858. S. 114.

602 Carl Schnaase, Geschichte der bildenden Künste. Bd. 3. Geschichte der bildenden Künste im Mittelalter, 2. Aufl. Teil 1, Düsseldorf 1869. Die vereinzelten Zitate finden sich auf S. 404 und S. 474. Die ausführliche Charakteristik auf S. 487–488 und S. 491.

Auch in dem ausführlichen Aufsatz über die arabische Baukunst in der Allgemeinen Bauzeitung von 1856 wird in Andeutungen die Allgemeinverbindlichkeit des Stils für alle semitischen Völker erwähnt, doch enthält sich der Autor fast jeglicher Wertung. Vgl.: L. B., Die Baukunst der Araber, in: Allgemeine Bauzeitung, 21.1856, S. 143–220, Tafel 31–46.

603 Die neue Synagoge in Pesth, in: Illustrirte Zeitung, 34.1860, Nr. 864, S. 48–49, bes. S. 48. Es würde im Rahmen dieser Arbeit zu weit führen, auf die Baugeschichte der neuen Synagoge in Budapest einzugehen, doch war sie die größte und teuerste in der ganzen Donaumonarchie und weitberühmt. Nur die Synagoge in Berlin, Oranienburgerstraße, konnte es an Größe und Aufwand mit diesem Bau aufnehmen. Die Synagoge war von 1854–1859 von dem Wiener Architekten und Herausgeber der Allgemeinen Bauzeitung, Ludwig Förster, errichtet worden. Siehe auch: J. Katona, A 90 Eves Dohány-Utcai Templom, Budapest 1949.

604 Vgl. O. Mothes, Bauwörterbuch, Bd. II, 1859, S. 276.

605 Lohde, Der Tempel Salomo's von Ernst Kopp. Neue Ausgabe, in: Literatur- und

Anzeigenblatt für das Baufach als Beilage der Allgemeinen Bauzeitung, 1840, Nr. 34, S. 302–303.
606 Herman, 1970, S. 64 (wie Anm. 586). Jahrbuch für die Israelitischen Cultusgemeinden Böhmens, 1893, S. 99–100 (wie Anm. 586). Ferner: Aladar Deutsch, Die Zigeiner-Großenhof- und Neusynagoge in Prag. Denkschrift hg. anläßlich der Erbauung des aus diesen Gotteshäusern hervorgegangenen Kaiser-Franz-Joseph-Jubiläums-Tempels, Prag 1907, S. 41 ff.
607 Von den zwölf Rekonstruktionen des Tempels, die mir in der Zeit zwischen 1695 und 1760 bekannt sind, wurden alle in barocken Formen vorgenommen – auch die Fischer von Erlachs.
608 Vgl.: J. Neumann, Das Böhmische Barock, Prag 1970, S. 128–129. Abb. bei K. M. Swoboda (Hg.), Barock in Böhmen, München 1964, Abb. 52.
609 Die Bauten in Sevilla und Cordoba sind publiziert in: Girault de Prangey, Monuments Arabes et Moresques de Cordoue, Séville et Grenade, Paris 1837.
610 Vgl.: F. Cantera Burgos, Sinagogas Espanolas, Madrid 1950. Wischnitzer, Synagogues, 1964, S. 18 ff. Don A. Halperin, The Ancient Synagogues of the Iberian Peninsula, Gainesville 1969. B. de Breffny, The Synagogue, London 1978, S. 156 ff, weist auf zwei Komponenten hin, die er für die Verbreitung des maurischen Stils im Synagogenbau vorrangig verantwortlich macht. Er erwähnt als erstes eine jüdische Reiseliteratur, die seit etwa 1830 im angelsächsischen Bereich für eine Kenntnis des orientalischen Judentums verantwortlich zu machen ist und bis in die zweite Hälfte des Jahrhunderts dauert, als das Interesse an den orientalischen Juden in direkte Hilfsleistungen aus Europa mündet (Moses Montefiore u. a.). Als zweite Komponente, die für Deutschland, als nicht kolonial orientierte Macht, wichtiger scheint, gibt er das Interesse an spanischen Synagogen aus maurischer Zeit an. Ein Interesse, das markiert wird durch H. Graetz' Aufsatz über die Inschriften der ‹Transito›-Synagoge in Toledo, 1856 in der ‹Monatsschrift f. Geschichte u. Wiss. des Judenthums› erschienen. Sicher weckten derartige Arbeiten die Aufmerksamkeit für das orientalische Judentum und eine mittelalterliche Blütezeit jüdischer Kultur, die dazu beitrugen, daß das architekturtheoretisch geförderte Darstellung durch den Baustil in den Bereich des Wünschenswerten bei vielen jüdischen Gemeinden rückte. Siehe auch: H. Künzl, Zur Aufnahme islamischer Architekturstile im Synagogenbau des 19. Jahrhunderts, in: Zeitschrift der Deutschen Morgenländischen Gesellschaft, 1977, Suppl. III, 2, S. 1626 ff.
611 Hans-Jürgen Kotzur, Forschungen zum Leben und Werk des Architekten August von Voit, Diss. Heidelberg 1977.
612 Anton Eckhardt, Die Kunstdenkmäler der Pfalz. Bd. 4. BA. Bergzabern, München 1935, S. 241–244, Abb. 175–177. (= Kunstdenkmäler von Bayern. Reg. Bez. Pfalz). Kotzur, Bd. 1, S. 82 f, 98 f, 398; Bd. 2, S. 80 u. Abb. 70 (wie Anm. 611).
613 1832/33 hatte Voit Detailpläne für die Synagoge in Rülzheim entworfen, die nicht mehr erhalten sind – auch Abbildungen waren nicht zu finden; Kotzur, Bd. 2, S. 182 ff (wie Anm. 611).
614 Zu Kirchheimbolanden vgl.: B. H. Röttger, u. a., Die Kunstdenkmäler der Pfalz, Bd. 7, München 1938, S. 162. Hans Döhn, Kirchheimbolanden. Die Geschichte der Stadt, Kirchheimbolanden 1968, S. 364. Kotzur, Bd. 1, S. 104 f; Bd. 2, S. 118 ff (wie Anm. 611).
615 Pläne für die Synagoge in Zweibrücken befinden sich im Staatsarchiv in München (Plansammlung 18 503), leider unsigniert und undatiert.
616 B. H. Röttger, Die Kunstdenkmäler in der Pfalz, Bd. 3. Stadt und BA. Speyer, München 1934, S. 505. R. Herz, Gedenkschrift zum 100-jährigen Bestehen der Synagoge zu Speyer, Speyer 1937. Kotzur, Bd. 1, S. 103; Bd. 2, S. 215 ff (wie Anm. 611).

617 Krautheimer, Mittelalterliche Synagogen, S. 145 ff. Witschnitzer, Synagogues, 1964, S. 44.
618 Eine Abbildung des Gebäudes im Stadtbild ist auf einer Luftaufnahme zu sehen, die sich in Bd. 15 der Encyclopedia Judaica, Jerusalem 1972, Sp. 265, befindet. Von Voit stammt auch die 1842 errichtete Synagoge in Herxheim, von der ebenfalls keine Abbildungen zu finden sind. Kotzur, Bd. 2, S. 68f.
619 Dr. Baron, Die jüdische Kultusgemeinde Kaiserslautern, in: Bayerische Israelitische Gemeindezeitung, 14.1936, S. 310–312. Heinz Friedel, Synagogen in Kaiserslautern, in: Die Rheinpfalz, 14. 10. 1965. Ders., Die Juden in Kaiserslautern, in: Pfälzer Heimat, 19.1968, Heft 1, S. 55 ff. Wahrscheinlich ist auch der Bau in Bergzellern/Pfalz zu den unter Voits direktem Einfluß entstandenen Synagogen zu rechnen.
620 H. J. Wörner, Der ehemalige Landkreis Wertingen, München 1973, S. 73 (= Bayerische Kunstdenkmäler, Kurzinventar); der Bau ist noch erhalten.
621 Hundsnurscher, Baden, S. 35 f, Abb. 8.
622 Die Datierung ist unsicher; nach «Ortsradition zufolge 1849 erbaut», wie im Inventar steht: Karl Gröber und Felix Mader, Die Kunstdenkmäler von Bayern. Reg. Bez. Mittelfranken, Bd. 6, BA. Gunzenhausen, München 1937, S. 162. Klasen, Grundrißvorbilder, S. 1463. Eduard Bürklein, Synagoge in Heidenheim, in: Allgemeine Bauzeitung, 19.1854, S. 389–391. G. Dehio, Handbuch d. Deutschen Kunstdenkmäler, Bayern I, Franken, München 1979, S. 354 nennt als Baudatum 1849 (Bau erhalten).
623 Allgem. Bz., S. 390 (wie Anm. 622). Zu Landsberg/W. siehe Anm. 347.
624 C. L. Stieglitz, Geschichte der Baukunst vom frühesten Alterthume bis in die neueren Zeiten, Nürnberg, 2. Aufl. 1837, S. 116. Bürklein, Allgem. Bz., 1854, S. 390 (wie Anm. 622). Zum Verweis Bürkleins auf die Nähe zu Kirchen sei auch hier an Voits Dorfkirchen in der Pfalz und Schinkels Nazareth-Kirche von 1832 in Berlin erinnert (Abb. 119).
625 Schreiben der Vorsteher der Gemeinde Kassel an die Oberbaudirektion vom August 1833, Fol. 5 v°, Marburg Staatsarchiv, Akten 16.XIV/2. Nr. 22.
626 Bürklein, Allgem. Bauztg. S. 391 (wie Anm. 622).
627 Wilhelm Rapp, Geschichte des Dorfes Fellheim an der Iller/Landkreis Memmingen, Fellheim 1960, S. 127–141 und S. 219 ff.
628 Gold, Juden in Böhmen, S. 255 ff.
629 Iwan Meyer, Jubiläumsschrift der jüdischen Gemeinde von Nonnenweier, Nonnenweier 1927. Hundsnurscher, Baden, S. 214 ff und Abb. 161.
630 Aus Geschichte und Leben der Juden in Leipzig. Festschrift zum 75-jährigen Bestehen der Leipziger Gemeindesynagoge, Leipzig 1930. Sonst siehe auch die Literatur über die Juden in Sachsen, wie sie im Kapitel über die Synagoge in Dresden aufgeführt ist.
631 Festschrift, S. 52 (wie Anm. 630).
632 Das Grundstück ist zwar ungünstig gelegen, doch sind Schwierigkeiten, die aus der Orientierungsforderung resultieren, sehr häufig. In diesem Punkt unterscheiden sich die Synagogenbauten auch deutlich von Kirchen. Diese entstehen meist auf Plätzen, an denen schon eine alte Kirche gestanden hatte, wo also genügend freier Raum war. Die Kirche besitzt ferner meist in den Städten größere Grundstücke, die sich für einen Sakralbau eignen. Wenn dem nicht so ist, sind die Grundstücksbesitzer meist geneigter, ihre Bauplätze an eine Kirchen- als an eine Synagogengemeinde zu verkaufen.
633 Der Neubau erregte relativ großes Aufsehen und ist in vielerlei Publikationsorganen besprochen worden. Vgl.: Die Neue Synagoge zu Leipzig, in: Illustrirte Zeitung, 23.1854, S. 231–232. Die Neue Synagoge in Leipzig, in: Die Gartenlaube. Illustriertes

Familienblatt, 2.1854, S. 476–478. Der neue israelische Tempel in Leipzig (ohne Verf.), Leipzig 1855. Allgemeine Zeitung des Judentums, 19.1855, 149–150, 311ff, 500, 513, 550. Otto Simonson, Der Neue Tempel in Leipzig, Berlin 1858. Ders., Der neue Tempel in Leipzig, in: Architektonisches Album, Bd. 2.1858/9, Heft 17, S. 1–8, Taf. 1–6. Klasen, Grundrißvorbilder, S. 1467–1468.
634 Leipziger Zeitung, Nr. 214 vom 9. 9. 1854, S. 4512.
635 Die Synagoge besaß ein Fassungsvermögen von 1200 Sitzplätzen und etwa 800 Stehplätzen. Auf den Emporen befanden sich 538 Frauenplätze. Das Mittelschiff hatte eine Breite von 10,6 m und eine Höhe von 18 m. Die Länge der Mittelschiffsachse betrug etwa 32 m.
636 Simonson, Tempel, S. 3 (wie Anm. 633).
637 (Die Synagoge in Leipzig), in: Carmel. Allgemeine Illustrirte Judenzeitung, Pest, Nr. 18 vom 3. 5. 1861, S. 142.
638 Vgl. obiges Zitat und Gartenlaube, S. 477–478 (wie Anm. 633).
639 Leipziger Zeitung, 9. 9. 1854, S. 4512.
640 Gartenlaube, S. 476 (wie Anm. 633). Kritisch merkt das Blatt jedoch schon eine Seite weiter an: «Freilich ist die Gleichstellung des jüdischen Cultus noch nicht gleichbedeutend mit bürgerlicher Gleichstellung, an welcher noch Manches zu wünschen übrig bleibt.» (ebd. S. 477).
641 Allgemeine Zeitung des Judentums, 19.1855, S. 513 und 550.
642 Zacharias Frankel, in: Aufruf an alle Israeliten Deutschlands betreffs der Erbauung einer allgemeinen Synagoge zu Leipzig, Leipzig 1837, S. 7 und S. 9.
643 Illustrirte Zeitung, S. 231 (wie Anm. 633).
644 Gartenlaube, S. 477 (wie Anm. 633).
645 Gustav Schwab, Die rechtliche Stellung der israelitischen Religionsgemeinschaft in Württemberg, Diss. Tübingen 1917. Aron Tänzer, Die Geschichte der Juden in Württemberg, Frankfurt a. M. 1937. Leo Adler, Israelitische Religionsgemeinschaft in Württemberg, in: Leo Baeck, Institute Yearbook, 5. 1960, S. 287ff. Paul Sauer, Die jüdischen Gemeinden in Württemberg und Hohenzollern, Stuttgart 1966. Alfred Gunzenhauser, Sammlung der Gesetze und Verordnungen, Verfügungen und Erlässe betreffend die Kirchenverfassungen und die religiösen Einrichtungen der Israeliten in Württemberg, Stuttgart 1909.
646 Vgl. zur Geschichte der Gemeinde die oben genannten Werke und besonders: Festschrift zum 50-jährigen Jubiläum der Synagoge zu Stuttgart. Hg. vom Israelit. Kirchenvorsteheramt Stuttgart, Stuttgart 1911. Maria Zelzer, Weg und Schicksal der Stuttgarter Juden. Ein Gedenkbuch, Stuttgart 1964. Festschrift zur Einweihung der Synagoge in Stuttgart (13. 5. 1952), Stuttgart 1952. 1832 hatte die Gemeinde 124 Mitglieder. 1856 waren es 547 und 1861 schon 847 (nach Zelzer, S. 34).
647 Die Literatur über die Synagoge in Stuttgart ist, soweit sie Quellencharakter hat, relativ umfangreich: Neben den in Anm. 645 und 646 genannten Werken ist zu berücksichtigen: Dr. I. Maier, Worte der Weihe, bei der feierlichen Grundsteinlegung der Synagoge in Stuttgart, Stuttgart 1854; ders., Die Synagoge. Drei Reden zum Abschied aus der alten und zur Einweihung der neuen Synagoge in Stuttgart, Stuttgart 1861. Schwäbische Chronik des Schwäbischen Merkurs, 6. 4. 1861, S. 721; 5. 5. 1861, S. 951; Zeitschrift für Praktische Baukunst, 21.1861, Sp. 354–357. Die neue Synagoge in Stuttgart, in: Illustrirte Zeitung, 13.7.1861, Nr. 941, S. 27–29. Allgemeine Zeitung des Judentums, 25.1861, S. 327; Alexander Elsässer, Württembergische Briefe, in: ebd., S. 284ff und S. 371ff. Die neue Synagoge in Stuttgart, in: Freya. Illustrirte Blätter für die gebildete Welt, 2.1862, S. 59 und Abb. S. 41. Das Königreich Württemberg. Eine Beschreibung von

Land, Volk und Staat. Hg. vom Kgl. Statistisch-Topographischen Bureau, Stuttgart 1863, S. 799. Theodor Griesinger, Württemberg, 2. Aufl. 1874, S. 27; Der Führer durch Stuttgart und Umgebung. Genaue Beschreibung aller interessanten älteren und neueren Bauten, Stuttgart 1863, S. 52–53; Klasen, Grundrißvorbilder, S. 1469–1470; Stuttgart, Führer durch die Stadt und ihre Bauten. Festschrift zur 6. Generalversammlung des Verbandes deutscher Architekten- und Ingenieurvereine, Stuttgart 1884, S. 41–42.

648 Schwäbische Chronik des Schwäbischen Merkurs, Nr. 125, 28. 5. 1859, S. 845. Beim Bauaufsichtsamt in Stuttgart befindet sich eine Akte mit Verhandlungsprotokollen über den Bau der Synagoge. 1856–1859. Die Akten betreffen fast ausschließlich baurechtliche Fragen. Ihnen liegen drei Pläne bei von Breymann, die am 5. 7. 1858 eingereicht wurden (Situationsplan, Grundriß, Aufriß der Ostfassade). Die anderen Pläne, die ursprünglich vorhanden waren, sind nicht auffindbar (Abb. 198).

649 Vgl.: Deutsche Bauzeitung, 19. 1885, S. 170–171. Zeitschrift für Bildende Kunst, Beiblatt Kunstchronik, 20. 1885, S. 540 ff. Staatsanzeiger für Württemberg, 1885, S. 549. Zur Mitarbeit an der inneren Ausstattung bes.: Zeitschrift für Praktische Baukunst, 21. 1861, Sp. 357.

650 Es ist durchaus möglich, daß in Stuttgart zunächst nur eine Kuppel geplant war, da man die zweite, westliche, überhaupt nicht von der Straße sehen konnte. In den Bauakten vor 1858 ist jedenfalls immer nur von einer Kuppel die Rede.

651 G. Breymann, Einladungsschrift der Kgl. Polytechnischen Schule Stuttgart zu der Feier des Geburtsfestes S. Majestät des Königs Wilhelm, Stuttgart 1851, S. 3.

652 Die Bauten der Alhambra waren in dem neuen Werk von Goury und Jones, Plans, elevations, sections and details of the Alhambra, London 1842, zugänglich. Daneben gab es natürlich mehrere Publikationen, in denen einige besonders charakteristische Teile dieses berühmten Bauwerks immer abgebildet waren (vgl. Anm. 595).

653 Vgl. hierzu Festschrift 1911, S. 16 (wie Anm. 646). Wolff wurde nach der Fertigstellung der Stuttgarter Synagoge zum «Spezialisten» für Synagogenbauten in Süddeutschland. Er errichtete die Bauten in Ulm, Heilbronn, Karlsbad und Nürnberg.

654 Eine Zeichnung des Grundrisses der Mannheimer Synagoge befindet sich in der Plansammlung des Hochbauamtes Mannheim, Nr. 1539.

655 Abbildungen dieser Moschee sind enthalten in: J. Gailhabaud, Denkmäler der Baukunst. Unter Mitwirkung von F. Kugler und J. Burckhardt, hg. von L. Lohde, Hamburg und Leipzig 1852.

656 L. Zanth, Die Wilhelma. Maurische Villa Seiner Majestät des Königs Wilhelm von Württemberg, o. O., 1855. Zu den Ausflügen Wolffs nach Cannstatt vgl. Festschrift 1911, S. 16 (wie Anm. 646). Die Angaben in der Festschrift beziehen sich meist auf Eintragungen in den Gemeindeprotokollen, die nicht mehr auffindbar sind. Siehe auch v. Schulz, Wilhelma, passim (wie Anm. 596).

657 Zanth, S. VII (wie Anm. 656).

658 Zeitschrift für Praktische Baukunst, 1861, S. 357 und ähnlich Illustrirte Zeitung, S. 28 (wie Anm. 647). In beiden Publikationen wird deutlich, daß der maurische Stil als ungewöhnlich für Sakralbauten angesehen wurde, und man zeigt sich erstaunt darüber, daß trotzdem eine feierliche Wirkung zustande kommt.

659 Freya, 2. 1862, S. 59 (wie Anm. 647).

660 J. Maier, Worte der Weihe, S. 4 (wie Anm. 647).

661 Wie Anm. 658.

662 Gottesdienstordnung in der neuen Synagoge zu Stuttgart, Suttgart 1861, Einleitung. Diesen Satz hat Maier immer wieder verwendet: Bei der Einweihungspredigt, S. 26 (wie Anm. 647), ferner in der Einleitung zum neuen Gebetbuch; Joseph Maier, Israeltische Gebetsordnung für Synagoge und Schule, Stuttgart 1861, Bd. 1, S. V.

663 Allgemeine Zeitung des Judentums, 25.1861, S. 284.
664 Maier, Worte der Weihe, S. 4–7 (wie Anm. 647).
665 Allgemeine Zeitung des Judentums, 25.1861, S. 327. Ein solches Schreiben ist äußerst ungewöhnlich. Normalerweise bedankten sich die jüdischen Gemeindevorsteher bei den Stadtverwaltungen für die Unterstützung. In Stuttgart bedankt sich die Stadt für die Erbauung der Synagoge, in der sie ein Zeichen der allgemeinen Wohlfahrt sieht und damit in der Stuttgarter Judenschaft einen Teil der Bevölkerung der Stadt, die nicht abseits oder separat steht.
666 Ebd., S. 371.
667 Ebd., S. 372.
668 Natürlich wurde diese Amtsbezeichnung von der Regierung im Judengesetz dekretiert, doch verrät sie die Absicht einer Integration, die sich über kleinliche Vorhaltungen – eine solche Bezeichnung sei den christlichen Amtsträgern vorbehalten – hinwegsetzt. Trotz dieser objektiv faßbaren Merkmale dürften aber die Persönlichkeiten von Rabbiner Maier und von König Wilhelm ausschlaggebend für das liberale und fast völliger Integration zugängliche Klima sein.
669 Wie Anm. 667.
670 Joseph Maier, Die Synagoge. Drei Reden zum Abschied aus der alten und zur Einweihung der neuen Synagoge in Stuttgart, Stuttgart 1861, S. 15.
671 Die Worte Maiers lösten einen lang anhaltenden Streit zwischen orthodoxen und liberalen Juden aus. Die Orthodoxen warfen Maier vor, er «sage sich somit von dem Glauben an Israels Zukunft los» (Gabiah ben Psisa, Wohin kommen wir? Ein Wort an die gesetzestreuen Israeliten Württembergs, Mainz o. J., S. 7). Und im «Israelit» 1862, Nr. 49 war zu lesen: «(Die Orthodoxen) werden sich nicht vom Judenthum lostrennen wollen und Stuttgart als ihre Zukunft, als ihr Jerusalem sich oktroyeren lassen; sie werden wohl patriotische Württemberger sein, ohne ihre Nationalität sich rauben zu lassen ...». In einer Antwort auf die Vorwürfe kontert Maier damit, daß er Württemberg, mit seiner Freiheit für alle Religionen, als Vaterland dem ehemaligen Palästina an die Seite stellen kann. (Rabbi Schimon Hazaddik (= J. Maier), Antwort an Gabiah ben Psisa auf dessen Frage: Wohin kommen wir? Von seinem Zeitgenossen, Leipzig 1864, S. 21).
672 Die Angaben sind entnommen: Herbert Seeliger, Origin of the Berlin Community, in: Leo Baeck Institute. Yearbook, 3. 1958, S. 159 ff.
673 Pinner, Geschichte, S. 49 (wie Anm. 381).
674 Die wichtigste Literatur über die Synagoge stammt fast ausschließlich aus der Erbauungszeit. Obwohl der Bau einer der ersten in Deutschland war, in dem Eisen- und Glaskonstruktionen in großem Stil angewandt wurden, fand das Gebäude in der kunsthistorischen Literatur keine Beachtung.
Concurrenz-Eröffnung für Pläne zu einer neuen Synagoge in Berlin, in: Zeitschrift für Bauwesen, 1857, S. 448–450; Berichte in der Allgemeinen Zeitung des Judentums, 21.1857, S. 34, 168; 22.1858, S. 535, 605; 23.1859, S. 304, 332; 24.1860, S. 609; 25.1861, S. 447, 739. Die neue Synagoge in Berlin, in: Illustrirte Zeitschrift für Praktische Baukunst, 1864, Sp. 5–8; Gustav Knoblauch, Die neue Synagoge in Berlin, in: Zeitschrift für Bauwesen, 1866, Sp. 3–6 und 481–486; Allgemeine Zeitung des Judentums, 30.1866, S. 37, 184, 604; Emil Breslauer, Die Einweihung der neuen Synagoge zu Berlin, in: ebd., S. 622–624; Königl. Privilegierte Berlinische Zeitung (Vossische Zeitung), Nr. 207, vom 5. 9. 1866, 1. Beilage, S. 1; National Zeitung vom 6. 9. 1866, 1. Beiblatt; Gustav Knoblauch und H. Hollin, Die neue Synagoge in Berlin. Entworfen und ausgeführt von Eduard Knoblauch, vollendet von August Stüler, Berlin 1867; Berlin in seiner gegenwärtigen Bautätigkeit, in: Wochenblatt des Architektenvereins zu Berlin, 1.1867, S. 19 ff, bes. S. 41 ff; A. Woltmann, Die Baugeschichte Berlins, Berlin 1872, S. 266 f; Berlin und seine

Bauten, 1. Aufl., S. 142 ff; Klasen, Grundrißvorbilder, S. 1481 f; Robert Springer, Berlin, die deutsche Kaiserstadt nebst Potsdam und Charlottenburg, Frankfurt a. M. 1883, S. 180 f; P. Wallé, Die neue Synagoge zu Berlin, in: Der Bär. Illustrirte Berliner Wochenschrift, Nr. 12, 20.12.1884, S. 184–186; Zur Ausstattung von Synagogenbauten, in: Deutsche Bauzeitung, 1888, S. 468; Adolf Rosenberg, Geschichte der modernen Kunst, Bd. 3, 2. Teil, Leipzig 1889, S. 351; Hugo Licht, Architektur der Gegenwart. Übersicht der hervorragendsten Bauausführungen der Neuzeit, Bd. 2, Berlin 1892, S. 5; Wischnitzer, Synagogues, 1964, S. 202 ff; Hans Hirschberg, Aus der Geschichte der Berliner Synagogen, in: Jüdische Illustrirte, 6. Heft, Aug./Sept. 1956, S. 2 und 19; S. Neufeld, Oranienburgerstraße Synagogue. Centenary of Consecration, in: AJR – Information. London, 21.1969, 9. Sept., S. 6. Eva Börsch-Supan, Berliner Baukunst nach Schinkel, 1840–1870, München 1977, S. 148 f; Eschwege, 1980, S. 120 (wie Anm. 2).

675 Knoblauch hatte auch einen Plan für den Neubau in der Oranienburgerstraße entworfen, der aber von der Baukommission nicht angenommen wurde. Erst daraufhin schrieb man den Wettbewerb aus. Die Planunsgeschichte dieser Synagoge und der Verbleib der Entwürfe ist unklar. Mir ist nur bekannt, daß die ersten Entwürfe Knoblauchs noch um 1910 bei der Baupolizei in Berlin-Mitte lagen. Die öffentlichen Archive in Ostberlin besitzen diese Pläne nicht, die Baupolizeiarchive sind unzugänglich.

676 Der Berliner Architektenverein entschloß sich erst 1868 für ein geregeltes Wettbewerbswesen einzutreten. Zwischen 1868 und 1890 wurden in Deutschland für Kirchen und Synagogen 35 Wettbewerbe ausgeschrieben, davon nur sehr wenige international, seit 1871 überhaupt nur national. Vgl.: Hubert Stier, Die Ergebnisse des architektonischen Wettbewerbs seit 1868, in: Deutsche Bauzeitung, 1890, S. 453–455.

677 Zeitschr. f. Bauw., 1857, S. 448.

678 In Reichsmark umgerechnet betrugen die Kosten für die Synagoge in Berlin 1 759 100 Mk. Hierzu die Zahlen einiger anderer Synagogen: Breslau 712 000; Köln, Glockengasse 400 000; Hannover 384 000; (Zit. nach Haupt, in: Baukunde des Architekten, Bd. II/2; 2. Aufl., 1899, S. 289).

679 Knoblauch, in: Zeitschrift für Bauwesen, S. 3 (wie Anm. 674).

680 Zeitschrift für Praktische Baukunst, 1865, Sp. 6.

681 Knoblauch, Zeitschrift für Bauwesen, S. 4 (wie Anm. 674).

682 Der Bau hatte in seiner endgültigen Gestalt 3000 Sitzplätze, davon 1800 Männerplätze im Erdgeschoß und 1200 Frauenplätze auf den Emporen; dazu kommen noch 60 Sängerplätze und eine sehr große Anzahl von Stehplätzen in der Vorsynagoge und Vorhalle.

683 Vossische Zeitung, vom 6. 9. 1866, Beilage (wie Anm. 674).

684 National Zeitung, 6. Sept. 1866, Erstes Beiblatt.

685 Wie Anm. 683. Die deutlichsten Übernahmen aus der Alhambra sind, wie schon bei Wolffs Stuttgarter Synagoge, die Kapitelle, die von Knoblauch einfach kopiert wurden, während die Ornamentik bei aller Nähe zum Vorbild relativ starke Neubildungen zeigt. (Abb. 199)

686 Zeitschrift für Praktische Baukunst, 1865, Sp. 5.

687 Wochenblatt des Architektenvereins zu Berlin, 1.1867, S. 41.

688 Die Beurteilung ist enthalten in einem Nekrolog auf Knoblauch, der am 29. 5. 1865 verstorben war: L. P., Carl Heinrich Eduard Knoblauch, in: Zeitschrift für Praktische Baukunst, 1865, Sp. 301. Neben dieser ausführlichen Laudatio wäre noch zu nennen: P. Wallé, Eduard Knoblauch. Ein Abriß seines Lebens, Berlin 1902. Knoblauch war Vorsitzender des Architektenvereins in Berlin.

689 Ztschr. f. Prakt. Bauk., 1865, Sp. 303.

690 A. Woltmann, Die Baugeschichte Berlins, Berlin 1872, S. 266.

691 Plansammlung der Techn. Universität, Universitätsbibliothek der TU Berlin, vorm. Inv. Nr. MK 1841, Bll. 15–16.
692 Die beiden ersten Zitate aus: I. Friedmann, Der Bau des Pester israelitischen Kultus-Tempels, in: Illustrirtes Israelitisches Jahrbuch für Ernst und Scherz auf das Jahr 5620 (1859–1860), 1. Jg., Beilage Kalender für Israeliten, Pest 1859, S. 1ff, bes. S. 5f. Der Hinweis auf diesen Aufsatz ist Dr. M. Meyer, New York zu danken. Zweites Zitat aus: Franz Xaver Kempf, Geschichte und Bau des neuen israelitischen Kultus-Tempels in Pest. Mit besonderer Berücksichtigung der architektonischen, künstlerischen und handwerklichen Ausstattung, Pest 1859, S. 6f. Siehe u. a. auch: Wiener Bau-Industrie Zeitung, 9.1891/92, S. 279f. Siehe auch Anm. 603.
693 Diese Anordnung entspricht der Beschreibung der beiden Säulen in der Bibel in etwa. Da diese Beschreibung äußerst schwer verständlich ist, führte sie bei fast allen Rekonstruktionen zu verschiedenen Gestaltungen der beiden Säulen. Es überwiegen aber die Palmen- und Blattpflanzenbekrönungen, obwohl in der Bibel von Lilienwerk die Rede ist (1. Kg. 7,15–22; 2. Chr. 4,12–13).
Folgende Tempelrekonstruktionen zeigen solche Pflanzenbekrönungen: Cocceius, 1673; Mel, 1726; Hirt, 1809; Meyer, 1830; Stieglitz, 1834; Kopp, 1839; Keil, 1858; Paine, 1861; Vogué, 1864.
694 Hamburg. Historische Topographie und Baugeschichte, Hamburg 1868, S. 110.
695 Zeitschrift für Praktische Baukunst, 1865, S. 8.
696 Illustrirte Zeitung, 43.1864, S. 204.
697 Robert Springer, Berlin, die deutsche Kaiserstadt..., Frankfurt/M. 1883, S. 180.
698 National Zeitung, 6. 9. 1866, Erstes Beiblatt. Siehe auch die überschwengliche Beurteilung in: Illustrated London News vom 22. 9. 1866, S. 277f, Abb. S. 273.
699 Heinrich von Treitschke, Briefe, Bd. III, Leipzig 1917, S. 321, Hg. Max Cornicelius. Brief vom 28. 4. 1871 an Frau von Treitschke: «Als ich vorhin von meinen Akten heimkehrte, schimmerte die goldene Kuppel der Synagoge im Abendroth... Ich ging also hin. Es ist ein prachtvoller Bau, ungeheuer reich, ein eigenthümliches Halbdunkel mit Oberlicht und erleuchteten Kuppeln, die Architektur so schön als dieser häßliche, schwunglose orientalische Stil sein kann – Allein in allem die reichste und – größte ‹Kirche› Berlins!» Wohl aus der gleichen Zeit stammt der folgende Satz: «... erwägt man die charakteristische Tatsache, daß das schönste und prächtigste Gotteshaus der deutschen Hauptstadt eine Synagoge ist – was natürlich nicht den Juden, sondern den Christen zum Vorwurf gereicht –, so läßt sich schlechterdings nicht in Abrede stellen, daß die Juden in Deutschland mächtiger sind als in irgend einem Lande Westeuropas.» (Heinrich v. Treitschke, Deutsche Kämpfe. Neue Folge. Schriften zur Tagespolitik, Leipzig 1896, S. 34.)
Dieses Urteil, das die Synagoge im Vergleich mit den anderen Kirchen Berlins so überbewertet, findet sich schon kurz nach der Einweihung in dem Bericht des Wochenblatts des Architektenvereins, 1867, S. 41: «Die moderne protestantische Kirche in dem Typus, wie er in Berlin, namentlich unter Friedrich Wilhelm IV. ausgebildet wurde, ist eben kein sehr großartiges Monument, und der Glanz des jüdischen Tempels hat demgegenüber denn auch in mancher frommen Seele schon Seufzer und Ärgernis erweckt.»
Woltmann, Die Baugeschichte Berlins, 1872, S. 267, spricht anläßlich der Beschreibung der neuen Synagoge von einem «beschämenden Beispiel für die vielfach kärglichen evangelischen Gotteshäuser.»
700 Mothes, Bauwörterbuch, Bd. II, 1859, S. 276.
701 Wallé, Neue Synagoge, 1884, S. 185; Woltmann, Baugeschichte, 1872, S. 266; Breslauer, Einweihung, 1866, S. 622 (wie Anm. 674).
702 Paul Arnsberg, Bilder aus dem jüdischen Leben im alten Frankfurt. Frankfurt 1970, S. 79f; A. Freimann und F. Kracauer, Frankfort, Philadelphia 1929 = Jewish

Communities Series, S. 263 ff. Die Baudenkmäler in Frankfurt am Main, Bd. 1, Frankfurt 1896, S. 365 f. Die neue Synagoge zu Frankfurt am Main und ihre Einweihung, in: Illustrirte Zeitung, 34. 1860, Nr. 877, S. 284–285. Die neue Synagoge in Frankfurt an der Oder (!), in: Zeitschrift für Praktische Baukunst, 20. 1860, Sp. 154–156. Frankfurt am Main und seine Bauten, Frankfurt 1886, S. 97 ff. Die Pläne und Baurisse sind nicht mehr erhalten. Im Archiv der Stadt Frankfurt befindet sich ein Grundriß zu einem ersten Entwurf und der Grundriß des endgültigen Baus, beide in Kopien aus den Jahren 1873 und 1874.

703 Flandin und Coste, Voyage en Perse pendant les annés 1840 et 1841, Paris 1843–1854. Texier, L'Arménie, la Perse et la Mésopotamie. Géographie et Géologie de ces contrées. Monuments anciens et modernes, Paris 1840–1852.

704 Dieser Eindruck herrscht nicht nur für den heutigen Betrachter vor, sondern ist auch in zeitgenössischen Besprechungen zu finden: Der Frankfurter Anzeiger, Nr. 73, 25. 3. 1860, spricht von «maurisch-byzantinischem Styl»; die Illustrirte Zeitung berichtet von dem «nicht ganz reinen maurischen Styl» (wie Anm. 702, S. 284) und von Fenstern im «byzantinischen Geschmack».

705 Leopold Stein, Jakob zu Bethel. Predigt nebst Gebeten, gehalten bei der feierlichen Grundsteinlegung der Hauptsynagoge zu Frankfurt a. M., Donnerstag den 28. Juni 1855, Frankfurt/M. 1855, S. 8.

706 Leopold Stein, Die Bedeutung unseres synagogalen Weihefestes, dargestellt in zwei Predigten über 2. B. M. 12,2, bei der Einweihung der Hauptsynagoge ... am 23./ 24. 3. 1860, in: Der Volkslehrer, April 1860, S. 121 ff, S. 132.

707 Wie Anm. 705, S. 12. In verschiedenen theoretischen Schriften über die arabische Baukunst wird ihre Verwandtschaft mit der Gotik und mit deren Entstehung aus Nachahmungen von Baumwipfeln in Zusammenhang gebracht. Stein verwendet ein ähnliches Bild in seiner Predigt in bezug auf die Synagoge und ihre zukünftige Wirkung: «... dieser Grundstein, den wir hier als Denkmal hingesetzt, er werde zum Gotteshaus, aus ihm heraus wie aus einer tiefen Wurzel entfalte sich das Gotteshaus, sein Grund der Stamm, seine Mauern die Wipfel, seine heiligen Geräthe, und daran die heiligen Handlungen als erquikkende Früchte! Und nach allen Seiten hin, wachse das Gotteshaus ... wie ein blühender Baum, daß darunter Schutz finde und Schatten die ganze Gemeinde.» (Ebd. S. 11–12). Der Gedanke liegt nahe, hier eine gewisse Verbindung zur Architektur zu ziehen, denn es gibt keinen Grund anzunehmen, daß diese Metaphorik, die dem Rabbiner so vertraut scheint, daß sie ausspricht, – dem Architekten, der sie aus der Architekturtheorie kennen muß, so fern liegt, daß nicht die Möglichkeit einer Gedankenverbindung von Theorie und Bauform anzunehmen wäre.

708 Wie Anm. 705, S. 14. Ähnlich drückt sich später der Berichterstatter der Zeitschrift für Praktische Baukunst aus: Er spricht von einem Tempel, «der in seinen edlen lieblichen Formen gleichsam den Sieg einer helleren, leichteren und duldenden Zeit verkörpert.» (Wie Anm. 702, Sp. 155.)

709 Es sei hier nur die wichtigste Literatur zitiert: Ernst Weyden, Geschichte der Juden in Köln, Köln 1867, S. 290–291; Zvi Asaria (Hg.), Die Juden in Köln von den ältesten Zeiten bis zur Gegenwart, Köln 1959; Kölnische Zeitung vom 29. 8. 1861, 31. 8. 1861; Julius Deutsch, Die Synagoge in Köln erbaut von Ernst Zwirner, nach eigenen Studien-Aufnahmen dargestellt und textlich eingeleitet, in: Allgemeine Bauzeitung, 1885, S. 49–52; Klasen, Grundrißvorbilder, S. 1477; Konrad Schilling, Quellen zur Geschichte Kölns in der Neuzeit. 1794–1918. = Ausgewählte Quellen zur Kölner Stadtgeschichte, IV. Köln 1960, S. 76.

Die Akten über die jüdische Gemeinde waren im Stadtarchiv Köln nicht auffindbar. Kriegsverlust ist möglich.

613

710 Brief des Vorstands an Mannheimer vom 5. 5. 1845. Zit. nach: G. Wolf, Vom ersten bis zum zweiten Tempel. Geschichte der Israelitischen Cultusgemeinde in Wien, Wien 1861 u. Breslau 1885, S. 78.

711 Hier ist nur die wichtigste Literatur zur Synagoge genannt: Ludwig von Förster, Über Synagogenbau. Rede anl. der Schlußsteinlegung der Synagoge in Wien, Leopoldstadt, in: Allgemeine Zeitung des Judentums, 22. 1858, S. 314–316; Ludwig Förster, Die Synagoge in Wien, Leopoldstadt, in: Allgemeine Bauzeitung, 1859, S. 14–16, Tafel 230–235; Die neue Synagoge in Wien, in: Illustrirte Zeitung, 43. 1864, S. 232; Wilhelm Lübke und Carl von Lützow, Denkmäler der Kunst zur Übersicht ihres Entwicklungsganges, Textband, Stuttgart, 3. Aufl., 1879, S. 417–418; Klasen, Grundrißvorbilder, S. 1476; Wien am Anfang des 20. Jahrhunderts. Ein Führer in technischer und künstlerischer Richtung. Hg.: Österreich. Ingenieur- und Architekten-Verein, Wien 1906, Bd. 2, S. 89; Martin Paul, Technischer Führer durch Wien, Wien 1910, S. 281; I. Oehler, Geschichte des Leopoldstädter Tempels in Wien, in: Zeitschrift für die Geschichte der Juden, 1. 1964, S. 22–27, – der Verfasser gibt irrtümlich Ferstel als Architekt der Synagoge an. (S. 23)

712 Allgemeine Bauzeitung, 1859, S. 14 (wie Anm. 711), und Allgemeine Zeitung des Judentums, 1858, S. 314 (ebd.)

713 Allgemeine Bauzeitung, 1859, S. 14.

714 Förster beruft sich in seiner Besprechung auf die neuesten Ausgrabungen im vorderen Orient, die ihm in Zeichnungen zugänglich waren, wie Gerhart Egger u. Renate Wagner-Rieger, Geschichte der Architektur in Wien, Wien 1973, S. 145 (Geschichte der Stadt Wien, N. R., VII, 3) nachgewiesen haben. Die wichtigsten Werke, die Förster vorgelegen haben könnten, sind: Paul-Emil Botta und Eugène Flandin, Monument de Ninive Découvert et écrit ..., 5. Bde., Paris 1849–1850; Eugène Flandin und Pascal Coste, Voyage en Perse ..., 6 Bde., Paris 1843–1854; Austen H. Layard, The Monuments of Niniveh, London 1853; James C. Rich, Narrative of a Journey to the site of Babylon..., 2. Bd., London 1839.

715 Allgemeine Bauzeitung, 1859, S. 14f. Vgl. auch Försters Äußerungen zur Synagoge in Budapest.

716 Adolf Jellinek, Zwei Reden zur Schlußsteinlegung und zur Einweihung des neuen israelitischen Tempels in der Leopoldstadt am 15. Juni 1858, Wien 1858, S. 3; den Schlußstein hatte sich die Gemeinde aus Jerusalem kommen lassen!

717 Die früheste Rekonstruktion des Tempels, die das beschriebene Schema zeigt, ist die von François Vatable für die Bibel von Robert Estienne in Paris 1540 gezeichnete und in verschiedenen anderen Bibeln bis ins 17. Jahrhundert immer wieder abgedruckte. (Wolfgang Herrmann, in: Festschrift Wittkower, Bd. 2, S. 155.) Weitere sind: A. Calmets, Biblisches Wörterbuch, Bd. 4, 1754; J. F. v. Meyer, 1830; Kopp, 1839; Canina, L'architettura antica, Bd. 1, 1844, T. cxlii; Thenius, Vorexilisches Jerusalem, 1849; K. F. Keil, Handbuch der hebräischen Archäologie, 1858; Unruh, Das alte Jerusalem, 1861. (Abb. 72, 77)

718 Zu Leobschütz siehe: Allgem. Ztg. d. Judentums, 25.1861, S. 182f und Über Land und Meer, 15.1865, S. 99. Zu Mainz sei aus der umfangreichen Literatur nur genannt: Allgm. Ztg. d. Judentums, 17.1853, S. 182 und S. Salfeld, Die Mainzer Synagogen, in: Festschrift zur Einweihung der neuen Synagoge in Mainz, 3. Sept. 1912, Mainz 1912, S. 16ff. Der Mainzer Bau weicht insofern vom beschriebenen Schema ab, als die Seitenteile risalitartig vor die Flucht des Mittelteils gezogen waren.

719 Alle Zitate aus: L. Förster, Das Bethaus der evangelischen Gemeinde... in Wien, in: Allgem. Bauzeitung, 14.1849, S. 1ff.

720 Abb. in: Leobschützer Heimatbuch, München 1950, S. 18.

721 Vgl. die in Anm. 586 und 588 genannte Literatur. Der Bau ist noch erhalten.

722 Zu Essen vgl. Allgem. Ztg. d. Judentums, 34.1870, S. 898 und Hermann Schröter, Die Synagoge in der II. Webergasse in Essen, Das Münster am Hellweg, 26.1973, S. 146ff. Pläne des neuromanischen Entwurfs und des maurischen Baus im Stadtarchiv erhalten.
Eine detailgetreue Kopie der Synagoge in Wien wurde in Jassy in Rumänien gebaut. Vgl. B. Postal, Landmarks of a People, New York 1962, T. 36.

723 Clemens Walter, Romantische Baukunst in Nassau, in: Nassauische Annalen, 63.1952, S. 232ff, bes. S. 250ff; Gottfried Kiesow, Kunstwiss. Grundlagen und denkmalpflegerische Praxis bei der Baukunst des 19. Jahrhunderts am Beispiel Wiesbadens, in: Denkmalpflege im Rheinischen Ballungsraum. Hg. Landeskonservator Rheinland, Arbeitsheft 7, Bonn 1974, S. 139ff.

724 Gutachten von Goerz vom 16. 5. 1863, Akten Staatsarchiv, Wiesbaden, sign. 405/349, vol. 1. Zur Geschichte allgem.: H. Thoma, Weg und Schicksal. Aus der Geschichte der Wiesbadener Juden, Wiesbaden 1966. Arnsberg, Hessen, Bd. 2, S. 384ff. Weihe 1869.

725 Adolf Leschnitzer, Saul und David. Die Problematik der deutsch-jüdischen Lebensgemeinschaft, Heidelberg 1954, S. 131.

726 Max Horkheimer und Th. W. Adorno, Elemente des Antisemitismus. Grenzen der Aufklärung, in: Dialektik der Aufklärung. Philosophische Fragmente, Amsterdam 1955, S. 212.

727 Zur Geschichte der Gemeinde vgl. bes.: H. Barbeck, Die Geschichte der Juden in Nürnberg und Fürth, Nürnberg 1878. B. Ziemlich, Die israelitische Kultusgemeinde Nürnberg von ihrem Entstehen bis zur Einweihung ihrer Synagoge, Nürnberg 1900. Arnd Müller, Geschichte der Juden in Nürnberg, Nürnberg 1968 (= Beiträge zur Geschichte und Kultur der Stadt Nürnberg, Bd. 12).

728 Zu Wolff siehe die in Anm. 649 genannte Literatur. Zu danken ist den Nachkommen in Stuttgart, die Teile des Nachlasses verwahren.

729 Siehe hierzu Eilitz, Leben und Werk, S. 165 (wie Anm. 465). H. Hammer-Schenk, Edwin Opplers Theorie des Synagogenbaus, in: Hannoversche Geschichtsblätter, 33.1979, H. 1, S. 99ff.

730 J. H. Kastenholz, Dem Andenken des Königl. Hannoverschen Baurates Edwin Oppler, Manuskript im Stadtarchiv Hannover, verfaßt 1929; mit einem Anhang, der die Gutachten zu Opplers Synagogen enthält. Zitat Anhang S. 15–16.

731 Ebd. S. 17.

732 Zur Geschichte des Davidschildes siehe: Gershom Scholem, Das Davidschild, in: ders., Judaica, Frankfurt 1963, S. 75ff.

733 Eilitz, Leben und Werk, S. 186ff (wie Anm. 465).

734 Vgl.: Der Kirchenbau des Protestantismus (Hg. K. E. O. Fritsch), Berlin 1893, Abb. 380.

735 Zu den Entwürfen von Heyden und Kyllmann siehe: Deutsche Bauzeitung 3.1869, bes. S. 131 u. 133. Der Schlußtermin für die Berliner Konkurrenz war der 12. August 1868; Opplers Pläne für Nürnberg sind 20. 8. 1868 datiert.

736 Kirchenbau, 1893, Abb. 477 u. 478 (wie Anm. 734).

737 Moritz Levin, Die Berechtigung des Gotteshauses. Weiherede, gehalten bei der Einweihung der neuen Synagoge zu Nürnberg, Nürnberg 1874, S. 32.

738 Erstes Zitat aus: Nürnberger Presse, Nr. 251, vom 8. 9. 1874. Zweites Zitat aus: Nürnberger Stadtzeitung, Nr. 216, vom 9. 9. 1874.

739 Allgemeine Evangelisch-Lutherische Kirchenzeitung, Leipzig, Nr. 39, 25. 9. 1874, Sp. 780–782. Siehe zu dem hier angesprochenen Bereich den Text zu den Anm. 529 u. 530.

Wichtig für die Beurteilung der Synagoge sind auch die folgenden Artikel: Zur Einweihung des israelitischen Tempels in Nürnberg, in: Fränkischer Kurier (Morgenblatt), Nr. 456, Bd. 41, vom 7. 9. 1874. Die Einweihungsfeier der neuen Synagoge, in ebd., Nr. 460, vom 9. 9. 1874. Allgemeine Zeitung des Judentums, 38.1874, Nr. 40, S. 669 f. Architektonik der neuen Synagoge, in: Correspondent von und für Deutschland, vom 9. 9. 1874, S. 2123, 2125. Nürnberger Stadtzeitung, Nr. 214 vom 7. 9. 1874. Die neue Synagoge in Nürnberg, in: Illustrirte Zeitung, Leipzig, 10. 7. 1875, S. 31. A. Eckstein, Die jüngste Großgemeinde Deutschlands, in: Allgemeine Zeitung des Judentums, 1900, Nr. 51, S. 605 ff. Held, Plaudereien aus der Vergangenheit der Gemeinde, in: Nürnberger Israelitisches Gemeindeblatt, Nr. 1 vom 1. 9. 1924, Bd. 5, S. 3 f. M. Freudenthal, Die israelitische Kultusgemeinde Nürnberg, Nürnberg 1925, bes. S. 3 ff.

740 Die jüdische Baukunst, in: Allgemeine Zeitung des Judentums, 1869, S. 753–754.

741 Die Illustrirte Zeitung, 73. 1879, S. 555–556 hält eine Abbildung des Brüssler Baus für belanglos, ob seiner großen Ähnlichkeit zur Synagoge in Nürnberg.

Für die Nürnberger Synagoge und auch Wolffs noch zu erwähnende Synagoge in Heilbronn war, was die Grundrißlösung anbelangt, zweifellos Sempers Entwurf für Dresden maßgebend. (Abb. 104) Nicht unwahrscheinlich ist, daß die Nürnberger Synagoge auch für die neue Synagoge in Czernowitz, Bukowina als Vorbild diente, obwohl der Bau schon 1873 begonnen wurde. Der maurische Stil wurde hier gewählt um «die geringste Ähnlichkeit mit christlichen Kirchen zu vermeiden». Vgl.: J. Zachariewicz (Architekt), in: Allgem. Bauzeitg., 1882, S. 48 f. Die Suche nach Vorbildern durch die Vorsteher des Religionsvereins ist belegt bei Hugo Gold, Geschichte der Juden in der Bukowina, Bd. 1, Jerusalem 1958, S. 155.

742 Zit. nach Hans Stegmann, Nürnbergs geschichtliche und kunstgeschichtliche Entwicklung, in: Festschrift zur 40. Hauptversammlung des Vereins deutscher Ingenieure in Nürnberg, Nürnberg 1899, S. 82. G. von Schuh, Die Stadt Nürnberg im Jubiläumsjahr 1906, Nürnberg 1906, S. 303.

743 Völkischer Beobachter, Nr. 216, vom 4. 8. 1938.

744 Ebd., Nr. 223 vom 11. 8. 1938. Es ist erstaunlich zu sehen, daß auch in einer neueren Stadtgeschichte dieses Ereignis nicht erwähnt wird, sondern die Vernichtung der Synagoge in die Kristallnacht verlegt wird. Vgl. G. Pfeiffer (Hg.), Nürnberg. Geschichte einer europäischen Stadt, München 1971, S. 420 f. Nur A. Müller erwähnt den Abbruch bereits im August 1938, Geschichte der Juden, S. 236 (wie Anm. 727). Siehe auch: Z. Szajkowski, An illustrated sourcebook on the holocaust, Bd. 1, New York 1977, S. 137–139.

745 Felix Gelernter, Geschichtliches aus Nürnberg, in: Menorah, 6.1928, S. 709 ff, bes. S. 720.

746 Schwäbische Kronik, 14. 9. 1873, S. 2117. Vgl. auch die Berichte in der Ulmer Schnellpost, Nr. 213, 13. 9. 1873 und Nr. 214, 14. 9. 1873. Zur Geschichte der Juden in Ulm vgl. Friedrich Pressel, Geschichte der Juden in Ulm. Festschrift zur Einweihung der Synagoge, Ulm o. J. Zum Bau der Synagoge sind im Stadtarchiv Ulm Akten erhalten Baudaten: Baubeginn Mai 1870. Weihe 12. 9. 1873.

747 Ulmer Schnellpost, Nr. 213, 13. 9. 1873, Titelseite.

748 Dt. Bauzeitung, 61.1927, S. 839. Eine enge Parallele in der Fassadenausbildung zum Ulmer Bau findet man in der 1879 fertiggestellten Synagoge von Mährisch-Ostrau. Siehe: Hugo Gold, Geschichte der Juden und Judengemeinden Mährens, Brünn 1929, Abb. S. 373.

749 L., Die neue Synagoge in Heilbronn, in: Illustrirte Zeitung, 69.1877, S. 247. Siehe auch Schwäbische Kronik, 10. 6. 1877, S. 1185. Zur Baugeschichte vgl.: Stuttgart, Staatsarchiv, Sign.: E 11, Bü. 84. Oskar Mayer, Die Juden in Heilbronn, Festschrift zum

50-jährigen Bestehen der Synagoge in Heilbronn, Heilbronn 1927. Festreden. Gehalten beim 50-jährigen Synagogen-Jubiläum am 21. Mai 1927, Heilbronn 1927. Götz Krusemarck, Die Juden in Heilbronn, Heilbronn 1938 (= Veröffentlichungen des Archivs der Stadt Heilbronn, H. 1). Hans Franke, Geschichte und Schicksal der Juden in Heilbronn, Heilbronn 1963. H. Schmolz u. H. Weckbach, Heilbronn. Die alte Stadt in Wort und Bild, Heilbronn 1966, S. 47. Weihe der Synagoge 8. 6. 1877. Zerstört 1938, Abbruch 1940.

750 Zur Geschichte der Synagoge siehe: J. Ziegler, Dokumente zur Geschichte der Juden in Karlsbad, Karlsbad 1913. Hugo Gold, Die Juden und Judengemeinden Böhmens, Brünn 1934, S. 255 ff. Festschrift zur 74. Versammlung deutscher Naturforscher und Ärzte, Karlsbad 1902, S. 202 f. Eilitz, Leben und Werk, S. 207 (wie Anm. 465). Die Pläne Opplers im Stadtarchiv Hannover sind datiert: 22. 10. 74. Die Synagoge wurde nicht nach den Plänen Opplers errichtet und nicht 1874/75 fertiggestellt, wie E. schreibt, sondern erst 1877.

751 Badische Landeszeitung, Nr. 106, 8. 5. 1875. Siehe auch ebd., Nr. 111, 14. 5. 1875. Karlsruher Nachrichten, Nr. 55, 9. 5. 1875, S. 405–06 und ebd. Nr. 57, 14. 5. 1875, S. 425.

752 Adolf Schwarz, Predigt, gehalten bei der Einweihung der neuen Synagoge in der Residenzstadt Karlsruhe am 12. Mai 1875, Karlsruhe 1875, S. 4.

Die Parallale zwischen dem Bild in der Predigt und der ausgeführten Synagoge war sicher ein entscheidender Punkt beim Entwurf des Neubaus, bzw. bei der Auswahl des Architekten, es soll jedoch nicht verschwiegen werden, daß die Orthodoxen 1881 ebenfalls einen Neubau errichteten, der, in Backstein, ähnliche Farbigkeit der Fassade zeigte und vor allem auch Züge von Renaissance-Architektur trägt. Eine Abbildung dieses Baus in: Franz Hundsnurscher u. G. Taddey, Die jüdischen Gemeinden in Baden, Stuttgart 1968, Abb. 104. Daß Durm bei aller Anlehnung an Vorbilder der Renaissance doch auch der Gedanke der Charakterisierung der Synagoge als jüdischer Kultbau durch Orientalismen vorschwebte, zeigen die stilistischen Parallelen. Einen Renaissancebau in «reinen» Formen hat er gleichzeitig mit der Synagoge in der Friedhofshalle in Karlsruhe errichtet. Hier hält er sich streng an die Vorbilder kleiner italienischer Kirchen, die er dann später in seinem großen Buch über Die Baukunst der Renaissance in Italien, 2. Aufl., Leipzig 1920, Abb. 761 ff, abbildete. Zur Friedhofskapelle siehe: Josef Durm, Sammlung ausgeführter Bauten, Karlsruhe 1876, Abb. 26 ff.

Es sei noch darauf hingewiesen, daß Durms Beitrag «Jüdische Tempel» in Karl Esselwein, Lehrbuch des Hochbaues, 2. Aufl., Leipzig 1920, kaum Hinweise auf seine Auffassung vom Synagogenbau gibt. Die Arbeit von U. Grammbitter, Josef Durm. Eine Einführung in sein architektonisches Werk, Diss. Heidelberg 1980, konnte nicht mehr berücksichtigt werden.

753 Vergleiche zu den Darstellungen des Tempels, bzw. des Felsendoms in Jerusalem: A. Yaari, Drawings of Jerusalem and the Temple Place as ornament in Hebrew books, in: Kirjath Sepher. Bibliographical Quarterly, 15. 1938/39, S. 377 ff. Z. Vailnay, The Holy Land in old prints and maps, Jerusalem 1963, bes. Abb. 64–70. Zur Geschichte siehe: Hundsnurscher, Jüdische Gemeinden, S. 56–60 (wie Anm. 752). Die spärlichen Akten im Stadtarchiv Bruchsal und im Badischen General-Landesarchiv in Karlsruhe (sign.: 422/265) geben keine Auskunft über die Architekten. Es sind nur statische Berechnungen der Architekten Kenkenhof u. Ebert, Heidelberg aus dem Jahr 1882 erhalten, die auch mit einem Querschnitt u. einem Grundriß versehen sind. Bei der stilistischen Nähe zur Karlsruher Synagoge wäre sicher auch an Josef Durm zu denken.

754 Zit. nach Emanuel Schreiber, Die jüdische Gemeinde Bonn. Festschrift zur Einweihung ihrer neuen Synagoge am 31. 1. 1879, Bonn 1879, S. 17.
755 Siehe hierzu: Allgemeine Zeitung des Judentums, 1869, S. 844.
756 Schreiber, 1879, S. 22 (wie Anm. 754).
757 Emanuel Schreiber, Das Gotteshaus in unserer Zeit. Festpredigt gehalten bei der Einweihung der neuen Synagoge zu Bonn, Löbau 1879, S. 18.
758 Maertens, Die Synagoge zu Bonn, in: Deutsche Bauzeitung, 1890, S. 192. Zur Geschichte der Gemeinde siehe auch: Max Herschel, Die Judengasse in Bonn und ihre alte Synagoge. Festrede..., Bonn 1904. E. Kalischer, Festworte zur 25-jährigen Jubelfeier der Bonner Synagoge, Bonn 1904. Max Cohn, Aus vergilbten Akten. Zur Geschichte der Bonner Synagogengemeinde, Bonn 1931.

Aus den erhaltenen Beschreibungen und Plänen wird die Einteilung zwischen Männer- und Frauenplätzen in der Synagoge nicht eindeutig klar. Jedoch scheint es so zu sein, daß die Frauen auf gleicher Höhe wie die Männer, im Erdgeschoß auf der Südseite ihre Plätze hatten; nur die Eingänge waren getrennt. Eine Neuerung, die völlig außergewöhnlich war und erst ein Jahrzehnt später in Synagogen von Max Fleischer wieder aufgenommen wurde (Budweis, Wien).

759 «Wir hatten ferner beabsichtigt, ein würdiges, aber jeden monumentalen Charakters entbehrendes Gotteshaus zu bauen und darum die Aufführung der Façade und Aufsetzung der Kuppel außerhalb unseres Bauprogramms gelassen. Beides war als Bedingung an die Staatshilfe geknüpft, ...». Zit. nach: Salomon Carlebach, Geschichte der Juden in Lübeck und Moisling, Lübeck 1898, S. 206. Zur Geschichte der Synagoge siehe auch: David A. Winter, Geschichte der jüdischen Gemeinde in Moisling/Lübeck, Lübeck 1968. Peter Guttkuhn, 150 Jahre israelitische Gemeinde in Lübeck, in: Vaterländische Blätter, Lübeck, 24.1973, H. 1, S. 18f. Besonders wichtig: Mitteilungen aus der Israelitischen Gemeinde Lübeck. Festnummer zum 50-jährigen Bestehen der Synagoge, 2.1930, Nr. 9.
760 Salomon Carlebach, Die neue Synagoge in Lübeck. Ein Gedenkblatt, Lübeck 1880, S. 9 u. 21.
761 Bruno Italiener, Zur Geschichte der Juden in Darmstadt, in: Darmstädter Tagblatt, Nr. 51, 20. 2. 1926, S. 2–3. P. Arnsberg, Die jüdischen Gemeinden in Hessen, Bd. 1, Frankfurt 1971, S. 113–132.
762 Zum Bau von 1856 siehe: Markus Lehmann, Das Gotteshaus. Festpredigt gehalten zur Einweihung der Synagoge zu Mainz am 24. September 1856, Mainz 1856.
Zitate aus: Deutsche Bauzeitung, 13.1879, S. 503–504. Siehe auch: Juden in Mainz. Katalog zur Ausstellung der Stadt Mainz. Bearbeitet von F. Schütz, Mainz 1978, bes. S. 99, 123ff.
763 Vgl. zum Wettbewerb: Deutsche Bauzeitung, 12.1878, S. 8, 186, 194, 228, 240. Zur Gemeindegeschichte: Festschrift zur Weihe der neuen Synagoge in Münster/W., Düsseldorf 1961, bes. S. 24ff.
764 Jacob Peiser, Die Geschichte der Synagogen-Gemeinde zu Stettin, 2. Aufl., Würzburg 1965. Architekt war der Stadtbaurat von Stettin Kruhl.
765 St., Berliner Bauausstellung 1874, in: Deutsche Bauztg., 8.1874, S. 370. Zur Geschichte der Gemeinde siehe: Victor Heymann, Von der jüdischen Gemeinde in Braunschweig, in: Braunschweigisches Magazin, 31.1925, S. 58ff, 71ff. Die Pläne zur Synagoge sind erhalten geblieben und wurden mir dankenswerterweise in einer Umzeichnung von 1974 von den Nachkommen des Architekten überlassen.
766 Vgl. Arnsberg, Hessen, Bd. 1, S. 254–262 (wie Anm. 761).
767 Aus alter und neuer Zeit. Beilage zum Israelit. Familienblatt, Hamburg, Nr. 8 vom 29. 12. 1927, Beilage zu Nr. 52, S. 61, mit Abbildung. Carl Wünsch, Die Bau- und

Kunstdenkmäler der Stadt Allenstein, Königsberg/Pr. 1933 (= Die Bau- und Kunstdenkmäler von Ostpreußen, 1), S. 118. Anton Funk, Geschichte der Stadt Allenstein von 1348 bis 1943, Leverkusen 1955, S. 266–267. Die Grundsteinurkunde vom 2. 6. 1876 ist im Leo Baeck Institut, New York erhalten, sign.: AR-c-1089/2866. Architekt war laut Urkunde der Maurermeister Mathias Toffel.

768 W. Bahr, Die jüdische Gemeinde in Flatow, in: Neues Schlochauer- und Flatower Kreisblatt, 15.1967, Nr. 2, S. 2619–2620.

769 Max Aschkewitz, Zur Geschichte der Juden in Westpreußen, Marburg 1967 (= Wiss. Beitrge. z. Gesch. u. Landesk. Ost-Mitteleuropas, 81), S. 165 (Angaben über Bevölkerung) und S. 109 (Angaben über Synagogen). Siehe auch die in Anm. 3 der vorliegenden Arbeit wiedergegebene Statistik.

770 Siehe hierzu die in Anm. 478 und 495 genannten Arbeiten.

771 Die Pläne im Stadtarchiv Hannover sind nicht datiert. Die Angaben bei Eilitz, Ausführung 1873, Planung 1872, beruhen wohl auf den von Klasen, Grundrißvorbildern, S. 1469 oder Kastenholz, S. 10 (wie Anm. 477) mitgeteilten Daten, die sicher zu früh angesetzt, bzw. falsch sind. Weihe 26. August 1877. Vgl.: Allgm. Zeitg. d. Judentums, 1877, S. 749–750. B. Brilling, Die jüdischen Gemeinden Mittelschlesiens, Stuttgart 1972, S. 166–167. Eilitz, Leben u. Werk, S. 206 (wie Anm. 465). 1927 wurde die Synagoge umgebaut; siehe: Aus alter und neuer Zeit. Illustrierte Beilage zum Israelitischen Familienblatt, Hamburg, Nr. 3 vom 13. 10. 1927, Beilage zu Nr. 41, S. 21, mit Abbildung.

772 Zit. nach: Edwin Oppler, Architektonische Entwürfe, Hg. F. Schorbach, Heft 2, Erl. zu Bl. 7–8, Halle 1884. Siehe auch: Klasen, Grundrißvorbilder, S. 1470. R. Feige, u. a. Heimatchronik der Stadt Hameln, Köln 1961, S. 132, Heinrich Spanuth, Geschichte der Stadt Hameln, Lfg. 6, Hameln 1963, S. 368f. Eilitz, Leben, S. 236f (wie Anm. 465). Asaria, Niedersachsen, S. 101f (wie Anm. 401). Pläne dat. 20. 5. 1877.

773 Die Pläne im Stadtarchiv Hannover sind undatiert. Die Ausführungsdaten bei Eilitz, S. 237 sind zu korrigieren: Die Einweihung fand am 1. 6. 1882 statt. Vgl. hierzu: David Leimdörfer, Die Hochziele des Gotteshauses. Festrede zur Einweihung der neuen Synagoge zu Bleicherode, Nordhausen 1882. Zur Einweihung siehe auch den Bericht in: Allgem. Ztg. d. Judentums, 1882, S. 397–98.

774 In keiner Biographie, auch nicht bei Eilitz, wird dieser Bau als Werk Opplers erwähnt. Nur im Ankündigungsprospekt zu Opplers Entwürfen (s. Anm. 772) wird das Synagogenprojekt für Norderney genannt, in romanischem Stil, und für die Publikation vorgesehen; die fragl. Lieferung ist nicht mehr erschienen. Nach den Akten (Staatsarchiv Aurich, Rep. 21a, 8607) hatte der Landrabbiner Meyer, Hannover, ein Gutachten über den Bau erstellt. In einem Brief des Amtshauptmanns an die Landdrostei vom 13. 12. 1877 wird der Architekt van Hülst erwähnt, «welchem man die Ausführung der beabsichtigten Erbauung eines israelitischen Gotteshauses auf Norderney übertragen hat». Ob von ihm auch die Pläne entworfen wurden, geht hieraus nicht eindeutig hervor. Siehe ferner: 50 Jahre Norderneyer Synagoge, in: Israelitisches Familienblatt, Hamburg, Nr. 34, vom 23. 8. 1928 (s. p.). G. Möhlmann, Geschichte der Insel und des Seebades Norderney, in: Friesisches Jahrbuch, Aurich 1964, S. 74ff, bes. S. 85. Die Synagoge wurde 1891 umgebaut, noch erhalten.

775 Arnsberg, Hessen, Bd. 3, Abb. 212 (wie Anm. 761, Bd. 3 ist 1973 ersch.). F. Reuter, Leopold Levy und seine Synagoge von 1875, in: Der Wormsgau, 11.1974/75, S. 58ff.

776 Allgemeine Zeitung des Judentums, 36.1872, S. 273.

777 Solinger Zeitung, 25. April 1870. Zur Geschichte der Synagoge siehe auch: Heinz Rosenthal, Jews in the Solingen Steel Industry, in: Yearbook. Leo Baeck Institute,

17.1972, S. 205–223, bes. S. 213. Ders., Solingen. Geschichte einer Stadt, Bd. 3, Duisburg 1975, S. 205 ff. E. G. Lowenthal, Zur Geschichte der Juden in Solingen, in: Allgm. jüd. Wochenzeitung, 20. 8. 1976, S. 11.

778 Walter Ring, Heimatchronik der Stadt Duisburg, Köln 1954, S. 157. Israelitisches Familienblatt, Hamburg, Nr. 13, 26. 3. 1925, S. 9 und ebd. Beilage: Aus alter und neuer Zeit, Nr. 17 zu Nr. 15, vom 8. 4. 1925, S. 136. Günter von Roden, Geschichte der Stadt Duisburg, Bd. 1, Duisburg 1970, S. 279.

779 Kurt Wilhelm, Kleinstadt- und Großstadtgemeinde, in: Leo Baeck Institute. Bulletin, 1958, S. 18 ff.

780 Die Baugeschichte ist nicht ganz geklärt: 1822 wurde nach übereinstimmender Meinung der Bearbeiter eine Synagoge errichtet, die entweder 1836 umgebaut oder völlig neu errichtet wurde. 1876 wurde dann dieser Bau erneut umgebaut zu dem bis zu seiner Zerstörung 1938 erhaltenen Bau. Siehe: Joh. Albert Aich, Laupheim 1570–1870. Beiträge zu Schwabens und Vorderösterreichs Geschichte und Heimatkunde, 4. Aufl., o. O., 1921, bes. S. 98 ff. Georg Schenk, Die Juden in Laupheim, in: Rosch Haschana. Feiertagsschrift, Stuttgart 1970, S. 24–32. Ders., dass., in: Ulm und Oberschwaben. Zeitschrift f. Geschichte und Kunst, 39. 1970, S. 103 ff. Siehe: Jacob Toury, Types of Jewish Municipal Rights in German Townships. The Problem of local Emancipation, in: Yearbook. Leo Baeck Institute, 22. 1977, S. 55 ff, bes. S. 62 ff.

781 Vgl.: Arnsberg, Gemeinden, 1971, Bd. 2, S. 302–304 (wie Anm. 761). Pläne, im Fassadenaufriß erheblich vom Tatsächlichen abweichend, 1959 für die IRSO-Akten erstellt; Akte Hessen, Nr. 164, Film Nr. 278.

782 Vgl. etwa: Karl Friedrich Keil, Handbuch der biblischen Archäologie, 2 Bde., Frankfurt a. M. 1858–1859, T. II oder Gustav Unruh, Das alte Jerusalem und seine Bauwerke. Ein Beitrag zur biblischen Altertumskunde, Langensalza 1861, Fig. 5. Zur Synagoge in Eppingen siehe: Hundsnurscher, Baden, 1968, S. 77–79 (wie Anm. 752).

783 Deutsche Bauzeitung, 1872, S. 87. Von Brion stammt auch der noch erhaltene Bau in Barr/El., um 1880.

784 Abbildung in: Maria Zelzer, Weg und Schicksal der Stuttgarter Juden. Ein Gedenkbuch, Stuttgart 1964. Zur Einweihung siehe auch Allgm. Zeitg. d. Judentums, 1876, S. 677–678.

785 Paul Schnitzler u. Hans Degen, Zur Geschichte der jüdischen Gemeinde in Lorsch, in: Laurissa Jubilans. Festschrift zur 1200 Jahresfeier von Lorsch. Lorsch 1964, S. 182 ff. Arnsberg, Gemeinden, 1971, Bd. 2, S. 501 ff (wie Anm. 761).

786 Jüdische Gotteshäuser und Friedhöfe in Württemberg, Augsburg 1932, S. 115. Sauer, Paul, Die jüdischen Gemeinden in Württemberg und Hohenzollern, Stuttgart 1966, S. 148 f.

787 Abbildung in: Reinhard Rieger, Die Zündorfer Judengemeinde, in: Unser Porz. Beiträge zur Geschichte von Amt und Stadt Porz, Porz 12. 1970, S. 1–50 (Heft 11, T. 2).

788 Vgl. hierzu und zum Folgenden: Reinhard Rürup, Kontinuität und Diskontinuität der Judenfrage im 19. Jahrhundert. Zur Entstehung des modernen Antisemitismus, in: Sozialgeschichte heute. Festschrift für Hans Rosenberg, Göttingen 1974 (= Kritische Studien zur Geschichtswissenschaft, 11), S. 388 ff. ders., Emancipation and Crisis. The «Jewish Question» in Germany. 1850–1890, in: Leo Baeck Institute. Yearbook, 20. 1975, S. 13 ff. Ders., Emanzipation und Antisemitismus. Studien zur «Judenfrage» der bürgerlichen Gesellschaft, Göttingen 1975, bes. 95 ff.

789 Vgl.: Klemens Felden, Die Übernahme des antisemitischen Stereotyps als soziale Norm durch die bürgerliche Gesellschaft Deutschlands (1875–1900), Diss. Heidelberg 1965, bes. S. 36 ff. Siehe auch: Walter Mohrmann, Antisemitismus. Ideologie und Geschichte im Kaiserreich und in der Weimarer Republik, Berlin 1972 und H. J. Bieber,

Anti-Semitism as a reflection of social, economic and political tension in Germany: 1880–1933, in: Jews and Germans from 1860 to 1933. The Problematic Symbiosis, ed. D. Bronsen, Heidelberg 1979, S. 33 ff, bes. S. 33–49.

790 Zit. nach: Stefan Lehr, Der Antisemitismus als religiös bedingtes soziales Vorurteil. 1870–1914, München 1974, S. 133. Vgl. auch: Uriel Tal, Christians and Jews in Germany. Religion, Politics and Ideology in the Second Reich, Ithaca und London 1975. Hermann Greive, Zu den Ursachen des Antisemitismus im Deutschen Kaiserreich von 1870/71, in: Judaica. Beiträge zum Verständnis des jüdischen Schicksals, Zürich, 27.1971, S. 184 ff. Pulzer, P., Why was there a Jewish Question in Imperial Germany?, in: Yearbook. Leo Baeck Institute, 25.1980, S. 133 ff.

791 Jacob Toury, Die politischen Orientierungen der Juden in Deutschland. Von Jena bis Weimar, Tübingen 1966. Ernest Hamburger, Juden im öffentlichen Leben Deutschlands, Tübingen 1968.

792 Alle Zitate nach: Der Berliner Antisemitismusstreit. Hg. Walter Boehlich, Frankfurt 1965, S. 10, 13, 14, 46, 81, 89.

793 Rürup, Judenfrage, 1975, S. 106 (wie Anm. 788).

794 Zur politischen Wirkung der antisemitischen Parteien vgl.: Richard Levy, The Downfall of the Anti-Semitic Political Parties in Imperial Germany, New Haven u. London 1975. Peter G. J. Pulzer, Die Entstehung des politischen Antisemitismus in Deutschland und Österreich. 1867 bis 1914, Gütersloh 1966, bes. S. 69 ff u. S. 155 ff.

795 Hamburger, Juden, 1968, S. 38 (wie Anm. 791).

796 Zu den Taufen: Rürup, Emancipation, 1975, S. 17 (wie Anm. 788) und Dubnow, Weltgeschichte, Bd. 10, S. 65 (wie Anm. 484).

797 Zahlenangaben aus: Jakob Segall, Die beruflichen und sozialen Verhältnisse der Juden in Deutschland, Berlin 1912 (= Veröffentlichungen des Bureaus für Statistik der Juden, Heft 9).

798 Zahlen nach Dubnow, Weltgeschichte, Bd. 10, S. 64 (wie Anm. 484).

799 Um nur ein Beispiel zu nennen: Man vergleiche die Schilderungen einer beliebigen Person oder Personengruppe in den Memoiren der Baronin von Spitzemberg mit ihren Charakterisierungen eines Juden beim gleichen Ereignis. Im Juden wird der typische Jude gesucht, im Normalmenschen das Individuum gesehen. Rudolf Vierhaus (Hg.), Das Tagebuch der Baronin Hildegard Hugo von Spizemberg, 4. Aufl., Göttingen 1976.

800 O. Mothes, Illustrirtes Bau-Lexikon, Leipzig u. Berlin, 3. Aufl. 1876, Bd. 3, S. 101.

801 Edwin Oppler, Synagogen und jüdische Begräbnisplätze, in: Baukunde des Architekten, Bd. II, 2, Berlin 1884 (mit Ergänzungen von A. Haupt), S. 270–285. Eine zweite Auflage erschien 1899, die aber wesentlich abgeändert wurde und Opplers Gedanken nur z. T. wiedergibt. Sie wird jedoch für den Synagogenbau nach 1900 von Bedeutung.

802 R. Redtenbacher, Die Architektonik der modernen Baukunst, Berlin 1883, S. 259 f. Die Kenntnis von Opplers Text war möglich, weil die ‹Baukunde› schon 1882 als Lieferung für das geplante ‹Deutsche Bauhandbuch› erschienen war.

803 Ludwig Klasen, Grundriß-Vorbilder von Gebäuden für Kirchliche Zwecke. Handbuch für Baubehörden, Bauherren, ..., Leipzig 1889, S. 1460–1485, Abb. 1928–1976. (= Grundriß-Vorbilder von Gebäuden aller Art, Abth. XI).

804 Wilhelm Lübke, Grundriß der Kunstgeschichte, Bd. 2, Stuttgart 1879 (8. Aufl.), S. 370.

805 Vgl. hierzu: Peter Heiko, Monumentalität als Problem der Öffentlichkeit in der Architektur, in: Kunstchronik, 30.1977, S. 134–136.

806 Mothes, Lexikon, 1876, Bd. 3, S. 340 (wie Anm. 800).

807 Rudolf Adamy, Die Architektur als Kunst. Aesthetische Forschungen, in: ders., Architektonik auf historischer und aesthetischer Grundlage, Bd. 1, Teil 1, Hannover 1881, S. 43 f.
808 Opitz, In welchem Stil sollen evangelische Kirchen gebaut werden?, in: Archiv für kirchliche Baukunst und Kirchenschmuck, 9.1885, S. 1–3, bes. S. 2.
809 Adolf Diamant, Zerstörte Synagogen vom November 1938, Frankfurt 1978, S. 101–108 gibt für den Zeitraum von 1850 bis 1910 etwa 630 neu eingerichtete bzw. errichtete Synagogen an. Allerdings ist zu berücksichtigen, daß sein Verzeichnis alle Kulträume enthält, also auch eine sehr große Zahl von Betsälen, die nach außen überhaupt nicht in Erscheinung getreten sind, so daß die hier berücksichtigte Zahl von 393 selbständigen Gebäuden durchaus repräsentativ bleibt.
810 In der folgenden Tabelle wird jeweils der Prozentsatz von der Gesamtzahl an Synagogen einer Siedlungskategorie angegeben.
811 A. Tänzer, Die Geschichte der Juden in Jebenhausen und Göppingen, Berlin, Leipzig, Stuttgart, 1927, S. 489 ff. Nachdem ein Betsaal 1867 in der Schützenstraße eingerichtet worden war, entstand 1872 an der Pfarrstraße ein Neubau in Formen der Neurenaissance; der Bau ist als Wohnhaus noch erhalten. Vgl. Neue Württbg. Zeitung vom 4. 8. 1979, mit Abb.
812 Tänzer, S. 493, zit. aus: Göppinger Wochenblatt, 17. 9. 1881; der Bericht wurde wörtlich übernommen von der Allgemeinen Zeitung des Judentums, 45.1881, S. 671.
813 Vgl. Dt. Bauzeitung, 15.1881, S. 443 und Die jüdische Presse. Organ f. d. Gesamtinteressen des Judentums, 12.1881, Nr. 38 vom 22. 9., S. 443. Zu denken wäre allenfalls an Vorbilder aus Oberitalien, etwa romanische Portalbaldachine in Verona.
814 Sauer, Jüdische Gemeinden, 1966, S. 121 ff.
815 Zu Landau vgl.: Hans Heß, Die Landauer Judengemeinde. Ein Abriß ihrer Geschichte, Landau 1969.
816 Zu Teplitz vgl.: Paul Wanie, Geschichte der Juden von Teplitz, Kaaden 1925 (= Uhls Heimatbücher des Erzgebirges und Egertals, 13). Moritz Epstein u. Oskar Popper (Hg.), Festschrift. 50 Jahre Teplitzer Tempelverein, Teplitz 1932. Friedrich Weihs, Aus Geschichte und Leben der Teplitzer Judengemeinde (1782–1932), Brünn u. Prag 1932, bes. S. 43 ff.
817 W. Kasel, Die jüdische Gemeinde, in: Saarbrücken – 50 Jahre Großstadt, Saarbrücken o. J. (1959), S. 226 ff. Lothar Rothschild, Jüdisches Schicksal an der Saar. Zur Geschichte der jüdischen Bevölkerung Saarbrückens, in: Festschrift zur 650-jährigen Verleihung des Freiheitsbriefes an Saarbrücken und St. Johann (Hg. H.-W. Herrmann u. H. Klein), Saarbrücken 1971, S. 249 ff. Vgl. auch den Einweihungsbericht in: St. Johanner-Zeitung, Nr. 275, vom 22. 1. 1890; in den gehaltenen Reden fällt eine besonders starke Identifizierung der Gemeindemitglieder mit deutsch-nationalen Zielen auf.
818 Badische Biographie (Hg. Albert Krieger), Bd. VI, Heidelberg 1935, S. 421 ff. Zur Biographie siehe auch die Personalakte im Bad. Gen. Landesarchiv, Karlsruhe, sign.: 76/9525.
819 Deutsche Bauzeitung, 1891, S. 1.
820 Pfälzer Volkszeitung, Kaiserslautern, vom 27. 2. 1886. Neben der in Anm. 619 genannten Literatur vgl. auch: H. Friedel, Aus der Geschichte der Kaiserslauterer Judengemeinde, in: Pfälzer Heimat, 27.1976, S. 99 ff, bes. S. 102. Im Stadtarchiv in Kaiserslautern sind die Akten über die Planung des Neubaus z. gr. Teil erhalten und geben einen guten Überblick vor allem über die innergemeindlichen Probleme bei Finanzierung und Ausstattung der neuen Synagoge. Sign.: Abt. B, Akten Nr. 186 u. 187.
821 Verordnungsblatt des Großherzoglichen Oberrats der Israeliten, Karlsruhe, Nr.

1 vom 2. 1. 1893, S. 7f, Grundriß u. Schnitte in: Baukunde des Architekten, 2. Aufl., Bd. 2, 2, S. 375, Fig. 15–18.
822 Abbildungen ebd.: S. 376–77, Fig. 19–23. Vgl. ferner: Charles u. Grazia Lehrmann, La Communauté juive de Luxembourg, Esch-sur Alzette 1953, bes. S. 65 ff. Alice Fuchs-Blumenstein, Le Grandrabbinat du Luxembourg de 1843 à 1928, in: Revue Mensuelle pour les Communautés israélites du Luxembourg, April 1953, S. 5 ff.
823 A. T., Zur Geschichte der Juden in Aschaffenburg, in: Bayerische Israelitische Gemeindezeitung, 1929, S. 186 f.
824 Verordnungsblatt..., 28. Juli 1899, S. 52 ff, bes. S. 53 (wie Anm. 821).
825 H. Hammer-Schenk, Ästhetische und politische Funktionen historisierender Baustile im Synagogenbau des ausgehenden 19. Jahrhunderts, in: Kritische Berichte, 3.1975, H. 2/3, S. 12 ff.
826 Denkschrift zur Erinnerung an die Einweihung der neuen Synagoge in Weinheim a. d. Bergstraße, Frankfurt a. M. 1906, S. 9. Siehe auch: D. Horsch, Die jüdische Gemeinde in Weinheim a. d. Bergstraße, Weinheim 1964.
827 L. Munk, Zur Erinnerung an die Einweihung der neuen Synagoge in Marburg, Marburg 1897. Einweihung der Synagoge in Marburg, in: Jüdische Presse. Organ f. d. Gesamtinteressen des Judentums, 28.1897, Nr. 38 vom 22. 9. 1897, S. 410.
828 Arnsberg, Bd. 1, S. 214 ff, Bd. 3, Abb. S. 61.
829 Leer. Gestern, Heute, Morgen, Leer 1973, S. 41. Auch die Synagoge in Jever von 1880 gehört in diese Gruppe.
830 Zur Geschichte vgl.: J. Herzberg, Geschichte der Juden in Bromberg. Zugleich ein Beitrag zur Geschichte der Juden des Landes Posen, Frankfurt/M. 1903, bes. S. 90 ff. Zur Tempelrekonstruktion: J. Fergusson, The Temples of the Jews and the other Buildings..., London 1878.
831 Erich Plümer, Schicksal der Einbecker Juden von 1933–1945, in: Einbecker Jahrbuch, 29.1970, S. 93 ff. 700 Jahre Juden in Südniedersachsen. Geschichte und religiöses Leben. Ausstellung im städtischen Museum Göttingen, Göttingen 1973, Nr. 129. Asaria, Niedersachsen, S. 359 ff (wie Anm. 401).
832 Zu Beuel: Joh. Bücher, Zur Geschichte der jüdischen Gemeinde in Beuel, Beuel 1965 (mit Abbildungen). Zu Poppelsdorf: E. Simons, Geschichte der jüdischen Gemeinden im Bonner Raum, Bonn 1959.
833 Synagoge in Hörde, in: Israelitisches Familienblatt. Beilage: Aus alter und neuer Zeit, Nr. 10 zu Nr. 3 vom 15. 1. 1925, S. 78. W. Brockpähler, Hörde. Ein Heimatbuch für die Stadt Hörde, Hörde 1928, S. 281 mit Abbildung.
834 Jacob Cohn, Geschichte der Synagogen-Gemeinde Kattowitz OS. Festgabe anl. der Einweihung der neuen Synagoge am 12. September 1900, Kattowitz 1900, S. 25. W. Majowski, 100 Jahre Stadt Kattowitz. 1865–1965, Salzgitter-Bad 1965, S. 73 f.
835 Geschichte der Juden in Olmütz, in: Gold, Mähren, S. 451 ff. Walter Haage, Olmütz und die Juden, Olmütz 1944; im Jahre 1941 wurde die Synagoge, wie es in diesem Buch heißt, «entfernt» (S. 45). Von J. Gartner stammten auch die Synagogen in Wien, Braunhubergasse, Humboldtgasse und Kluckystraße. Zu Troppau siehe: R. Mader, Unser Troppau. Ein Heimatbuch, Bamberg 1950, Abb. 15. P. Buhl, Troppau. Die ehemalige Hauptstadt Österreichisch–Schlesiens, München 1979, Abb. S. 50.
836 Zu.Rust und Ettenheim siehe Hundsnurscher, Baden, S. 249 f bzw. S. 79 ff. Die Synagoge in Rust wurde, nach Zerstörungen von 1938 erst 1964 abgebrochen; vgl. H. Keller, Spätes Ende einer Synagoge, in: Stuttgarter Zeitung, Nr. 185 vom 13. 8. 1964. Die Synagoge in Rust mutet wie eine Kopie der Synagoge in Altdorf (1850) an, so daß Zweifel an dem späten Entstehungsdatum durchaus berechtigt wären. (Akten aus den 40er Jahren im Bad. Gen. Landesarchiv, Karlsruhe, Nr. 229/90550).

837 Vgl.: 700 Jahre Stadtrechte. 1274–1974. Chronik von Zwingenberg a. d. Bergstraße, Zwingenberg 1974, S. 378 ff. N. Mischlich, Die Synagoge in Zwingenberg a. d. B., in: Geschichtsblätter. Kreis Bergstraße, Lorsch, 10. 1977, S. 250 ff; der Bau ist noch erhalten.
838 Zu den drei zuletzt genannten Orten siehe Arnsberg, Hessen, Bd. 1, S. 104 ff, 376 ff; Bd. 2, S. 156 f.
839 Zit. nach: Tübinger Chronik, Nr. 291, 12. 12. 1882, S. 1212 und M. Silberstein, Blätter zur Erinnerung an den Abschied von der Synagoge in Wankheim, sowie die Einweihung der neuen Synagoge in Tübingen, Esslingen 1883, S. 30. Zur Gemeindegeschichte: L. Zapf, Die Tübinger Juden, Tübingen 1974. Zum Typ vgl. auch die Synagoge in Winzig/Schl. (Abb. 130)
840 Adolf Meyer, Geschichte der Synagogengemeinde Waldenburg in Schlesien. Anläßlich des 50-jährigen Bestehens der Synagoge, Waldenburg 1933. Abb. des Inneren in: Israel. Familienblatt, Hamburg. Beilg. Aus alter und neuer Zeit, Nr. 4, 27. 10. 1927 zu Nr. 43, S. 32.
841 Zu Luckenwalde siehe: J. Freudenthal, Chronik der Synagogengemeinde zu Luckenwalde, Leipzig 1919.
Die Zitate über Heppenheim stammen aus: Arnsberg, Hessen, Bd. 1, S. 348 und Moderne Bauformen, 5. 1906, S. 5.
842 Wiesen, Festschrift zum 50-jährigen Jubiläum der israelitischen Religionsgemeinde zu Eisenach am 11. Dezember 1927, Eisenach 1927.
843 Zit. nach Gurlitt, Handbuch d. Arch., IV, 8, 1, S. 165, 480.
844 So betrug der Anteil der jüdischen Bevölkerung in Radautz im Jahre 1880 fast 31 %, von denen die meisten sich als deutschsprachig bekannten. Vgl. Franz Wiszniowski, Radautz, die deutscheste Stadt des Buchenlandes, Waiblingen 1966, S. 135 ff.
845 Programm und Festgesänge für die Synagogen-Einweihung in Zabrze am 2ten April 1873, Gleiwitz 1873. Josef Knossalla, Geschichte der Stadt Hindenburg, O/S, Kattowitz 1929, S. 128 f. B. Brilling, Chronik der jüdischen Gemeinde Hindenburg, in: Hindenburg, O/S. Stadt der Gruben und Hütten, Essen 1965, S. 84 ff.
846 Jüdische Volkszeitung, jüdisches Volksblatt, Breslau, Nr. 49 vom 5. 12. 1913, Bd. 18. Zum Wettbewerb um die Pläne: Deutsche Bauztg., 1884, S. 216, 396. Abb. in: H. Hupka, Ratibor. Stadt im schlesischen Winkel, Leverkusen 1962. In den fünfziger Jahren war eine Anzahl von Synagogen mit hohen Doppelturmfassaden auch in Böhmen entstanden, wie oben erwähnt; auch zum Ende des Jahrhunderts findet man hier ähnliche Bauten wie etwa die Synagoge in Prag, Weinberge von Stiassny, 1898, deren Türme in Renaissanceformen errichtet waren.
847 Naphtali Bamberger, Geschichte der Juden von Kitzingen. Festgabe anl. des 25 jährigen Bestehens der Synagoge, 1883–1908, Kitzingen 1908. Es sei angemerkt, daß das Innere in maurischen Formen gehalten war. Der Bau ist erhalten.
848 Zu Gelsenkirchen siehe: Festschrift anl. des 50 jährigen Bestehens der Synagogen – Gemeinde Gelsenkirchen, Gelsenkirchen 1924. Zu Kirchhain vgl.: Arnsberg, Hessen, Bd. 1, S. 444 ff, Bd. 3, S. 99; zu Künzelsau siehe Sauer, Württemberg, S. 111 f und den Einweihungsbericht in der Allgm. Ztg. d. Judent., 71. 1907, Gmdebl. Nr. 40, 4. 10. 07, S. 3. Zu Suhl siehe Eschwege, 1980, S. 131 (wie Anm. 2).
849 Die Einweihung der neuen Synagoge, in: Wolfenbütteler Kreisblatt, Nr. 144 vom 22. 6. 1893, S. 1–2. Hans Schulze, Beiträge zur Geschichte der jüdischen Gemeinde in Wolfenbüttel, in: Braunschweigisches Jahrbuch, 49. 1968, S. 61 ff.
850 Arnsberg, Hessen, Bd. 1, S. 452 ff. Der Gemeindebote. Beilage zur Allgm. Ztg. d. Judentums, 70. 1906, Nr. 40, vom 5. 10. 1906, S. 2–3. Genannt werden muß auch die Synagoge in Stolp, 1902 eingeweiht, in romanischem Stil mit zwei gedrungenen West-

türmen (K.-H. Pagel, Stolp in Pommern, Lübeck 1977, S. 237f, Abb. S. 254) und als wohl spätester Bau dieses Typs die Synagoge in Rastenburg von 1916 (Festgottesdienst zur Einweihung der neuen Synagoge in Rastenburg am Sonntag den 28. Mai 1916, Rastenburg 1916, Gedenkblatt mit Abbildungen).

851 Franz Kohstall, Aus der Chronik der Spandauer jüdischen Gemeinde, Berlin 1929. J. Horwitz, Die Synagogen-Gemeinde Recklinghausen, 1829–1928. Festschrift ..., Recklinghausen 1929. Einen sehr ähnlichen Typus zeigt auch die Synagoge von Zabern/El., wohl 1898 erbaut.

852 Alle Zitate aus: Deutsche Bauzeitung, 1889, S. 567f.

853 Baukunde des Architekten (Deutsches Bauhandbuch), 2. Aufl., Bd. II/2, 1899, S. 382.

854 F. X. D., Bau der neuen Synagoge in Reichenberg, in: Deutsches Baugewerksblatt, 7.1888, 233–34. Gold, Juden in Böhmen, S. 529ff. R. Gränzer, Reichenberg. Stadt und Land im Neißetal, Augsburg 1974, S. 100ff. Es ist aber auch daran zu erinnern, daß Carl König schon 1871/72 in Wien, Turnergasse eine Synagoge erbaut hatte, die in vielen Zügen dem Bau in Reichenberg vergleichbar ist. Vgl.: Leopold Stern, Geschichte der Israelitischen Cultusgemeinde im Bezirk Sechshaus 1846–1892..., Wien 1892.

855 Jakob Segall, Die beruflichen und sozialen Verhältnisse der Juden in Deutschland, Berlin 1912 (= Veröff. d. Bureaus f. Statistik d. Juden, H. 9).

856 A. Stein, Geschichte der Juden zu Danzig. Seit ihrem ersten Auftreten in dieser Stadt bis auf die neueste Zeit, Danzig 1933 (2. Aufl.). Grün, 50 Jahre Synagogen-Gemeinde zu Danzig, in: Jüdisches Gemeindeblatt. Hg. Syn.-Gmde. Danzig, 5.1933, H. 7, S. 47ff. Samuel Echt, Die Geschichte der Juden in Danzig, Leer 1972.

857 Zu den denkmalpflegerisch-stadtgestalterischen Bemühungen in Danzig zu dieser Zeit vgl. Erich Kayser, Die Baugeschichte der Stadt Danzig, Köln 1972, bes. S. 461ff.

858 Zit. nach: E. Püttner, Die neue Synagoge in Danzig, in: Über Land und Meer, 1888, S. 496 und Centralblatt der Bauverwaltung, 1886, S. 256–257.

859 A. Matthaei, Die baugeschichtliche Entwicklung, in: Danzig und seine Bauten, Berlin 1908, S. 43ff, bes. S. 104.

860 Allgem. Zeitung des Judentums, 1887, S. 615.

861 Wie Anm. 858. Nicht ohne Interesse ist die Tatsache, daß dieser Bericht von 1888 noch 1913 in einem Artikel in der AZJ fast wörtlich übernommen wurde: W. Bendt, 25-jähriges Jubiläum der Danziger neuen Synagoge, in: Allgem. Ztg. des Judentums, 77.1913, S. 569f.

862 Es gibt keine Anhaltspunkte, daß die seit den frühen siebziger Jahren so stark propagierte deutsche Renaissance mit all ihren nationalistischen Aspekten eine größere Rolle bei der Stilwahl gespielt haben könnte. Der lokalhistorische, denkmalpflegerisch-stadtgestalterische Gedanke scheint eindeutig im Vordergrund gestanden zu haben.

863 Zur Statistik: J. Silbernagel, Verfassung und Verwaltung sämtlicher Religionsgemeinschaften in Bayern, 3. Aufl., Regensburg 1893, bes. S. 662. R. Wassermann, Die Entwicklung der jüdischen Bevölkerung in Bayern im 19. Jahrhundert, in: Zeitschrift für Demographie und Statistik der Juden, 1.1905, S. 11ff. Zur gesellschaftl. Entwicklung: Festgabe. 50 Jahre Hauptsynagoge München, München 1937, S. 31ff. Peter Hanke, Zur Geschichte der Juden in München zwischen 1933 und 1945, München 1967, bes. S. 40ff.

864 Vgl.: Allgem. Ztg. d. Judentums, 33.1869, S. 622, 641.

865 Zit. nach Kastenholz, S. 19 (wie Anm. 471), Opplers Stellungnahme stammt vom 3. 2. 1872, der hier abgebildete Entwurf vom 14. 2. 1872. Es ist anzunehmen, daß sich das Gutachten auf diesen Entwurf bezieht, jedoch befinden sich im Stadtarchiv Hannover noch zwei weitere, undatierte Projekte Opplers für die Münchner Synagoge, die sehr ähnliche Formen aufweisen. Einer dieser Entwürfe, der wohl sicher auch für den Wit-

telsbacher Platz entstand, vielleicht sogar noch aus dem Jahr 1871 (Abb. 301) stammt, arbeitet zwar auch mit einer Dreiturmfassade im Osten, legt aber das Allerheiligste in eine Apsis, die nach außen deutlich vor die Gebäudeflucht gezogen wird. Den dritten Entwurf zeigt Tafel II. Eine Abb. des vierten Entwurfs findet sich in: Zeitschrift f. Bauhandwerker, 39. 1889, S. 117 u. Tafelanhang. Für die bei Eilitz, S. 187 ff gegebene Reihenfolge läßt sich kein schlüssiger Anhaltspunkt finden, da auch Kastenholz nur erwähnt, daß Oppler von 1871 bis 1876 Entwürfe für die Münchner Synagoge gemacht habe. Die Nähe von Opplers Plan mit Apsis (Abb. 301) zu Schmidts vergleichbarer Skizze von 1871 (Abb. 302) legt nahe, hier Opplers erste Arbeit von 1871 zu sehen; dann folgen die Entwürfe, hier Abb. 300, Tafel II und schließlich 1876 für das Grundstück Frauenstraße der 1889 publizierte Plan.

866 Wie wenig sich Schmidt auch bis dahin in den jüdischen Kultbau eingearbeitet hatte, zeigt auch die Tatsache, daß die Veröffentlichung seiner Skizzen zu diesem Projekt in der großen Publikation von Fritsch über den endgültigen Bau auch wieder eine figurale Ausmalung für das Innere vorsah. Vgl. K. E. O. Fritsch, Die neue Synagoge in München, München 1889, Abb. 8. Die bereits erwähnte Synagoge in Landau (Abb. 267) scheint nicht unbeeinflußt von Schmidts Entwurf von 1877, wenn hier auch nur ein Raumteil verwirklicht zu sein scheint. Die wirkliche Verdoppelung eines Kuppelraumes nahm die Synagogengemeinde in Basel vor, die 1892 ihre bestehende Synagoge um den selben Bau vergrößerte; vgl.: Zum Zentenarium der Basler Synagoge. Eine Festschrift, Basel 1968, Abb. S. 54 u. S. 59.

867 A. Schmidt, Entwurf einer Synagoge für München, in: Zeitschrift für Baukunde, 1878, S. 485 ff, bes. S. 486.

868 Zeichnung erhalten im Stadtmuseum München, Inv. Nr. 1072. Eine ausführliche Beschreibung eines Entwurfs von Berger im Münchner Fremdenblatt vom April 1881 (Ausschnittsl., Stadtarchiv München) scheint das hier abgebildete Projekt zu betreffen.

869 Fritsch, S. 4 (wie Anm. 866).

870 Ebd., S. 7.

871 Ebd.

872 Schweizerische Bauzeitung, 10. 1887, S. 20. Ähnliche Äußerungen in: H. E. v. Berlepsch, Münchner Architektursilhouetten, in: Allgemeine Zeitung, 2. Beilg., Nr. 124 vom 5. 5. 1887, S. 1. München und seine Bauten, München 1912, S. 228. L. Gmelin, Die neue Synagoge in München, in: Über Land und Meer, 59. 1888, S. 120: «Daß dieser neuartige innere Organismus mit den alten romanischen Formen harmonisch verschmolzen ist, muß dem Architekten als besonderes Verdienst gutgeschrieben werden.»

Der Kultraum wird an Nord- und Südseite im Erdgeschoß und im Emporengeschoß von niedrigen Erschließungsgängen umzogen, so daß man fast von einer Basilika sprechen kann. Nach außen sind die niedrigeren Pultdächer dieser Gänge durch eine Balustrade weitgehend verdeckt, so daß der Charakter der Halle erhalten bleibt.

873 Alle Zitate aus Fritsch, S. 7–8 (wie Anm. 866).

874 Zweifellos hatte auch die umgebende Bebauung Einfluß auf den Entwurf, denn an gleicher Stelle wird davon gesprochen «wie glücklich ... (der Bau) sich nach Maaßstab und Umriß-Linie in seine durch den Thurm der Akademie, den Michaels-Kirchthurm und das Thurmpaar der Frauenkirche beherrschte Umgebung einfügt ...». Zit. nach Deutsche Bauzeitung, 20. 1886, S. 13 f.

875 Berlepsch, 1887, S. 1 (wie Anm. 872).

876 Zu St. Anna siehe Fritsch, Die neue St. Anna-Kirche in München, in: Deutsche Bauzeitung 1895, S. 273 f. H. Habel, Der Münchner Kirchenbau im 19. und 20. Jahrhundert, in: Deutscher Kunstverlag 1921–1971, München 1971, S. 32 ff.

877 Ernst von Destouches, Jahreschronik der Stadt München, 1887, S. 1271, 1376. (MS Stadtarchiv München)
878 «Die Einweihung der neuen Synagoge findet heute Abend um 5 Uhr... statt... Das prächtige, im romanischen Styl erbaute Gebäude ist nun sowohl in der Façade, als auch im Interieur vollkommen fertiggestellet. München ist durch dasselbe um eine anmuthige Zierde reicher geworden. Wenn die Umgebung des Prachtbaues noch zu ihrem Vortheile verändert wird und mit dem selben etwas harmoniert, dann wird der Gesamteindruck der herrlichen Façade erst zur vollen Geltung gelangen können... Auch bei den Fremden, die das Bauwerk in letzter Zeit vielfach in Augenschein nahmen, erregte dasselbe ungetheilte Bewunderung.» (Neues Münchner Tagblatt, Nr. 259, 17. 9. 1887, S. 3)
«München, das architektonische Schmuckkästchen Deutschlands ist wieder um eine köstliche Perle reicher geworden. Wo früher kleine, verwitterte Häuschen an die Vergangenheit Münchens erinnerten, da erhebt sich jetzt ein stolzer Prachtbau: die neue Synagoge ... Die äußere Architektur ist reich gegliedert, macht aber trotzdem den Eindruck des Ernsten, Würdevollen... Die Gliederung des Baues in Thürmchen und Kuppeln kommt besonders im Interieur zur Geltung. Die ganze Architektur ist durchweg aus bestem, echtem Material ausgeführt, ein Vorzug, der gerade in unserer Stadt, wo ja fast alle Façaden aus Cement und Gyps fabrizirt werden, von großem Werthe ist.» (Ebd., Nr. 260, vom 18. 9. 1887, S. 6)
«Einen der ersten Plätze unter den in neuerer Zeit in unserer Stadt entstandenen Monumentalbauten nimmt unstreitig die neue Synagoge ein. Ist schon das Äußere des Baues von anerkannter Schönheit, so bietet das nun vollendete Innere desselben einen geradezu entzückenden Anblick... Sämtliche Ausstattungsstücke sind alle dem Bau angemessen streng stilgerecht angefertigt.» (Münchner Fremdenblatt, Nr. 190, 9. 7. 1887, S. 9)
«Das Innere der Synagoge bietet in seinem Ganzen einen glänzenden Anblick und die durch die Kuppeln und Thurmanbauten gebotenen Details sind von bezaubernder Wirkung... Der ganze Bau zeigt von dem kleinsten Detail bis zur größten Arbeit eine peinliche Solidität, er ist nach den neuesten Erfahrungen der Baukunst hergestellt und in jeder Hinsicht ein Musterbau... München ist durch die neue Synagoge um einen monumentalen Bau reicher, der nicht nur der Stadt als auch der israelitischen Kultusgemeinde und dem Erbauer... zur Ehre gereicht und für die Besucher der nächstjährigen Kunstgewerbeausstellung gewiß nicht den geringsten Anziehungspunkt bilden wird» (ebd. S. 3).
«Wenn man in München von dem Karlsplatz nach dem Maximiliansplatz sich wendet, stellt sich dem Schauenden ein überraschendes, künstlerisch-malerisches Architektur- und Städtebild vor Augen. Es ist der romanische, vielgegliederte, kuppelreiche, prachtvolle Bau der neuen Synagoge, welche im Verein mit dem rückwärts noch sichtbaren Thurm der alten Akademie sowie mit dem der nahen Michaelskirche und den alles überragenden altehrwürdigen Thürmen des Frauendomes einen wirklich selten Anblick gewährt und damit der bairischen Residenz zur neuen und stolzen Zierde ward.... Die westliche Façade in ihrer abwechslungsreichen Form, mit ihren Thürmen und Thürmchen, ihren schön gegliederten Massen, den drei säulenreichen Portalen, über denen eine farbig wirkende Fensterrose leuchtet, alles überragt von dem Achteck der Kuppel, ist von hohem Interesse, der imponierende Hallenbau des einfach und würdig gehaltenen Innern edel und künstlerisch. Mit Verschmähung aller prunkhaften Decoration, die sich allein auf das hinter der Kanzel befindliche Allerheiligste beschränkt, ist der Eindruck ernster Kirchlichkeit mit den scheinbar einfachsten Mitteln erreicht.» (Illustrirte Zeitung, Leipzig, Nr. 2310, 8. 10. 1887, S. 362–363).
«Selten hat sich ein Neubau so rasch die Gunst der Münchener Bevölkerung gewonnen, wie dieser israelitische Tempel; Offenbar weil er mit so großer Geschicklichkeit seiner malerischen Umgebung, vorab dem prächtigen Hintergrund der Frauenkirche,

angepaßt ist, daß er jetzt mit derselben eines der reizendsten Architekturbilder abgibt... Es hat sich auch da wiederum erwiesen, wie günstig die Formen des romanischen Stils für Kirchenbauten sind, ... Der Eindruck des anziehend Geheimnisvollen, Mysteriösen, das dem Stil eigen, steigert sich aber, wenn man das ebenvollendete Innere betritt ... Dabei wird der Charakter feierlich strengen Ernstes, wie er einem Tempel ziemt, durchweg sehr glücklich festgehalten und alle Pracht und Decoration auf das an der Stelle des Hochaltars hinter der Kanzel sich erhebende, durch zwei breite Marmortreppen zu erreichende Allerheiligste beschränkt. Von hier aus hat man auch den schönsten Blick auf den dem Ganzen erst die höchste Weihe, den Charakter des Erhabenen gebenden Kuppelraum. In der That sollte man es kaum für möglich halten, ohne jede Anwendung von Malerei und Sculptur die ernste religiöse Bestimmung des Baues so deutlich auszusprechen, wie hier geschieht.» (Allgemeine Zeitung, 2. Beilg., Nr. 189, 10. 7. 1887, S. 1).

«Mit Recht war denn auch bei dem Münchener Bau der arabische Stil grundsätzlich ausgeschlossen, und man kann sich dessen nur freuen; wer die orientalische Kunst kennt, der weiß auch, daß ... sie sich niemals zu einer monumental wirkenden äußeren Erscheinung aufgeschwungen hat.» (Gmelin, S. 120, wie Anm. 872).

Der Architekt «vermied die Anwendung der ebenso häufig wie unverstanden vorkommenden spanisch-maurischen Architektur, die doch eine unserem Boden völlig fremde Pflanze ist und deren fortwährende Anwendung durch nichts gerechtfertigt erscheint. Es ist ja lediglich den schwierigen Verhältnissen, unter denen die jüdischen Gemeinden im Mittelalter existierten, zuzuschreiben, daß wenige Kultusbauten dieses Zweckes in den gleichen Stilarten entstanden, die auf dem Boden Deutschlands im Verlaufe der Jahrhunderte sich entwickelten.» ... Der Architekt «schuf vielmehr einen luftigen, freien und lichtvollen Hallenbau nach dem Muster westfälischer und auch einheimischer Vorbilder; vor allem schwebte ihm aber dabei die edle Elisabethkirche zu Marburg als Beispiel vor.... Die Aufgabe... ist sehr gut gelöst und giebt in der Gestalt, wie sie ist, vollständig den Zwecken Ausdruck, denen sie dient, ohne dabei das christliche Gebiet zu streifen. Allerdings sind ja verschiedene verwandte Seiten vorhanden...» (H. v. Berlepsch, Architektonisches aus München, II, Die neue Synagoge, in: Zeitschrift für Bildende Kunst, 23. 1888, S. 234–237.).

«Mit Recht wählte (der Architekt) für diese statt dem schwer in ein westeuropäisches Stadtbild sich einfügenden maurisch-sarazenischen Stil, den romanischen, der ihm größere Freiheit der Durchbildung gestattete. So entstand eine der schönsten Synagogen Deutschlands...» (Münchner Fremden-Revue, Nr. 16, 27. 8. 1904, S. 3).

Es wurden hier absichtlich nur Zeitungen und populäre Zeitschriften zitiert, um die Rezeption der Synagoge in einer breiteren Öffentlichkeit annäherungsweise darzustellen; die Stellungnahmen, in großer Zahl, in den Fachzeitschriften zeigen allerdings einen ähnlichen Tenor.

879 Die Baupläne von 1883 und ein Teil der Akten sind im Stadtarchiv München erhalten unter der Hausnummer Herzog-Max-Str. 7, Bauakten der Lokalbaukommission.

880 Festgabe, 1937, S. 35 (wie Anm. 863). Siehe dazu: J. Perles, Predigt zur 50-jährigen Jubelfeier der Synagoge zu München, München 1876, S. 16: «... darum hängt ihr an diesem Gotteshause wie an einem Gemeindeheiligthum, das ihr selbst mit einem geräumigeren und prächtigeren Tempel ungerne vertauscht, dessen früherer schmuckloser – oft vielleicht formloser – Gottesdienst gar Manchen unter euch anregender und Andacht erweckender erschien, als ein durch alle Mittel der Kunst verschönerter moderner Gottesdienst!»

881 J. Perles, Reden zum Abschiede von der alten und zur Einweihung der neuen Synagoge in München am 10. u. 16. September 1887, München 1887, S. 11–12.

882 Bau-Commissions-Protokolle, Kanalstr. 23 im Stadtarchiv München. Bethaus des Vereins zur Förderung jüdischer Wissenschaften in München, in: Der Architekt, Wien, 4. 1898, S. 10. Der Bau war nur sehr klein, 16 × 12 m. Weihe im März 1892.

883 Die Bau-Commissions-Protokolle vom 25. 11. 1891 vermerkten über geplante Eingänge an der Straßenseite, von denen der linke wieder gestrichen wurde und der rechte nur als Notausgang diente: «Die Schmalheit des Trottoirs an der Kanalstraße und Gründe mehr interner Natur lassen es nicht wünschenswert erscheinen, daß sich diese Ausgänge direkt auf die Kanalstraße öffnen.»

884 Martin Feuchtwanger, Ebenbilder Gottes, Tel Aviv o. J. (um 1952), S. 17. Zum jahrzehntelangen Streit innerhalb der Gemeinde zwischen Orthodoxen und Reformern vgl.: S. Fraenkel, Die Beendigung des Gemeindekonflikts von München und Nürnberg. Rückblicke und Ausblicke, T. 2, in: Der Israelit, Nr. 9, 27. 2. 1908, S. 3 ff.

885 Paul Arnsberg, Bilder aus dem jüdischen Leben im alten Frankfurt, Frankfurt a. M. 1970, S. 79 ff. ders., Neunhundert Jahre Muttergemeinde Israel. Frankfurt am Main 1074–1974. Chronik der Rabbiner, Frankfurt a. M. 1974, S. 118 ff.

886 Frankfurt und seine Bauten, Frankfurt a. M. 1886, S. 127 f. Jakob Hoffmann, Die Synagoge am Börneplatz und A. Reimann, Der Bau der Synagoge am Börneplatz, in: Frankfurter Israelitisches Gemeindeblatt. Amtliches Organ der Israelitischen Gemeinde, Nr. 1 vom September 1932 (Jg. 11), S. 1 f bzw. S. 5 f.

887 Wilhelm Lübke, Deutsche Renaissance, in: Die Gegenwart. Wochenschrift für Literatur, Kunst und öffentliches Leben, 16. 1879, S. 359 ff, bes. S. 360.

888 Markus Horovitz, Rede, gehalten zur Einweihung der neuen Synagoge der israelitischen Gemeinde Frankfurt am Main, den 10. September 1882, Frankfurt a. M. 1882, S. 6.

889 Wetzer und Welte's Kirchenlexikon oder Encyklopädie der katholischen Theologie, 2. Aufl., Bd. 2, Freiburg 1883, Sp. 83–84. Es gab natürlich auch Befürworter der Renaissance im Kirchenbau, zu ihnen gehörte z. B. K. E. O. Fritsch, der Herausgeber der Deutschen Bauzeitung oder der Vorsitzende des christlichen Kunstvereins in Graz, der durch seine Publikationen Einfluß hatte: Johann Graus, Die katholische Kirche und die Renaissance, Graz 1888 (2. Aufl.). Vorherrschend war jedoch die negative Haltung diesem Stil gegenüber, die sogar soweit ging, daß Reichensperger sie mit politischer Unzuverlässigkeit in Verbindung brachte: A. Reichensperger, Zur Kennzeichnung der Renaissance, in: Zeitschrift für christliche Kunst, 3. 1890, S. 31 ff, 55 ff.

890 Brief vom 24. 7. 1877 aus: Jacob Burckhardt, Briefe an einen Architekten, 1870–1889, München 1912, S. 21 f.

891 1901 mußte die Synagoge um 400 Plätze erweitert werden, was sich an der Südfront durch die Anfügung von zwei Fensterachsen widerspiegelte.

892 Vgl. hierzu bes. Reinhard Rürup, Emanzipation und Antisemitismus. Studien zur Judenfrage der bürgerlichen Gesellschaft, Göttingen 1975, bes. S. 109 ff. Juden im Wilhelminischen Deutschland. 1890–1914. Ein Sammelband, Hg. Werner E. Mosse, Tübingen 1976 (= Schriftenreihe wiss. Abh. des Leo Baeck Institutes, 33) bes. die Aufsätze von Mosse und Pulzer, S. 57 ff u. S. 143 ff.

893 Ebd., R. Weltsch, Die schleichende Krise der jüdischen Identität, S. 689 ff. Peter Gay, Freud, Jews and other Germans. Masters and Victims in Modernist Culture, Oxford 1978, bes. S. 93 ff.

894 Vgl. etwa: P. F. Frankl, Über die Stellung der deutschen Juden innerhalb der gesammten Judenheit, in: Monatsschrift f. Gesch. u. Wiss. d. Judenthums, 33. 1884, S. 1 ff: «Annerkannter Maaßen ist seit dem Anbruch der neuen Zeit für Israel ... die deutsche Judenheit die geistige Führerin der gesammten über das ganze Erdenrund zerstreuten Bekennerschaft des jüdischen Glaubens ... Juden und Germanen besitzen eine große

innere Wahlverwandtschaft in ihren geistigen und kulturellen Bestrebungen ...» (S. 2 u. 5).
895 Ismar Schorsch, Jewish Reaction to German Antisemitism, 1870–1914, New York 1972, bes. S. 117ff. Jehuda Reinharz, Deutschtum and Judentum in the Ideology of the Centralverein Deutscher Staatsbürger Jüdischen Glaubens 1893–1914, in: Jewish Social Studies, 36.1.1974, S. 19ff; ders., Fatherland or promised Land. The Dilemma of the German Jew, 1893–1914, Ann Arbor 1975, bes. S. 37ff, 144ff. A. Paucker, Zur Problematik einer jüdischen Abwehrstrategie in der deutschen Gesellschaft, in: Juden im Wilhelmininchen Deutschland, S. 479ff (wie Anm. 892). Werner Habel, Deutsch-Jüdische Geschichte am Ausgang des 19. Jahrhunderts. Untersuchungen zur Geschichte der innerjüdischen Sammelbewegungen im Deutschen Reich 1880–1900, Kastellaun 1977. M. Lamberti, Liberals, Socialists and the Defence against Antisemitism in the Wilhelminian Period, in: Yearbook. Leo Baeck Institute, 25.1980, S. 147ff.
896 Michael Bringmann, Studien zur neuromanischen Architektur in Deutschland, Diss. Heidelberg 1968, bes. S. 51ff und ders., Gedanken zur Wiederaufnahme staufischer Bauformen im späten 19. Jahrhundert, in: Die Zeit der Staufer. Geschichte-Kunst-Kultur. Katalog der Ausstellung Stuttgart 1977, Bd. 5, Supplement. Vorträge und Forschungen. Hg. R. Hausherr u. Chr. Väterlein, Stuttgart 1979, S. 581–620.
897 A. Orth, Die Dankeskirche in Berlin, in: Zeitschrift für Bauwesen, 39.1889, Sp. 441ff, bes. Sp. 455.
898 Hierzu auch: H. Hammer-Schenk, Ästhetische und politische Funktionen historisierender Baustile im Synagogenbau des ausgehenden 19. Jahrhunderts, in: Kritische Berichte, 3.1975, H.1, 12ff.
899 Der Kirchenbau des Protestantismus von der Reformation bis zur Gegenwart. Hg. von d. Vereinigung Berliner Architekten, Berlin 1893 (Text von K. E. O. Fritsch, im Titel nicht genannt), S. 293.
900 Deutsche Konkurrenzen, 2.1893, H.2, Nr. 14, S. 1ff, bes. S. 2. Siehe zur Geschichte der Gemeinde: Joseph Rosenthal, Die gottesdienstlichen Einrichtungen in der jüdischen Gemeinde zu Königsberg in Pr. Festschrift zur 25. Wiederkehr des Tages der Einweihung der neuen Gemeindesynagoge, Königsberg i. Pr. 1921. Fritz Gause, Die Geschichte der Stadt Königsberg in Preußen, Bd. 2, Köln u. Graz 1968.
901 L., Die Preisbewerbung zum Neubau einer Synagoge in Königsberg i. Pr., in: Centralblatt der Bauverwaltung, 13.1893, S. 35ff, bes. S. 87.
902 Zitate ebd., S. 87 u. 97.
903 Ebd., S. 87.
904 Zu Otzen siehe: Jörn Bahns, Johannes Otzen, 1839–1911, München 1971, bes. Abb. 64–67, 75.
905 Zit. nach Rosenthal, 1921, S. 23 (wie Anm. 900). Eine genaue Beschreibung der Synagoge nach der Fertigstellung gibt L., Die neue Synagoge in Königsberg i. Pr., in: Centralblatt der Bauverwaltung, 17.1897, S. 97ff. Weihe: 25. 8. 1896.
906 Max Fürst, Gefilte Fisch. Eine Jugend in Königsberg, München 1976, S. 62.
907 Ein Verzeichnis der Synagogenbauten in: Berliner Architekturwelt, 10.1908, S. 158. Zur Biographie vgl. ebd., 21.1919, S. 83 und Allgem. Zeitung d. Judentums, 80.1916, S. 477.
908 Wettbewerbsausschreibung, in: Deutsche Bauzeitung, 1893, S. 642. Wettbewerb um Entwürfe zu einer Synagoge in Köln, in: Centralblatt der Bauverwaltung, 14.1894, S. 172, 193ff. Wettbewerb zu einer Synagoge in Köln, in: Deutsche Konkurrenzen, 4.1894, H.2 (= H.38), S. 10ff, Synagoge in Köln, in: Deutsche Bauzeitung, 1898, S. 619. dass., in: ebd., 1899, S. 156. Neue Synagoge in Köln, in: Jüdische Presse, 30.1899, Nr. 14 vom 5. 4. 1899, S. 142–143. J. L. Algermissen, Die neue Synagoge in Köln, in:

Österreichische Monatsschrift für den öffentlichen Baudienst, 5.1899, S. 308–310. Die neue Synagoge in Köln, in: Centralblatt der Bauverwaltung, 19.1899, S. 306–309. Neue Synagoge in Köln, in: Über Land und Meer, 1899, S. 526. Zur Erinnerung an das 25jährige Bestehen der Synagoge Roonstraße Köln. 22. März 1924, Köln 1924. Zur Weihe der wiederhergestellten Synagoge Roonstraße und des jüdischen Kulturzentrums in Köln, Köln 1959. Einweihung: 22. 3. 1899.

909 Vgl. zur städtebaulichen Situation in Köln: Hiltrud Kier, Die Kölner Neustadt. Planung, Entstehung, Nutzung, Düsseldorf 1978 (= Beiträge zu den Bau- u. Kunstdenkmälern im Rheinland, Bd. 23), bes. S. 94, 119f, 170.

910 Der Gemeindebote. Beilage zur Allgm. Zeitung des Judentums, Nr. 13, vom 31. 3. 1899, S. 3.

911 Algermissen, 1899, S. 309 (wie Anm. 908).

912 M. Dienemann, Jüdische Gemeinden in Elsaß-Lothringen, in: Zeitschrift f. d. Geschichte der Juden in Deutschland, 1937, S. 77ff. Hans Haug, De la Première Synagogue à la Synagogue de la Paix, in: La Synagogue de la Paix, Strasbourg 1958, S. 13ff.

913 Vgl. zur Straßburger Stadterweiterung: H. Hammer-Schenk, Die Stadterweiterung Straßburgs nach 1870. Politische Vorgaben historistischer Stadtplanung, in: Geschichte allein ist zeitgemäß. Historismus in Deutschland, Gießen 1978, S. 121ff.

914 Alle bisherigen Zitate aus: Bürgermeisteramt Straßburg. Acten betreffend Neubau einer Synagoge 1880–1900, Archives de la Ville, Strasbourg, sign. 375/2101; das Gutachten Bluntschlis ebd. sign. 137/683.

915 Die neue Synagoge in Straßburg, in: Deutsche Bauzeitung, 1898, S. 504. Dass., in: ebd. 33.1899, S. 389ff. Einweihung der neuen Synagoge in Straßburg, in: Die jüdische Presse, 29.1898, vom 14. 9., S. 411–12. Die neue Synagoge in Straßburg, in: Illustrirte Zeitung, Leipzig, 1898, S. 904. dass., in: Zeitbilder, Kaiserslautern, vom 3. 7. 1898, Nr. 27, S. 198f. dass., in: Die Architektur des 20. Jahrhunderts, 1.1901, S. 45f. M. Warschawski, Strasbourg et ses synagogues, in: Almanach Keren Kayemeth Leisrael, Strasbourg 1956, S. 31ff. Eine umfangreiche fotografische Dokumentation über den Bau erschien einige Jahre nach der Fertigstellung: Die Synagoge zu Straßburg im Elsaß. Sammlung von Ansichten der alten und neuen Synagoge, Straßburg 1902.

916 August Orth, Entwurf zu einem Bebauungsplan für Straßburg, Leipzig 1878, S. 70f.

917 Der neue Entwurf zum Abschluß der Vierung am Straßburger Münster, in: Deutsche Bauzeitung, 12.1878, S. 327ff.

918 Entwurf zu einem Neubau für die Kirche Jung St. Peter zu Straßburg i. E., in: ebd., 1889, S. 101ff.

919 Zit. nach Zeitbilder, 1898, S. 199 (wie Anm. 915).

920 Deutsche Bauzeitung, 1899, S. 415 (wie Anm. 915). Die Bedeutung aller Straßburger Planungen für das Reich, noch mehr für Preußen, zeigt die Verleihung des (preußischen) Roten-Adler-Ordens anläßlich der Einweihung an Levy; vgl. Personalakte, Bad. Gen. Landesarchiv, Karlsruhe, sig. 76/9526.

921 Die Einweihung der neuerbauten Synagoge der Religionsgesellschaft in Straßburg i. E., in: Der Israelit, Erste Beilage zu Nr. 75/76 vom 20. Sept. 5652 (1892). Straßburg und seine Bauten, Straßburg 1894, S. 397. Geschichte der Gründung der Israelitischen Religions-Gesellschaft zu Straßburg i. E., Straßburg 1912. Die Synagoge ist noch erhalten; der Bau am Klebersstaden wurde 1940 von den Nationalsozialisten angezündet.

922 Synagoge in Chemnitz, in: Deutsche Bauzeitung, 1896, S. 584, 600. dass., in: Allgemeine Zeitung des Judentums, 1897, Nr. 12, S. 2; ebd., 1899, Nr. 11, S. 2f. dass., in: Der Bautechniker, 18.1898, S. 567ff. dass., in: Illustrirte Zeitung, 112.1899, S. 744. Adolf Diamant, Chronik der Juden in Chemnitz, heute Karl-Marx-Stadt, Frankfurt/M. 1970.

923 Synagogenprojekt für Dortmund (sic!), in: Architektonische Rundschau, 1904, H. 6, S. 47 u. T. 42. Der vorgestellte Entwurf ist nicht, wie die Zeitschrift in Text und Bildunterschrift angibt, für Dortmund geplant gewesen, sondern es handelt sich um Kuhlmanns Projekt für Düsseldorf. Um diesen Entwurf entspann sich einige Jahre später eine Polemik, als eine Chemnitzer Tageszeitung eine ungebührliche Ähnlichkeit zwischen Kuhlmanns dortiger Lutherkirche und diesem Entwurf feststellte und von der neuen «Luther-Synagoge» sprach. Vgl.: Der Kunstwart, 21. 1.1907, S. 61, 195f, 411f und Neudeutsche Bauzeitung, 3.1907, S. 362ff (Hinweis von C. Meckseper). Zur Geschichte der Düsseldorfer Synagoge siehe: Max Eschelbacher, Festschrift zur Feier des 25-jährigen Bestehens der Synagoge. Die Synagogengemeinde Düsseldorf 1904–1929, Düsseldorf 1929. E. G. Lowenthal, Im Spiegel der Geschichte. Jüdische Gemeinden in Deutschland, 6, Düsseldorf, in: Allgem. Wochenzeitung der Juden, 13.1958, Nr. 23 vom 5. 9. 1958, S. 4–5. Wettbewerb um eine Synagoge in Düsseldorf, in: Schweizerische Bauzeitung, 36.1900, S. 92; 37.1901, S. 41. dass., in: Deutsche Bauzeitung, 1901, S. 44, 192, 272, 612. Düsseldorf und seine Bauten, Düsseldorf 1904, S. 141. Die neue Synagoge in Düsseldorf, in: Illustrirte Zeitung, 123.1904, S. 955. Bericht über die Einweihung, in: Der Gemeindebote. Beilage zur Allg. Zeitg. d. Judentums, 68.1904, Nr. 39 vom 23. Sept. 1904, S. 3.

924 Entwurf von Franz Brantzky, in: Deutsche Bauzeitung, 1901, S. 615. dass., in: Architektonische Monatshefte 7.1901, S. 18; der Entwurf wurde auch von C. Gurlitt im Handbuch der Architektur, Abb. 137, veröffentlicht. Die auffallende Häufigkeit der Publikation zeigt, daß auch für den Synagogenbau moderne Architekturformen propagiert wurden, wenn auch vielleicht noch nicht von den jüdischen Gemeinden. Zu Brantzky siehe: K. Menne-Thomé, Franz Brantzky 1871–1945. Ein Kölner Architekt in seiner Zeit, Köln 1980, S. 102f (= Veröff. d. Abt. Architektur d. Kunsthist. Inst. d. Univ. Köln, 17). Der zweite erwähnte Entwurf stammt von L. Paffendorf: Die Synagoge in Düsseldorf, in: Der Architekt, 8.1902, S. 7f, T. 16–17.

925 Einweihungsbericht, in: D. Gemeindebote. Beilage zur Allgm. Ztg. d. Judentums, 71.1907, Nr. 33 vom 16. 8. 1907, S. 3. dass., in: Deutsche Bauzeitung, Beilage Nr. 33 vom 14. 8. 1907, 41.1907, S. 130. H. Lewy, Jüdisches Leben in Duisburg und Mülheim..., in: Allg. Wochenzeitung der Juden, 15.1960, Nr. 4, S. 7ff.

926 Helga Krohn, Die Juden in Hamburg. Die politische, soziale und kulturelle Entwicklung einer jüdischen Großstadtgemeinde nach der Emanzipation, 1848–1918, Hamburg 1974, S. 81. R. E. May, Der Auszug der Juden aus der inneren Stadt Hamburg, in: Gemeindeblatt der Deutsch-Israelitischen Gemeinde zu Hamburg, 4.1928, Nr. 11 vom 11. 11. 1928, S. 2ff. H. Hipp, Harvestehude, Rotherbaum, Hamburg 1976, S. 82f (= Arbeitshefte zur Denkmalpflege in Hamburg, Nr. 3).

927 Zur Baugeschichte siehe H. Hammer-Schenk, Hamburgs Synagogen des 19. und frühen 20. Jahrhunderts, Hamburg 1978, S. 34ff, hier auch ausführliche Literaturangaben.

928 F. Gerstner, Über die neue Synagoge in Hamburg, in: Deutsche Bauhütte, 12.1908, S. 418ff, bes. S. 418.

929 Vierzigjähriges Jubiläum der Neuen Dammtor-Synagoge, in: Gemeindeblatt d. Dt.-Isr. Gemeinde zu Hamburg, 11.1935, Nr. 9 vom 30. 8. 1935, S. 3. Hammer-Schenk, Hamburgs Synagogen, 1978, S. 31f (wie Anm. 927).

930 Alexander Carlebach, Adass Jeschurun of Cologne. The life and death of a Kehilla, Belfast 1964.

931 AZJ, 65.1901, S. 115–117.

932 Die Synagoge in Dessau wurde von Cremer & Wolffenstein errichtet. Vgl. Deutsche Bauzeitung, 43.1909, S. 617ff.

933 Deutsche Konkurrenzen, 6.1896, H.7 (= Nr. 67), S. 1 ff, bes. S. 3. Deutsche Bauzeitung, 1895, S. 540, 547 f.
934 Deutsche Bauztg., 1896, S. 377.
935 Vgl. die Sitzungen des Reichstages vom 26. 3. 1878 und vom 3. 2. 1883. Wichtig auch Paul Seidel, Der Kaiser und die Kunst, Berlin 1907, wo darauf hingewiesen wird, daß Wilhelm II. bisher die Entwürfe zu 61 Postämtern begutachtet habe.
936 Alle Zitate aus: Dortmunder Zeitung Nr. 287 vom 9. 6. 1900, S. 3 und ebd., Nr. 289 vom 10. 6. 1900, S. 2–3.
937 H. Stier, Die deutsche Renaissance als nationaler Stil und die Grenzen ihrer Anwendung, in: Deutsche Bauzeitung, 1884, S. 426–429, 435–436, bes. S. 435.
938 A. Reichensperger, Zur Kennzeichnung der Renaissance, in: Zeitschrift für christliche Kunst, 3.1890, S. 31 ff, 55 ff, bes. S. 34, 35 und J. Prill, Gothisch oder Romanisch, in: ebd., 4.1891, S. 335 ff, bes. S. 337. Nicht uninteressant ist, daß 1889 der Entwurf für eine vierte evangelische Kirche in Dortmund, der von den Architekten Schreiterer und Schreiber in deutscher Renaissance eingereicht worden war, von Fritsch in der Deutschen Bauzeitung 1889, S. 205 als zu profan abgelehnt wurde, wenn er auch betonte, nichts gegen die Renaissance vorbringen zu wollen.
939 Dortmunder Zeitung, Nr. 285 vom 8. 6. 1900, S. 1.
940 Ebd., Nr. 289 vom 10. 6. 1900, S. 2; (die indirekte Rede des Zeitungstextes wurde in die direkte umgewandelt). Vgl. auch Eduard Fürstenau, Die neue Synagoge in Dortmund, in: Zentralblatt der Bauverwaltung 24.1904, S. 521 ff und Ulrich Knipping, Die Geschichte der Juden in Dortmund während der Zeit des Dritten Reiches, Dortmund 1977, S. 18 ff.
941 (Einweihung der Synagoge in Siegen), in: Der Gemeindebote. Beilage zur Allgem. Ztg. d. Judent., Nr. 33 vom 12. 8. 1904, S. 2. Walter Thiemann, Von den Juden im Siegerland, 2. Aufl. Siegen 1970.
U. Niemann, Die Juden in Bielefeld, Bielefeld 1962 (MS). Dies., Liste der um 1933 in Bielefeld ansässig gewesenen Juden ... sowie ein Überblick über die Geschichte der jüdischen Gemeinde in Bielefeld, Bielefeld 1972. Preisbewerbung (um eine neue Synagoge in Bielefeld), in: Deutsche Bauzeitung, 1902, S. 284. (Bericht über die Einweihung), in AZJ 69.1905, Beilg. D. Gemeindebote, Nr. 39, 29. 9. 1905, S. 2. Die drei Synagogen Fürstenaus wurden 1938 angezündet.
942 Adolf Diamant, Zerstörte Synagogen vom November 1938. Eine Bestandsaufnahme, Frankfurt 1978, S. 6 ff; hier fehlt etwa die Synagoge in der Bismarckstraße. M. M. Sinasohn, Die Berliner Privatsynagogen und ihre Rabbiner, 1671–1971. Zur Erinnerung an das 300-jährige Bestehen der Jüdischen Gemeinde zu Berlin, Jerusalem 1971.
943 Eugen Wolbe, Geschichte der Juden in Berlin und in der Mark Brandenburg, Berlin 1937, bes. S. 288 ff. Herbert Seeliger, Origin and Growth of the Berlin Community, in: Yearbook. Leo Baeck Institute, 1958, S. 159 ff.
944 Die Synagoge in der Kaiserstraße, tief in einem Grundstück gelegen und durch einen fast 50 m langen Stichweg zu erreichen, war relativ groß, aber sehr schlecht gebaut. Formal erinnerte sie an Vorbilder der italienischen Renaissance. Vgl.: Die Synagoge Kaiserstraße, in: Aus alter und neuer Zeit. Illustrierte Beilage zum Israelitischen Familienblatt, Hamburg, Nr. 35 vom 12. 11. 1925, Beilage zu Nr. 46, S. 275. Singermann, Die Synagoge Kaiserstraße und ihre Geschichte, in: Gemeindeblatt der jüdischen Gemeinde Berlin vom 31. 5. 1936, S. 10. Zur Synagoge Gipsstraße siehe: Max Sinasohn, Adass Jisroel. Entstehung, Entfaltung, Entwurzelung, Jerusalem 1966, S. 17 ff. Zur Synagoge Schöneberger Ufer siehe: P. O. Rave, Die Bauwerke und Kunstdenkmäler von Berlin. Bezirk Tiergarten, Berlin 1955, S. 51.
Zu erwähnen ist noch, daß um 1880 an der Schönhauser Allee eine Friedhofssynagoge

in neuromanischem Stil durch den Architekten J. Hoeniger entstanden war, s. Berlin und seine Bauten, Berlin 1896, Bd. 2, S. 208f. In der Plansammlung der TU Berlin befindet sich ein Entwurf für eine große Synagoge an der Wilhelmstraße, entworfen von August Orth. Die Arbeit stellt fast eine Kopie der Synagoge in der Oranienburger Straße dar: nach Gustav Ebe, August Orth. Ein Lebensbild, Berlin 1904, S. 39/40 stammt der in maurischem Stil gehaltene, undatierte Plan aus dem Jahr 1885; dieselbe Datierung auch bei Günther Hahn, Entwürfe eines Architekten aus der zweiten Hälfte des 19. Jahrhunderts. August Orth, Diss. Berlin TU 1953 (MS). Eine Synagoge an dieser Stelle, in diesem Stil, wohl auf der Stelle des schmalen Durchganges ‹Buchhändlerhof› war sicher eine sehr wenig realistische Annahme.

945 Bauakten und Pläne im Bezirksamt Berlin-Charlottenburg. J. Wirth, Bauwerke und Kunstdenkmäler von Berlin. Stadt und Bezirk Charlottenburg, Berlin 1961, S. 73f. Die Synagoge wurde nach Enteignung und Kriegsbeschädigungen 1957 abgebrochen; sie war ehemals für 280 Plätze eingerichtet.

946 Bauakten erhalten in Kopien bei der jüd. Gemeinde Berlin; Pläne August 1895.

947 Synagoge in der Lützowstraße, Berlin, in: Deutsche Bauzeitung, 1898, S. 487, 542ff, bes. S. 543. dass., in: Centralblatt der Bauverwaltung, 1898, S. 491 ff. P. O. Rave, Die Bauwerke, 1955, S. 53f, (wie Anm. 944). Die Synagoge wurde am 11. 9. 1898 geweiht; im Vorderhaus befanden sich eine Religionsschule und Wohnungen. Die Wochentagssynagoge befand sich in dem als «Chor» bezeichneten Ostteil. Die Synagoge wurde im November 1938 zerstört. Akten im Landesarchiv Berlin, Rep. 202, Acc. 1559, Nr. 2284, Bd. 1–2.

Eigentümlicherweise scheint die Einweihung in sehr zurückgezogener Weise stattgefunden zu haben, vielleicht scheinen hier auch Vorurteile auf, die die jüdische Gemeinde ja stets behinderten; zumindest waren staatliche Behörden bei diesem Festakt nicht anwesend, was eine sehr außergewöhnliche Tatsache darstellt. Vgl. Die jüdische Presse. Organ f. d. Gesamtinteressen des Judentums, Nr. 37, vom 14. 9. 1898, S. 409ff.

948 Bericht über den Wettbewerb für die Synagoge Lindenstraße, in: Centralbl. d. Bauverw., 1888, S. 310. dass., in: Entwürfe erfunden und herausgegeben von Mitgliedern des Architektenvereins zu Berlin, Berlin, N. F., 1889, Bll. 1–5. dass., in: Sammel-Mappe hervorragender Concurrenz Entwürfe, Heft 18, Berlin 1889. Die neue Synagoge in der Lindenstraße, in: Deutsche Bauzeitung, 1891, S. 46, 501ff, 581. dass., in: Centralblatt der Bauverwaltung, 1891, S. 413ff. Berliner Synagogenbauten, in: Der Bauinteressent, 34.1917, S. 271ff, bes. S. 278. Akten im Bauaufsichtsamt, Bezirksamt Kreuzberg, 3 Bde. Der Bau wurde 1938 zerstört.

949 Die Gemeinde hatte sich mit dem Bau dieser Synagoge etwas schwer getan, denn erste Entwürfe des Architekten Höniger im Jahre 1887 vorgelegt, wurden als unzureichend abgelehnt. Die geringe Beteiligung am Wettbewerb mag sich auch aus dem ungünstigen Grundstück erklären. Der deutliche Tadel in der Deutschen Bauzeitung von 1891, S. 501 über die Sparsamkeit der «reichen jüdischen Gemeinde» drückt diese Vorbehalte aus. Ältere Pläne von Höniger sind in den Akten erhalten. Sein Wettbewerbsentwurf, mit einem fünften Platz bewertet, legte die Synagoge an die Straße als kuppelgekrönten Bau im Stil Palladios mit manieristischen Veränderungen.

950 Zur orthodoxen Gemeinde siehe M. Sinasohn, Adass (wie Anm. 944). Michael L. Munk, Austrittbewegung und Berliner Adass Jsroel-Gemeinde 1869–1939, in: Gegenwart im Rückblick. Festgabe der Jüdischen Gemeinde zu Berlin, Hg. H. A. Strauß u. a., Heidelberg 1970, S. 130ff.

951 Die jüdische Presse. Organ f. d. Gesamtinteressen des Judentums, Nr. 37 vom 9. 9. 1904, Bd. 35, S. 375. Das Mittelportal der orthodoxen Synagoge wurde nur an Festtagen geöffnet, wenn der dahinter liegende Raum, der als Trausaal benutzt werden sollte

auch als Vorhalle diente; gleichzeitig war er Raumreserve für die kommenden Jahre.
  952 Ebd., S. 385.
  953 Synagoge Rykestraße, erbaut von der Jüdischen Gemeinde zu Berlin, 1903/04, Berlin 1905 (s. p.). Die entsprechende Publikation der orthodoxen Gemeinde, breiter angelegt als Geschichte der orthodoxen Bewegung in Berlin, legt besonderen Wert auf die kultgemäße Ausstattung des Neubaus: Die Israelitische Synagogengemeinde (Adass Israel) zu Berlin (1869–1904). Ein Rückblick, Berlin 1904.
  954 Die jüdische Presse, 9. 9. 1904, S. 379 (wie Anm. 951).
  955 Ebd., S. 384. Ein anderes Blatt spricht von der Synagoge, die «ein Gedicht in Stein ... von vollendetem Rythmus und lieblicher Form» sei. Vgl. Der Israelit. Ein Central-Organ für das Orthodoxe Judentum, 45.1904, S. 1527ff u. 1615f.
  956 Zwei neue Synagogen, in: Allgemeine Zeitung des Judentums, 68.1904, S. 436ff. Zur Übernahme des romanischen Stils durch jüdische Bauherren, gesehen allerdings nur für den Privatbau, vgl. Bringmann, Neuromanik, S. 242ff (wie Anm. 403).
  957 Hans Kania, Potsdamer Baukunst, Berlin 1926, S. 146. Zur Synagoge siehe: Robert Kaelter, Geschichte der jüdischen Gemeinde zu Potsdam, Gedenkschrift, Potsdam 1903. Arno-Max Hilberg, Aus der Geschichte der jüdischen Gemeinde zu Potsdam, in: Nachrichtenblatt der jüdischen Gemeinde zu Groß Berlin, 1967, S. 6ff. Hans Kania, Drei besondere Bauten aus der Zeit Friedrich Wilhelms II., in: Mitteilungen des Vereins für die Geschichte Potsdams, 6.1929, H.3, S. 184f. Bericht über die Einweihung der neuen Synagoge in Potsdam, in: Der Gemeindebote. Beilage zur AZJ, Nr. 26 vom 26. 6. 1903, Bd. 67, S. 2. Der Bau wurde 1938 demoliert, kriegszerstört und 1955 abgebrochen.
  958 Zitate aus Paul Seidel, Der Kaiser und die Kunst, Berlin 1907, S. 15 und Georg Fuchs, Der Kaiser, die Kultur und die Kunst. Betrachtungen über die Zukunft des Deutschen Volkes, München u. Leipzig 1904, S. 41f.
  959 Kaelter, Geschichte, S. 132 (wie Anm. 957).
  960 Robert Neumann, Architektonische Betrachtungen eines deutschen Baumeisters, mit besonderer Beziehung auf deutsches Wesen in deutscher Baukunst, Berlin 1896, S. 324f.
  961 Neue Art von Synagogenbau in Budweis, in: Wiener Bauindustrie-Zeitung, 5.1887–88, S. 604. Heinrich Strauss, Die Kunst der Juden im Wandel der Zeit und Umwelt. Das Judenproblem im Spiegel der Kunst, Tübingen 1972, S. 113.
  962 Der israelitische Tempel im 6. Bezirke Wiens, in: Der Bautechniker, 4.1884, S. 503ff. dass., in: Wiener Bauindustrie-Zeitung, 3.1886, S. 358f. Klasen, Grundrißvorbilder, S. 1474f. Heinrich Bondy, Geschichte des Israelitischen Tempel-Vereins für die beiden Gemeindebezirke Mariahilf und Neubau und seines Tempels. Denkschrift ..., Wien o. J. (1898). Max Fleischer, Synagogen, griechische und russische Kirchen, in: Wien am Anfang des 20. Jahrhunderts, Bd. 2, Wien 1906, S. 87ff, bes. S. 92. Martin Paul, Technischer Führer durch Wien, Wien, 1910, S. 282.
  963 Die neue Synagoge in Budweis, in: Der Bautechniker, 11.1891, S. 649ff.
  964 Die Synagoge im 9. Bezirk, Wien, Müllnergasse Nr. 21, in: ebd., 24.1904, S. 841f, Fleischer, 1906, S. 93; Paul, 1910, S. 283 (wie Anm. 962).
  965 Abbildungen in Gold, Böhmen, S. 478. Das Baudatum ist mir nicht bekanntgeworden. Das Jahrbuch für die israelitischen Cultusgemeinden Böhmens, zugleich Führer durch die israelitische Cultusgemeinde in Prag, Prag 1893, S. 231 erwähnt nur das Vorhandensein einer Synagoge.
  966 Der Tempelbau im 8. Bezirk, in: Der Bauinteressent, 19.1902, S. 359. Synagoge für den 8. Bezirk in Wien, in: Der Bautechniker, 23.1903, S. 845ff. Die Synagoge im 8. Bezirk. Bericht des Architekten, in: Zeitschrift des Österr. Ingenieur- und Architekten-Vereins, 1904, S. 417, 495ff. Fleischer, 1906, S. 95; Paul, 1910, S. 284 (wie Anm. 962).

967 Die Synagoge in Krems muß einem «Konsum»-Lokal weichen, in: Die Presse, Wien, vom 25. 4. 1978; Kremser Synagoge wird Bank. Konsum verkaufte im Vorjahr, in: ebd., vom 28. 4. 1978. Von Fleischer stammt auch die kleine achteckige, in Renaissanceformen errichtete Synagoge im Hof des K. K. Allgemeinen Krankenhauses in Wien. Vgl. D. Bautechniker, 23.1903, S. 737f.

968 Hermann Heller, Mährens Männer der Gegenwart. Biographisches Lexicon, Teil 5, Brünn 1892, S. 29f. Architekt Max Fleischer, in: (Dr. Bloch's) Österreichische Wochenschrift, 29. 3. 1901, S. 221. Adolph Kohut, Berühmte Israelitische Männer und Frauen in der Kulturgeschichte der Menschheit, Leipzig 1900/1901, S. 327ff. S. Wininger, Große Jüdische Nationalbiographie, Bd. 2, Czernowitz 1927, S. 267f. Todesanzeigen, in: Neue Freie Presse, Wien, Nr. 14846 vom 20. 12. 1905.

969 Dieses und die folgenden Zitate aus Max Fleischer, Über Tempelbau. Vortrag gehalten in der 8. Generalversammlung des isr. Tempelvereins für den VI. und VII. Bezirk..., in: Die Neuzeit. Wochenschrift für politische, religiöse und Cultus-Interessen, Wien, 14.1884, S. 134–137, 154–156.

970 Wie Anm. 963.

971 Ansprache des Architecten Fleischer bei der Schlußsteinlegung des israelitischen Bethhausvereins im IX. Bezirk, am 22. September, in: Die Neuzeit, Wochenschrift, Nr. 39 vom 29. 9. 1889, S. 372ff, bes. S. 373. Siehe auch den Bericht in: Österreichische Wochenschrift. Centralorgan für die gesamten Interessen des Judentums, Nr. 38 vom 27. 9. 1889, S. 696f.

Es wäre vielleicht zu kurz geschlossen, Fleischers ausgesprochene Vorliebe für den gotischen Stil bei seinen jüdischen Kultbauten als dauernde, wenn auch nicht voll bewußte, Danksagung an seinen Lehrer zu interpretieren, jedoch ist zu berücksichtigen, daß Fleischers jahrelange Mitarbeit am Rathausbau in Wien unter Schmidt das Goldene Verdienstkreuz mit Krone eingebracht hat und was viel wichtiger ist – Fleischer war Jude – die Verleihung des Bürgerrechts der Stadt Wien, so daß der oben angedeutete Gedanke eine gewisse Tragfähigkeit erhält. Erstaunlich ist auch die große Ähnlichkeit von Friedrich Schmidts Kirche in Wien, Brigittenau, 1873 fertiggestellt, mit Fleischers Synagoge in Budweis.

972 Max Fleischer, Über Synagogen-Bauten. Vortrag, in: Zeitschrift des Österr. Ingenieur- und Architekten Vereins, 46.1894, S. 253ff, bes. S. 256.

973 Zitate aus Der Bautechniker, 1903, S. 847 und Zeitschr. d. Österr. Ing.- u. Arch.-Vereins, 1904, S. 417 (wie Anm. 966).

974 Schlußsteinlegung der Synagoge in Budweis, in: Die Neuzeit. Wochenschrift, Wien, Nr. 36 vom 10. 9. 1888, S. 312.

975 Christoph Stölzl, Zur Geschichte der böhmischen Juden in der Epoche des modernen Nationalismus, T. 2, in: Bohemia, München 15.1974, S. 129ff. Karl Kratochwil u. Alois Meerwald, Heimatbuch der Berg- und Kreisssstadt Böhmisch-Budweis, Budweis 1930, S. 484ff. Die Synagoge in Budweis wurde 1942 gesprengt.

976 Simon Dubnow, Weltgeschichte des jüdischen Volkes. Die neueste Geschichte, Bd. 10, Berlin 1929, S. 75, 77.

977 Der sephardische Tempel in Wien: in: Illustrirte Zeitung, 91.1888, S. 598. Der neue türkisch-jüdische Tempel in der Circusgasse, in: Österreichische Wochenschrift. Centralorgan..., Nr. 37 vom 23. 9. 1887, S. 593f. Siehe auch: Ein neuer Tempel in Wien, in: Zeitschrift für Bildende Kunst. Kunstchronik 23.1888, Sp. 17ff. Architekt war Hugo von Wiedenfeld. Das Selbstbewußtsein dieser ehemaligen spanischen Juden, die seit dem späten 15. Jahrhundert auch in der Türkei Zuflucht gefunden hatten, dokumentiert auch die Grundsteinurkunde, die eindeutig auf die orientalische Schutzmacht hinweist: «Unter der glorreichen Regierung Sr. K. K. apostolischen Majestät Franz Josef I.,

Kaiser von Oesterreich und Sr. Majestät unseres(sic) Sultans Abdul Hamid, Kaiser des ottomanischen Reiches; zur Zeit als Sadulah Pascha Repräsentant des ottomanischen Reiches in Wien und Eduard Uhl Bürgermeister der Stadt Wien war, ... wurde mit dem Bau dieses Hauses ... begonnen.» Zit. nach Adolf von Zemlinsky, Geschichte der türkisch-israelitischen Gemeinde zu Wien, Wien 1888, S. 11. Vgl. auch: N. M. Gelber, The Sephardic Community in Vienna, in: Jewish Social Studies, 10. 1948, S. 359ff, bes. S. 379f.

978 Kohut, S. 337ff (wie Anm. 968).

979 Die Einweihung der Synagoge für den polnisch-jüdischen Ritus in Wien, in: Osterreichische Wochenschrift. Centralorgan..., Nr. 37 vom 15. 9. 1893, S. 691. Siehe auch Synagoge der Polnisch-Israelitischen Gemeinde, in: Allgemeine Bauzeitung, 59. 1894, S. 70f.

980 Zitate aus: Fleischer, Tempelbau, S. 154 (wie Anm. 969) und Wiener Bauindustrie-Zeitung, 1888, S. 604 (wie Anm. 961). Die kleine, von privaten Stiftern finanzierte Synagoge in Malaczka wird im selben Band (S. 40) in einer Notiz vorgestellt und in einer Tafel (Bl. 10) abgebildet.

981 AZJ 1901, S. 115ff.

982 Ernst Hiller, Betrachtungen über den modernen Synagogenbau, in: Ost und West. Illustrierte Monatsschrift für das gesamte Judentum, 1906, Sp. 29ff, bes. Sp. 31.

983 Album von Herford, zweiter Teil. Kleine Chronik, Führer und Geschäftsempfehlungen, Herford 1894, Nr. 14, Synagoge und Gemeindehaus. Goldmann, Die Geschichte der Juden in der Stadt Herford, in: Herforder Heimatblatt, 11.1932, Nr. 1 (Januar), S. 2–3. Für Überlassung der Pläne ist dem Städtischen Museum und Stadtarchiv Herford zu danken. Das Einweihungsdatum bei Diamant, Zerstörte Synagogen, S. 42, (1931) beruht auf einem Irrtum; in diesem Jahr wurde die Synagoge umgebaut und erneuert, – es handelt sich also um eine Neuweihe.

984 Jörn Bahns, Johannes Otzen 1839–1911, München 1971, Abb. 129.

985 Kampf, Synagoge in Lüneburg, in: Centralblatt der Bauverwaltung, 15. 1895, S. 178f. Asaria, Niedersachsen, S. 116ff (wie Anm. 401).

986 Joseph Prill, In welchem Stil sollen wir unsere Kirchen bauen?, in: Zeitschrift für christliche Kunst, 11. 1898, S. 245ff, 267ff; 12. 1899, S. 83ff, 247ff, bes. S. 84. Die erwähnte Synagoge in Berlin, Bismarckstraße wurde von dem Architekten E. George 1897 entworfen. Auskunft Bauaufsichtsamt, Bezirksamt Charlottenburg; die Pläne sind ebd. erhalten.

987 Cornelius Gurlitt, Ziele der Architektur im neuen Jahrhundert, in: Die Architektur des 20. Jahrhunderts. Zeitschrift für moderne Baukunst, 1. 1901, H. 1, S. 1f.

988 A. Haupt, Synagogen, in: Baukunde des Architekten (Deutsches Bauhandbuch), T. II/2, 2. Aufl., Berlin 1899, S. 360ff.

989 H. Frauberger, Über Bau und Ausschmückung alter Synagogen, in: Mitteilungen der Gesellschaft zur Erforschung jüdischer Kunstdenkmäler, H. 2, Frankfurt 1901. Auszugsweise wurde der Beitrag auch in der Deutschen Bauzeitung, 37. 1903, S. 558ff referiert. F. war Direktor des Kunstgewerbemuseums Düsseldorf.

990 Offizieller Katalog der dritten deutschen Kunstgewerbe-Ausstellung. Dresden 1906, 4. Aufl., Dresden 1906, S. 2. Erwähnungen der Synagoge fanden in vielen Zeitschriften Platz, standen jedoch im Verhältnis zu den Berichten über Fritz Schumachers gleichzeitig aufgebaute protestantische Kirche an untergeordneter Stelle. Vgl.: Die Baukunst auf der 3. deutschen Kunstgewerbe-Ausstellung in Dresden, in: Deutsche Bauzeitung, 1906, S. 625. dass., in: Kunstgewerbeblatt, Heft 11, August 1906, S. 215. E. Zimmermann, III. Dt. Kunstgewerbe-Ausstellung, in: Deutsche Kunst und Dekoration, 18. 1906, S. 595ff, 720ff. Ferner Berichte in: Der Baumeister, 4. 1906, S. 121ff. Leipziger Bauzeitung, 1906, S. 159.

991 Zit. nach U. Conrads, Programme und Manifeste zur Architektur des 20. Jahrhunderts, 2. Aufl. Braunschweig 1975, S. 13.
992 Felix Feuchtwanger, Die Bildenden Künste im jüdischen Kultus, in: Ost und West. Illustrierte Monatshefte für modernes Judentum, 1903, H. 5, S. 335 ff.
993 Hiller, a. a. O., Sp. 29 und 32 f (wie Anm. 982).
994 C. Gurlitt, Synagogen, in: Handbuch der Architektur, Teil IV, 8. Halbbd., Heft 1, S. 126 ff, Stuttgart 1906.
995 Gleichzeitig mit Gurlitts Arbeit erschienen in den USA zwei umfangreichere Aufsätze über die gegenwärtigen Tendenzen im Synagogenbau, die zu ähnlichen Schlüssen wie Gurlitt kommen. D. h. auch hier ist eine Hervorhebung neuerer palästinensischer Grabungs- bzw. Entdeckungsergebnisse aufgeführt und unter deutlichem Hinweis auf die Antike, ein Anstoß für den zeitgenössischen Synagogenbau gesucht. Vgl.: Abram S. Isaacs, The Story of the Synagogue, in: Architectural Record, 20. 1906, S. 464 ff. Arnold W. Brunner, Synagogue Architecture, in: The Brickbuilder, 16. 1907, S. 20 ff, 37 ff.
996 Einige Entwürfe sind in Bauzeitschriften publiziert worden: Berliner Architekturwelt, 14. 1912, S. 437 (R. Ziegler); ebd., 12. 1910, S. 399 (O. Kohtz); ebd., 21. 1919, S. 349 (O. Kuhlmann). Der Baumeister, 1909, S. 96 (E. Vetterlein, Jürgensen & Bachmann). Zit. nach: Israelitisches Familienblatt, Hamburg, Nr. 40 vom 7. 10. 1909, S. 4. Die Bauakten werden im Landesarchiv Berlin, Rep. 207, Acc. 1039 aufbewahrt.
997 Deutsche Bauzeitung, 1913, S. 293 f, 306; bes. S. 306. Einweihung der Synagoge am 26. 8. 1912.
998 Genaue Beschreibung in: Gemeindeblatt der Jüdischen Gemeinde zu Berlin. Amtliches Organ des Gemeindevorstandes, 2. 1912, H. 9, S. 116 ff.
999 M. Grunwald, Bilder und Zeichen auf jüdischen Denkmälern, in: Mitteilungen der Gesellschaft für jüdische Volkskunde, Heft 10, 1902, S. 121 ff. J. Loew, Glasmalereien der neuen Synagoge in Szegedin, in: ebd., Heft 13, 1904, S. 37 ff.
1000 Die neue Synagoge in Charlottenburg, in: Israelitisches Familienblatt, Hamburg, Nr. 36 vom 5. 9. 1912, S. 10. Weitere Publikationen über die Synagoge: Wettbewerb, in: Deutsche Bauzeitung, 1907, S. 656, 664; ebd., 1908, S. 188. Israelitisches Familienblatt, Hamburg, Nr. 40 vom 7. 10. 1909, S. 4; ebd., Nr. 35 vom 29. 8. 1912, S. 4; ebd., Nr. 39 vom 25. 9. 1912, S. 10. Kuppelbauten, in: Bauwelt 1. 1910, H. 22, S. 9 f; Die neue Synagoge in Berlin W, in: ebd., 2. 1911, H. 83, S. 21 f. Gemeindeblatt der jüdischen Gemeinde zu Berlin, Nr. 1 vom 13. 1. 1911 (s. p.). Die Fasanenstraße-Synagoge in Charlottenburg, in: AZJ 76. 1912, S. 411 ff. Einweihungsbericht, in: Vossische Zeitung, 26. 8. 1912. K. Bayer, Die neue Synagoge in Charlottenburg, in: Ost und West, 12. 1912, Sp. 929 ff. Besuch Wilhelms II. in der Synagoge, in: Berliner Tagblatt, 31. 10. 1912. Die Fasanenstraßen-Synagoge zu Berlin, erbaut in den Jahren 1909–1912, Berlin o. J. (1912). Die Fasanenstraßen-Synagoge, in: Die Kirche. Zentralorgan für Bau, Einrichtung und Ausstattung von Kirchen, 10. 1913, H. 3, S. 45 ff. dass., in: Deutsche Bauzeitung, 1913, S. 293 f, 306. E. J. Siedler, Die Synagoge in der Fasanenstraße zu Charlottenburg, in: Kunstwelt, Jg. 2, H. 1, S. 25–48. A. Kohut, Berliner Synagogen, in: Der Bauinteressent, 34. 1917, Nr. 47, S. 277 f. H. G. Sellenthin, Geschichte der Juden in Berlin und des Gebäudes Fasanenstraße 79/80. Festschrift, Berlin 1959, S. 51 ff. Die Bauwerke und Kunstdenkmäler von Berlin, Charlottenburg, Bd. 1, Berlin 1961, S. 96 ff.
1001 Bauwelt, 2. 1911, H. 83, S. 21.
1002 Samuel, Von der Ausstellung jüdischer Bauten und Kultusgegenstände zu Düsseldorf, in: AZJ, 72. 1908, S. 368 ff.
1003 Die neue Synagoge in Charlottenburg, in: Auf Vorposten. Mitteilungen des Verbandes gegen Überhebung des Judentums e. V., 1912, Nr. 5/6, S. 10 f.

1004 Zitat aus der Einweihungsrede des Rabbiners Bergmann, in: Gemeindeblatt 1912, S. 117 (wie Anm. 998).
1005 Synagoge Münchener Straße von Architekt Max Fraenkel. Vgl.: Aus alter und neuer Zeit. Ill. Beilage zum Israelitischen Familienblatt Hamburg, Nr. 46 vom 8. 4. 1926, S. 365. Jüdisches Jahrbuch für Groß-Berlin auf das Jahr 1926, Berlin 1926, S. 292.
1006 Bauakten z. T. im Bezirksamt Charlottenburg erhalten. Bauwerke und Kunstdenkmäler von Berlin. Charlottenburg, Bd. 1, Berlin 1961, S. 94 ff.
1007 Bauakten, Landesarchiv, Berlin; Rep. 202, Acc. 1023, Nr. 1327, Bd. 3. Besprechungen des Neubaus in: Gemeindeblatt der jüdischen Gemeinde zu Berlin, 3.1913, Nr. 10, S. 122; ebd., 4.1914, Nr. 5, S. 61 f = Bericht über die Einweihung vom 7. 4. 1914. Die neue Berliner Gemeindesynagoge, in: Israelitisches Familienblatt, Hamburg, Nr. 21 vom 21. 5. 1914, S. 10, hier der Vergleich mit der Garnisonkirche, aber ohne Hinweis auf die alte Synagoge in der Heidreutergasse! Ebd., Beilage, Aus alter und neuer Zeit, Nr. 42 vom 18. 1. 1926, S. 335. I. Wirth, Die Bauwerke und Kunstdenkmäler von Berlin. Bezirk Tiergarten, Berlin 1955, S. 58 f. Die Synagoge wurde 1938 nicht zerstört, erlitt Bombenschäden und wurde 1955 abgebrochen.
1008 Gemeindeblatt der jüdischen Gemeinde zu Berlin, Nr. 10 vom 6. 10. 1916, S. 117, 142 f, bes. S. 143.
1009 Paul Mebes, Um 1800. Architektur und Handwerk im letzten Jahrhundert ihrer traditionellen Entwicklung, Bd. 1, München 1908, S. 15 und 17. Zum neuen Klassizismus in Berlin siehe: F. Neumeyer, Klassizismus als Problem. Berliner Architektur im 20. Jahrhundert, in: Berlin und die Antike. Katalog, Hg. W. Arenhövel, Berlin 1979, S. 395 ff, bes. S. 395–404.
1010 Tempelweihe in Berlin, in: Auf Vorposten. Monatsschrift des Verbandes gegen die Ueberhebung des Judentums e. V., 4.1916, H.3, S. 92 f; H.4, S. 122 ff. Die neue Synagoge stelle die protestantische Gemeinde glatt in den Schatten, ist hier zu lesen und weiter «noch nie hat eine Religionsgemeinde in Berlin in so kurzer Zeit, auf die Zahl ihrer Mitglieder gerechnet, so viele neue, so prächtige und teure Gotteshäuser errichtet, wie in den letzten Jahren der Berliner jüdische Gemeinde.» (S. 92) Den Gegensatz zum protestantischen Kirchenbau hatte schon der Antisemit Treitschke anläßlich der neuen Synagoge in der Oranienburger Straße verkündet; so wie damals, war auch jetzt gerade im Vergleich mit den protestantischen Kirchen, die seit etwa 1880 in Berlin entstanden waren, das Synagogenbauprogramm nicht überzogen. Man muß hier berücksichtigen, daß der Bericht im Kriegsjahr 1916 erschien, also in einer Zeit, in der bereits die antijüdische Polemik mit Argumenten wie ‹jüdische Kriegsgewinnler› und ähnlichem arbeitete.
1011 Der Neubau der Synagoge am Kottbuser Ufer in Berlin, in: Deutsche Bauzeitung, 50.1916, S. 329 ff.
1012 Zitate aus Der Gemeindebote, Beilage zur Allgemeinen Zeitung des Judentums, Nr. 38 vom 22. 9. 1916, S. 2. Zur Lage der Juden im Krieg vgl. bes. W. Jochmann, Die Ausbreitung des Antisemitismus, in: Deutsches Judentum in Krieg und Revolution, 1916–1923, Hg. Werner E. Mosse, Tübingen 1971, S. 409 ff (= Schriftenreihe Wiss. Abh. d. Leo Baeck Institutes, Bd. 25) und St. Magill, Defense and Introspection: German Jewry, 1914, in: Jews and Germans, 1979, S. 209 ff (wie Anm. 789), wo sehr deutlich auf den ausgeprägten Patriotismus der deutschen Juden hingewiesen wird.
1013 Jakob Thon, Die jüdischen Gemeinden und Vereine in Deutschland, Berlin 1906 (= Veröffentlichungen des Bureaus für Statistik der Juden, H. 3), S. 40.
1014 Zu der sehr umstrittenen Erklärung und der Entstehung des ‹Brauchs› vgl. Wischnitzer, European Synagogue, S. 49 f.
1015 Synagoge Friedberger Anlage, Frankfurt am Main, in: Deutsche Konkurrenzen, 18.1905, H. 8 (= Nr. 212), S. 1 ff.

1016 Die neue Synagoge in Frankfurt a. M., Friedberger Anlage, in: Der Baumeister, 6.1907, H. 2, S. 13 ff, bes. S. 16, ganz ähnlich in Deutsche Konkurrenzen, 24.1909/10, H.8, S. 2. Weitere Berichte in: Deutsche Bauzeitung, 28.1904, S. 591; 31.1907, S. 609 ff, Deutsche Bauhütte, 1905, S. 126 ff. Der Baumeister, 5.1906, S. 105 ff. Deutsche Bauhütte, 12. 1908, S. 37f. Blätter für Architektur und Kunsthandwerk 21. 1908, H.12, S. 1. Süddeutsche Bauzeitung, 1911, S. 105 ff. Weitere Literatur, besonders Zeitungsberichte bei H.-O. Schembs, Bibliographie zur Geschichte der Frankfurter Juden 1781–1945, Frankfurt/M. 1978, S. 265 f. Die Architekten Jürgensen und Bachmann, Bachmann war übrigens im Büro von Kröger, dem Erbauer der Synagoge in Glogau tätig gewesen, nahmen in den folgenden Jahren auch an den Synagogenwettbewerben für Frankfurt-Westend und Berlin-Fasanenstraße teil, allerdings ohne größeren Erfolg. Die Synagoge wurde 1938 zerstört.

1017 Deutsche Konkurrenzen, 21.1907, Nr. 251, S. 1 ff.

1018 Otto March, Gruppirter Bau bei Kirchen, Berlin 1896. Siehe dazu die Aufsätze von E. Sulze, Küssner und Brathe in: Die christliche Welt, 11.1897, Sp. 61 ff, 306 ff und die Stellungnahme von O. Mothes, Handbuch des evangelisch-christlichen Kirchenbaues, Leipzig 1898, S. 263 ff.

1019 Alle Zitate aus C. Seligmann, Zur 25 jährigen Erinnerung an die Weihe der Westend-Synagoge in Frankfurt, in: Frankfurter Israelitisches Gemeindeblatt, 14.1935, Nr. 1 vom Okt. 1935, S. 3 ff, bes. S. 4–5. Vgl. auch Ernst Auerbach in: AZJ, 1904, S. 538 f.

1020 Dt. K., S. 32 (wie Anm. 1017). Der baugeschichtlich vorausgesehen fortschrittlichste Entwurf war nicht in die engere Wahl gekommen; er stammte von dem Dresdner Architekten Oscar Menzel und war aus fast ungegliederten Kuben aufgebaut, die nur durch schmale Lisenen geformt waren; es handelte sich um einen Entwurf, der zwanzig Jahre später sicher gebaut worden wäre. Vgl. Moderne Bauformen, 7.1908, S. 66–69.

1021 Der Gemeindebote. Beilage zur AZJ, 74.1910, Nr. 41 vom 14. 10. 1910, S. 4–5.

1022 Ebd., S. 5.

1023 Zitate aus A. Reitz, Die neue Westendsynagoge in Frankfurt am Main, in: Technische Monatshefte. Zeitschrift für Technik, Kultur und Leben, 2.1911, S. 114 ff, bes. S. 116 und dass., in: Neudeutsche Bauzeitung 1911, S. 365 ff, bes. S. 365, sowie dass., in: Süddeutsche Bauzeitung 1911, S. 281 ff, bes. S. 283.

1024 AZJ 1910, S. 5 (wie Anm. 1021). Siehe auch Israelitisches Familienblatt Hamburg, Nr. 40 vom 7. 10. 1910, S. 4–5. Die Westendsynagoge wurde sehr häufig zeitgenössisch besprochen, die wichtigsten Arbeiten, über die bereits genannten hinaus, sind: Deutsche Bauzeitung, 1906, 117, 138, 538; ebd., 44. 1910, S. 508 f; ebd., 45.1911, S. 535 f. Kunst und Handwerk, 57.1906/7, S. 70. Bauzeitung für Württemberg, 4.1907, H.17; ebd., 8.1911, H.22, S. 169 ff. Israelitisches Familienblatt, Hamburg, Nr. 41 vom 12. 10. 1910, S. 11. Der Baumeister, 9. 1911, S. 73 ff. Illustrirte Zeitung, 1911, Nr. 3540, S. 887 f. Innendekoration, 1911, S. 473 ff. Franz Roeckle, Die Westend-Synagoge, Frankfurt am Main, erbaut 1908–1910, Frankfurt/M. 1911. Süddeutsche Bauzeitung 1911, S. 281 ff. Deutsche Bauhütte, 17. 1913, S. 34. Auch hier sei für weitere Literatur verwiesen auf Schembs, Bibliographie, S. 266 f (wie Anm. 1016). Die Synagoge wurde 1938 stark beschädigt und nach dem Krieg wieder aufgebaut.

Es sei noch angemerkt, daß von Franz Roeckle von 1911 bis 1914 das Israelitische Krankenhaus, Gagernstraße erbaut wurde, das im Verwaltungsgebäude, im ersten Stock einen Betsaal enthielt; vgl. Deutsche Bauzeitung 49.1915, S. 77 ff, 105 ff, 109 ff. Ganz besonders sei noch darauf hingewiesen, daß von Roeckle 1924 in Frankfurt das Institut für Sozialforschung gebaut wurde.

1025 Preisbewerbung, Synagoge Bingen, in: Deutsche Bauzeitung, 1903, S. 8. Richard Grünfeld, Zur Geschichte der Juden in Bingen a. R. Festschrift zur Einweihung der neuen Synagoge in Bingen (21. Sept. 1905), Bingen 1905. Einweihungsbericht, in: Der Gemeindebote. Beilage zur Allgem. Ztg. d. Judentums, 69. 1905, Nr. 41 vom 13. 10. 1905, S. 2. Arnsberg, Bd. 1, S. 75 ff.

1026 Karl Bosl (Hg.), Straubing, das neue und das alte Gesicht einer Stadt. Festschrift aus Anlaß des 750. Gründungsjubiläums, Straubing 1968, S. 295 ff (mit Abb.). Weihe 4. 9. 1907.

1027 Vgl. Asaria, Niedersachsen, S. 368 f (wie Anm. 401).

1028 Die neue Synagoge in Ibbenbüren, in: Israelitisches Familienblatt, Hamburg, Nr. 38 vom 18. 9. 1913, S. 10. F. E. Hunsche, Ibbenbüren. Vom ländlichen Kirchspiel zur modernen Stadt, Ibbenbüren 1974, S. 94. Die Anklänge an fast ländliche Architektur verwundern auch insofern nicht als die Pläne von der Westf. Kommission für Heimatschutz genehmigt worden waren. Siehe auch: David Davidovicz, Wandmalereien in alten Synagogen. Das Wirken des Malers Elieser Sussmann in Deutschland, Hameln 1969.

1029 Synagoge in Darmstadt, in: Deutsche Bauzeitung, 1907, S. 431. dass., in: Der Baumeister, 7. 1909, S. 88 ff. 1938 zerstört.

1030 «Ganz Wittlich prangte in einem Meer von Flaggen und Wimpeln»... in einem «imposanten Festzug» fand der Umzug in die neue Synagoge statt; vgl. Isr. Familienblatt, Hamburg, Nr. 50 vom 15. 12. 1910, S. 4–5. Die Synagoge ist noch erhalten, siehe A. Diamant, Die Wittlicher Synagoge wird restauriert, in: Allgem. jüd. Wochenzeitung, 31.1976, vom 18. 6., S. 11 und K. Freckmann, Die ehemalige Synagoge zu Wittlich, in: Jahrbuch für den Kreis Bernkastel-Wittlich, 1978, S. 57–62.

1031 G. Eggerschlüß, Die Emanzipation der Juden in Ostfriesland, in: Ostfriesische Zeitschrift für Kultur, Wirtschaft und Verkehr, 1974, H. 4, S. 10 ff (mit Abb.). Synagoge 1938 zerstört. F. Scherbel, Die Juden in Lissa, Berlin 1932, Abb. auf S. 9 und Gold, Juden in Böhmen, S. 50.

1032 A. Eckstein, Die Israelitische Kultusgemeinde Bamberg von 1803–1853. Festschrift zur Einweihung der neuen Synagoge in Bamberg, Bamberg 1910, S. 121, aus der offiziellen Begründung für einen Neubau.

1033 J. Kronfuß, Beschreibung der neuen Synagoge in Bamberg, in: Eckstein, Kultusgemeinde..., S. 131 f (wie Anm. 1032).

1034 Ebd., S. III. Bamberger Volksblatt, Nr. 204 vom 12. 9. 1910, S. 3.

1035 Das ‹Messias›-Zitat aus Albert Hofmann, Denkmäler, Bd. 2, Stuttgart 1906, S. 660 (= Handbuch der Architektur, IV, 8, 2 b).

1036 Zu den Bismarck-Türmen vgl. V. Plagemann, Bismarck-Denkmäler, in: H.-E. Mittig u. V. Plagemann, Denkmäler im 19. Jahrhundert, München 1972, S. 217 ff, bes. Abb. S. 430 f. Zum Stil des Kyffhäuser-Denkmals siehe Monika Arndt, Das Kyffhäuser-Denkmal. Ein Beitrag zur Ikonographie des 3. Kaiserreiches, in: Wallraf-Richartz-Jahrbuch, 40.1978, S. 75 ff, bes. S. 100 f.

1037 Rudolf Pfister, Theodor Fischer. Leben und Wirken eines deutschen Baumeisters, München 1968. Zur Synagoge in Bamberg sei noch auf die folgenden zeitgenössischen Urteile hingewiesen: Bamberger Volksblatt vom 9. 9. 1910, S. 3, Allgemeine Zeitung für Franken und Thüringen, Nr. 209 vom 12. 9. 1910. F. F. Leitschuh, Bamberg. Berühmte Kunststätten, Bd. 63, Leipzig 1914, S. 299. Israelitisches Familienblatt, Hamburg, Nr. 37 vom 15. 9. 1916, S. 3 f. Die Synagoge wurde 1938 zerstört.

Fischers monumentale Lösung in Gaggstatt und Ulm hat sicher auch die Plauener Friedhofsbauten beeinflußt, wo an dem mächtigen Hauptgebäude das gleiche Motiv auftaucht, wie auch im Osten der Bamberger Synagoge. Vgl. Deutsches Bauwesen, 4.1928, S. 217.

1038 A. J. Kohn (Hg.), Zur Geschichte der Juden in Diedenhofen. Festschrift zur Einweihung der neuen Synagoge in Diedenhofen, Diedenhofen 1913. Die neue Synagoge in Diedenhofen, in: Israelitisches Familienblatt, Hamburg, Nr. 42 vom 15./16. Okt. 1913, S. 16, «Hier erhebt sich der Bau in edlen Proportionen und lehnt sich an die Architektur des Lothringer Landes an». Auf der Westseite befand sich die Sänger- und Orgelempore, die Vorhalle konnte als Wochentagssynagoge abgeteilt werden.

1039 Bericht über die Einweihung in: Der Gemeindebote, Beilage zur AZJ vom 31. 5. 1907, S. 2. Otto Gaul, Stadt Detmold, Münster 1968, S. 119 (= Bau- und Kunstdenkmäler von Westfalen, 48/I). Ohne die Vergleiche strapazieren zu wollen, scheint doch eine deutliche Parallele in den mächtigen Mauern zu dem nicht allzu ferne liegenden Kaiser-Wilhelm-Denkmal an der Porta Westfalica von 1896 vorzuliegen. Die Detmolder Synagoge wurde 1938 zerstört.

1040 Genaue Beschreibungen enthält Th. H. Lange, Die neue Synagoge in Posen, in: Illustrirte Zeitung, 129. 1907, vom 26. 9. 1907. Neuere Synagogen I. Die neue Synagoge in Posen, in: Deutsche Bauzeitung, 43. 1909, S. 609ff. Zur Planungsgeschichte vgl. Ordnung für die am 5. September 1907/26. Elul 5667 vormittags 11, ½ Uhr stattfindende Einweihungsfeier der neuerbauten Synagoge in Posen und Festschrift, Posen 1907.

Der sehr deutliche Gegensatz in der Stilauffassung des Neubaus zu der älteren Synagogen ist erkennbar an dem Entwurf für eine neue Fassade anläßlich des Umbaus der alten Synagogen in Posen, den Cremer und Wolffenstein 1883/84 entworfen hatten; siehe: Architektonische Rundschau 1. 1885, T. 22.

1041 P. Pulzer, Die jüdische Beteiligung an der Politik, in: Juden im Wilhelminischen Deutschland, 1890–1914, Hg. W. E. Mosse, Tübingen 1976, S. 143ff, bes. S. 185. Jacob Jacobson, Zur Geschichte der Juden in Posen, in: G. Rohde, Geschichte der Stadt Posen, Neudettelsbach 1953, S. 249ff.

1042 Zitate nach Paul Seidel, Der Kaiser und die Kunst, Berlin 1907, S. 38 und Die Residenzstadt Posen und ihre Verwaltung im Jahre 1911, Hg. B. Franke, Posen 1911, S. 525. Siehe auch M. Bringmann, Studien zur neuromanischen Architektur in Deutschland, Diss. Heidelberg 1968, S. 51ff, bes. S. 56 und ders., Wiederaufnahme, 1979, bes. S. 611ff (wie Anm. 896).

1043 Richard Klapheck, Die neue Synagoge in Essen a. d. Ruhr erbaut von Professor Edmund Körner, Berlin o. J. (1914/15) = 13. Sonderheft der ‹Architektur des 20. Jahrhunderts›.

1044 Zu Vorgeschichte und Wettbewerb vgl. S. Samuel, Geschichte der Juden in Stadt und Synagogenbezirk Essen, Essen 1913, S. 80ff. Deutsche Bauzeitung, 1907, S. 720; ebd., 1908, S. 344. Zentralblatt der Bauverwaltung 1908, S. 340. Klapheck 1914/15, S. 8ff. 72 Entwürfe waren fristgerecht eingegangen. Die preisgekrönten Arbeiten wurden im General-Anzeiger für Essen und Umgebung in Nr. 151 vom 4. 7. 1908, S. 1f und Nr. 152 vom 6. 7. 1908 s. p. vorgestellt (für Hinweise ist K. Schweder vom Verlagsarchiv Girardet, Essen zu danken). Weitere Entwürfe wurden publiziert in: Moderne Bauformen, 8. 1909, 210ff (R. Bitzan); Deutsche Bauhütte, 14. 1910, S. 216f (A. Schiffer); Das Werk, 1909, S. 129ff, es handelt sich nicht um einen Entwurf für Berlin, wie im Text vermerkt (C. F. W. Leonhardt); Berliner Architekturwelt, 21. 1919, S. 349 (O. Kuhlmann). Zur allgm. Geschichte siehe: H. Schröter, Geschichte und Schicksal der Essener Juden. Gedenkbuch für die jüdischen Mitbürger der Stadt Essen, Essen 1980, bes. S. 58ff.

1045 E. Cohn, Die neue Synagoge in Essen, in: Allgm. Ztg. d. Judentums, 77. 1913, S. 558ff. Der Autor ist wohl der Rabbiner Dr. Emil Bernhard Cohn, der unter dem Pseudonym Emil Bernhard auch als Schriftsteller und Bühnenautor hervortrat.

1046 A. a. O., S. 369f (wie Anm. 1002).

1047 Joachim Benn, Ein neues Baukunstwerk in Essen, in: Frankfurter Zeitung vom 29. 1. 1914.

Beide Urteile, das in der AZJ und dieses, sowie noch andere, heben die gedrungene Massigkeit des Baues als typisch hervor; es sei deshalb erinnert an eine der wichtigen Forderungen des schon erwähnten Hiller über eine moderne Synagoge: «Breit und schwer laste der Bau auf dem Erdboden, gewissermaßen die Jahrtausende alte in ihm verkörperte, unerschütterlich festgehaltene Anschauung vergegenwärtigend», a. a. O., Sp. 32 (wie Anm. 982).

1048 F. R. Vogel, Von moderner Werkstein-Architektur, in: Deutsche Bauhütte, 12.1908, S. 37f. Zu Brantzky siehe Franz Brantzky, Architektur, Köln 1906 und K. Menne-Thomé, Brantzky, 1980 (wie Anm. 924).

1049 F. R. Vogel, Vom Monumentalen in der Baukunst, in: Deutsche Bauhütte, 7.1903, S. 166ff, bes. S. 167. Vogel ist sich durchaus darüber klar, daß die Anfänge dieses Stils in Amerika zu suchen sind, vor allem in den Bauten von H. H. Richardson; Schmitz, der den Stil schon in den 90er Jahren verwendet, hatte auf einer Amerikareise auch Richardsons Bauten besichtigt. Siehe dazu F. R. Vogel, Der amerikanische Einfluß auf die moderne Baukunst, in: ebd., 5.1901, S. 201f. Siehe auch: W. Pehnt, Architektur des Expressionismus, Stuttgart 1973, S. 63ff.

1050 R. Klapheck, Die neue Synagoge in Essen, in: Zeitschrift des Rheinischen Vereins für Denkmalpflege, 21.1928, S. 108ff. H. Frauberger, Über Bau und Ausschmückung alter Synagogen, in: Mitteilungen der Gesellschaft zur Erforschung jüdischer Kunstdenkmäler, H.2, Frankfurt 1901, S. 9ff. Klapheck 1914/15, S. 9f (wie Anm. 1043).

1051 Wichtig waren für die Essener Synagoge: Katalog der Ausstellung von jüdischen Bauten und Kultgegenständen für Synagoge und Haus in Düsseldorf, Hg. H. Frauberger, Düsseldorf, 1908, ferner die bereits zitierten Mitteilungen über Kunstdenkmäler und die Mitteilungen der Gesellschaft für jüdische Volkskunde, sowie die Jahresberichte der Gesellschaft für Sammlung und Conservierung von Kunst und historischen Denkmälern des Judenthums, die in Wien erschienen; die Aktualität dieser Darstellungsfragen zeigen auch Abhandlungen im Ausland wie D. Kaufmann, Art in the Synagogue, in: The Jewish Quarterly Review, 9.1897, S. 254ff. Siehe auch Anmerk. 426.

1052 Dargestellt sind die Stämme Asser, Josef, Benjamin (linker Flügel) und Dan, Gad, Naphtali (rechter Flügel) durch Fruchtbaum, Einhorn, Wolf und Schlange, Zelte, Hirschkuh. H. Künzl hat in einem Aufsatz die Kultsymbolik der Essener Synagoge z. T. dargestellt und weit über Klaphecks Vorstellung die historischen Vorbilder aufgezeigt, vgl. Hannelore Künzl, Zur Dekoration der Essener Synagoge von 1911–1913. Traditionen des antiken Judentums, in: Das Münster am Hellweg, 29.1976, H.2, S. 17ff. Eine solche Interpretation müßte noch mehr die lokalen europäischen Traditionen herausstellen, vor allem an Hand des Materials der Düsseldorfer Ausstellung von 1908 und anderer Bauten wie etwa der Synagoge in Szegedin. Darüber hinaus scheint bei diesen neuen Dekorationen auch eine gewisse Neuschöpfung der jeweiligen Rabbiner eine große Rolle zu spielen.

1053 Zitat nach Goldenberg, Synagogenbau, S. 32. Körners Planungen werden z. T. erkennbar aus dem Frontispiz in Klaphecks Buch (wie Anm. 1043).

1054 R. Wischnitzer, Synagogue Architecture in the United States, Philadelphia 1955, Abb. 82/83. B. Zevi, Erich Mendelsohn. Opera completa, Mailand 1970. Abb. 628–635. Zu Braunschweig siehe: Brunsvicensia Judaica. Gedenkbuch für die jüdischen Mitbürger der Stadt Braunschweig 1933–1945, Braunschweig 1966, Abb. 11.

1055 Der Neubau der Görlitzer Synagoge, in: Bauwelt, 1.1910, Nr. 22, S. 10f. Die neue Synagoge in Görlitz, in: Israelitisches Familienblatt, Hamburg, Nr. 43 vom 26. 10. 1911, S. 9. dass., in: Moderne Bauformen, 1911, S. 292ff. Zur Konstruktion siehe: Eisenbetonkonstruktion der Synagoge in Görlitz, in: Deutsche Bauzeitung, Beilage.

Mitteilungen über Zement, Beton und Eisenbeton, 19. 1922, Nr. 2, S. 9 ff, Nr. 3, S. 17 ff. Noch teilweise erhalten. Verwiesen werden muß auf die Kreuzkirche in Görlitz von 1916, die fast in identischen Formen wie die Synagoge errichtet wurde, allerdings in einem kirchlichen Schema von Grund- und Aufriß. Siehe: A. Wiesenhütter, Der evangelische Kirchenbau Schlesiens, Breslau 1926, S. 28, Abb. 139–145.

1056 F. Schröder, Kiel in Vergangenheit und Gegenwart, Kiel 1963, S. 30. Die neue Synagoge in Arnstadt, in: Israelitisches Familienblatt, Hamburg, Nr. 42 vom 15./16. 10. 1913, S. 16.

1057 Die Synagoge in Bad Wildungen, in: ebd., Nr. 40 vom 2. 10. 1914, S. 5. Arnsberg, Hessen, Bd. 2, S. 403 ff, Abb. in Bd. 3, S. 206. Beide Synagogen wurden 1938 zerstört.

1058 Die neue Synagoge in Wilhelmshaven, in: Isr. Familienblatt, Hamburg, Nr. 37 vom 16. 9. 1915, S. 5; dass., in: Allgemeine Zeitung des Judentums, Beilage Der Gemeindebote, Nr. 39 vom 22. 9. 1915, S. 2. Edgar Grundig, Chronik der Stadt Wilhelmshaven, Wilhelmshaven 1957, S. 609. Von großem Interesse in bezug auf den ausgeprägten Patriotismus der jüdischen Gemeinden ist hier die Einweihungspredigt des Oldenburger Landesrabbiners, zumal die Synagoge ja bereits zu Beginn des zweiten Kriegsjahres eingeweiht wurde. Vgl. Dr. Mannheimer, Der Tempel des Friedens. Weiherede zur Einweihung der Synagoge in Wilhelmshaven-Rüstringen am 7. September 1915, Oldenburg 1915.

1059 Wettbewerbsausschreibung in: Deutsche Bauzeitung, 44. 1910, S. 668, 692. Zur Vorgeschichte allgemein siehe: S. Salfeld, Die Mainzer Synagoge, in: Festschrift zur Einweihung der neuen Synagoge in Mainz. 3. September 1912, Mainz 1912, S. 16 ff.

1060 Die Wettbewerbsentwürfe sind abgebildet in Deutsche Konkurrenzen, 26. 1911, H. 3 (= H. 303), S. 1 ff. Siehe auch Deutsche Bauzeitung, 45. 1911, S. 68, 180. Bau-Rundschau, 1911, S. 461 ff. Deutsche Bauhütte, 15. 1911, S. 283 ff. Zeitschrift des Verbandes deutscher Architekten- und Ingenieur-Vereine, 1. 1912, S. 212 ff. Der Entwurf von Menzel ist gesondert besprochen in Deutsche Bauzeitung 45. 1911, S. 529 f. Der Bau war für 650 Männer- und 500 Frauenplätze vorgesehen.

1061 Zitat der Rede des Vorstandes Bernhard Meyer aus Der Gemeindebote, Beilage zur AZJ, Nr. 37 vom 11. 9. 1912, S. 4 f; Rede des Rabbiners in: S. Salfeld, Blätter zur Erinnerung an die Einweihung der neuen Synagoge in Mainz, Mainz 1913, S. 17.

1062 Zit. nach Die Synagoge in Offenbach/M. erbaut in den Jahren 1913–1916 und ihre Einweihung, 16. 4. 1916, Offenbach 1916, S. 23–25. Vgl. auch Roth/Willner, S. 172 (wie Anm. 35).

1063 Die Pläne zur Synagoge wurden 1912 in einem Wettbewerb unter hessischen Architekten ermittelt; das Bauprogramm stellte ähnliche Anforderungen wie in Mainz, 94 Pläne wurden eingereicht. Die preisgekrönten Arbeiten sind pubuliziert in: Deutsche Konkurrenzen, Beiblatt Wettbewerbe-Konkurrenznachrichten, 1912, H. 225, S. 1348 f; H. 230, S. 1384; H. 231, S. 1385 f und Deutsche Konkurrenzen, 28. 1912/13, H. 9 (= H. 333), S. 2 ff. Ferner Deutsche Bauhütte, 16. 1912, S. 276 ff. Wohnungskunst. Das bürgerliche Heim, 1912, Oktober, H. 1. S. 361 ff. Beurteilungen in Israelitisches Familienblatt, Hamburg, Nr. 17 vom 27. 4. 1916, S. 6. Allgm. Ztg. d. Judentums, Beilage Der Gemeindebote, Nr. 17 vom 28. 4. 1916, S. 3. Zur allgem. Geschichte Arnsberg, Hessen, Bd. 2, S. 160 ff. Nach Zerstörungen von 1938 bis heute als Theater genutzt.

1064 Regensburger Anzeiger, (Morgenblatt), Nr. 248 vom 25. 8. 1912, s. p. Siehe auch ebd. (Vorabendblatt) Nr. 430 vom 27. 8. 1912 und ebd. Nr. 436 vom 30. 8. 1912. Weitere Besprechungen in: Regensburger Neueste Nachrichten, Nr. 233 vom 29. 8. 1912, S. 6; ebd., Nr. 234 vom 30. 8. 1912, S. 5 f; ebd., Nr. 235 vom 31. 8. 1912, S. 5 f. Eine Synagoge als Zentralbau. Der Neubau in Regensburg, in: Bauwelt, 1912, Nr. 43, S. 33. Weihe war 29. 8. 1912.

1065 Is. Meyer, Zur Geschichte der Juden in Regensburg, Regensburg 1913, S. 117 ff. Die Synagoge wurde 1938 zerstört.

1066 Julius Miedel, Die Juden in Memmingen. Aus Anlaß der Einweihung der Memminger Synagoge verfaßt, Memmingen 1909, S. 99. Weihe am 8. 9. 1909; Pläne im Stadtbauamt erhalten. Siehe auch: Die Synagogen-Einweihung in Memmingen, in: Israelit. Familienblatt, Hamburg, Nr. 39 vom 30. 9. 1909, S. 3.

Angemerkt sei hier, daß fast gleichzeitig die Trauerhalle des israelitischen Friedhofs an der Ungererstraße in München von dem für seine Friedhofsbauten berühmten Architekten Hans Grässel in barockem Stil errichtet worden ist (1906–08); vgl. Der neue israelitische Friedhof an der Ungererstraße in München, in: Neudeutsche Bauzeitung, 7. 1911, S. 475 ff.

1067 Ansätze zu einer Differenzierung finden sich in den beiden folgenden Arbeiten, allerdings genau die Randstellung einnehmend, die überwunden werden müßte: Barbara Miller Lane, Architecture and Politics in Germany, 1918–1945, Cambridge/ Mass. 1968, S. 11 ff. Joachim Petsch, Baukunst und Stadtplanung im Dritten Reich, München 1976, S. 25 ff.

1068 A. Linhof, Aus dem neueren Augsburg, in: Neudeutsche Bauzeitung, 9. 1913, S. 6, 15 f, bes. S. 15.

1069 Eine detailierte Beschreibung, leider mit nur wenigen Abbildungen dieses Bildprogramms gibt Richard Grünfeld, Ein Gang durch die Geschichte der Juden in Augsburg. Festschrift zur Einweihung der neuen Synagoge am 4. April 1917, Augsburg 1917, bes. S. 79 ff.

1070 Korrespondenzen, Beilage zu Dekorative Kunst, 20. 1917, H. 8, S. II.

1071 L. Fränkel, Die neue Augsburger Synoge: eine deutsche Glanzleistung im Weltkriege, in: Allgem. Ztg. d. Judentums, 81. 1917, S. 236–239.

1972 Ebd., S. 237. Zit. von Eliasberg nach Wasmuths Monatshefte für Baukunst, 10. 1926, S. 426.

1073 Zit. aus Israelitisches Familienblatt, Hamburg, Nr. 16 vom 19. 4. 1917, S. 3; Bericht über die Einweihung ebd. S. 6. Vgl. zum Bilderschmuck in Synagogen nach 1900 die in Anm. 426 genannte Literatur und A. Grotte, Die Darstellung der menschlichen Gestalt und das 2. mosaische Gebot, in: Ost und West. 22. 1922, Sp. 7 ff.

1074 J. H., Die neue Synagoge, in: Augsburger Rundschau vom 19. 3. 1921, S. 289 ff.

1075 Die Tagung des Verbandes Bayerischer Israelitischer Gemeinden zu Augsburg, in: Bayrisch-Isrealitische Gemeinde-Zeitung, 1926, S. 54 ff. Die Zitate stammen eigentlich aus dem Familienblatt (wie Anm. 1073).

1076 Joseph Popp, Arbeiten von Fritz Landauer, München, in: Wasmuths Monatshefte für Baukunst, 10. 1926, S. 426 ff.

1077 Landauer über modernen Synagogenbau in: Bayerische Israelitische Gemeinde-Zeitg., 1930, S. 136; dass., in: Aus alter und neuer Zeit. Beilage zum Isr. Fambl., Hamburg, Nr. 9 vom 6. 2. 1930, S. 68 f.

1078 Karl Scheffler, Die Architektur der Großstadt, Berlin 1914, S. 74.

Zur Synagoge in Augsburg seien noch an wichtigen Arbeiten genannt die Vorstellung des Wettbewerbs in: Süddeutsche Bauzeitung, 23. 1913, S. 97 ff; Deutsche Konkurrenzen, 29. 1913, H. 1, S. 1. B. Bezen, Die Synagoge in Augsburg, in: Münchner Jüdische Nachrichten, 6. 1956, Nr. 25, S. 3. Die völlige Fehleinschätzung der Synagoge heute dokumentiert ein Ausstellungskatalog: «Die... Synagoge stellt in ihrer an orientalischen Moscheen orientierten ‹exotischen› Gestalt ein Kuriosum des Späthistorismus ... in Augsburg dar.» Zit. nach Architektur des 19. Jahrhunderts in Augsburg. Zeichnungen vom Klassizismus bis zum Jugendstil, Augsburg 1979, Kat. Nr. 270, S. 171.

Die Synagoge ist nach Zerstörungen von 1938 restauriert worden und im Außenbau erhalten. Sehr gute Fotos vom Architekturmodell befinden sich in der Sammlung des Leo Baeck Institutes, New York, sign. AR-C 366/990.

1079 Werner Jochmann, Die Ausbreitung des Antisemitismus, in: Deutsches Judentum in Krieg und Revolution 1916–1923, Hg. E. Mosse, Tübingen 1971, S. 409 ff, bes. S. 425 ff. Ulrich Dunker, Der Reichsbund jüdischer Frontsoldaten 1919–1938, Düsseldorf 1977, S. 30 ff. Siehe auch: Saul Friedländer, Die politische Entwicklung von der Mitte des ersten Weltkriegs bis zum Beginn der Weimarer Republik und ihr Einfluß auf die Judenfrage, in: Zur Geschichte der Juden in Deutschland im 19. und 20. Jahrhundert, Hg. Leo Baeck Institut Jerusalem, Jerusalem 1971, S. 81 ff. Werner T. Angress, The German Army's ‹Judenzählung› of 1916, in: Yearbook. Leo Baeck Institute, 23. 1978, S. 117 ff.

1080 Theodor Fritsch, Zur Geschichte der antisemitischen Bewegung, in: Süddeutsche Monatshefte, Heft 12, Die Judenfrage, 27.1930, S. 824 ff, bes. S. 827 f.

1081 W. E. Mosse, Der Niedergang der Weimarer Republik und die Juden; E. G. Lowenthal, Die Juden im öffentlichen Leben; G. L. Mosse, Die deutsche Rechte und die Juden, alles in: Entscheidungsjahr 1932. Zur Judenfrage in der Endphase der Weimarer Republik. Ein Sammelband, Hg. W. E. Mosse, Tübingen 1965, S. 3 ff; S. 51 ff, S. 183 ff. G. Scholem, Zur Sozialpsychologie der Juden in Deutschland, 1900–1933, in: Die Krise des Liberalismus zwischen den Weltkriegen, Hg. R. v. Thadden, Göttingen 1978, S. 256 ff.

1082 Hans-Helmuth Knütter, Die Juden und die deutsche Linke in der Weimarer Republik, Düsseldorf 1971 (= Bonner Schriften zur Politik und Zeitgeschichte, 4). Walter Mohrmann, Antisemitismus. Ideologie und Geschichte im Kaiserreich und in der Weimarer Republik, Berlin 1972, bes. S. 95 ff.

1083 Der ostjüdische Einfluß auf die Kunstentwicklung um 1900 ist nur unzureichend untersucht. Vgl. bes. Ostjuden, in: Süddeutsche Montatshefte, Feb. 1916, S. 673–849, darin die Aufsätze von A. Friedmann, Bedeutung der Ostjuden für Deutschland, S. 674 ff und K. Schwarz, Die Ostjuden als Künstler, S. 813 ff. Allgemein siehe S. Adler-Rudel, Ostjuden in Deutschland 1880–1940, Tübingen 1959. S. Gilman, The Rediscovery of the Eastern Jews: German Jews in the East, 1890–1918, in: Jews and Germans from 1860 to 1939, Hg. D. Bronsen, Heidelberg 1979, S. 338 ff. Siehe auch Anm. 426 und 1073.

1084 Alfred Grotte, Deutsche, böhmische und polnische Synagogentypen vom 11. bis Anfang des 19. Jahrhunderts, Frankfurt/M. 1915 (= Mitteilungen d. Gesellschaft z. Erforschung jüdischer Kunstdenkmäler, 7/8). Grottes bekannt gewordene Bauten sind die 1912 eingeweihte Synagoge in Tachau/Böhmen, eine Synagoge in Form einer Jugendstil-Villa; der völlige Umbau der 1826 erbauten Synagoge in Pinne/Posen von 1913 und eine sehr interessante Aufgabe, die Gestaltung einer Synagoge mit Lehrsaal, verbunden in einem Raum, nach alter Tradition, in Posen. Vgl. A. Grotte, Der Umbau des Israelitischen Tempels in Tachau, in: Neudeutsche Bauzeitung, 10.1914, S. 343 ff; Josef Schön, Die Geschichte der Juden in Tachau, Brünn 1927, S. 60 ff. Alfred Marcus, Die Synagoge zu Pinne. Ein Blatt zur Erinnerung an ihren Umbau im Jahre 1912/13, Breslau o. J. (1913). A. Grotte, Ein neues Synagogen-Bauprogramm (Latzsches-Altenheim), in: Die Kirche, 17.1915, H. 5, S. 75 ff.

1085 Alfred Grotte, Der Synagogentypus der Nachkriegszeit, in: C.-V.-Zeitung. Bll. f. Deutschtum u. Judentum, 1922, S. 132 f.

1086 Max Eisler, Vom Geist der jüdischen Baukunst, in: Menorah, 4.1926, S. 519 ff, bes. S. 521 f; siehe auch ders., Kunst und Gemeinde, in: ebd., 6.1928, S. 118 ff. Für die erwähnte Notsynagoge wäre zu denken an Bauten wie die Barackensynagoge in einem Flüchtlingslager in Bruck. a. d. L., vgl.: Bildende Künste. Wiener Monatshefte, 1.1916/18, S. 5–24.

1087 Hugo Gorge, Ein Synagogenentwurf, in: Der Architekt, 22.1918/19, S. 133 ff.
1088 Tempel in Wien, Wettbewerb, in: Zentralblatt der Bauverwaltung, 44.1924, S. 166, 415. Zum Wettbewerb in Würzburg siehe ebd., 42.1922, S. 520 und Süddeutsche Bauzeitung, 32.1922, S. 124, 148, 188. Landauer mußte sich den ersten Platz mit dem Architekten Kleinsteuber teilen, der 1929 auch ein Baugesuch einreichte, jedoch besaß die Gemeinde auch jetzt noch nicht das Geld, um den Bau durchzuführen. Pläne erhalten im Stadtarchiv Würzburg. Akten im Staatsarchiv Würzburg, Reg. Abg. 1943/45, Akt Nr. 7108.
1089 Max Eisler, Der Wettbewerb um eine Wiener Synagoge, in: Österreichs Bau- und Werkkunst, 2.1925/26, S. 1ff, bes. S. 5.
1090 Ders., Beispiel für Laien und Vorsteher von Gemeinden zum Synagogenbau, in: Menorah, 8.1930, S. 85; siehe auch ebd. S. 79 ff.
1091 Karl Esselborn, Lehrbuch des Hochbaues, 2. Aufl., Jüdische Tempel von J. Durm, Leipzig 1920, fast unverändert auch die 3.–8. Aufl., Leipzig 1926, S. 718 ff.
1092 Alle Zitate aus Alex Blumenfeld, Der Synagogenbau. Eine architektonische Betrachtung, in: Mitteilungen der Jüdischen Reformgemeinde zu Berlin, Nr. 4 vom 1. 8. 1928, S. 47 ff und Joseph Carlebach. Die Architektur der Synagoge, in: Jeschurun, 16.1929, S. 109 ff, bes. S. 127. Fritz Landauer, Synagogenbau-Kunst, in: Aus alter und neuer Zeit. Beilg. z. Isr. Familienblatt, Hamburg, Nr. 9 vom 6. 2. 1930, S. 68 f.
1093 Herbert Seeliger, Origin and Growth of the Berlin Community, in: Yearbook, Leo Baeck Institute, 1958, S. 161 ff.
1094 Die Synagoge bot 1.365 Besuchern Platz. Die Pläne sind von den Architekten (?) G. u. C. Gause unterzeichnet (Kopien im Besitz der Jüdischen Gemeinde, Berlin). Siehe auch: Gemeindeblatt der jüdischen gemeinde Berlin, 20.1930, Sondernummer vom November, S. 18 f, mit Abb. des Innern.
1095 Abb. des Innern ebd. Siehe auch: Rudolf Leszynsky, Zur Geschichte der jüdischen Gemeinde Grunewald, in: Erster Halbjahresbericht der Religionsschule des Synagogenvereins Grunewald. April bis Oktober 1925, Berlin 1925, S. 9 ff.
1096 Max Sinasohn, Adass Jisroel Berlin. Entstehung, Entfaltung, Entwurzelung, Jerusalem 1966, S. 44, Abb. 4. Vergleichbar ist der Raum auch mit der 1929/30 völlig neu gestalteten Klaus-Synagoge in Mannheim. Vgl. Isr. Gemeindebl. Off. Organ d. isr. Gmde. Mannheim u. Ludwigshafen, Sondernummer vom 5. 3. 1930, S. 5 ff und ebd., Nr. 3 vom 27. 3. 1930, S. 17 ff.
1097 Gemeindeblatt der Jüdischen Gemeinde zu Berlin, 10.1920, Nr. 4 vom 8. April, S. 32.
1098 Ebd., 12.1922, vom 1. Juni, S. 41.
1099 Ebd., 15.1925, vom 7. August, S. 156; vom 15. September, S. 180 f; 17.1927, vom 7. Januar, S. 9 f.
1100 Ebd., 18.1928, S. 176 ff.
1101 Ebd., 19.1929, vom 5. Juli, S. 175 ff.
1102 Zit. aus Bauakten, Bezirksamt, Bauaufsicht, Wilmersdorf, Antrag der jüd. Gemeinde vom 29. 7. 1928; die Bauakten sind leider nur zu einem Teil erhalten, die Bde. 1–3 sind im Krieg verbrannt; Beer, Neubau der Synagoge Prinzregentenstr. 69–70, in: Jüdisch-liberale Zeitung, Beilage vom 17. 9. 1930, Nr. 38, s. p. ders., in: Deutsche Bauzeitung, 64.1930, S. 521 ff.
1103 A. Beer, Neubau der Synagoge Prinzregentenstraße, in: Gemeindeblatt, 20.1930, S. 402 ff (wie Anm. 1097).
1104 Deutsche Bauzeitung, 1930, S. 522 (wie Anm. 1102). In diesem Zusammenhang wird auch verständlich, daß Beer besonders hervorhebt, daß die Kuppel mit 30 m

Durchmesser zur Zeit die größte in ganz Berlin sei (Gemeindeblatt 1930, S. 403, wie Anm. 1097).

1105 Vgl. G. Langmaack, Evangelischer Kirchenbau im 19. und 20. Jahrhundert, Kassel 1971, S. 50. Als wichtig muß in diesem Zusammenhang auch die Kirche auf dem Tempelhofer Feld von Fritz Bräuning angesehen werden. Sie wurde von 1927 bis 1928 als Rundbau mit vorgelegtem dreibogigem Portikus erbaut und zwei Monate vor der Planänderung in der Prinzregentenstraße eingeweiht; auch sie diente damals als reiner Predigtraum und war bewußt ohne Turm errichtet worden. Siehe Günther Kühne u. Elisabeth Stephani, Evangelische Kirchen in Berlin, Berlin 1978, S. 251 ff.

1106 Man vergleiche etwa die 1928 fertiggestellte Synagoge in Amsterdam, Linnaeusstraat des Architekten J. S. Baars, die auch von Eisler in Deutschland vorgestellt worden war, allerdings erst 1930. Max Eisler, Eine Synagoge von J. S. Baars in Amsterdam/Ost, in: Menorah, 1930, S. 165 ff. Mozes Heiman Gans, Memorboek, Platenatlas van het leven der joden in Nederland, 4. Aufl., Baarn, 1974, S. 736 f.

1107 Beer, Neubau, 1930 (wie Anm. 1102). Es ist interessant, daß Beer in einen späteren Aufsatz dieser Frage noch einmal nachging und dort seinen Standpunkt, daß auch «der religiös-suggestive Geist» in einer Synagoge zum Ausdruck kommen müsse, bekräftigte, aber doch stärker zur ‹neuen Sachlichkeit› zu tendieren scheint. Vgl. Alexander Beer, Der jüdische Kultbau, in: Jüdisches Jahrbuch, 1931, S. 34 ff. Erwähnt seien die für die Rezeptionsgeschichte nicht unwichtigen Aufsätze im Berliner Tageblatt, Nr. 438 vom 17. 9. 1930. L. Pulvermacher, Die neue Synagoge Prinzregentenstraße in Berlin, in: Bayerische Israelitische Gemeindezeitung, 1930, S. 304. Synagogenneubau in Berlin, in: Israelit. Familienblatt, Hamburg, Beilage zum Sukkot-Fest, 1931, s. p.

1108 Wettbewerb Synagoge Berlin, in: Zentralblatt der Bauverwaltung, 1929, S. 195, 477 f. Entschiedener Wettbewerb. Berlin, Synagoge, in: Die Baugilde, 11. 1929, S. 858 f. Wettbewerb: Synagoge in Berlin, Klopstockstraße, in: Bauwelt, 20. 1929, S. 525, 545. 1. Preis Gusti Hecht u. Hermann Neumann; 2. Preis Reg. Baum. Sokolowski; 3. Preis Wiener u. Jaretzki; 1. Ankauf Leo Nachtlicht mit zwei Entwürfen; 2. Ankauf Moritz E. Lesser.

1109 Gemeindeblatt, 19. 1929, S. 342 (wie Anm. 1097).

1110 Zit. aus: Aus alter und neuer Zeit. Ill. Beilage zum Israelitischen Familienblatt, Hamburg, Nr. 77 vom 30. 6. 1927 zu Nr. 26, S. 612 f. W.-K., Zu den Arbeiten von Dipl.-Ing. Harry Rosenthal, Berlin, in: Moderne Bauformen, 27. 1928, S. 421 ff, bes. S. 422. Allgemein zu Rosenthal, der zahlreiche Villen gebaut hat: Architekt Dipl.-Ing. Harry Rosentehal, Berlin-Wilmersdorf, in: Bauwelt 22. 1931, H. 37, Kunstdruckbeilg., S. 13 ff (ohne Erwähnung d. Synagogen). Siehe auch: Oskar Bloch, Jüdische Kultbauten, in: Deutsche Bauten, Heft Kirchliche Kunst der Gegenwart, 1930, S. 45 (mit mehreren Abb.).

Um den ungeheuren Schritt in der Architekturentwicklung, auch im Synagogenbau, zu veranschaulichen, ist ein Blick auf die Synagoge von Friedrich Adler, die auf der Werkbund-Ausstellung 1914 gezeigt wurde, als damals große Neuheit, sehr aufschlußreich. (Abb. 471) Da war noch die Rede von «Reichtum an ornamentaler Erfindung, die echt morgenländisch» sei, von «leuchtender Goldpracht» und «farbiger Mystik der Glasfenster». Man vergleiche dagegen Fraubergers Ausstellungssynagoge in Dresden von 1906, (Abb. 386); siehe: Die Kunst, 30. 1914, S. 573 ff; Moderne Bauformen, 13. 1914, S. 401 ff; Jahrbuch des deutschen Werkbundes, 1915, S. 22.

1111 Gemeindeblatt, 20. 1930, S. 338 f, 370 (wie Anm. 1097).

1112 Schreiben des Vorstandes vom 29. 3. 1932. Pläne zum Ledigenheim mit Synagoge für Agricolastraße 18/19 sind erhalten in Berlin, Landesarchiv, sign.: Rep. 202, Acc. 1719, Nr. 2898 u. 2899; sie sind mit größer Sicherheit nicht identisch mit den 1925/26 erstellten Plänen, obwohl sie nicht datiert sind; Prüfvermerk der Baupolizei vom 25. 10. 1930.

Im Jahr 1931 wurde das von A. Beer entworfene jüdische Altersheim an der Berkaer Straße eingeweiht, es enthielt im 3. Obergeschoß des rechten Seitenrisalits einen großen Betsaal; der Bau ist noch erhalten, Umbauplanungen 1980 im Gange, unter Wahrung des Äußeren. Bauakten im Bezirksamt Berlin-Wilmersdorf, Bauaufsicht, erhalten. Vgl.: Wasmuths Monatshefte für Baukunst, 15.1931, S. 257 ff. Das Grundstück in der Agricolastraße ist bis heute nicht bebaut. Zum Bauvorhaben Agricolastraße siehe auch Gemeindeblatt 20.1930, S. 472 ff und 21.1931, S. 130 (wie Anm. 1097). 1938 wurde A. Beer gezwungen, den Abbruch seiner Synagoge in der Prinzregentenstraße zu leiten (!).

1113 Aus alter und neuer Zeit, Beilage Nr. 22 vom 11. 6. 1925 zum Isr. Familienblatt, Hamburg, S. 171 u. Hauptblatt Nr. 21 vom 21. 5. 1925, S. 4.

1114 Architekt der Butzbacher Synagoge war Jakob Lippert, von dem auch der noch kleinere Bau in Pohl-Göns stammte. Siehe Isr. Familienblatt Nr. 36 vom 8. 9. 1926, S. 3 und ebd. Beilage Aus alter und neuer Zeit, Nr. 37 vom 16. 9. 1926, S. 459. Ludwig Hellriegel, Geschichte der Butzbacher Juden, in: Wetterauer Geschichtsblätter, 17.1968, S. 29 ff. Arnsberg, Bd. I, S. 106 ff. Fleischers Bau ist abgebildet in: Der Bautechniker, 23.1903, S. 737.

1115 Zu Köln: Z. Asaria (Hg.), Die Juden in Köln, Köln 1959, S. 188. Israelitisches Familienblatt, Nr. 43 vom 28. 10. 1926, S. 4; ebd., Beilage aus alter und neuer Zeit, Nr. 63 vom 2. 12. 1926, S. 499; ebd., Nr. 3 vom 13. 10. 1927, S. 21. Zu Delmenhorst vgl. ebd. Hauptblatt Nr. 37 vom 13. 9. 1928, s. p. und J. P. Ravens, Delmenhorst, Delmenhorst 1971, S. 77 mit Abb.

1116 Aus alter u. neuer Zeit. Ill. Beilage zum Isr. Fambl., Hamburg, Nr. 6 vom 24. 11. 1927, S. 44. Die neue Synagoge in Danzig-Langfuhr, in: Bauwelt, 1928, H.18, S. 425 f. Der Bau ist erhalten.

1117 Der Entwurf war aus einem Wettbewerb hervorgegangen, bei dem Weiß den zweiten Platz errungen hatte; vgl. Bauwelt 1929, S. 391. Nach Zerstörungen 1938 profaniert.

1118 Die gängigen jüdischen Kunstgeschichten etwa von Schwarz, 1928, Cohn-Wiener, 1929, Landsberger, 1935, Gutfeld, 1963 oder Strauss, 1971 gehen, bis auf einige Sätze in den frühen Arbeiten nicht auf die jüdischen Maler dieser Jahre ein. Die besten Funde kann man in der Beilage des Isr. Familienblattes, Aus alter und neuer Zeit, machen, wenn dort auch die Abbildungen recht schlecht und spärlich sind. Wahrscheinlich wäre in der zeitgenössischen Lokalpresse und in u. U. existierenden Künstlernachlässen noch Material zu finden.

1119 P. Rieger, Jüdische Gotteshäuser und Friedhöfe in Württemberg, Stuttgart 1932, S. 77 mit Abb. Sauer, Juden in Württemberg, S. 159. Der Bau wurde bereits 1934 demoliert.

1120 Die zahlreichen Publikationen bei Wischnitzer, Synagogues, 1964, S. 291, Anm. 8 verzeichnet; ferner Davidovicz, 1969 (wie Anm. 1028).

1121 Zit. aus Leo Baerwald, Alter Geist und neue Form, in: Bayerische Israelitische Gemeinde-Zeitung, 1927, S. 357 ff; die Malereien stammten von dem bekannten Monumentalmaler A. Menna. Siehe auch: 65 Jahre Israelitische Lehrerbildungsanstalt Würzburg. 1864–1929, Würzburg 1929 (keine Angaben über den Betsaal).

1122 Abbildung und kurze Beschreibung der Malerei in: Aus alter und neuer Zeit. Illustr. Beilage z. Isr. Familienbl., Hamburg, Nr. 8 vom 29. 12. 1927, S. 61 und Leopold Weil, Die israelitische Kultusgemeinde Hof und deren Vorgeschichte. Zur Einweihung des neuen Gotteshauses, Hof 1927, bes. S. 27 f. Abb. des Äußeren in Friedrich Ebert, Kleine Geschichte der Stadt Hof, Hof 1961, S. 108; 1938 zerstört.

1123 Zu Lazarus siehe: Hermann Roeder, Trierer Maler, Max Lazarus, in: Neues Trierisches Jahrbuch, 1966, S. 57ff (dort weitere Literaturangaben). Für Hinweise ist dem Leiter des Trierer Stadtarchivs Laufner zu danken. Zu Langen siehe Jakob Jacobs, Synagogenkunst der Gegenwart, in: Aus alter und neuer Zeit, Ill. Beilg. z. Isr. Fambl., Hamburg, Nr. 5 vom 10. 11. 1927, S. 40. Arnsberg, Juden in Hessen, Bd. 1, S. 367ff. Gerd J. Grein, Geschichte der jüdischen Gemeinde zu Langen und ihrer Synagoge, Langen 1978, S. 27ff. Die Synagoge, von der keine Pläne und keine Abbildungen zu existieren scheinen, konnte in dieser Arbeit nur noch rekonstruiert werden; sie wurde 1938 zerstört.

1124 Aus alter u. neuer Zeit. Ill. Beilg. z. Isr. Familienbl., Hamburg, 1926, Nr. 28, S. 221; ebd., Hauptblatt vom 13. 9. 1928, s. p., Bericht über die Einweihung. Abb. in H. Ch. Meyer, Aus Geschichte und Leben der Juden in Westfalen, Frankfurt/M. 1962, nach S. 80. Bünde, Lübbecke, Minden, 4. Aufl., Berlin 1930, S. 31.

1125 Abb. in Aus alter u. neuer Zeit. Ill. Beilg. z. Isr. Fambl., Hambg., Nr. 9 vom 6. 2. 1930, S. 69 oben.

1126 Dr. Gr(zymisch), Die Synagoge in Bruchsal, in: Verordnungsblatt des Großherzöglichen Oberrats der Israeliten in Baden, 1928, Nr. 2, S. 12. E. Toeplitz, Die Ausmalung der Bruchsaler Synagoge, in: Menorah, 6.1928, S. 501f. Karl Schwarz, Die Juden in der Kunst, Berlin 1928, S. 219.

1127 Vgl. Erläuternde Bemerkungen zu dem Entwurf der Synagoge in Dieburg, in: Menorah, 7.1929, S. 379f (Projekt von M. J. Margold).

1128 Rudolf Joseph, Bauten der jüdischen Gemeinschaft. 1. Synagogen in alter und neuer Zeit, Paris 1934, unveröff. Manuskript, Leo Baeck Institute, New York, Nachlaß Joseph, sign.: AR-C 770/2180. Zu danken ist hier S. Milton für den Hinweis auf diesen Nachlaß und die Möglichkeit, ihn durchzuarbeiten.

1129 Joseph hat 1935 eine kleine Synagoge in Paris entworfen und für die Weltausstellung 1937 einen jüdischen Pavillon, die beide im Stil Auguste Perrets gehalten sind, der damals in Paris noch mehr Fürsprecher hatte als der Stil Corbusiers, an den das Dieburger Modell erinnert haben mag.

1130 Rudolf Joseph, Zur Einweihung der neuen Synagoge zu Dieburg am 7. bis 9. Juni 1929, in: Starkenburger Provinzial-Zeitung Dieburg, vom 5. 6. 1929, S. 5. Im Nachlaß Josephs (s. Anm. 1128) befinden sich zahlreiche Zeitungsausschnitte, die zeigen, wie stark ein solcher Neubau doch ins Blickfeld der Öffentlichkeit rückte; der Verlust vieler Zeitungsbestände, die Schwierigkeiten Berichte aufzufinden, scheinen bei vielen Bauten das wirkliche öffentliche Echo zu verbergen. Zu Dieburg vgl. die Berichte in: Jüdische Wochenzeitung für Wiesbaden und Umgebung, Nr. 46 von 1929; ebd. Nr. 25 vom 21. 6. 1929. Nassauische Heimat, Beilage zur Rheinischen Volkszeitung, Nr. 10 vom 15. 7. 1929, S. 72, Isr. Fambl., Hamburg, vom 20. 6. 1929, s. p. Darmstädter Tagblatt, Nr. 160 vom 11. 6. 1929. Starkenburger Provinzial-Zeitung Dieburg, vom 10. 6. 1929. Neue Wiesbadener Zeitung vom 11. 6. 1929. Wiesbadener Tagblatt vom 11. 6. 1929. Der Israelit. Ein Centralorgan für d. orthodoxe Judentum, vom 5. 6. 1929 (Nr. 24). Mitteilungsblatt d. Landesverbandes d. isr. Religionsgemeinden Hessens, Mainz 4.1929, Nr. 7/8, S. 7. Bis auf die letzte Angabe alle aus Nachlaß Joseph, z. T. mit handschr. bibliogr. Angaben.

1131 Als erwähnenswertes Adiaphoron sei bemerkt, daß der Fußboden der Synagoge 60 cm unter Straßenniveau lag; man erinnere die alte Forderung, eine kultgemäße Synagoge habe immer ein tieferes Bodenniveau aufzuweisen als ihre Umgebung (vgl. Anm. 1014). In Dieburg finden sich zwei Erklärungen für das Phänomen; 1929 schreibt die Jüdische Wochenzeitung f. Wiesbaden «... jedoch wurde aus Ersparnisgründen der Fußboden etwa in die Höhe des alten Hofniveaus gelegt, somit 60 cm tiefer als das vorüberlaufende Straßenniveau», Ausgabe vom 21. 6. 1929. Im oben erwähnten Manuskript von Joseph, 1934 verfaßt, heißt es «die Synagoge, das heißt, ihr Fußboden mußte gegenüber den umgebenden Räumen um einige Centimeter vertieft angelegt werden, was gewisse Besorgnisse, man könne beim Eintreten stürzen, beim Architekten erregten. Grund: Es heißt in der Schrift: ‹Aus der Tiefe flehe ich zu Dir empor, o Herr›.» (Wie Anm. 1128) Zur Gemeindegeschichte siehe: G. Schmidt, Die israelitische Gemeinde, in: Dieburg. Beiträge zur Geschichte einer Stadt, Dieburg 1977, S. 315 ff.

1132 Bauakten Stadtarchiv Datteln, dessen Leiter für Hinweise gedankt werden soll. Architekt des Neubaus war Erich Hartmann; der Bau ist noch erhalten. Zu Andernach siehe Documenta Judaica, Katalog einer Ausstellung, Andernach 1969, bes. S. 75 ff. Hinweise sind H. Hunder zu danken.

1133 Äußerungen des Architekten wiedergegeben bei Rudolf Stahl, Geschichte der Nauheimer Juden. Festschrift zur Einweihung der neuen Synagoge, Bad Nauheim 1929, S. 20 (= Bad Nauheimer Jahrbuch, 8.1929, Nr. 8/9).

1134 Vgl. Hugo Schnell, Der Kirchenbau des 20. Jahrhunderts in Deutschland, München 1973, Abb. 59.

1135 J. Jacobs, Ein moderner Synagogenbau, in: Isr. Fambl., Hamburg, Nr. 14 vom 3. 4. 1930, s. p. Es sei angemerkt, daß sich im Erd-/Untergeschoß der Ostseite noch eine Wohnung für den Lehrer befand.

1136 Vgl. die Berichte in: Jüdische Wochenzeitung für Wiesbaden, 1929, Nr. 34, S. 4; Mitteilungsblatt des Landesverbandes der isr. Religionsgemeinden Hessens, 4.1929, Nr. 9, S. 4f. Die Synagoge ist erhalten. Die Einweihung war wohl nicht, wie Arnsberg und Diamant angeben, im Oktober, sondern wie die oben zitierten Blätter sagen, am 16. 8. 1929.

1137 Blätter der Erinnerung an die Weihe der Synagoge Plauen i. V. am 6. 4. 1930, o. O., o. J. (1930), S. 26.

1138 Fritz Landauer, Jüdischer Kultbau von heute, in: CV-Zeitung. Blätter für Deutschtum und Judentum, 10.1931, S. 341 f.

1139 Ders., Moderner Synagogenbau. Gemeindehaus und Synagoge in Plauen, in: Bayerische Isr. Gemeinde-Zeitung, 1931, S. 145 ff, bes. S. 149. Unter den zahlreichen Arbeiten über die Synagoge in Plauen seien die folgenden als besonders wichtig noch genannt: Max Eisler, Neue Synagoge, in: Menorah, 1930, S. 541 ff. Synagoge in Plauen, in: Ostdeutsche Bauzeitung, 29.1931, S. 18 ff. W. Goldberg, Die Weihe der Plauener Synagoge, in: Jüdisch-liberale Zeitung, 10.1930, Nr. 16 vom 16. 4., 2. Beilage, s. p. J. Popp, Die neue Synagoge in Plauen, in: Isr. Familienbl., Nr. 17 vom 24. 4. 1930, s. p. F. Landauer, Synagogenbau-Kunst, in: Bayerische Isr. Gemeinde-Ztg., 1930, S. 134 ff, bes. 136. Isr. Gemeindehaus mit Synagoge in Plauen i. V., in: Baugilde, 1932, S. 359 f. Die Konstruktion der Synagoge bestand aus einer Reihe von Eisenbindern, quer zur Längsrichtung gestellt, die anschließend ausgefacht wurden; vgl. Ostdt. Bauztg., 28.1930, S. 47.

1140 Zur Statistik der Hamburger Juden siehe Helga Krohn, Die Juden in Hamburg. Die politische, soziale und kulturelle Entwicklung einer jüdischen Großstadtgemeinde nach der Emanzipation, 1848–1918, Hamburg 1974, bes. S. 66 ff.

1141 Zu den Vorverhandlungen in der Gemeinde siehe Gemeindeblatt der Deutsch-Israelitischen Gemeinde zu Hamburg, Nr. 7 vom 10. 7. 1929, S. 2 ff, Nr. 8 vom 12. 8. 1929, S. 5 f.

1142 Dr. Urias, Zur Geschichte des Tempel-Neubaus. Aus den Bau-Akten, in: Festschrift zum hundertzwanzigjährigen Bestehen des Israelitischen Tempels in Hamburg, 1817–1937, Hg. Bruno Italiener, Hamburg 1937, S. 34 ff, bes. S. 36 f. Zur Ausstellung siehe auch Kultbauten der Gegenwart, in: Bauwelt, 20.1929, S. 867 f.

1143 F. Landauer, Synagogenbau-Kunst, in: Bayerische Isr. Gemeinde-Zeitung, 6.1930, S. 134ff, bes. S. 136f.
1144 Zum Wettbewerb siehe Zentralblatt der Bauverwaltung, 1930, S. 123. Bauwelt, 1930, H.13, S. 439. Wettbewerbe. Beilage zur Deutschen Bauzeitung, Nr. 2 vom 4. 2. 1931, S. 5 ff. Bau-Rundschau, 20.1930, S. 32, 51 f, 305. Auch die folgenden Plätze, also Ankäufe und Belobigungen gingen an die drei ersten Preisträger, da jeder von ihnen mehrere Entwürfe eingereicht hatte. Von weiteren Teilnehmern seien genannt Block und Hochfeld, Hamburg, Leo Nachtlicht, Berlin und Wilhelm Haller, Leipzig, dessen Entwürfe sind publiziert in: Wilhelm Haller, Berlin u. Leipzig 1930 (Vorwort von Max Reimann, Reihe Neue Werkkunst), S. XII, 12 f und Wilhelm Haller. Zu seinem 25jährigen Berufsjubiläum, in: Gemeindeblatt der Israelitischen Religionsgemeinde zu Leipzig, Nr. 16 vom 18. 4. 1930, S. 2–3.

1145 Gemeindeblatt, Nr. 11 vom 10. 11. 1930, S. 2 ff (wie Anm. 1141). Auch die Grundsteinurkunde vermerkte die besondere Situation: «Am Sonntag, dem 19. Oktober 1930 haben ... hier in der Oberstraße 118–126 die Vorsteher des Israelitischen Tempelverbandes in einer Zeit der Not und der Bedrängnis für das deutsche Volk und die deutschen Juden den Grundstein für ein neues Gotteshaus gelegt.» (Ebd. S. 4) Das intensive Bekenntnis zur deutschen Volkszugehörigkeit erinnert an die Aktivitäten des Verbandes Nationaldeutscher Juden, die eine kompromißlose Anpassung an die Umwelt forderten. Vgl. Max Naumann, Nationaldeutsches Judentum, in: Süddeutsche Monatshefte, 27.1930, S. 824 ff: «Der Verband bezweckt den Zusammenschluß aller derjenigen Deutschen jüdischen Stammes, die bei offenem Bekennen ihrer Abstammung sich mit deutschem Wesen und deutscher Kultur unauflöslich verwachsen fühlen, daß sie nichts anderes als deutsch empfinden können.»

1146 Felix Ascher, Zum Neubau des Israelitischen Tempels, in: Gemeindeblatt, Nr. 8 vom 17. 8. 1931, S. 3 f. Die Einweihung fand am Sonntag (!), 30. 8. 1931 statt.

1147 Ebd., Nr. 9 vom 2. 10. 1931, S. 3.

1148 Zit. nach Jüdisch liberale Zeitung. Organ d. Vereinigung f. d. liberale Judentum, Nr. 32/33 vom 19. 8. 1931, Festnummer ‹Hamburger Tempel›, bes. S. 2 und 5.

1149 Ebd., S. 1.

1150 Walter Gropius, Das flache Dach. Internationale Umfrage über die technische Durchführbarkeit horizontal abgedeckter Dächer und Balkone, in: Bauwelt, 17.1926, S. 162 ff.

1151 P. Schultze-Naumburg, Zur Frage des schrägen und des flachen Daches bei unseren Wohnhausbauten, in: Deutsche Bauzeitung, 60.1926, S. 761 ff, bes. S. 761, 780. Vom selben Verfasser stammt eine größere Zahl von Aufsätzen und Büchern, die sich dem Problem unter ähnlichen Aspekten widmen.

1152 Deutsche Kunstkorrespondenz, Nr. 22/23 vom Juli/August 1929, zit. nach Bettina Feistel-Rohmeder, Im Terror des Kunstbolschewismus. Urkundensammlung des ‹Deutschen Kunstberichtes› aus den Jahren 1927–1933, Karlsruhe 1938, S. 62. Man denke in diesem Zusammenhang auch an die Äußerung von Paul Bonatz über die Weißenhof-Siedlung in Stuttgart als «Vorstadt Jerusalems», um die Verbindung von Neuem Bauen und undeutschem, auch jüdischem ‹Formempfinden› zu erkennen. Zit. nach Felix Schuster, Heimatschutz und ‹Neues Bauen›, in: Schwäbisches Heimatbuch, 1928, S. 86.

1153 Über die zitierte Literatur hinaus ist für den Tempel in Hamburg besonders wichtig: Der Neue Tempel, zu seiner Einweihung am 30. August 1931. Sonderblatt des Hamburger Familienblattes, Hamburg 1931. Die Tempel-Einweihung in Hamburg, in: Jüdisch-liberale Zeitung, 11.1931, Nr. 34/35 vom 2. September, s. p. Dass., in: C. V.-Zeitung, Nr. 36 vom 4. 9. 1931, S. 430. Dass., in: Familienblatt für d. Israelitische

Gemeinden Hamburg, Altona, Wandsbeck und Harburg, Nr. 35 vom 27. 8. 1931. Liberal Jewish Synagogue at Hamburg, in: The Architect's Journal, 89.1939, S. 660ff. Der Bau ist weitgehend erhalten, siehe: A. u. V. Marg, Hamburg. Bauen seit 1900. Ein Führer..., Hamburg o. J. (um 1971), Nr. 65. Zum Architekten siehe: Robert Friedmann, Berlin u. Leipzig 1930 (Vorwort Herbert Eulenberg, Reihe Neue Werkkunst).

1154 Wie in den vorhergehenden Jahrzehnten auch, entwickelt sich der jüdische Friedhofsbau in den zwanziger Jahren zu ähnlichen Gestaltungen wie bei den Synagogen; hingewiesen sei auf die besonders großen modernen Anlagen von Frankfurt, Architekt Fritz Nathan und Königsberg, Architekt Erich Mendelsohn. Vgl.: Isr. Friedhof in Frankfurt a. M., in: Die Baugilde, 12.1930, S. 1784ff und zu Königsberg Curt Horn, Das praktische Ergebnis der Kirchbautheorie, in: Kunst und Kirche, 1929/30, S. 77ff, bes. S. 88f, Zevi, Mendelsohn, S. 128 (wie Anm. 1054).

LITERATURVERZEICHNIS

Geschichte der Juden, allgemeine Darstellungen

Adler, H. G., Die Juden in Deutschland. Von der Aufklärung bis zum Nationalsozialismus, München 1960.
Adler-Rudel, S., Ostjuden in Deutschland, 1880–1940, Tübingen 1959.
Allport, Gordon W., The Nature of Prejudice, Cambridge/Mass. 1954.
Altmann, W., Die Judenfrage in evangelischen und katholischen Zeitschriften zwischen 1918 und 1935, Diss. München 1935.
Antisemitismus und jüdisches Volkstum, Sonderheft von ‹Der Jude›, Berlin 1925.
Bach, H. J., Jacob Bernays. Ein Beitrag zur Emanzipationsgeschichte der Juden und zur Geschichte des deutschen Geistes im 19. Jh., Tübingen 1974.
Baron, S. W., A Social and Religious History of the Jews, New York 1937.
Der Berliner Antisemitismusstreit, Hg.. W. Boehlich, Frankfurt/M. 1965.
Bernstein, Fritz, Der Antisemitismus als Gruppenerscheinung. Versuch einer Soziologie des Judenhasses, Berlin 1926 (Reprint Königstein/T. 1979).
Bloch, Ernst, Die sogenannte Judenfrage, in: Stimme der Gemeinde zum kirchlichen Leben, zur Politik, Wirtschaft und Kultur, 15.1963, S. 309–312.
Bosse, Friedrich, Die Verbreitung der Juden im Deutschen Reiche auf Grundlage der Volkszählung vom 1. Dez. 1880, Berlin 1885.
Cahnmann, Werner J., Village and Small-Town Jews in Germany. A Typological Study, in: Yearbook. Leo Baeck Institute, 19.1974, S. 107–130.
Cobet, Chr., Der Wortschatz des Antisemitismus in der Bismarckzeit, München 1973 (= Münchner Germanistische Beiträge, 11).
Cramer, Erich, Ideologie und Handeln in Theorien über den Antisemitismus, Diss. Hannover 1970.
David, Annie, Von den Juden in Deutschland 1600–1870. Ein Bildbericht, Jerusalem 1973.
Deschner, G., Gobineau und Deutschland. Der Einfluß J. A. de Gobineaus ‹Essai sur l'inégalité des races humaines› auf die deutsche Geistesgeschichte, 1853–1917, Diss. Erlangen-Nürnberg 1967.
Deutsches Judentum in Krieg und Revolution 1916–1923, Hg. Werner E. Mosse u. Arnold Paucker, Tübingen 1971.
Dohm, Christian von, Über die bürgerliche Verbesserung der Juden, 2 Bde., Berlin u. Stettin 1781–1783.
Dubnow, S., Weltgeschichte des jüdischen Volkes. Von seinen Uranfängen bis zur Gegenwart, 3. Aufl., Berlin 1925–1929, 10 Bde.
Emmerich, Wolfgang, Zur Kritik der Volkstumsideologie, Frankfurt/M. 1971.
Entscheidungsjahr 1932. Zur Judenfrage in der Endphase der Weimarer Republik. Ein Sammelband. Hg. Werner E. Mosse, 2. Aufl., Tübingen 1966.
Felden, Kl., Die Übernahme des antisemitischen Stereotyps als soziale Norm durch die bürgerliche Gesellschaft Deutschlands, Diss. Heidelberg 1965.

Fleischhauer, I. u. H. Klein, Über die jüdische Identität. Eine psychohistorische Studie, Königstein 1978.
Fritsch, T., Handbuch der Judenfrage, 34. Aufl., Leipzig 1933.
Führer durch die jüdische Verwaltung und Wohlfahrtspflege in Deutschland 1932–33. Hg. von der Zentralwohlfahrtsstelle der deutschen Juden. Bearb. Bella Schlesinger, Berlin 1932.
Gay, Peter, Freud, Jews and other Germans, New York 1978.
Graetz, H., Geschichte der Juden von der ältesten Zeit bis auf die Gegenwart, Berlin 1873–1900, 2. Aufl., 11 Bde.
Graupe, H. M., Die Entstehung des modernen Judentums. Geistesgeschichte der deutschen Juden, 1650–1942, 2. Aufl., Hamburg 1977.
Greive, H., Die Aufklärung und das Judentum, in: Werkhefte. Zeitschrift für Probleme der Gesellschaft und des Katholizismus, 26.1972, S. 31–32.
ders., Zu den Ursachen des Antisemitismus im Deutschen Kaiserreich von 1870/71, in: Judaica. Beiträge zum Verständnis des jüdischen Schicksals 27.1971, S. 184–192.
Heidingsfeld, B., Allgemeines Lexicon sämtlicher jüdischer Gemeinden Deutschlands, Frankfurt/M. 1884.
Hellwitz, L. L., Die Organisation der Israeliten in Deutschland, Magdeburg 1819.
Höxter, J., Quellenbuch zur jüdischen Geschichtsliteratur, Bd. 5, Neueste Zeit, 1789–1930, Frankfurt/M. 1930.
Horkheimer, M., Über die deutschen Juden, in: Spannungsbogen. Festschrift Paul Tillich, Köln 1961, S. 129–147.
Hubmann, Fr. u. J. Musulin, Das jüdische Familienalbum. Die Welt von gestern in alten Fotografien, Wien, München, Zürich 1974.
Jews and Germans from 1860 to 1933. The Problem. Symbiosis, Hg. David Bronsen, Heidelberg 1979.
Jobst, J. M., Neuere Geschichte der Israeliten in der ersten Hälfte des 19. Jahrhunderts, Breslau 1850.
Juden im Wilhelminischen Deutschland 1890 bis 1914. Hg. Werner E. Mosse/A. Paukker (Hg.), Tübingen 1976.
Judenfrage, in: Der Spiegel. Beiträge zur sittlichen und künstlerischen Kultur, 2.1920, H. 14/15.
dass., in: Süddeutsche Monatshefte, 27.1930, H. 12.
Das Judentum in der deutschen Umwelt, 1800–1850, Hg. H. Liebeschütz, Tübingen 1977.
Judentum und Deutschtum, in: Der Jude, Sonderheft, 1926, H. 3.
Jüdische Statistik. Hg. vom Verein f. jüdische Statistik, Alfred Nassig, Berlin 1903.
Katz, J., Die Entstehung der Judenassimilation in Deutschland und deren Ideologie, Diss. Frankfurt 1935.
Kaznelson, S., Juden im deutschen Kulturbereich, Berlin 1959.
Kirche und Synagoge. Handbuch zur Geschichte von Christen und Juden. Darstellung mit Quellen. Hg. K. H. Rengstorf/S. von Kortzfleisch, Stuttgart 1970, Bd. 2.
Klingenberg, H.-M., Emanzipation und Assimilation der Juden Deutschlands im Zeitalter der Aufklärung, des Liberalismus und des Nationalismus, in: Das Christentum und die Juden. Arbeiten der Melanchthon-Akademie. Köln 1966, Bd. 1, S. 125–139.
Knütter, H.-H., Die Juden und die deutsche Linke in der Weimarer Republik, Düsseldorf 1971 (= Bonner Schriften zur Politik und Zeitgeschichte, 4).
Kober, Adolf, Jewish Communities in Germany from the Age of Enlightenment to their Destruction by the Nazis, in: Jewish Social Studies, 9.1947, S. 195–238.

Kohut, A., Geschichte der deutschen Juden. Ein Handbuch für die jüdische Familie, Berlin 1898.

ders., Berühmte israelitische Männer und Frauen in der Kulturgeschichte der Menschheit, Leipzig 1900–1901, bes. S. 325–346 (Architekten).

Lazarus, L., Die Organisation der preußischen Synagogengemeinden, Diss. Göttingen 1933.

Lehmann, M., Beiträge zur Geschichte der jüdischen Gemeinden in Deutschland, in: Der Israelit. Ein Centralorgan für das orthodoxe Judentum, 1874, H. 13/14.

Lehr, St., Der Antisemitismus als religiös bedingtes soziales Vorurteil 1870–1914, Diss. München 1974.

Léon, A., Judenfrage und Kapitalismus. Historisch-materialistische Analyse der Rolle der Juden bis zur Gründung des Staates Israel, München 1971.

Leschnitzer, A., Saul und David. Die Problematik der deutsch-jüdischen Lebensgemeinschaft, Heidelberg 1954.

ders., Juden als Bürger deutscher Städte, in: Archiv für Kommunalwissenschaften, 4.1965, 1. Halbbd., S. 112–120.

Leuschen-Seppel, R., Sozialdemokratie und Antisemitismus im Kaiserreich. Die Auseinandersetzung der Partei mit den konservativen und völkischen Strömungen des Antisemitismus, Bonn 1978.

Levin, N., The Holocaust. The destruction of European jewry 1933–1945, New York 1973.

Levy, Richard S., The Downfall of the antisemitic political parties in imperial Germany, New Haven 1975.

Lewkowitz, Albert, Das Judentum und die geistigen Strömungen des 19. Jahrhunderts, Breslau 1935.

Liebeschütz, H., Das Judentum im deutschen Geschichtsbild von Hegel bis Max Weber, Tübingen 1967.

Lowenstein, S. M., The Pace of Modernism of German Jewry in the 19th century, in: Yearbook. Leo Baeck Institute, 21.1976, S. 41 ff.

Maor, Harry, Über den Wiederaufbau der jüdischen Gemeinden in Deutschland seit 1945, Diss. Mainz 1961.

Mark, Gordon R., German Nationalism and Jewish Assimilation. The Bismarck Period, in: Yearbook. Leo Baeck Institute, 22.1977, S. 81 ff.

Marxisten gegen Antisemitismus, Hg. Iring Fetscher, Hamburg 1974.

Meyer, Michael A., Christian Influence on early German Reform Judaism, in: Studies in jewish bibliography, history and literature in honor of I. Edward Kier, Hg. Ch. Berlin, New York 1971, S. 289–303.

ders., Jewish Religious Reform and Wissenschaft des Judentums, in: Yearbook. Leo Baeck Institute, 16. 1971, S. 19 ff.

ders., The Origin of the modern Jew. Jewish Identity and European Culture in Germany, Detroit 1967.

Mohrmann, W., Antisemitismus. Ideologie und Geschichte im Kaiserreich und in der Weimarer Republik, Berlin 1972.

Mosse, Werner E., The conflict of liberalism and nationalism and its effects on German Jewry, in: Yearbook. Leo Baeck Institute, 15.1970, S. 125–139.

Ostjuden, in: Süddeutsche Monatshefte, 1916, H. 2.

Pätzold, Kurt, Faschismus, Rassenwahn, Judenverfolgung. Eine Studie zur politischen Strategie und Tätigkeit des faschistischen deutschen Imperialismus, 1933–1935, Berlin 1975.

Paucker, A., Der jüdische Abwehrkampf gegen Antisemitismus und Nationalsozialis-

mus in den letzten Jahren der Weimarer Republik, Hamburg 1968.
Postal, B. u. A. H. Abramson, The Landmarks of a People, New York 1962.
Pulzer, Peter G. J., Die Entstehung des politischen Antisemitismus in Deutschland und Österreich 1867–1914, Gütersloh 1966.
Reinharz, J., Fatherland or promised Land. The Dilemma of the German Jew 1893–1914, Ann Arbor 1975.
ders., Deutschtum und Judentum in the Ideology of the Centralverein Deutscher Staatsbürger Jüdischen Glaubens 1893–1914, in: Jewish Social Studies, 36.1974, H. 1, S. 19–39.
Richarz, Monika, Der Eintritt der Juden in die akademischen Berufe, Tübingen 1974.
Rürup, R., Judenemanzipation und bürgerliche Gesellschaft in Deutschland, in: Gedenkschrift für Martin Göring. Studien zur Europäischen Geschichte. Hg. E. Schulin, Wiesbaden 1968 (= Veröff. d. Inst. f. Europ. Geschichte, 50).
ders., Kontinuität und Diskontinuität der ‹Judenfrage› im 19. Jahrhundert. Zur Entstehung des modernen Antisemitismus, in: Sozialgeschichte heute. Festschrift für Hans Rosenberg. Hg. H.-U. Wehler, Göttingen 1974, S. 388–415.
ders., Emanzipation und Antisemitismus. Studien zur Judenfrage der bürgerlichen Gesellschaft, Göttingen 1975 (= Kritische Studien zur Geschichtswiss., 15).
Schochow. W., Deutsch-jüdische Geschichtswissenschaft. Eine Geschichte ihrer Organisationsformen, 2. Aufl., Berlin 1969.
Scholem, G., Zur sozialen Psychologie der Juden in Deutschland, 1900–1930, in: Die Krise des Liberalismus zwischen den Weltkriegen, Hg. Rudolf von Thadden, Göttingen 1978, S. 256ff.
Schorsch, Emil, The Rural Jew, in: Yearbook. Leo Baeck Institute, 19.1974, S. 131–133.
Schorsch, I., Jewish Reaction to German Anti-Semitism, 1870–1914, New York u. London 1972.
Schwab, H., The History of Orthodox Jewry in Germany, London 1950.
Segall, J., Die beruflichen und sozialen Verhältnisse der Juden in Deutschland, Berlin 1912.
Seligmann, C., Geschichte der jüdischen Reformbewegung von Mendelssohn bis zur Gegenwart, Frankfurt/M. 1922.
Sendburg, E. v., Welche Hindernisse stehen der bürgerlichen Verbesserung der Juden in den deutschen Bundesstaaten entgegen, Karlsruhe 1821.
Silberner, E., Sozialisten zur Judenfrage. Ein Beitrag zur Geschichte des Sozialismus vom Anfang des 19. Jahrhunderts bis 1914, Berlin 1962.
Simpson, George E. u. J. M. Yinger, Racial and Cultural Minorities. An Analysis of Prejudice and Discrimination, 3. Aufl., New York u. London 1965.
Sombart, W., Die Juden in der Wirtschaft, Leipzig 1911.
ders., Die Zukunft der Juden, Leipzig 1912.
Spiker, C. W., Über die ehemalige und jetzige Lage der Juden in Deutschland, Halle 1809.
Sterling, E., Er ist wie du, München 1956.
dies., Judenhaß. Die Anfänge des politischen Antisemitismus in Deutschland 1815–1850, Frankfurt/M. 1969.
Stern-Taeubler, S., The First Generation of Emancipated Jews, in: Yearbook. Leo Baeck Institute, 15.1970, S. 3–40.
Studies in 19th century jewish intellectual history, Cambridge/Mass. 1964.
Tal, U., Liberal Protestantism and the Jews in the Second Reich 1870–1914, in: Jewish Social Studies, 26.1964, H. 1, S. 23–41.
ders., Die Polemik zu Anfang des 20. Jahrhunderts über das Wesen des Judentums nach

jüdischen und christlichen Quellen, in: Zur Geschichte der Juden in Deutschland im 19. und 20. Jahrhundert, Jerusalem 1971, S. 69 ff, (Hg. M. Gilon).
Thon, J., Die jüdischen Gemeinden und Vereine in Deutschland, Berlin 1906 (= Veröff. d. Bureaus f. Statistik d. Juden, 3).
Toury, J., Die politischen Orientierungen der Juden in Deutschland. Von Jena bis Weimar, Tübingen 1966.
ders., Der Eintritt der Juden ins deutsche Bürgertum. Eine Dokumentation, Tel Aviv 1972 (The School of Jewish Studies Tel Aviv University. Publications of the Diaspora Research Institute, 2).
ders., Types of Jewish Municipal Rights in German Townships. The Problem of Local Emancipation, in: Yearbook. Leo Baeck Institute, 22. 1977, S. 55 ff.
ders., Soziale und politische Geschichte der Juden in Deutschland 1847 bis 1871. Zwischen Revolution, Reaktion und Emanzipation, Düsseldorf 1977.
Treitschke, H. v., Ein Wort über unser Judenthum, 3. Aufl., Berlin 1880.
Wawrzinek, K., Die Entstehung der deutschen Antisemitenparteien, 1873–1890, Berlin 1927 (= Historische Studien, 168).
Wilhelm, Kurt, The Jewish Community in the Post-Emanzipation Period, in: Yearbook. Leo Baeck Institute, 2. 1957, S. 47 ff.

Landesgeschichtliche Literatur.
Geschichte der Juden in einzelnen Staaten

Anhalt
Walter, Ernst, Die Rechtsstellung der israelitischen Kultusgemeinden in Anhalt, Diss. Halle-Wittenberg, Dessau 1934.

Baden
Einstein, D., Die Einrichtung des Gottesdienstes bei den israelitischen Gemeinden des Großherzogtums Baden, Karlsruhe 1890.
Gedenkbuch zum 150jährigen Bestehen des Oberrats der Israeliten Badens, Karlsruhe 1934.
Hundsnurscher, F. und G. Taddey, Die jüdischen Gemeinden in Baden, Stuttgart 1968.
Lewin, Adolf, Geschichte der badischen Juden seit der Regierung Karl Friedrichs, 1837–1909, Karlsruhe 1909.
Rosenthal, B., Heimatgeschichte der badischen Juden seit ihrem geschichtlichen Auftreten bis zur Gegenwart, Bühl 1927.
Rürup, Reinh., Die Judenemanzipation in Baden, in: Zeitschr. f. d. Gesch. des Oberrheins, N. F. 75. 1966, S. 241 ff.

Bayern
Arco, Graf von, Vor- und Antrag des Reichsgrafen von Arco über die künftige Stellung der Juden in Bayern, München 1819.
Friedmann, A., Bilder aus meiner Heimatgeschichte. Ein Beitrag zur Geschichte und Heimatkunde der Juden in Bayern, Ingolstadt 1929.
Gotthelf, J., Die Rechtsverhältnisse der Juden in Bayern auf Grundlage der neuesten bayerischen Gesetze, München 1852.
Hanke, Peter, Zur Geschichte der Juden in München zwischen 1933 und 1945, München 1967.
Heimberger, J., Die staatskirchenrechtliche Stellung der Israeliten in Bayern..., Freiburg u. Leipzig 1893.

Henle, E., Über die Verfassung der Juden im Königreich Baiern und die Verbesserung derselben zum Nutzen des Staates, München 1811.
Hirsch, S., Unterthänigste Bitte des S. Hirsch um allergnädigste Revision derjenigen organischen Edicte und gesetzlichen Anordnungen, welche die staatsbürgerlichen Rechte der Bekenner der mosaischen Religion betreffen, München 1819.
Ophir, Baruch Z., Pinkas Hakehillot. Encyclopaedia of Jewish Communities from their Foundation till the Holocaust. Germany – Bavaria, Jerusalem, 1972.
ders. u. F. Wiesemann, Die jüdischen Gemeinden in Bayern, 1918–1945. Geschichte und Zerstörung, München u. Wien 1979.
Rosenfeld, S. W., Denkschrift an die hohe Ständeversammlung des Königsreichs Baiern, die Lage der Israeliten und ihre bürgerliche Verfassung betreffend, München 1819.
Rudhart, I., Über den Zustand des Königreichs Baiern nach amtlichen Quellen, Stuttgart u. Tübingen 1825, Bd. 1, bes. S. 63–89.
Schmid, Die bayerische Judenpolitik unter dem Ministerium Montgelas, Nürnberg 1920.
Schwarz, Stefan, Die Juden in Bayern im Wandel der Zeiten, München 1963.
Wassermann, R., Die Entwicklung der jüdischen Bevölkerung in Bayern im 19. Jahrhundert, in: Zeitschrift für Demographie und Statistik der Juden, Bd. 1, S. 11 ff.
Wolf, Gottfried, Das Judentum in Bayern. Skizzen aus der Vergangenheit und Vorschläge für die Zukunft, München 1897.

Berg
Toury, J., Dokumente zur Juden-Emanzipation im Großherzogtum Berg 1808, in: Bulletin für die Mitglieder der Gesellschaft der Freunde des Leo Baeck Instituts Tel Aviv, 12.1969, Nr. 46/47, S. 137–154.

Hessen
Arnsberg, Paul, Die jüdischen Gemeinden in Hessen. Anfang, Untergang, Neubeginn, 3 Bde., Frankfurt/M. 1972–73.
Bodenheimer, R., Beiträge zur Geschichte der Juden in Oberhessen von ihrer frühesten Erwähnung bis zur Emanzipation, Frankfurt/M. 1932.
Horwitz, L., Die Gesetze um die bürgerliche Gleichstellung der Israeliten im ehemaligen Kurhessen, 1816 und 1833, Kassel 1927.
Keim, A. M., Die Judenfrage vor dem hessischen Landtag in der Zeit von 1820–1849. Ein Beitrag zur Geschichte der Juden im Vormärz, Diss. Mainz 1953.
Rothschild, S., Emanzipations-Bestrebungen der jüdischen Großgemeinden des Großherzogtums Hessen im vorigen Jahrhundert..., Worms 1924.
Ruppin, A., Die Juden im Großherzogtum Hessen. Im Auftrag der Großloge für Deutschland..., Berlin 1909.

Mecklenburg
Donath, L., Geschichte der Juden in Mecklenburg von der ältesten Zeit bis auf die Gegenwart, Leipzig 1874.

Nassau
Kober, A., Die Juden in Nassau seit dem Ende des 18. Jahrhunderts... Ein Beitrag zur Judenemanzipation in Deutschland, in: Nassauische Annalen, 66.1955, S. 220–250.

Niedersachsen/Hannover
Asaria, Z., Die Juden in Niedersachsen von den ältesten Zeiten bis zur Gegenwart, Leer 1979.

Cohen, Moritz, Über die Lage der Juden nach gemeinem deutschen Rechte und die Mittel, dieselben zu verbessern mit besonderer Berücksichtigung des Königreichs Hannover, Hannover 1832.
Eggerschlüss, G., Die Emanzipation d. Juden in Ostfriesland, in: Ostfriesland. Zeitschrift für Kultur, Wirtschaft und Verkehr, Nr. 4, 1974, S. 10–15.
700 Jahre Juden in Südniedersachsen. Geschichte und religiöses Leben. Ausstellung im Städtischen Museum Göttingen. Katalog von W. R. Röhrbein u. R. Busch, Göttingen 1973.

Oldenburg
Schiekel, H., Die Juden im Oldenburger Münsterland, in: Jahrbuch für das Oldenburger Münsterland, 1974, S. 160–175 und 1975, S. 62 ff.
Trepp, L., Die Oldenburger Judenschaft. Bild und Vorbild jüdischen Seins und Werdens in Deutschland, Oldenburg 1973.

Pfalz/Rheinland-Pfalz
Arnold, H., Von den Juden in der Pfalz, Speyer 1967.
Dokumentation zur Geschichte der jüdischen Bevölkerung in Rheinland-Pfalz und im Saarland. 1800–1945, Hg. Landesarchivverwaltung Rheinland-Pfalz, Koblenz 1972–1974 (7 Bde.).
Grünbaum, E., Israelitische Gemeinde, Synagoge und Schule in der baierischen Pfalz. Eine geschichtliche Beleuchtung, Landau 1861.
Herz, R., Die Juden in der Pfalz, Philippsburg 1937.
Kopp, A., Die Dorfjuden der Nordpfalz. Dargestellt an der jüdischen Gemeinde Alsenz ab 1655, Meisenheim 1967.

Pommern
Kenéz, C., Geschichte des Judentums in Pommern, in: Pommern. Kunst, Geschichte, Volkstum, 8.1970, H. 1, S. 8–17.

Posen
Batys, J., Grand Duchy of Poznan under Prussian Rule. Changes in the Economic Position of the Jewish Population, 1815–1848, in: Yearbook. Leo Baeck Institute, 17.1972, S. 191–204.
Heppner, A., u. J. Herzberg, Aus Vergangenheit und Gegenwart der Juden und den jüdischen Gemeinden in den Posener Landen..., T. 1, Koschmin u. Bromberg 1909.

Preußen
Freund, I., Die Emanzipation der Juden in Preußen, Berlin 1912.
Dukas, R., Die Motive der preußischen Judenemanzipation von 1812 mit besonderer Berücksichtigung... der französischen Revolution, Berlin 1916.
Michaelis, A., Die Rechtsverhältnisse der Juden in Preußen seit dem Beginn des 19. Jahrhunderts..., Berlin 1910.
Offenburg, Benno, Das Erwachen des deutschen Nationalbewußtseins in der preußischen Judenheit, Diss. Hamburg 1933.
Rieger, Paul, Zur Jahrhundert-Feier des Judenedikts vom 11. 3. 1812, Berlin 1912.
Zander, C., Handbuch enthaltend die sämtlichen Bestimmungen über die Verhältnisse der Juden in dem preußischen Staate, 2. A., Leipzig 1885.

Rheinland
Monumenta Judaica. 2000 Jahre Geschichte und Kultur der Juden am Rhein, Katalog und Handbuch, 2. Aufl., Köln 1964.

Schulte, K. H. S., Dokumentation zur Geschichte der Juden am linken Niedrrhein seit dem 17. Jahrhundert, Düsseldorf 1972. (= Veröff. d. Hist. Vereins f. d. Niederrhein, 12).
Thiemann, W., Von den Juden im Siegerland, 2. Aufl., Siegen 1970.
Zur Geschichte der Juden am mittleren Niederrhein, in: Heimatbuch des Grenzkreises Kempen/Krefeld, 25. 1974, S. 233–59.

Sachsen
Levy, Alphons, Geschichte der Juden in Sachsen, Berlin 1901.
Sidori, K., Geschichte der Juden in Sachsen mit besonderer Rücksicht auf ihre Rechtsverhältnisse..., Leipzig 1840.

Schaumburg-Lippe
Brosius, D., Die Schaumburg-Lippischen Juden 1848–1945, in: Schaumburg-Lippische Mitteilungen, 21.1971, S. 59–98.
Guenter, M., Die Juden in Lippe von 1648 bis zur Emanzipation, 1858, Detmold 1973 (= Sonderveröffentl. d. Natwiss. u. Hist. Vereins f. d. Land Lippe, 20).
Hasselmeier, H.-H., Die Stellung der Juden in Schaumburg-Lippe von 1648 bis zur Emanzipation, Bückeburg 1967 (= Schaumburg. Studien, 19).

Schlesien
Brann, M., Die schlesische Judenheit vor und nach dem Edikt vom 11. März 1812, Breslau 1913 (= Wiss. Beilg. im Jahresbericht d. jüd. theolog. Seminars Fraenkelscher Stiftung).
Brilling, B., Die jüdischen Gemeinden Mittelschlesiens. Entstehung und Geschichte, Stuttgart 1972.
Hintze, Erwin, Katalog der Ausstellung ‹Das Judentum in der Geschichte Schlesiens›, Breslau 1929.
Oberschlesien, Sondernummer von: CV-Zeitung. Blätter für Deutschtum und Judentum, 3.1924, Nr. 37, S. 549–559.

Schleswig-Holstein
Castro, Hermann de, Über die Emancipation der Juden in Schleswig-Holstein..., Hamburg 1936.

Westfalen
Berding, H., Napoleonische Herrschafts- und Gesellschaftspolitik im Königreich Westfalen, 1807–1813, Göttingen 1973.
Brilling, B., Das Judentum in der Provinz Westfalen, in: Kirchen und Religionsgemeinschaften in der Provinz Westfalen, Münster 1978, S. 105 ff.
Herzig, A., Judentum und Emanzipation in Westfalen, Münster 1973.
Horwitz, L., Die Israeliten unter dem Königreich Westfalen. Ein aktenmäßiger Beitrag zur Geschichte der Regierung König Jerôme's, Berlin 1900.
Lazarus, F., Das Königl. Westphälische Konsistorium der Israeliten nach meist unbenutzten Quellen, Preßburg 1914.
Meyer, Hans Chanoch, (Hg.), Aus Geschichte und Leben der Juden in Westfalen, Frankfurt/M. 1962.

Westpreußen
Aschkewitz, M., Zur Geschichte der Juden in Westpreußen, Marburg 1967.

Württemberg
Gottesdienstordnung für die Synagogen des Königreichs Württemberg. Unter höchster Genehmigung festgesetzt von der Kön. israel. Ober-Kirchen-Behörde vom Jahre 1838, Stuttgart 1838.
Gunzenhauser, A., Sammlung der Gesetze, Verordnungen, Verfügungen und Erlässe betr. die Kirchenverfassung und die religiösen Einrichtungen der Israeliten in Württemberg, Stuttgart, 1909.
Jeggle, Utz, Judendörfer in Württemberg, Magstadt 1968.
Kroner, Th., Die Juden in Württemberg. Für Volksschulen und höhere Lehranstalten, Frankfurt/M. 1899.
Lebrecht, I., Die rechtliche Stellung der Juden in Württemberg, Ulm 1861.
Festschrift zum 70. Geburtstag des Oberkirchenrates Dr. Kroner, Stuttgart, Breslau 1917.
Rieger, P., (Hg.), Jüdische Friedhöfe und Gotteshäuser in Württemberg, Stuttgart 1932. (= Publikationen der Soncino-Gesellschaft, 12).
Sauer, Paul, Die jüdischen Gemeinden in Württemberg und Hohenzollern. Denkmäler, Geschichte, Schicksale, Stuttgart 1966.
Schwab, Gustav, Die rechtliche Stellung der israelitischen Religionsgemeinschaft in Württemberg, Berlin 1917.
Tänzer, Aron, Die Geschichte der Juden in Württemberg, Frankfurt/M. 1937.

Elsaß-Lothringen
Dienemann, M., Die jüdischen Gemeinden in Elsaß-Lothringen 1871–1918, in: Zeitschrift für die Geschichte der Juden in Deutschland, 7.1937, S. 77–85.
Halff, S., The Jews of Alsace-Lorraine, 1870–1920, in: American Jewish Yearbook, 12.1920, S. 53–79.
Cahen, G., Les juifs de la région lorraine des origines à nos jours, in: Pays lorrain. Société d'archéologie lorraine, 53.1972, H. 2, S. 55–84.

Bukowina
Gold, H., Geschichte der Juden in der Bukowina, Bd. 1, Jerusalem 1958.

Österreich/Schweiz
Gold, Hugo, Geschichte der Juden in Österreich, Jerusalem 1971.
Hellwing, I. A., Der konfessionelle Antisemitismus im 19. Jahrhundert in Österreich, Wien 1972.
The Jews of Austria. Essays on their life, history and destruction. Hg. J. Fraenkel, London 1967.
Das österreichische Judentum. Voraussetzungen und Geschichte, Hg. N. Vielmetti, Wien u. München 1974.
Rosensaft, M. Z., Jews and Antisemites in Austria at the End of the 19th century, in: Yearbook. Leo Baeck Institute, 21.1976, S. 57ff.
Guggenheim-Grünberg, Die Juden in der Schweiz, Zürich 1961

Tschechoslowakei (Böhmen, Mähren, Slowakei)
D'Elvert, Chr., Geschichte der Juden in Mähren und Österreichisch-Schlesien ..., Brünn 1895 (= Beiträge zur österreichischen Rechtsgeschichte, 4)
Gold, H., Die Juden und Judengemeinden Mährens in Vergangenheit und Gegenwart. Ein Sammelwerk, Brünn 1929.
ders., Gedenkbuch der untergegangenen Judengemeinden Mährens, Tel Aviv 1974.

ders., Juden und Judengemeinden Böhmens in Vergangenheit und Gegenwart, Brünn 1934.
Kestenberg-Gladstein, R., Neuere Geschichte der Juden in den böhmischen Ländern, T. 1, 1780–1830, Tübingen 1969.
Laor, E., Vergangen und ausgelöscht. Erinnerungen an das slowakisch-ungarische Judentum, Stuttgart 1972.
Lieben, H. (Hg.), Die jüdischen Denkmäler in der Tschechoslowakei, Prag 1933.
Stölzl, Chr., Zur Geschichte der böhmischen Juden in der Epoche des modernen Nationalismus, in: Bohemia, 14.1973, S. 129–157 u. 15.1974, S. 179–221.

Gemeindegeschichten, Baugeschichte einzelner Orte, einzelne Synagogen

Verzeichnet sind nur die wichtigsten Titel. Weiteres, besonders die zahlreichen Aufsätze zu Synagogenbauten aus Architekturzeitschriften, Gemeindeblättern, Tageszeitungen und Illustrierten sind in den Anmerkungen zu den jeweiligen Bauten aufgeführt. Auch allgemeine Stadtgeschichten, Einweihungsreden und Predigten finden sich in den Anmerkungen.

Dresemann, O., Die Juden in Aachen. Historische Übersicht, Aachen 1887.
Jaulus, H., Geschichte der Aachener Juden, Aachen 1924.
Philippson, Zur Einweihung der neuen Synagoge in Aachen am 18. und 19. September 1862. Zwei Reden, nebst Festbericht..., Aachen 1862.
Strauss, Max, The Community of Aachen half a century ago, in: Yivo Annual of Jewish Social Studies, 4.1949, S. 115–123.
Weber, Hans, Die jüdische Bevölkerung im Regierungsbezirk Aachen, in: Aachen. 150 Jahre Regierung und Regierungsbezirk Aachen. Beiträge zu ihrer Geschichte, Aachen 1967, S. 125–137.
‹Ahlem›. Eine Kulturaufgabe der deutschen Judenheit, Hannover 1918.
Erstrebtes und Erreichtes. Eine Jubiläumsschrift. Hg. Verein ehemaliger Ahlemer, Hannover 1929.
Böhm, Hans, Die Juden in Altenstadt, in: Illereichen-Altenstadt. Beiträge zur Geschichte der Marktgemeinde, Weißenhorn 1965, S. 52–65.
Rose, Hermann, Geschichtliches der israelitischen Kultusgemeinde Altenstadt, Altenstadt 1931.
Adler, S., Worte der Weihe, gesprochen zur Einweihung der neuen Synagogen in Alzey am 28. Tischri 5615 (20. Oct. 1854), Alzey 1854.
Böcher, Otto, Zur Geschichte der Alzeyer Juden, in: 1750 Jahre Alzey. Festschrift. Hg. F. K. Becker, Alzey 1973 (= Alzeyer Geschichtsbll., Sonderheft, 6), S. 196–206.
Künzl, Hannelore, Judaica im Museum zu Alzey, in: Alzeyer Geschichtsbll., 13.1978, S. 85–106.
Agt, J. F. van, Synagogen in Amsterdam, 's Gravenhage 1974.
Eisler, Max, Neue Synagoge Amsterdam-Ost, in: Menorah, 8.1930, S. 165–173.
ders., Ein moderner Tempel in Amsterdam, in: ebd., 7.1929, S. 559–567.
Documenta Judaica. (Katalog einer Ausstellung in Andernach), Andernach 1969.
Fehring, Günter P., Stadt und Landkreis Ansbach. Bayerische Kunstdenkmale. Kurzinventar, Bd. 2, München 1958, S. 24–25.
Grünbaum, Aaron, Das Erbteil der Väter. Predigt gehalten am Säkularfeste der Synago-

ge zu Ansbach am 9. Sept. 1893, Aschaffenburg 1846.
Bamberger, Simon, Festpredigt zur Feier der Einweihung der neuen Synagoge zu Aschaffenburg am ... 29. Sept. 1893, Aschaffenburg 1893.
Bezen, Bernhard, Die Synagoge in Augsburg, in: Münchner jüdische Nachrichten, 6.1956, Nr. 25, S. 3.
Grünfeld, Richard, Ein Gang durch die Geschichte der Juden in Augsburg. Festschrift zur Einweihung der neuen Synagoge in Augsburg am 4. April 1917, Augsburg 1917.
Anklam, K., Die Judengemeinde in Aurich, Frankfurt a. M. 1927.
Hirsch, Helmut, Aus der Geschichte der Auricher Judengemeinde 1592–1940. Ausstellung und Dokumente. 21./22. Febr. 1975 im Rahmen der Tage der ‹Offenen Tür›, Aurich 1975.

Eckstein, Adolf, Die israelitische Kultusgemeinde Bamberg von 1803–1853. Festschrift zur Einweihung der neuen Synagoge in Bamberg, Bamberg 1910.
ders., Bilder aus der Vergangenheit der israelitischen Gemeinde Bamberg, Bamberg 1933.
Friedrich-Brettinger, H., Die Juden in Bamberg, Bamberg 1963.
Paschke, Hans, Der Judenhof und die alte Judengasse zu Bamberg, Bamberg 1969 (= Studien zur Bamberger Geschichte und Topographie, 36).
Höse, K., Chronik der Stadt und Grafschaft Barby an der Elbe, Barby 1913.
Brönnimann, Rolf, Basler Bauten 1860–1910, Basel/Stuttgart 1973.
ders., Architekt Fritz Stehlin, 1861–1923, Basel 1974.
Nordemann, Th., Zur Geschichte der Juden in Basel. Jubiläumsschrift der Israelit. Gemeinde Basel, Basel 1955.
Wolf, Arthur, Die Juden in Basel. 1543–1872, Basel 1909.
Zum Zentenarium der Basler Synagoge, 1868–1968. Eine Festschrift, Basel 1968.
Gebessler, August, Stadt und Landkreis Bayreuth. Bayer. Kurzinventare, München 1959, S. 23.
Salomon, Die Bayreuther Synagoge, in: Bayreuther Land, 3. 1929, S. 247–252.
ders., Zum 175-jährigen Bestehen der Bayreuther Synagoge, in: Bayerische Israelitische Gemeindezeitung, 1935, S. 117.
Windmüller, Fritz, Chronik der Familie Windmüller. Geschichte der Gemeinde Bekkum, Frankfurt a. M. 1938.
Hellriegel, Ludwig, Geschichte der Bensheimer Juden, Bensheim o. J. (1963).
Rosenthal, Ludwig, Zur Geschichte der Juden im Gebiet der ehemaligen Grafschaft Hanau unter besonderer Berücksichtigung der Gemeinde Bergen bei Frankfurt a. M., Hanau 1963.
Berlin und seine Bauten. Hg. vom Architekten Verein zu Berlin, Berlin 1877, 2. Aufl., Berlin 1896.
Borrmann, R., Die Bau- und Kunstdenkmäler von Berlin, Berlin 1893.
Börsch-Supan, Eva, Berliner Architektur, 1840–1870, München 1977.
Geiger, Ludwig, Geschichte der Juden in Berlin, Berlin 1871.
Hamburger, Wolfgang, Das Judentum der Jüdischen Reformgemeinde zu Berlin, in: Tradition und Erneuerung. Zeitschrift d. Vereinigung für d. Religiös-Liberale Judentum in der Schweiz, 1972, Nr. 34, S. 14–24; 1973, Nr. 36, S. 13–20.
Herrmann, Klaus J., Weltanschauliche Aspekte der Jüdischen Reformgemeinde zu Berlin, in: Emuna. Horizonte zur Diskussion über Israel und das Judentum, 9.1974, S. 83–92.
Holdheim, Samuel, Geschichte der Entstehung und Entwicklung der jüdischen Reformgemeinde in Berlin, Berlin 1857.

Die Israelitische Synagogengemeinde (Adass Jisroel) zu Berlin, 1869–1904, Berlin 1904.
Knoblauch, G., u. F. Hollin, Die neue Synagoge in Berlin, entworfen und ausgeführt von Eduard Knoblauch, Berlin 1867.
Levin, Moritz, die Reform des Judenthums. Festschrift zur Feier des 25jährigen Bestehens der Jüdischen Reformgemeinde zu Berlin, Berlin 1895.
Pinner, M., Geschichte der neuesten Reformen der Jüdischen Gemeinde Berlins und deren Bekämpfung, Berlin 1857.
Posener, Julius, Berlin auf dem Wege zu einer neuen Architektur. Das Zeitalter Wilhelms II., München 1979.
Protokollbuch der Jüdischen Gemeinde Berlin, 1723–1854, Hg. Josef Meisel, Jerusalem 1962.
Ritter, J. H., Die Jüdische Reformgemeinde zu Berlin und die Verwirklichung der jüdischen Reformideen, Berlin 1902.
Seeliger, Herbert, Origin and Growth of the Berlin Community, in: Yearbook. Leo Baeck Institute, 3. 1958, S. 159–168.
Sellenthin, H. G., Geschichte der Juden in Berlin und des Gebäudes Fasanenstraße 79/80. Festschrift anläßlich der Einweihung des jüdischen Gemeindehauses, Berlin 1959.
Sinasohn, Max, (Hg.), Adass Jisroel Berlin. Entstehung..., Jerusalem 1966.
ders., Die Berliner Privatsynagogen und ihre Rabbiner 1671–1971. Zur Erinnerung an das 300jährige Bestehen der Jüdischen Gemeinde zu Berlin, Jerusalem 1971.
Strauss, Herbert A. und Kurt R. Grossmann (Hg.) Gegenwart im Rückblick. Festgabe für die Jüdische Gemeinde zu Berlin 25 Jahre nach dem Neubeginn, Heidelberg 1970.
Wegweiser durch die jüdische Gemeinde zu Berlin, Berlin 1937.
Wirth, Irmgard, Die Bauwerke und Kunstdenkmäler von Berlin. Bezirk Tiergarten, Berlin 1955.
dies., Die Bauwerke und Kunstdenkmäler von Berlin. Bezirk Charlottenburg, Berlin 1961.
Wolbe, Eugen, Geschichte der Juden in Berlin und in der Mark Brandenburg, Berlin 1937.
Wyking, A., Die Juden Berlins. Nach historischen Quellen, 2. Aufl., Leipzig 1891.
Friedmann, Hugo, Festschrift zur Feier des 75jährigen Bestehens der Synagoge in Berncastel-Cues, Berncastel-Cues 1927.
Bücher, Joh., Zur Geschichte der jüdischen Gemeinde in Beuel, Beuel 1965.
Kopfstein, M., Geschichte der Synagogengemeinde in Beuthen O/S, Beuthen 1891.
Katzenstein, Moritz. Zur Geschichte der Synagogen-Gemeinde Bielefeld, Ravensberg 1904.
Niemann, Ursula, Überblick über die Geschichte der jüdischen Gemeinde Bielefeld, Bielefeld 1972 (2. Aufl.)
Grünfeld, Richard, Zur Geschichte der Juden in Bingen am Rhein. Festschrift zur Einweihung der neuen Synagoge in Bingen, Bingen 1905.
Cohn, Max, Aus vergilbten Akten. Zur Geschichte der Bonner Synagogengemeinde, Bonn 1931.
Herschel, Max, Die Judengasse in Bonn und ihre alte Synagoge vor 50 Jahren, Festrede ..., Bonn 1904.
Levy, Alfred, Aus Bonner Archiven. Zur Geschichte der jüdischen Gemeinde. Zum 50jährigen Jubiläum der Synagoge, Bonn 1929.
Schreiber, Emanuel, Die jüdische Gemeinde Bonn. Festschrift zur Einweihung ihrer neuen Synagoge am 31. Jan. 1879, Bonn 1879.
Simons, Ernst, Geschichte der jüdischen Gemeinden im Bonner Raum, Bonn 1959.

Busch, Ralf, Beiträge zur Geschichte der Bovender Judengemeinde, in: Plesse-Archiv, 7.1972, S. 57–84.
Ackermann, A., Geschichte der Juden in Brandenburg a. H., Berlin 1906.
Brunsvicensia Judaica. Gedenkbuch für die jüdischen Mitbürger der Stadt Braunschweig, 1933–1945, Braunschweig 1966.
Busch, Ralf (Hg.), Der ehemaligen jüdischen Gemeinde Braunschweigs zum Gedenken, Braunschweig 1977 (= Veröffentlichungen des Braunschweigischen Landesmuseums, 11).
Heymann, Victor, Von der jüdischen Gemeinde in Braunschweig, in: Braunschweigisches Magazin, 31.1925, S. 58–63, 71–77.
Beiträge zur Geschichte der Israelitischen Gemeinde in Bremen, in: Festschrift zum 60. Geburtstag von Carl Katz, Bremen 1959, S. 21 ff.
Breslau und Mannheim. Two Jewish Communities. An Exhibition in honor of Max Gruenewald, Leo Baeck Institute, New York 1975.
Brilling, B., Zur Geschichte der Juden in Breslau, in: Jahrbuch der schlesischen Friedrich-Wilhelms-Universität in Breslau, 12.1967, S. 126–143.
Freudenthal, M., Die ersten Emancipationsbestrebungen der Juden in Breslau, in: Monatsschrift für Geschichte und Wissenschaft des Judentums, 1883, 41 ff u. passim.
Landsberger, J., Die Juden in Breslau, in: ebd., S. 543–563.
Roland, G., Topographie und Geschichte der Stadt Breslau, Breslau 1839.
Stein, Julius, Geschichte der Stadt Breslau im 19. Jahrhundert, Breslau 1884.
Stecker, Max, Die Juden zu Brieg. Ein Beitrag zur Heimatgeschichte, Brieg 1938.
Herzger, J., Geschichte der Juden in Bromberg. Zugleich ein Beitrag zur Geschichte der Juden des Landes Posen, Frankfurt a. M. 1903.
Vierfelder, Moritz, Betsäle und Synagogen in Buchau und Kappel, Buchau 1938 (MS, Archiv Leo Baeck Institut New York).
Katona, J., A 90 Eves Dohany-Utcai Templom, Budapest 1949.
Kempf, Franz Xaver, Geschichte und Bau des neuen Israelitischen Kultus-Tempels in Pest, Pest 1859.
Lammert, C., Die Israelitische Gemeinde Bürgel a. Main, Offenbach 1924.
Hellriegel, Ludwig, Geschichte der Butzbacher Juden, in: Wetterauer Geschichtsblätter, 17.1968, S. 29–55.

Hartung, K., Die Synagoge von Castrop-Rauxel, in: Kultur und Heimat, 9.1957, Nr. 4, S. 234–235.
Busch, J. und J. Ricklefs, Zur Geschichte der Juden in Celle. Festschrift zur Wiederherstellung der Synagoge, Celle 1974.
Diamant, Adolf, Chronik der Juden in Chemnitz, heute Karl-Marx-Stadt, Frankfurt 1970.
Posner, S., Geschichte der Juden in Cottbus. Nach handschriftlichem Material zusammengestellt zum 50jährigen Jubiläum der Synagogen-Gemeinde, Cottbus 1908.
Posner, A. B., The Annals of the Community of Czarnikau, Jerusalem 1957.

Danzig und seine Bauten, Hg. Westpreußischer Architekten- und Ingenieur-Verein, Berlin 1908.
Echt, Samuel, Die Geschichte der Juden in Danzig, Leer 1972.
Kayser, Erich, Die Baugeschichte der Stadt Danzig, Köln 1972.
Lichtenstein, E., Die Juden in Danzig, in: Zeitschrift für die Geschichte der Juden, 4.1967, S. 199–217.
Stein, Abraham, Die Geschichte der Juden zu Danzig. Seit ihrem ersten Auftreten in

dieser Stadt bis auf die neueste Zeit, Danzig 1860, 2. Aufl. Danzig 1933.
Heimann, F. C., Die alte Synagoge in Deutz, in: Mitteilungen des Rheinischen Vereins für Denkmalpflege und Heimatschutz, 8.1914, S. 108–118.
Dieburg – Beiträge zur Geschichte einer Stadt. Hg. vom Magistrat, Dieburg 1977.
Kohn, A. J. (Hg.), Zur Geschichte der Juden in Diedenhofen. Festschrift zur Einweihung der neuen Synagoge in Diedenhofen, Diedenhofen 1913.
Heck, Hermann, Zur Geschichte der Diezer Judenschaft, in: Diezer Heimatblätter, 8.1961, S. 16–21.
Gabler, August, Die letzte Judengemeinde in Dinkelsbühl, in: Genealogie, 22.1973, H. 11, S. 731–738.
Schön, B., Die jüdische Gemeinde (Dinslaken), in: Heimatkalender für den Landkreis Dinslaken, 20.1962, S. 139–144.
Stampfuß, R. und A. Triller, Geschichte der Stadt Dinslaken, 1273–1973, Neustadt/A. 1973, S. 496–503.
Brilling, B., Geschichte der Juden in Dorstfeld und Huckarde, in: Beiträge zur Geschichte Dortmunds und der Grafschaft Mark, 57.1960, S. 131–167.
Knipping, Ulrich, Die Geschichte der Juden in Dortmund während des Dritten Reiches, Dortmund 1977.
Diamant, Adolf, Chronik der Juden in Dresden, Darmstadt 1973.
Lehmann, Emil, Aus alten Acten. Bilder aus der Entstehungsgeschichte der Israelitischen Religionsgemeinde zu Dresden, Dresden 1886.
Düsseldorf und seine Bauten. Hg. vom Architekten- und Ingenieurverein, Düsseldorf 1904.
Eschelbacher, Max, Die Synagogengemeinde Düsseldorf, 1904–1929. Festschrift zur Feier des 25jährigen Bestehens der Synagoge, Düsseldorf 1929.
Wedell, A., Geschichte der jüdischen Gemeinde Düsseldorfs, in: Geschichte der Stadt Düsseldorf ... Festschrift zum 600jährigen Jubiläum, Düsseldorf 1888, S. 149–254.
Grünwald, M., Zur Geschichte der jüdischen Gemeinde in Dyhernfurth a. O. Breslau 1881.
Manasse, Ludwig, Das Schicksal einer alten schlesischen Judengemeinde (Dyhernfurth), in: Oberschlesien, 17.1918, H. 4, S. 116–120.

Huettner, Axel, Die jüdische Gemeinde von (Efringen-)Kirchen, 1736–1940, Grenzach 1978.
Wilkowitsch, Armin, 50 Jahre Kultusgemeinde (Eger), in: Egerer Jahrbuch. Kalender für das Egerland und seine Freunde, Eger 1920, S. 27–40.
Feise, W., Zur Geschichte der Juden in Einbeck, Einbeck 1902.
Plümer, Schicksale der Einbecker Juden von 1933–1945, in: Einbecker Jahrbuch. 29.1970, S. 93 ff.
Wiesen, Festschrift zum 50jährigen Jubiläum der Israelitischen Religionsgemeinde zu Eisenach am 11. Dez. 1927, Eisenach 1927.
Schröder, Karl, Die Juden in den Gemeinden Eitorf und Ruppichteroth, Siegburg 1974, (= Veröff. d. Geschichts- u. Altertumsvereins für Siegburg u. d. Rhein-Sieg-Kreis, 11).
Neufeld, S., Geschichte der jüdischen Gemeinde Elbing, in: Zeitschr. f. d. Geschichte der Juden, 2.1965, S. 1–14.
ders., Inneres Leben der Elbinger Gemeinde seit dem Bau der Synagoge, in ebd., 5.1968, S. 127–140.
Wischnitzer, R., Die Synagoge in Ellrich am Südharz, in: Monatsschrift f. Geschichte u. Wissenschaft des Judentums, 83. 1939, S. 493–508.

Naumann, Walter, Juden in Elmshorn, in: Heimatpost Elmshorn, 2.1965, Nr. 26–29, 31–36, 38 (Mai-Dez.).
Immig, E., Zur Geschichte der Erfurter Synagogen, in: Aus der Vergangenheit der Stadt Erfurt, Bd. 1, Erfurt 1955, S. 133–140.
Kroner, Th., Die Geschichte der Juden in Erfurt, Erfurt 1884 (= Festschrift zur Einweihung der neuen Synagoge in Erfurt am 4. Sept. 1884).
Samuel, Salomon, Geschichte der Juden in Stadt und Stift Essen von der Einverleibung Essens in Preußen (1802) bis zur Errichtung der Synagoge am Steeler Tor (1913). Festschrift zur Weihe der Synagoge, Frankfurt a. M. 1913.
Schröter, H., Geschichte und Schicksal der Essener Juden. Gedenkbuch für die jüdischen Mitbürger der Stadt Essen, Essen 1980.

Müller, Carl, Aus der Geschichte der jüdischen Gemeinde in Fischeln, in: Die Heimat. Zeitschr. f. niederrhein. Heimatpflege, 31.1960, H. 1–4, S. 100–104.
Bahr, Wolfgang, Die jüdische Gemeinde in Flatow, in: Neues Schlochauer und Flatower Kreisblatt, 15.1967, Nr. 2, S. 2619–2620.
Goldmann, Joseph und Lehner, Fred, Historisch-topographische Beschreibung des Judenberges bey Floss, in: 1000 Jahre Floß, Hg. Adolf W. Schuster, Floß 1976, S. 335–345.
Moses ben Abraham, Rede am Tage der Einweihung der neuerbauten Synagoge bei der jüdischen Gemeinde zu Floß am 22sten August 1817, Sulzbach 1818.
Schwarz, Stefan, Die Synagoge in Floß (Oberpfalz), in: Zeitschrift für die Geschichte der Juden, 10.1973, S. 113–120.
Arnsberg, Paul, Bilder aus dem jüdischen Leben im alten Frankfurt, Frankfurt a. M. 1970.
ders., Neunhundert Jahre ‹Muttergemeinde Israel› Frankfurt am Main, 1074–1974. Chronik der Rabbiner, Frankfurt a. M. 1974.
Frankfurt a. M., 1886–1910. Ein Führer durch seine Bauten. Den Teilnehmern an der Wanderversammlung des Verbandes Deutscher Architekten- und Ingenieur-Vereine, Frankfurt a. M. 1910.
Freimann, A. und F. Kracauer, Frankfort, Philadelphia 1929 (= Jewish Communities Series).
Hirsch, Mendel, S. R. Hirsch und die Israelitische Religionsgesellschaft zu Frankfurt a. M., Mainz 1897.
Kracauer, I., Geschichte der Juden in Frankfurt am Main, 1150–1824, 2 Bde., Frankfurt 1925–1927.
Schembs, H.-O., Bibliographie zur Geschichte der Frankfurter Juden, 1781–1945, Frankfurt a. M. 1978.
Scheuermann, S., Der Kampf der Frankfurter Juden um ihre Gleichberechtigung 1815–1824, Diss. Würzburg 1933.
Schwarzschild, Em., Die Gründung der israelitischen Religionsgesellschaft zu Frankfurt a. M. und ihre Weiterentwicklung, Frankfurt/M. 1896.
Swineköper, B. und F. Laubenberger, Geschichte und Schicksal der Freiburger Juden, Freiburg 1963 (= Freiburger Stadthefte, 6).
Hansen, Hermann, Unsere Friedrichstädter Juden, Friedrichstadt 1976.
Löwenstein, L., Zur Geschichte der Juden in Fürth, 2 Bde., Frankfurt/M., 1909–1911.
Sax, Die Synagoge in Fürth, Fürth 185?.
Horn, Paul u. Naftali H. Sonn, Zur Geschichte der Juden in Fulda. Ein Gedenkbuch, Tel Aviv 1969.

Festschrift anläßlich des 50jährigen Bestehens der Synagogen-Gemeinde Gelsenkirchen. Geschichte der Synagogen-Gemeinde, Gelsenkirchen 1924.

Löwenstein, Emil, Aus Vergangenheit und Gegenwart der israelitischen Gemeinde Gemen, anläßlich der Synagogen-Einweihung, Krefeld 1912.

Diehl, Wilh., Zur Geschichte der Groß-Gerauer Synagogen, in: Das Gerauer Land, Nr. 10 vom 15. 8. 1912, S. 41 ff.

Baer, Max, Chronik der Israelitischen Gemeinde Gernsbach-Baden, Gernsbach 1928 (MS, Archiv Leo Baeck Institut New York).

Lustig, Wilh., Von den Juden in Gleiwitz, in: Alte Heimat Gleiwitz. Stadt und Landkreis Gleiwitz/Oberschlesien in Wort und Bild, Bottrop 1961, S. 53–55.

Berndt, R., Geschichte der Juden in Groß-Glogau, Glogau 1873.

Eilers, Rolf, Die Synagogengemeinde Bad Godesberg, Bad Godesberg 1968.

Tänzer, A., Geschichte der Juden in Jebenhausen und Göppingen, Berlin u. Leipzig 1927.

Wilhelm, Peter, Die jüdische Gemeinde in der Stadt Göttingen von den Anfängen bis zur Emanzipation, Göttingen 1973.

Berberich, Jos., Die israelitische Gemeinde Groß-Krotzenberg. Festschrift zur Jahrhundertfeier des Synagogenbaus im Juli 1926, Hanau 1926.

Barlev, Jehuda, Juden und jüdische Gemeinde in Gütersloh, 1671–1943, Gütersloh 1973.

Halpern, Felix, Geschichte der jüdischen Gemeinde zu Guttstadt. Ein Beitrag zur Geschichte der Juden im Emsland, Guttstadt 1927.

Schemann, Fritz, Zur Geschichte der Juden in Hagen, in: Gedenkbuch zum tragischen Schicksal unserer jüdischen Mitbürger, Hagen 1961, S. 19 ff.

Auerbach, H. B., Die Geschichte der drei Synagogen in Halberstadt, in: Zeitschr. f. d. Geschichte der Juden, 9. 1972, S. 152 ff.

Cassuto, Alfonso, Gedenkschrift anl. des 275jährigen Bestehens der Portugiesisch-Jüdischen Gemeinde in Hamburg, Amsterdam 1927.

Duckesz, Ed., Iwoh Lemoschaw enthaltend Biographien und Grabstein-Inschriften der Rabbiner der drei Gemeinden Altona, Hamburg, Wandsbek, Krakau 1903.

Einweihungsfeier des Tempels Oberstraße 118–126. Sonntag, den 30. August 1931, Hamburg 1931.

Freimark, Peter, Zum Verhältnis von Juden und Christen in Altona im 17. und 18. Jahrhundert, in: Theokratia. Jahrbuch des Institutum Judaicum Delitzschianum. Festgabe für Karl Heinrich Rengstorf zum 70. Geburtstag, II. 1970–1972, Leiden 1973, S. 253–272.

Gaedechens, C. F., Historische Topographie der Freien und Hansestadt Hamburg, Hamburg 1880.

Geiger, Abraham, Der Hamburger Tempelstreit, eine Zeitfrage, Breslau 1842.

Goldenberg, Kurt, Der Kultus- und Profanbau der Juden, erläutert an Hand von Hamburg-Altona-Wandsbek, Diss. Dresden, o. J., um 1927 (MS).

Goldschmidt, Geschichte der Talmud Tora-Realschule in Hamburg. Festschrift zur Hundertjahrfeier der Anstalt, 1805–1905, Hamburg 1905.

Haarbleicher, M. M., Zwei Epochen aus der Geschichte der Deutsch-Israelitischen Gemeinde in Hamburg, Hamburg 1867.

Hamburg und seine Bauten. Zur 9. Wanderversammlung des Verbandes deutscher Architekten- und Ingenieurvereine, Hamburg 1890.

Hamburg und seine Bauten, 2 Bde., Hamburg 1914.

Hammer-Schenk, H., Hamburgs Synagogen des 19. und frühen 20. Jahrhunderts, Hamburg 1978.

Italiener, B., (Hg.), Festschrift zum hundertzwanzigjährigen Bestehen des Israelitischen Tempels in Hamburg, 1817–1937, Hamburg 1937.
Krohn, Helga, Die Juden in Hamburg, 1800–1850. Ihre soziale, kulturelle und politische Entwicklung während der Emanzipationszeit, Frankfurt a. M. 1967.
dies., Die Juden in Hamburg. Die politische, soziale und kulturelle Entwicklung einer jüdischen Großgemeinde nach der Emanzipation 1848 bis 1918, Hamburg 1974 (Hamburger Beiträge zur Geschichte der deutschen Juden, 4).
Lehmann, Julian, Gemeinde-Synagoge Kohlhöfen, 1859–1934, Hamburg 1934.
Leimdörfer, David (Hg.), Festschrift zum 100jährigen Bestehen des israelitischen Tempels in Hamburg, 1818–1918, Hamburg 1918.
Levy, Hartwig, Die Entwicklung der Rechtsstellung der Hamburger Juden, Hamburg 1933.
Melhop, W., Althamburgische Bauweise, Hamburg 1908, 2. Aufl. 1925.
Riquarts, Kurt G., Der Antisemitismus als politische Partei in Schleswig-Holstein und Hamburg 1871–1914, Diss. Kiel 1975.
Salomon, Gotthold, Kurzgefaßte Geschichte des Neuen Israelitischen Tempels in Hamburg während der ersten 25 Jahre seines Bestehens, nebst Anmerkungen ..., Hamburg 1844.
Schwabacher, Isaac, Geschichte und rechtliche Gestaltung der portugiesisch-jüdischen und der deutsch-israelitischen Gemeinde zu Hamburg, Berlin 1914.
Tannenwald, Bruno, Die rechtlichen Verhältnisse der Juden in Hamburg, Hamburg 1911.
Wolfsberg-Aviad, Oskar, Die Drei-Gemeinde. Aus der Geschichte der jüdischen Gemeinden Altona-Hamburg-Wandsbek, München 1960.
Zimmermann, Mosche, Hamburgischer Patriotismus und deutscher Nationalismus. Die Emanzipation der Juden in Hamburg, 1830–1865, Hamburg 1979 (Hamburger Beiträge zur Geschichte der deutschen Juden, 6).
Brand, Mechthild, Die Jüdische Gemeinde in Hamm, in: Der Märker. Heimatblatt für den Bereich der ehem. Grafschaft Mark, 24.1975, S. 79–81 u. 25.1976, S. 83–85.
Dartmann, Anna, Die soziale, wirtschaftliche und kulturelle Entwicklung der jüdischen Gemeinde Hamm, 1327–1943, Hamm 1977. (= Tatsachen und Berichte. Schriftenreihe der Stadt Hamm, 24).
Eickhoff, H., Die israelitische Gemeinde in Hamm, Hamm 1926.
Zimmermann, E., Geschichte der Juden, in: ders., Hanau, Stadt und Land, Hanau 1902, S. 476–521.
Leben und Schicksal. Zur Einweihung der Synagoge in Hannover, hrsg. von der Landeshauptstadt Hannover, Hannover 1963.
Löb, Abraham, Die Rechtsverhältnisse der Juden im ehemaligen Königreiche und der jetzigen Provinz Hannover, Diss. Frankfurt 1908.
Zuckermann, Mendel, Die Vorarbeiten der hannoverschen Regierung zur Emanzipation der Juden, Hannover 1909.
Homann, Horst, Die Harburger Schutzjuden, 1610–1848, in: Harburger Jahrbuch, 7.1957, S. 43–96.
Bamberger, Moses L., Beiträge zur Geschichte der Juden in Würzburg-Heidingsfeld, Würzburg 1905.
Schneider, Franz, Heidingsfeld, ein altfränkisches Städtebild, Heidingsfeld 1908, bes. S. 53–57.
Festreden. Israelitische Gemeinde Heilbronn. Festreden gehalten beim 50jährigen Synagogen-Jubiläum am 21. Mai 1927, Heilbronn 1927.
Franke, Hans, Geschichte und Schicksal der Juden in Heilbronn, Heilbronn 1963.

Kruseneck, Götz, Die Juden in Heilbronn, Heilbronn 1938 (= Veröffentlichungen des Archivs der Stadt Heilbronn, 1).
Mayer, Oskar, Die Juden in Heilbronn. Festschrift zum 50jährigen Bestehen der Synagoge in Heilbronn, Heilbronn 1927.
Neuhaus, Wilhelm, Geschichte von Hersfeld, 2. Aufl., Hersfeld 1954.
Jan, Helmut von, Zur Geschichte. Hildesheimer Juden, in: Hildesheim, 1968, H. 11, S. 24–28.
Landsberg, Max, Zur Geschichte der Synagogengemeinde Hildesheim, Hannover 1868.
Brilling, B., Chronik der jüdischen Gemeinde Hindenburg O/S (Zabrze), in: Hindenburg O/S. Stadt der Gruben, Hg. H. Schröter, Essen 1965, S. 84–91.
Weil, L., Die israelitische Kultusgemeinde Hof und deren Vorgeschichte, Hof 1927.
Burmeister, K. H., Die Entwicklung der Hohenemser Judengemeinde, in: Hohenems. Gesamtdarstellung, Bd. 1, Geschichte, Hohenems 1975, S. 171–188.
Tänzer, A., Die Geschichte der Juden in Hohenems und im übrigen Vorarlberg, Meran 1905 (= Die Geschichte der Juden in Tirol und Vorarlberg, T. 1 u. 2).
Kottek, H. u. S., Geschichte der Juden in Bad Homburg, Bad Homburg 1931 (MS, Archiv Leo Baeck Inst. New York).
Haug, August, Die jüdische Gemeinde Bad Honnef, in: Bad Honnef. 100 Jahre Stadt, Bad Honnef 1962, S. 174–175.
Rumpel, K.-J., Die jüdische Gemeinde Hoppenstädten, in: Mitteilungen des Vereins für Heimatkunde im Landkreis Birkenfeld, 31.1968, H. 1/2, S. 3 ff.
Richter, E., Die Hotzenplotzer Judengemeinde 1334–1848, in: Mitteilungen der Gesellschaft für jüd. Volkskunde 14.1911, H. 37–40, S. 29–36.

Friedmann, A., Die Geschichte der Juden in Ingolstadt, 1300–1900, Ingolstadt 1900.
Die jüdische Gemeinde. Beiträge zur Geschichte Iserlohns, Iserlohn 1970 (= Schriftenreihe Haus der Heimat, 13).
Buchmann, Gerhard, Jenaer Judengeschichte, Weimar 1940 (= Thüringer Untersuchungen zur Judenfrage, 4).
Bers, W., Die Juden in Jülich und ihr Schicksal, in: Heimat-Kalender für den Kreis Jülich, 20.1970, S. 113–122.

Friedel, H., Die Juden in Kaiserslautern, in: Pfälzer Heimat, 19.1968, H. 2, S. 55–58.
ders., Aus der Geschichte der Kaiserslauterner Judengemeinde, in: ebd., 27.1976, S. 99–103.
Garbelmann, Hans, Die jüdische Gemeinde in Kappel, in: Rosch Haschana. Feiertagsschrift, Stuttgart, September 1968, S. 26–27.
Weimann, Elkan, Entstehung der israelitischen Gemeinde Kappel, Buchau 1938 (verfaßt 1873, MS Archiv Leo Baeck Institut, New York).
Ziegler, J., Dokumente zur Geschichte der Juden in Karlsbad, 1791–1869, Karlsbad 1913.
Ehrenberg, K., Baugeschichte von Karlsruhe, 1715–1870, Karlsruhe 1909.
Fecht, K. G., Geschichte der Haupt- und Residenzstadt Karlsruhe, Karlsruhe 1887.
Rosenthal, B., Aus den Jugendjahren der jüdischen Gemeinde Karlsruhe, in: Monatsschrift f. Geschichte u. Wissenschaft des Judentums, 71.1927, S. 207–220.
Weech, F. v., Karlsruhe. Geschichte der Stadt und ihrer Verwaltung, 3 Bde., Karlsruhe 1895–1904.
Hallo, Rudolf, Geschichte der jüdischen Gemeinde Kassel unter Berücksichtigung der Hessen-Kasseler Gesamtjudenheit, Bd. 1, Kassel 1931.

Horwitz, L., Die Kasseler Synagoge und ihr Erbauer, in: Hessenland, 21.1902, H. 14, S. 197–199; H. 15, S. 213–216.
Cohn, Jakob, Geschichte der Synagogengemeinde Kattowitz O/S. Festgabe anl. der Einweihung der neuen Synagoge am 12. Sept. 1900, Kattowitz 1900.
Posner, A., Die Anfänge der israelitischen Gemeinde zu Kiel, in: Monatsschr. f. Gesch. u. Wissensch. d. Judentums, 76.1932, S. 229–239.
Stern, Moritz, Aus der Vergangenheit der israelitischen Gemeinde Kiel, Kiel 1892.
Bamberger, Naphtali, Geschichte der Juden von Kitzingen. Festgabe anl. des 25jährigen Bestehens der Synagoge, 1883–1908, Kitzingen 1908.
Wagner, Gottl., Geschichte der jüdischen Gemeinde zu Klein-Heubach a. M., Kleinheubach 1934.
Bellinghausen, Hans, 2000 Jahre Koblenz. Geschichte der Stadt an Rhein und Mosel, Boppard 1971.
Gorissen, Friedrich, Geschichte der Stadt Kleve von der Residenz zur Bürgerstadt, Kleve 1977.
Asaria, Zvi (Hg.), Die Juden in Köln von der ältesten Zeiten bis zur Gegenwart, Köln 1959.
Brisch, Karl, Geschichte der Juden in Cöln und Umgebung aus ältester Zeit bis auf die Gegenwart, Köln 1879.
Carlebach, Alex., Adass Jeschurun of Cologne. The life and death of a Kehilla, Belfast 1964.
Köln. Bauliche Entwicklung 1888–1927. Hg. im Auftrag des Architekten- u. Ingenieur-Vereins von H. Vogts, Köln 1927.
Köln und seine Bauten. Festschrift des Architekten- und Ingenieur-Vereins für Rheinland und Westfalen, Köln 1888.
Synagoge Roonstraße. Zur Erinnerung an das 25jährige Bestehen der Synagoge Roonstraße in Köln, 22. März 1924, Köln 1924.
Weyden, Ernst, Geschichte der Juden in Köln am Rhein von der Römerzeit bis auf die Gegenwart, Köln 1867.
Zur Geschichte des Judentums in Köln bis zum Ausgang des 19. Jahrhunderts. Ausstellung im Historischen Archiv der Stadt Köln ... Katalog, Köln 1962.
Zur Weihe der wiederhergestellten Synagoge Roonstraße und des jüdischen Kulturzentrums in Köln, Red. W. Unger, Köln 1959.
Gause, Fritz, Die Geschichte der Stadt Königsberg in Preußen, Köln 1965–1971 (3 Bde.), bes. Bd. 2.
Jolowicz, H., Geschichte der Juden in Königsberg, Posen 1867.
Krüger, Hans-Jürgen, Die Judenschaft von Königsberg in Preußen, 1700–1812, Marburg 1966 (= Wiss. Beiträge zur Geschichte u. Landeskunde Ost-Mitteleuropas, 76).
Rosenthal, Jos., Die gottesdienstlichen Einrichtungen in der jüdischen Gemeinde zu Königsberg i. Pr. Festschrift zu 25. Wiederkehr des Tages der Einweihung der neuen Gemeindesynagoge, Königsberg 1921.
Vogelstein, Herm., Eine Jahrhunderterinnerung. Zur Jahrhundertfeier d. Einweihung der alten Gemeindesynagoge, 1815, in: Bericht über den Religionsunterricht der Synagogengemeinde zu Königsberg, 48.1914–15, S. 1–23.
Bloch, Erich, Geschichte der Juden von Konstanz im 19. und 20. Jahrhundert. Eine Dokumentation, Konstanz 1971.
Rottoff, G. (Hg.), Krefelder Juden Bonn 1980. (Krefelder Studien, 2).
A. L., Die israelitische Kultusgemeinde in Kronberg i. Taunus, in: Nassovia. Zeitschr. f. Nassauische Geschichte und Heimatkunde, 9.1908, S. 165–166.

Kattermann, Hildegard, Geschichte und Schicksal der Lahrer Juden. Eine Dokumentation, Lahr 1976.
Heß, Hans, Die Landauer Judengemeinde. Ein Abriß ihrer Geschichte, Landau 1969.
Falkenstein, Ph., Die Synagogengemeinde zu Landeshut, in: Heimatbuch des Kreises Landeshut i. Schl., 2.1929, S. 389–390.
Grein, G. J., Geschichte der jüd. Gemeinde zu Langen und ihrer Synagoge. Eine Ausstellung des Magistrats, Langen 1978.
Lamm, Louis, Zur Geschichte der Juden in Lauingen und in anderen pfalzneuburgischen Orten, 2. Aufl., Berlin 1915 (= Zur Geschichte der Juden in bayrisch Schwaben, 2).
Schenk, G., Die Juden in Laupheim, in: Rosch Haschana 5731/1970, Hg. Isr. Religionsgem. Württemberg, September 1970, Stuttgart 1970, S. 24–32.
Aufruf an alle Israeliten Deutschlands betreffs die Erbauung einer allgemeinen Synagoge zu Leipzig, Leipzig 1837.
Aus Geschichte und Leben der Juden in Leipzig. Festschrift zum 75jährigen Bestehen der Leipziger Gemeindesynagoge. Hg. vom Vorstand, Leipzig 1930.
Hartenstein, Joh. G., Die Juden in der Geschichte Leipzigs. Von der Entstehung der Stadt an bis zur Mitte des 19. Jahrhunderts, Berlin 1938.
Leipzig und seine Bauten. Hg. von d. Vereinigung Leipziger Architekten und Ingenieure, Leipzig 1892.
Der neue israelitische Tempel in Leipzig. Von der Grundsteinlegung bis zur Vollendung des Baues, Leipzig 1855.
Peritz, Moritz, Aus der Geschichte der jüdischen Gemeinde zu Liegnitz, Liegnitz 1912.
Höhler, J., Aus der Geschichte der Limburger Juden, in: Nassauische Heimatblätter, 32.1931, S. 50–64.
Die Juden in Linz. Festschrift anl. des 50jährigen Bestandes des Linzer Tempels..., Linz 1927.
Lewin, Louis, Geschichte der Juden in Lissa, Pinne 1904.
Scherbel, Fritz, Die Juden in Lissa, Berlin 1932.
Schnitzler, P. u. H. Degen, Zur Geschichte der jüdischen Gemeinde in Lorsch, in: Laurissa Jubilans. Festschrift zur 1200 Jahrfeier von Lorsch, Lorsch 1964, S. 182–187.
Ullmann, Fritz, Die Judengemeinde in Luck und ihr Untergang, in: Zeitschrift für die Geschichte der Juden, 3.1966, S. 117–122.
Freudenthal, J., Chronik der Synagogengemeinde zu Luckenwalde und deren Vorgeschichte. Zum 50jährigen Jubiläum der Synagogen-Gemeinde..., Leipzig 1919.
Poller, Oskar, Geschichte der Juden in Ludwigshafen, in: Pfälzer Heimat, 21. 1970, H. 2, S. 56–62.
Brilling, Zur Geschichte der Juden in Lübeck und Moisling, in: Zeitschrift des Vereins für Lübeckische Geschichte und Altertumskunde, 49. 1969, S. 139–145.
Carlebach, Sal., Geschichte der Juden in Lübeck und Moisling, Lübeck 1898.
Mitteilungen aus der Israelitischen Gemeinde Lübeck. Festnummer zum 50jährigen Bestehen der Synagoge, 2. 1930, Nr. 9 (Dezember).
Winter, D. A., Geschichte der Jüdischen Gemeinde in Moisling/Lübeck, Lübeck 1968.
Lehnemann, W., Zur Geschichte der Juden in Lünen, in: Der Märker. Heimatblatt f. d. Bereich d. ehem. Grafschaft Mark, 27. 1978, H. 6, S. 153–158.
Fuchs-Blumenstein, A., Le grand Rabbinat du Luxembourg de 1843 à 1928, in: Revue Mensuelle pour les Communautés Israélites Luxembourg, April/Mai 1953, S. 5–7 u. 5–9.
Lehrmann, Cha., La communauté juive du Luxembourg dans le passé et dans le présent, histoire illustré, Esch-sur-Alzette 1953.

Spanier, Moritz, Geschichte der Juden in Magdeburg, Magdeburg 1923.
Festschrift zur Einweihung der neuen Synagoge zu Mainz, Mainz 1912.
Juden in Mainz. Katalog zur Ausstellung der Stadt Mainz im Rathaus-Foyer, November 1978, Bearb. Fr. Schütz, Mainz 1978.
Salfeld, Bilder aus der Vergangenheit der jüdischen Gemeinde Mainz, in: Festgabe zur Erinnerung an die 50jährige Wiederkehr des Einweihungstages der Hauptsynagoge zu Mainz, Mainz 1903.
ders., Blätter zur Erinnerung an die Einweihung der neuen Synagoge in Mainz, Mainz 1913.
Mannheim und seine Bauten. Hg. vom Unterrhein-Bezirk des Badischen Architekten- und Ingenieur-Vereins, Mannheim 1906.
Oeser, Max, Geschichte der Stadt Mannheim, Mannheim 1904.
Unna, I., Die Lemle-Moses-Klaus-Stiftung in Mannheim, 2 Bde., Mannheim 1908–1909.
Walter, Fr., Mannheim in Vergangenheit und Gegenwart, Bd. 2 Geschichte Mannheims vom Übergang an Baden bis zur Gründung des Reiches, 1871, Mannheim 1907.
Munk, Leo, Zur Erinnerung an die Einweihung der neuen Synagoge in Marburg, Marburg 1897.
Miedel, J., Die Juden in Memmingen. Aus Anlaß der Einweihung der Memminger Synagoge verfaßt, Memmingen 1909.
Lemmermann, H., Geschichte der Juden im alten Amt Meppen bis zur Emanzipation, 1848, Meppen 1975 (= Schriftenreihe des Emsländer Heimatbundes, 2).
Fechenbach, Hermann, Die letzten Mergentheimer Juden, Stuttgart 1972.
Netter, N., Vingt siècles d'histoire d'une communauté juive, Metz, Paris 1938.
Bloch, Fritz, Die Juden in Militsch, ein Kapitel aus der Geschichte der Niederlassung von Juden in Schlesien, Diss. Breslau 1926.
Baerwald, L. u. L. Feuchtwanger, Festgabe. 50 Jahre Hauptsynagoge München, 1887–1937, o. O. 1937.
Cahnmann, Werner J., Die Juden in München, 1918–1943, in: Zeitschr. f. Bayerische Landesgeschichte, 42. 1979, S. 403–462.
Cohen, Arthur, Die Münchner Judenschaft, 1750–1861, in: Zeitschrift f. d. Geschichte der Juden in Deutschland, 2. 1931, H. 4, S. 262–283.
Feyerliche Einweihung der Synagoge in München den 21. April 1826, München 1826.
Holland, Hyacinth, Lebenserinnerungen eines 90jährigen Altmünchners, München 1921.
Lamm, Hans, (Hg.), Von Juden in München. Ein Gedenkbuch, München 1958.
München und seine Bauten. Hg. vom Bayerischen Architekten- und Ingenieur-Verein, München 1912.
Perles, Jos., Reden zum Abschiede von der alten und zur Einweihung der neuen Synagoge in München am 10. u. 16. Sept. 1887, München 1887.
Schläfer, J., Die Juden in Münchweiler a. d. Alsenz, in: Nordpfälzer-Geschichtsverein, 39. 1959, S. 337–339.
Judenverfolgung in Münden, 1933–1945. Eine Dokumentation aus dem Archiv der Stadt, Bearb. J. D. v. Pezold, Münden 1978.
Krinke, Siegfried, Die jüdische Bevölkerung in der Stadt Bad Münder, in: Der Söltjer, 1977, S. 35–40.
Aschoff, D., Juden in Münster, Münster 1980.
Festschrift zur Weihe der neuen Synagoge in Münster/Westf., 12. März 1961, Düsseldorf 1961.

Herrmann, F. H., Zur Geschichte der Juden in Münzenberg, in: Wetterauer Geschichtsblätter, 23. 1974, S. 23–30.

Stahl, Rudolf, Geschichte der Nauheimer Juden. Festschrift zur Einweihung der neuen Synagoge, Bad Nauheim 1929.
Porta, Siegfried, Chronik der Familie Löwenstein-Porta, sowie der Synagogengemeinde Neuenkirchen, Bielefeld 1922.
Weinberg, M., Das erste halbe Jahrhundert der israelitischen Kultusgemeinde Neumarkt/Opf., Neumarkt 1919.
Stern, Bruno, Meine Jugenderinnerungen an eine württembergische Kleinstadt (Niederstetten) und ihre jüdische Gemeinde, Stuttgart 1968.
Meyer, Iwan, Jubiläumsschrift der jüdischen Gemeinde von Nonnenweier, Nonnenweier 1927.
Stern, Heinrich, Geschichte der Juden in Nordhausen, Nordhausen 1927.
Piechorowski, A., Der Untergang der jüdischen Gemeinde Nordhorn, Nordhorn 1964.
Barbeck, Hugo, Geschichte der Juden in Nürnberg und Fürth, Nürnberg 1878.
Freudenthal, M., Die Israelitische Kultusgemeinde Nürnberg, 1874–1924, Nürnberg 1925.
Levin, Moritz, Die Berechtigung des Gotteshauses. Weiherede, gehalten bei der Einweihung der neuen Synagoge zur Nürnberg am 8. Sept. 1874, Nürnberg 1874.
Müller, A., Geschichte der Juden in Nürnberg, 1146–1945, Nürnberg 1968 (= Beiträge zur Geschichte und Kultur der Stadt Nürnberg, 12).

Guggenheim, S. (Hg.), Aus der Vergangenheit der israelitischen Gemeinde zu Offenbach, a. M., Einweihung der neuen Synagoge, Offenbach 1915.
Roth, E., u. M. Willner, Die Juden im 1000jährigen Offenbach a. M., T. 1, in: Udim. Zeitschr. d. Rabbinerkonferenz in der Bundesrepublik Deutschland, 7./8. 1977/78, S. 159–174.
Die Synagoge in Offenbach a. M. erbaut in den Jahren 1913–1916 und ihre Einweihung, Offenbach 1916.
Kähni, Otto, Geschichte der Offenburger Judengemeinde, in: Veröffentlichungen des Historischen Vereins für Mittelbaden – Die Ortenau, 49. 1969, S. 80ff.
Schickel, H., Die oldenburgischen Juden in Wirtschaft und Gesellschaft im 19. Jh., in: Niedersächsisches Jahrbuch für Landesgeschichte, 44. 1972, S. 275–303.
Trepp, Leo, Die Landgemeinde der Juden in Oldenburg. Keimzelle jüdischen Lebens ..., Oldenburg 1965.
ders., Die Oldenburger Judenschaft. Bild und Vorbild jüdischen Lebens und Werdens in Deutschland, Oldenburg 1973 (= Oldenburger Studien, 8).
Haage, Walter, Olmütz und die Juden, Olmütz 1944.
Müller, Rolf, Die Oplader Judengemeinde im 19. Jahrhundert, in: Romerike Berge. Zeitschr. f. Heimatpflege im Bergischen Land, 13. 1964, H. 3, S. 109–113.
Steinert, Alfred, Geschichte der Juden in Oppeln. Fest- und Gedenkschrift... zur Erinnerung an das 25jährige Bestehen der neuen Synagoge, Oppeln 1922.
Asaria, Zvi, Zur Geschichte der Juden Osnabrück und Umgebung. Festschrift zur Weihe der Synagoge und des jüdischen Kulturzentrums in Osnabrück, 1. Juni 1969, Osnabrück 1969.
Kühling, Karl, Die Juden in Osnabrück. Zur Einweihung der neuen Synagoge, Osnabrück 1969.
Freimann, A., Geschichte der israelitischen Gemeinde Ostrowo, Ostrowo 1896.

Boskamp, A. E., Bauen wir doch aufs neue das alte Haus. Jüdisches Schicksal in Paderborn, Paderborn 1964.
Marcus, A., Die Synagoge zu Pinne. Ein Blatt zur Erinnerung an ihren Umbau im Jahre 1912/13, Breslau 1913.
Blätter der Erinnerung an die Weihe der Synagoge Plauen i. V., Plauen 1930.
Jacobson, J., Zur Geschichte der Juden in Posen, in: Geschichte der Stadt Posen. Hg. G. Rhode, Neuendettelsau 1953, S. 243–256.
Kaelter, R., Geschichte der jüdischen Gemeinde zu Potsdam. Gedenkschrift, Potsdam 1903.
Deutsch, A., Die Zigeiner, -Großenhof- und Neusynagoge in Prag. Denkschrift hrsg. anl. der Erbauung des aus den Gotteshäusern hervorgegangenen Kaiser-Franz-Josef-Jubiläums-Tempels, Prag 1907.
Herman, J. u. Vilimkova, M., Die Prager Synagogen, Prag 1970.
Lion, J., u. J. Lukas, Das Prager Ghetto, Prag 1959.
Die Synagogen Prags, in: Jahrbuch für die israelitischen Cultusgemeinden Böhmens, zugleich Führer durch die israelitische Cultusgemeinde in Prag, (Hg. F. Duchenes), Prag 1893, S. 85–105.
Gold, Hugo, Die Juden und die Judengemeinde Bratislava (Pressburg) in Vergangenheit und Gegenwart. Ein Sammelwerk, Brünn 1932.
Helwig, Robert, Geschichte der Stadt Preußisch-Holland, Marburg 1960, S. 277ff.
Schenzel, L., Preußisch-Stargard. Ein Bild der Heimat, Wolfenbüttel 1969, S. 201f.

Wiszniowski, F., Radautz die deutscheste Stadt des Buchenlandes, Waiblingen 1966, S. 135ff.
Friedrich, A., Die jüdische Gemeinde von Raesfeld. Ein Beitrag zu der Geschichte der Juden in Westfalen, Raesfeld 1971.
Horwitz, J. O., Die Synagogen-Gemeinde Recklinghausen, 1829–1929. Festschrift zur Feier des 100jährigen Bestehens der Synagogen-Gemeinde, Recklinghausen 1929.
Meyer, Isaak, Zur Geschichte der Juden in Regensburg. Gedenkschrift zum Jahrestag der Einweihung der neuen Synagoge. Berlin 1913.
Gränzer, R., Reichenberg. Stadt und Land im Neißetal, Augsburg 1974, S. 100ff.
Stern, M., Festschrift zum 200jährigen Jubiläum der israelitischen Gemeinde zu Rendsburg und zum 50jährigen Bestehen der Synagoge daselbst, Kiel 1895.
Geuss, N., Zur Geschichte der Juden in Estland. Die Revaler Synagoge..., Reval 1933.
Buchholz, Anton, Geschichte der Juden in Riga, Riga 1899.
Riga und seine Bauten. Hg. vom Rigaischen Technischen Verein und vom Rigaischen Architekten-Verein, Riga 1903.
Hartmann, E. u. P. Schubert, Alt-Roedelheim. Ein Heimatbuch, Frankfurt 1921, S. 154ff.
Klein, H. R., Beiträge zur Geschichte der Juden in Rottweil a. N., Rottweil o. J. (um 1925).
Buschmann, G., Rudolstädter Judengeschichte, Weimar 1939.
Winkler, C., Die Judengasse und die Synagoge in Rufach in Wort und Bild, Gebweiler 1906.

Kasel, W., Die jüdische Gemeinde, in: Saarbrücken. 50 Jahre Großstadt, Saarbrücken o. J. (1959), S. 226–230.
Rothschild, L., Jüdisches Schicksal an der Saar. Zur Geschichte der jüdischen Bevölkerung Saarbrückens, in: Festschrift zur 650jährigen Verleihung des Freiheitsbriefes an

Saarbrücken und St. Johann, Hg. H.-W. Herrmann u. H. Klein, Saarbrücken 1971, S. 249–264.

Wollheim, L., Festschrift der Synagogengemeinde Saarlouis anläßlich des 100jährigen Bestehens des Gotteshauses 1828–1928, Saarlouis 1928.

Altmann, Adolf, Geschichte der Juden in Stadt und Land Salzburg von der frühesten Zeit bis auf die Gegenwart, Berlin 1913–1930 (2 Bde.).

Rothschild, L., Im Strom der Zeit. Jubiläumsschrift zum 100jährigen Bestehen der Israelitischen Gemeinde St. Gallen, 1863–1963, St. Gallen 1963.

Kleinen, J., Die Geschichte der Juden im Kreis Schleiden, in: Heimat-Kalender des Landkreises Schleiden, Schleiden 1965, S. 125–128.

Bamberger, M., Geschichte der Juden in Schönlanke, Berlin 1912.

Stein, S., Die Israelitische Kultusgemeinde Schweinfurt a. M. seit ihrer Neubegründung, 1864–1914. Eine Jubiläumsschrift, Schweinfurt 1914.

Arnheim, J., Die Jacobson-Schule zu Seesen am Harz, 2. Aufl., Braunschweig 1867.

Ballin, G., Geschichte der Juden in Seesen, Seesen 1979.

Rülf, G., Einiges aus der ersten Zeit und über den Stifter der Jacobson-Schule zu Seesen, Braunschweig 1890.

Tiemann, W., Von den Juden im Siegerland, 2. Aufl., Siegen 1970.

Vögely, L., Aus der Geschichte der jüdischen Gemeinden im Landkreis Sinsheim, in: Kraichgau, 2. 1970, S. 142–153.

Rosenthal, H., Solingen. Geschichte einer Stadt, Bd. 3, Duisburg 1975, S. 205–211.

David, R., Geschichte der Synagogengemeinde Sondershausen nach archivalischen Niederschriften, Sondershausen 1926.

Kohstall, F., Aus der Chronik der Spandauer jüdischen Gemeinde, Berlin 1929.

Herz, R., Gedenkschrift zum 100jährigen Bestehen der Synagoge zu Speyer, Speyer 1937.

Peiser, J., Die Geschichte der Synagogengemeinde zu Stettin, 2. Aufl., Würzburg 1965.

Geschichte der Gründung der Israelitischen Religions-Gesellschaft zu Straßburg i. E., Straßburg 1912.

Glaser, Alfred, Geschichte der Juden in Straßburg, Von der Zeit Karls des Großen bis auf die Gegenwart, Straßburg 1894.

Straßburg und seine Bauten. Hg. vom Architekten- und Ingenieur-Verein für Elsaß-Lothringen, Straßburg 1894.

La Synagogue de la Paix, Strasbourg 1958.

Festschrift zum 50jährigen Bestehen der Synagoge zu Stuttgart. Hg. vom Israelit. Kirchenvorsteheramt, Stuttgart 1911.

Festschrift zur Einweihung der Synagoge in Stuttgart, 13. 5. 1952, Stuttgart 1952.

Stuttgart. Führer durch die Stadt und ihre Bauten. Festschrift zur 6. Generalversammlung des Verbandes Deutscher Architekten- und Ingenieurvereine, Stuttgart 1884.

Zelzer, Maria, Weg und Schicksal der Stuttgarter Juden. Ein Gedenkbuch, Stuttgart 1964.

Kahn, L. D., Die Geschichte der Juden von Sulzburg, Müllheim 1969.

Schön, J., Die Geschichte der Juden in Tachau, Brünn 1927.

Nebel, Th., Die Geschichte der jüdischen Gemeinde in Talheim, Weinsberg 1963.

Epstein, M., u. O. Propper, Hg., Festschrift. 50 Jahre Teplitzer Tempelverein, Teplitz 1932.

Weihs, F., Aus Geschichte und Leben der Teplitzer Judengemeinde, 1782–1932, Brünn u. Prag 1932.

Horwitz, R. B., Die israelitische Tempelhalle oder die neue Synagoge in Markt Treucht-

lingen, ihre Entstehung, Einrichtung und Einweihung, o. O. 1820.
Haubrich, Fr., Die Juden in Trier, Trier 1907.
Zapf, L., Die Tübinger Juden. Eine Dokumentation, Tübingen 1974.

Rosenfeld, S. W., Die israelitische Tempelhalle oder die neue Synagoge in Markt Uhlfeld ..., Uhlfeld 1819.
Pressel, Fr., Geschichte der Juden in Ulm. Festschrift zur Einweihung der Synagoge, 12. Sept. 1873, Ulm 1873.
Timm, Willy, Zur Geschichte der Juden in Unna, Unna 1973 (= Themenführer zur Unnaer Geschichte, 3).

Haas, F., Die Juden in Viernheim, in: Hans Knapp (Hg.), 777–1977. Zwölfhundert Jahre Viernheim. Historie und Dokumentation, Viernheim, 2. Aufl., 1977, S. 99–108.
Loew, H., Die israelitische Religionsgemeinde Viernheim. Festschrift zur Jahrhundertfeier des Synagogenbaues im August 1927, Viernheim 1927.
Dohr, F., Chronik der Viersener Juden, 1809–1942, Viersen 1965.

Meyer, Adolf, Geschichte der Synagogengemeinde Waldenburg in Schlesien. Anläßlich des 50jährigen Bestehens der Synagoge, Waldenburg 1933.
Chone, H., Festschrift zum 100jährigen Bestehen der Synagoge in Wangen am Untersee, Konstanz 1927.
Oppenheim, S., Hundert Jahre Synagogengemeinde Wattenscheid. Festgabe zur Feier des 100jährigen Bestehens der Synagoge in Wattenscheid, Wattenscheid 1929.
Denkschrift zur Erinnerung an die Einweihung der neuen Synagoge in Weinheim an der Bergstraße..., Frankfurt a. M. 1906.
Horsch, D., Die jüdische Gemeinde in Weinheim a. d. Bergstraße, Weinheim 1964.
Preising, R., Zur Geschichte der Juden in Werl, Werl 1971 (= Nachrichten aus dem Werler Stadtarchiv, 1).
Löwenstein, L., Licht- und Schattenseiten aus der Geschichte der Juden in Wertheim. Vortrag, Wertheim 1907.
Watz, K., Geschichte der jüdischen Gemeinde Wetzlar von ihren Anfängen bis zur Mitte des 19. Jahrhunderts, 1200–1850, Wetzlar 1966 (= Veröffentlichungen des Wetzlaer Geschichtsvereins, 22).
Blaha, Ernst (Hg.), Der Wiener Stadttempel in der Seitenstettengasse, Wien, Wien o. J. (um 1974).
ders., (Hg.), 150 Jahre Wiener Stadttempel, Wien o. J. (1976).
Gelber, N. M., The Sephardic Community in Vienna, in: Jewish Social Studies, 10. 1948, S. 359–396.
Husserl, S., Gründungsgeschichte des Stadt-Tempels der Israelitischen Kultusgemeinde Wien, Wien u. Leipzig 1906.
Körber, R., Rassesieg in Wien, der Grenzfeste des Reiches, Wien-Leipzig 1939.
Paul, Martin, Technischer Führer durch Wien, Wien 1910.
Pick, J., Jüdisch-geschichtliche Stätten in Wien und den österreichischen Bundesländern, Wien 1935.
Rotter, H., u. A. Schmieger, Das Ghetto in der Leopoldstadt, Wien 1926 (= Libri patriae, 1).
Das Spital der israelitischen Cultusgemeinde Wien seit Eröffnung am 10. April 1873 bis Ende 1883, Wien 1885.
Stern, L., Geschichte der Israelitischen Cultusgemeinde im Bezirke Sechshaus,

1846–1892 anläßlich der Vereinigung mit der israelitischen Cultusgemeinde in Wien, Wien 1892.

Tietze, Hans, Die Juden in Wien, Leipzig u. Wien 1933.

Wachstein, B., Die ersten Statuten des Bethauses in der inneren Stadt. Aus Anlaß der Jahrhundertfeier..., Wien 1926.

Der Wiener Stadttempel 1826–1976. Im Auftrag d. Vereins Österr. Jüd. Museum in Eisenstadt, Eisenstadt 1978 (= Studia Judaica Austriaca, 6). Hg. K. Schubert.

Wolf, Gerson, Vom ersten bis zum zweiten Tempel. Geschichte der israelitischen Cultusgemeinde, Wien, 1820–1860, Wien 1861.

ders., Geschichte der Juden in Wien, 1156–1876, Wien 1876.

Zemlinsky, A. v., Geschichte der türkisch-israelitischen Gemeinde zu Wien von ihrer Gründung bis heute, Wien 1888.

Pollak, Max, Die Juden in Wiener-Neustadt. Ein Beitrag zur Geschichte der Juden in Österreich, Wien 1927.

Kahn, L., Zur Geschichte der altisraelitischen Kultusgemeinde zu Wiesbaden, Wiesbaden 1922.

Kober, Adolf, Zur Geschichte der Juden Wiesbadens in der 1. Hälfte des 19. Jahrhunderts, Wiesbaden 1913.

Lazarus, P., Die jüdische Gemeinde Wiesbaden. Ein Erinnerungsbuch, New York 1949.

Thomä, H., Weg und Schicksal. Aus der Geschichte der Wiesbadener Juden..., Wiesbaden 1966.

Mannheimer, David, Der Tempel des Friedens. Weiherede zur Einweihung der Synagoge in Wilhelmshaven-Rüstringen am 7. Sept. 1915, Oldenburg 1915.

Schulze, Hans, Beiträge zur Geschichte der jüdischen Gemeinde in Wolfenbüttel, in: Braunschweigisches Jahrbuch, 49. 1968, S. 61–85.

Mannheimer, Moses, Die Juden in Worms. Ein Beitrag zur Geschichte, Frankfurt 1842.

Reuter, L., Leopold Levy und seine Synagoge von 1875. Ein Beitrag zu Geschichte und Selbstverständlichkeit der Wormser Juden im 19. Jh., in: Der Wormsgau, 11. 1974/75, S. 58–68.

Rothschild, Samson, Aus Vergangenheit und Gegenwart der Israelitischen Gemeinde Worms, 7. Aufl., Frankfurt a. M. 1929.

Zur Geschichte der jüdischen Gemeinde, ihrer Friedhöfe und ihres Begräbniswesens. Gedenkschrift, Worms 1911. (Worms).

Bamberger, M. L., Ein Blick auf die Geschichte der Juden in Würzburg, Würzburg 1905.

Schuster, David, 850 Jahre Juden in Würzburg. Einweihung der Synagoge Würzburg, 24. März 1970, Würzburg 1970.

Weissbart, J., Mitteilungen über Ende der alten, Wiederentstehung und Entwicklung der neuen israelitischen Gemeinde Würzburg, Würzburg 1882.

Jorde, Fritz, Zur Geschichte der Juden in Wuppertal, Wuppertal 1933.

Rabin, I., Die Juden in Zülz, in: Chraszcz, J., Geschichte der Stadt Zülz in Oberschlesien, Zülz 1926, S. 117–161.

Rieger, R., Die Zündorfer Judengemeinde, in: Unser Porz. Beiträge zur Geschichte von Amt und Stadt Porz, 12. 1970, S. 1–50.

Diamant, Adolf, Zur Chronik der Juden in Zwickau, Frankfurt a. M. 1971.

Mischlich, N., Die israelitische Gemeinde (Zwingenberg), in: 700 Jahre Stadtrecht, 1274–1974. Chronik von Zwingenberg a. d. Bergstraße, Zwingenberg 1974, S. 373–390.

ders., Die Synagoge in Zwingenberg a. d. B., in: Geschichtsblätter Kreis Bergstraße, 10. 1977, S. 250–255.

Jüdische Kunstgeschichte, Synagoge, Kult

Abramovitz, Max, Analasys of the architecture of the synagogue, New York 1931 (MS).
Andree, R., Zur Volkskunde der Juden, Bielefeld-Leipzig 1881.
Aronson, Ch., Les Synagogues en bois du 17e et du 18e siècle en Pologne, in: Gaz. des Beaux Arts, 1936, S. 233–244.
Die aussäen unter Tränen mit Jubel werden sie ernten. Die Jüdischen Gemeinden in der Tschechoslowakischen Republik nach dem zweiten Weltkrieg, Hg. R. Iltis, Prag 1959.
Ball-Kaduri, K. J., Die Kristallnacht und die Zerstörungslisten, in: Zeitschr. f. d. Gesch. der Juden, 9. 1972, S. 168–169.
Basch, E., Die Ostseite bei Synagogenbauten, in: Ben Chananja, 3. 1860, S. 188–189.
Baumgarten, J. M., Art in the Synagogue. Some Talmudic Views, in: Judaism, 19. 1970, No. 2, S. 196–206.
Beer, A., Der jüdische Kultbau, in: Jüdisches Jahrbuch, Berlin 1931, S. 34–40.
Beer, P., Geschichte, Lehre und Meinungen aller bestandenen und noch bestehenden Sekten der Juden und der Geheimlehren der Cabbalah, 2 Bde., Brünn 1822–23.
Blücher, E. J., Die Synagogenfrage für deutsche Israeliten, Wien 1860.
Brunner, A. W., The Synagogue, in: A. Sturgis. A Dictionary of Architecture and building, London, Bd. 3, 1902, cols. 704–710.
ders., Synagogue architecture, in: The Brickbuilder, 16. 1907, S. 20–27, 37–44.
Burgos, F. C., Sinagogas Espanolas, Madrid 1955.
Buxtorf, Synagoga judaica noviter restaurata, hoc est schola Judaeorum, Hannover 1622.
ders., Judenschule, Basel 1643.
ders., Synagoge Judaica, 4. Aufl., Basel 1680.
Carlebach, J., Gottesdienst in der Synagoge der Gegenwart, in: Jeschurun. Monatsschrift für Lehre und Leben im Judentum, Berlin 15. 1928, S. 69–89, 139–152.
ders., Architektur der Synagoge, in: ebd., 16. 1929, S. 109–131.
Christiani, M. W., Kurtze Beschreibung einer wohleingerichteten Synagog, Regensburg 1723.
Cohn-Wiener, E., Die jüdische Kunst. Ihre Geschichte von den Anfängen bis zur Gegenwart, Berlin 1929.
Davidovicz, D., Wandmalereien in alten Synagogen. Wirken des Malers Eliezer Sussmann in Deutschland, Hameln 1969.
DeBreffny, Brian, The Synagogue, New York 1978.
Deutsch, David, Die Orgel in der Synagoge, Breslau 1863.
Diamant, Adolf, Zerstörte Synagogen vom November 1938. Eine Bestandsaufnahme, Frankfurt/M. 1978.
Duschak, M., Geschichte und Darstellung des jüdischen Cultus, Mannheim 1866.
Ehrlich, Ernst-Ludwig, Die Kultsymbolik im Alten Testament und im nachbiblischen Judentum, Stuttgart 1959.
Eisler, Max, Bau und Einrichtung der Synagoge, in: Jüdische Rundschau. The Jewish Review by and for liberated Jews in Germany, 1946, Nr. 4/5, S. 29–35.
ders., Geist der Synagoge, in: Menorah. Jüdisches Familienblatt, 8. 1930, S. 79–86.
Elbogen, I., Zur Geschichte des Synagogenbaus, in: Allgm. Ztg. d. Judentums, 1917, S. 52–54.
ders., Der jüdische Gottesdienst, Frankfurt/M., 3. Aufl. 1931.

Epstein, Fritz, Kultusbauten und Kultusgegenstände in der Provinz Hessen in: Notizblatt der Gesellschaft zur Erforschung jüdischer Kunstdenkmäler 1906, H. 6.
Eschwege, H., Die Synagoge in der deutschen Geschichte. Eine Dokumentation, Dresden 1980.
Fergusson, J., The temples of the Jews and other Buildings in the Haram Area at Jerusalem, London 1878.
Feuchtwanger, F., Die Bildende Kunst im jüdischen Kultus, in: Ost und West, 1903, Sp. 335–348.
Fleischer, M., Über Tempelbau, in: Die Neuzeit. Wochenschrift für politische, religiöse und Cultus-Interessen, 14. 1884, S. 134–137, 154–56.
Frauberger, H., Über Bau und Ausschmückung alter Synagogen, Frankfurt/M. 1901 (= Mitteilungen der Ges. z. Erforschung jüdischer Kunstdenkmäler, 2).
ders., (Hg.), Katalog der Ausstellung von jüdischen Bauten und Kultgegenständen für Synagoge und Haus in Abbildungen und Originalen im Kunstgewerbemuseum zu Düsseldorf, Düsseldorf 1908.
Fritz, V., Tempel und Zelt. Studien zum Tempelbau in Israel, Neukirchen 1977 (= Monographien zum Alten und Neuen Testament, 47).
Funaro, B., American Synagogue Design 1729–1939, in: Architectural Record, 1939, H. 11, S. 58–65.
Goldenberg, Kurt, Der Kultus- und Profanbau der Juden, erläutert an Hand von Hamburg-Altona-Wandsbek, Diss. Dresden o. J. (1927).
Grotte, A., Deutsche, böhmische und polnische Synagogentypen vom 11. bis Anfang des 19. Jahrhunderts, Berlin 1915 (= Mittlg. d. Ges. z. Erforschung Jüd. Kunstdenkm., 7/8).
ders., Die Synagoge als Mittelpunkt jüdischen Gemeindelebens, in: Der Orden B'ne B'rith. Mitteilungen der Großloge für Deutschland, 1928, H. 10, S. 155–158.
ders., Die Darstellung der menschlichen Gestalt und das 2. mosaische Gebot, in: Ost und West, 1922, Sp. 7–14.
ders., Kultbau der Vergangenheit. Vom Einfluß der deutschen Umwelt und Kunst auf den Synagogenbau, in: C. V.-Zeitung. Blätter für Deutschtum und Judentum, 10. 1931, S. 343 ff.
Grunwald, M., Wie baut man Synagogen?, in: Allgm. Zeitung d. Judentums, 1901, S. 115–117.
Gurlitt, C., Kirchen, Denkmäler und Bestattungsanlagen, Stuttgart 1906 (= Handbuch der Architektur, Teil IV, 8. Halbbd., Heft 1) bes. S. 126–164.
ders., Beiträge zur Kunstgeschichte der alten Synagoge, in: Christliches Kunstblatt für Kirche, Schule und Haus, 1904, S. 182–189.
Gutmann, J., (Hg.), The Synagogue. Studies in Origin, Archaeology and Architecture, New York 1975.
Hallo, R., Jüdische Volkskunst in Hessen, Kassel 1928.
Halperin, Don A., The Ancient Synagogues of the Iberian Peninsula, Gainesville 1969.
Hammer-Schenk, H., Untersuchungen zum Synagogenbau in Deutschland von der ersten Emanzipation bis zur gesetzlichen Gleichberechtigung der Juden (1800–1871), Diss. Tübingen 1974.
ders., Ästhetische und politische Funktionen historisierender Baustile im Synagogenbau des ausgehenden 19. Jahrhunderts, in: Kritische Berichte, 3. 1975, S. 12 ff.
Harburger, Th., Geschichte des Synagogenbaus, in: Bayerische Israelit. Gemeindezeitung, 1934, S. 393–396 (= Bespr. von Krautheimers Buch, s. u.).
Heller, I. u. Z. Vajda (Hg.), The Synagogues of Hungary, New York 1968.
Hiller, E., Betrachtungen über den modernen Synagogenbau, in: Ost und West. Illu-

strierte Monatsschrift für das gesamte Judentum, 1906, S. 29–36.
Hirsch, Leo, Jüdische Glaubenswelt, Gütersloh 1962.
Hirsch, S. R., Grundlinien einer jüdischen Symbolik, in: Gesammelte Schriften, Frankfurt/M. 1902–1912, Bd. 3, S. 213–447.
Hodin, J. P., The Problem of Jewish Art and its Contemporary Aspect, in: ders., Modern Art and Modern Mind, Cleveland u. London 1972, S. 113–157.
Hora, E., Die hebräische Bauweise im Alten Testament. Eine biblisch-archäologische Studie, Karlsbad 1903.
Hruby, Kurt, Die Synagoge. Geschichtliche Entwicklung einer Institution, Zürich 1971.
Hüttenmeister, F., Die antiken Synagogen in Israel, T. 1 Die jüdischen Synagogen, Lehrhäuser und Gerichtshöfe, Wiesbaden 1977.
Isaacs, A. S., Story of the Synagogue, in: Architectural Record, 20. 1906, S. 465–480.
Joseph, D., Stiftshütte, Tempel und Synagogenbauten, in: Ost und West, 1901, Sp. 593–608, 733–752, 831–848.
Judentum im Mittelalter. Katalog. Ausstellung Schloß Hollabrunn, Eisenstadt 1978.
Kahn, J., Noch einige Bemerkungen über die Richtung der Heiligen Lade in der Synagoge, in: Ben Chananja, 3. 1860, S. 374–377.
Kampf, A., Contemporary Synagogue Art. Developments in the United States, 1945–1965, Philadelphia 1966.
Kaufmann, David, Zur Geschichte der Kunst in der Synagoge, in: ders., Gesammelte Schriften, Frankfurt/M. 1908, Bd. 1, S. 87–103.
Kaufmann, David u. Markus Brann, Zur Geschichte der Kunst in der Synagoge, Frankfurt/M. 1910.
Kirchner, Paul Chr., Jüdisches Ceremonial, Nürnberg 1724.
Klasen, L., Grundriß-Vorbilder von Gebäuden für kirchliche Zwecke, Leipzig 1889, S. 1460–1485 (= ders., Grundriß-Vorbilder von Gebäuden aller Art, Abth. XI).
Kohl, H. u. C. Watzinger, Antike Synagogen in Galiläa, Leipzig 1916.
Kopp, E., Beiträge zur Darstellung eines reinen einfachen Baustyls, H. 2, Entwürfe zu vier Synagogen so wie einige teilweise Umarbeitung zu evangelischen und katholischen Kirchen, Dresden 1837.
Krause, W., Oberschlesische Holzsynagogen, in: Der Oberschlesier. Monatsschrift für das gesamte heimische Kulturleben, 13. 1931, S. 65–68.
Krauss, S., Synagogale Altertümer, Berlin 1922.
Krautheimer, R., Mittelalterliche Synagogen, Berlin 1927.
Krüger, Renate, Die Kunst der Synagoge, Leipzig, 2. Aufl. 1966.
Künzl, H., Zur Aufnahme islamischer Architekturstile im Synagogenbau des 19. Jahrhunderts, in: Zeitschrift der Deutschen Morgenländischen Gesellschaft, 1977, Suppl. III, 2, S. 1626–1631.
dies., Synagogen, in: Kunst des 19. Jahrhunderts im Rheinland. Hg. E. Trier u. W. Weyres, Bd. 1, Architektur I, Kultusbauten, Düsseldorf 1980, S. 339–346.
Lamm, H., Synagogenbauten gestern und heute, in: Der Baumeister, 63. 1966, H. 1, S. 53–59.
Landauer, F., Synagogenbaukunst, in: Bayerische Israelitische Gemeindezeitung, 6. 1930, S. 134–137.
ders., Jüdischer Kultbau von heute, in: C. V. Zeitung. Blätter für Deutschtum und Judentum, 10. 1931, S. 341 ff.
Landsberger, F., The jewish artist before the Time of Emancipation, in: Hebrew Union College Annual, 16. 1941, S. 321–414.
ders., A history of jewish art, Cincinnati 1946.

ders., The sacred direction in Synagogue and Church, in: Hebrew Union College Annual, 28. 1957, S. 181–203.
Levin, M. u. T. Kurzband, The story of the synagogue, New York 1957.
Levinson, N. P., Die Kultsymbolik im Alten Testament und im nachbiblischen Judentum, Tafelband, Stuttgart 1972 (= Symbolik der Religionen, 17).
Levy, I., The Synagogue. Its History and Function, London 1963.
Löw, L., Beiträge zur jüdischen Alterthumskunde, 2 Bde., Leipzig 1870–1875.
Loukomski, G., Jewish Art in European Synagogues, London 1947.
ders., Synagogues. L'Acienne Architecture réligieuse juive en Europe du 11e au 18e siècle, in: Revue de l'Art ancien et moderne, 40. 1936, t. 70, S. 211–226.
Lundius, J., Die alten jüdischen Heiligtümer, Gottesdienste und Gewohnheiten. Samt Vorbericht, Hamburg 1738.
Menes, A., Tempel und Synagoge, in: Zeitschrift für die alttestament. Wissenschaften, N. F. 9. 1932, S. 268–76.
Moderne Kleine Bauten für Stadt und Land, Serie 1, Kleine Kirchen, Tempel und Kapellen, 5. Heft, Budapest 1904/05.
Moses, E., Jüdische Kult- und Kunstdenkmäler in den Rheinlanden, in: Rheinischer Verein für Denkmalpflege und Heimatschutz, 1. 1931, S. 99–205.
Moses, L., Synagogenbauten und deren Reste in Niederösterreich, in: Unsere Heimat. Monatsblätter des Vereins für Landeskunde von Niederösterreich, N. F. 5. 1932, S. 297–307.
Mumford, L., Moderne Synagogen-Architektur in Amerika, in: Menorah. Jüdisches Familienblatt, 6. 1928, S. 29 ff.
Neumann, W., Die Stiftshütte in Wort und Bild, Gotha 1861.
Oesterley, W. O. E. u. G. H. Box, The religion and worship of the synagogue, 2. Aufl., London 1911.
Oppler, E., Synagogen und jüdische Begräbnisplätze, in: Baukunde des Architekten, Bd. 2,2, Berlin 1884, S. 270–285, 2. Aufl., Berlin 1899, S. 360 ff.
Persitz, A., Synagogues, in: L'Architecture d'aujourd'hui, 9. 1938, S. 60–63.
Piechotka, M. u. K., Wooden Synagogues, Warschau 1959.
Pinkerfeld, J., The Synagogues of Italy, Jerusalem 1954.
Pinthus, A., Studien über die bauliche Entwicklung der Judengassen in den deutschen Städten, in: Zeitschrift für die Geschichte der Juden in Deutschland, 2. 1930, S. 101 ff.
Prestel, J., Baugeschichte des jüdischen Heiligtums und des Tempel Salomons, Straßburg 1902.
Reinhardt, B. u. S. Weyrauch, Bauten jüdischer Dorfgemeinschaften im Kreis Ludwigsburg, in: Denkmalpflege in Baden-Württemberg. Nachrichtenblatt des Landesdenkmalamtes, 8 1979, S. 70 ff.
Rieger, P. (Hg.), Jüdische Gotteshäuser und Friedhöfe in Württemberg, Stuttgart 1932.
Rosemann, M., Der Ursprung der Synagoge und ihre allmähliche Entwicklung. Eine historisch-kritische Studie zur Erforschung beider, Berlin 1907.
Rosenau, H., Die palästinensischen Synagogen und ihr Einfluß auf die Kunst des Abendlandes, in: Theologische Blätter, 1934, S. 289–295, 362.
dies., Some aspects of the pictorial influence of the Jewish Temple, in: Palestine Exploration Fund. Quarterly Statement, 68. 1936, S. 157–162.
dies., The Synagogue and the Diaspora, in: Palestine Exploration Quarterly, 1937, S. 196–202.
dies., The Architectural Development of the Synagogue, Ph. D., London 1939, 2 Bde. (MS).

dies., The Synagogue and the protestant church, in: Journal of the Warburg and Courtauld Institute, 4. 1940/41, S. 80–84.
dies., A short History of Jewish Art., London 1950.
dies., German Synagogues in the Early Period of Emancipation, in: Yearbook. Leo Beck Institute, 8. 1963, S. 214 ff.
dies., Gottfried Semper and German Synagogue Architecture, in: ebd., 22. 1977, S. 237 ff.
Roth, B. C., Die Kunst der Juden, Bd. 2, Frankfurt a. M. 1964.
Saalschütz, J. L. Archäologie der Hebräer, Königsberg 1885/86.
Samuel, S., Von der Ausstellung jüdischer Bauten und Kultgegenstände zu Düsseldorf, in: Allgm. Ztg. d. Judentums, 72. 1908, S. 368–370.
Saubin, A., La Synagogue moderne, sa doctrine et son culte, Paris 1898.
ders., Le Talmud et la Synagogue, Paris 1899.
Saulcy, F. de, Histoire de l'Art judaique tirée des textes sacrés et profanes, Paris, 2. Aufl. 1864.
Schwarz, K., Die Juden in der Kunst, Berlin 1928.
ders., Jüdische Kultbauten, in: Kunst und Kirche, 7. 1930, S. 89–92.
Segel, B., Synagogale Kunst, in: Ost und West, 1901, Sp. 275–290.
Stein, G., Die Juden und ihre Kultbauten am Oberrhein bis 1349, in: Zeitschr. f. d. Geschichte des Oberrheins, 117. 1969, S. 333–355.
Stewart, R. A., The Synagogue, in: Evangelical quarterly, 43. 1971, Nr. 1 S. 36–47.
Strauss, H., On Jews and German Art, in: Yearbook. Leo Baeck Institute, 2. 1957, S. 255 ff.
ders., Jüdische Kunst als das Problem einer Minorität, in: Tribüne 1962, S. 275–301.
ders., Die Kunst der Juden im Wandel der Zeit und Umwelt. Das Judenproblem im Spiegel der Kunst, Tübingen 1972.
Sukenik, E. L., Ancient Synagogues in Palestine and Greece, London 1934.
Synagoga. Kultgeräte und Kunstwerke von der Zeit der Patriarchen bis zur Gegenwart, 2. Aufl., Recklinghausen 1961.
Tachau, G. W., The Architecture of the Synagogue, in: American Jewish Yearbook, 28. 1926/27, S. 155–192.
ders., dass., in: Architecture, 58. 1928, S. 129–144.
Toeplitz, E., Synagogale Wand- und Deckenmalerei, in: Der Orden B'ne B'rith. Mitteilungen der Großloge für Deutschland, 8. 1926, S. 181–183.
ders., Die Malerei in den Synagogen besonders in Franken, in: Menorah, 6. 1928, S. 685–696.
ders., Judenviertel, in: ebd., S. 105–108.
Unruh, G., Das alte Jerusalem und seine Bauwerke, Mit Plänen und 36 Abbildungen, Langensalza 1861.
Vitringa, C., De Synagoga vetere libri tres, 2. Aufl., Leucopetra 1726.
Waehner, A. G., Antiquitates Ebraeorum, 2 Bde., Göttingen 1742.
Wiener, Max, Jüdische Religion im Zeitalter der Emanzipation, Berlin 1933.
Wigdor, G., Jewish Art and Civilization, 2 Bde., Fribourg 1972.
Wischnitzer-Bernstein, R., Jüdische Kunstgeschichtsschreibung. Bibliographische Skizze, in: Festschrift Simon Dubnow, Berlin 1930, S. 76–81.
dies., Probleme der antiken Synagoge, in: Menorah 8. 1930, S. 550–556.
dies., Symbole und Gestalten der jüdischen Kunst, Berlin 1935.
dies., The Problem of Synagogue Architecture, in: Commentary, 3. 1947, S. 233 ff.
dies., Mutual Influences between eastern and western Europe in Synagogue Architecture form the twelfth to the eighteenth Century, in: Yivo Annual of Jewish

Social Studies, 2/3. 1947/48, S. 25–68.
dies., The Egyptian Revival in Synagogue Architecture, in: Publications of the American Jewish Historcal Society, 51. 1951, S. 61–75.
dies., Synagogue Architecture in the United States, Philadelphia 1955.
dies., The Architecture of the European Synagogue, Philadelphia 1964.
Zipser, M., Die Rücksicht auf die Ostseite bei Synagogenbauten, in: Ben Chananja, 3. 1860, S. 9–18.

Kunstgeschichte

Verzeichnet ist nur eine Auswahl; zu Einzelfragen siehe die Anmerkungen.

Literatur mit Quellencharakter

a. Architektur, Stilfrage

Auer, H., Moderne Stylfragen, in: Allgm. Bauztg., 50. 1885, S. 19 ff.
Boetticher, K., Die Tektonik der Hellenen, Text und Atlas, Potsdam 1848–52.
Diestel, K., Deutsche Baukunst am Ende des 19. Jahrhunderts, Dresden 1907.
Ebe, G., Der Wert des historischen Erbes für das architektonische Schaffen der Jetztzeit, in: Deutsche Bauzeitung, 1901, S. 257 ff, 275 ff.
ders., Das erzieherische Element in der Architektur, in: ebd. 1902, S. 226 f, 230, 242 f, 246 f.
ders., Sittliche und gemütliche Wirkungen der Architektur, in: Süddeutsche Bauztg., 1902, S. 110 ff.
Eisenlohr, Fr., Rede über den Baustyl der neueren Zeit und seine Stellung im Leben der gegenwärtigen Menschheit, Karlsruhe 1833.
Feldegg, F. v., Monumentalität und moderne Baukunst, in: Der Architekt, 1903, S. 27 ff.
Fritsch, K. E. O., Stil-Betrachtungen, in: Deutsche Bauztg., 1890, S. 417–431, 434–440.
Grohmann, G., Handwörterbuch über die bürgerliche Baukunst und schöne Gartenkunst, Leipzig 1804.
Hasak, M., Der neue Stil, in: Zeitschrift für christliche Kunst, 1908, Sp. 197 ff, 239 ff, 261 ff.
Hase, C. W., Die Gothik. Ihre Stellung im Dienste der modernen Anforderungen an die Architektur, in: Deutsche Bauztg., 1892, S. 561, 597.
Heideloff, K., Der kleine Byzantiner. Taschenbuch der byzantinischen Baustyle, Nürnberg 1837.
ders., Architektonische Entwürfe und ausgeführte Bauten im byzantinischen und altdeutschen Styl, Nürnberg 1850–51.
Heuser, G., Ein Nachwort zu den ‹Stilbetrachtungen›, in: Deutsche Bauztg. 1890, S. 626 ff.
Hofmann, A., In welchem Style sollen wir bauen?, in: Allgm. Bauztg., 1890, S. 81 ff, 89 ff.
Hübsch, H., In welchem Style sollen wir bauen?, Karlsruhe 1828.
Kopp, E., Beytrag zur Darstellung eines reinen einfachen Baustyles, Dresden 1837–1851.

Licht, H. (Hg.), Architektur der Gegenwart. Übersicht hervorragendster Bauausführungen der Neuzeit mit einem Text von A. Rosenberg, Berlin 1892–1900.
Maertens, H., Der optische Maßstab oder die Theorie des ästhetischen Sehens in den bildenden Künsten, Bonn 1879.
Metzger, E., Formenlehre der Rundbogenarchitektur, München 1851 (= Bd. 3 von Bürgerliche Baukunst).
Möllinger, K., Elemente des Rundbogenstils, 1. Aufl., München 1846, 2. Aufl., München 1848.
Moerning, A., Die 2 Prinzipe in der Architektur und ihre Begründung. Ein Wort zugunsten des Rundbogenstyls, München 1853.
Muthesius, H., Stilarchitektur und Baukunst. Wandlungen der Architektur im 19. Jahrhundert, Mülheim 1902.
Otzen, J., Über moderne Gotik (Vortragsbericht), in: Deutsche Bauztg., 11. 1877, S. 203 ff.
ders., Zur Weiterentwicklung historischer Bauformen, in: ebd., 21. 1887, S. 158 ff.
ders., Über das Mittelalter in der Baukunst der Gegenwart, in: ebd., 12.1878, S. 69 ff.
ders., Über die historische Tradition in der Kunst, in: ebd., 33. 1899, S. 558 f.
ders., Das Moderne in der Architektur der Neuzeit. Festrede, in: ebd., 38. 1904, S. 58 ff, 62 ff, 65 ff.
Palm, G., Von welchen Principien soll die Wahl des Baustyls insbesondere des Kirchenbaustyls geleitet werden ?, Hamburg 1845.
Penther, J. F., Anleitung zur bürgerlichen Baukunst, Augsburg 1744–64.
Prill, J., Gothisch oder Romanisch?, in: Zeitschrift für christliche Kunst, 4. 1891, S. 213 ff, 281 ff, 335 ff u. ebd. 5. 1892, S. 11 ff, 89 ff, 143 ff.
Reber, Fr., Die deutsche Renaissance und die Grenzen ihrer Anwendung, in: Deutsche Revue, 1880, S. 115 ff.
Redtenbacher, R., Leitfaden zum Studium der mittelalterlichen Baukunst. Formenlehre der deutschen und französischen Baukunst des romanischen und gothischen Styles auf Grundlage ihrer historischen Entwicklung, Leipzig 1881.
ders., Die Architektonik der modernen Baukunst. Ein Hülfsbuch, Berlin 1883.
Reichensperger, A., Die christlich-germanische Baukunst und ihr Verhältnis zur Gegenwart, 3. Aufl., Trier 1860.
ders., Zur Kennzeichnung der Renaissance, in: Zeitschr. f. christliche Kunst, 1890, Sp. 31–38, 55–64.
Romberg, J. A., Über die Mittel der byzantinischen und gothischen Baukunst in Anwendung auf die Baukunst unserer Zeit, in: Zeitschr. für praktische Baukunst, 11. 1851, S. 14 ff.
Rosengarten, A., Architektonische Stylarten, Braunschweig 1857, 2. Aufl. New York 1894.
Rosenthal, In welchem Styl sollen wir bauen?, in: Zeitschr. f. prakt. Baukunst, 4. 1844, Sp. 23 ff.
Schmidt, Fr., Der bürgerliche Baumeister, Gotha 1790–99.
Schumacher, F., Das Bauschaffen der Jetztzeit und historische Überlieferung, Leipzig 1901.
Semper, G., Die vier Elemente der Baukunst, Braunschweig 1851.
Ders., Über Baustyle. Ein Vortrag, Zürich 1869.
Steger, F., Der Kunststyl der Gegenwart. Eine literarische Übersicht der verschiedenen Theorien, Ansichten und Vorschläge, in: Zeitschr. f. Prakt. Baukunst, 9. 1849, Sp. 41–107.

Stiehl, O., Mittelalterliche Baukunst und Gegenwart, in: Zeitschr. f. Bauwesen, 53. 1903, S. 611 ff.
Stier, H., Die deutsche Renaissance als nationaler Stil und die Grenzen ihrer Anwendung, in: Deutsche Bauztg., 1884, S. 426 ff, 435 f.
Stier, W., Beiträge zur Feststellung des Prinzipes der Baukunst für das vaterländische Bauwesen in der Gegenwart, in: Allgem. Bauztg., 8. 1843, S. 309 ff.
Stremme, C. C., Die Architektur und ihr Verhältnis zur Cultur und zum Volke, Dorpat 1842.
Trzeschtik, Gotik oder Renaissance, in: Allgem. Bauztg., 39. 1874, S. 74 ff.
Unger, Th., Die neueste Wendung in der Architektur, in: Die Gegenwart. Wochenschrift, 11. 1877, S. 188 ff.
Wagner, G., Die Aesthetik der Baukunst, Dresden u. Leipzig 1838.
Westheim, P., Architektur und architektonisches Empfinden des Orients, in: Neudeutsche Bauztg., 7. 1911, S. 77 f.
Wiebeking, C.-F. v., Von dem Einfluß der Baukunst auf d. allgem. Wohl und d. Civilisation, Nürnberg 1816/17.
ders., Theoretische, praktische, bürgerliche Baukunde, 8 Bde., München 1821–26.
Wolff, J. H., Beiträge zur Aesthetik der Baukunst oder die Grundgesetze der plastischen Form, Leipzig u. Darmstadt 1834.
ders., Die wesentliche Grundlage der monumentalen Baukunst, Göttingen 1854.
Wolfram, L. F., Vollständiges Lehrbuch der gesamten Baukunst, Stuttgart u. Wien 1833–45.

b. Sakralbau

Adler, F., Kultus-Anlagen, in: Baukunde des Architekten, Bd. II, 2, Berlin 1884, S. 232–258.
Altendorff, H., Kirchliche Baukunst des 19. Jahrhunderts, Leipzig 1872.
Bürkner, R., Grundriß des deutsch-evangelischen Kirchenbaues, Göttingen 1899.
Catel, L., Grundzüge einer Theorie der Bauart protestantischer Kirchen, Berlin 1815.
Entwürfe zu Kirchen, Pfarr- und Schulhäusern. Hg. v. d. Kgl. Preuß. Ober-Baudeputation, Potsdam 1852–55.
Ficker, J., Evangelischer Kirchenbau, Leipzig 1905.
Fritsch, K. E. O., Der Kirchenbau des Protestantismus von der Reformation bis zur Gegenwart, Berlin 1893.
Graus, J., Die katholische Kirche und die Renaissance, Graz 1885.
Gurlitt, C., Die Gotik und die Confession, in: Die Gegenwart, 36. 1889, S. 179 ff.
ders., Kirchen, in: Handbuch der Architektur, T. IV, Bd. 8, H. 1, Stuttgart 1906.
Gerhardy, J., Praktische Ratschläge über kirchliche Gebäude, Kirchengeräte und Paramente, Paderborn 1895.
Heckner, G., Praktisches Handbuch der kirchlichen Baukunst. Zum Gebrauche des Clerus und der Bautechniker, Freiburg 1886.
Hossfeld, O., Stadt- und Landkirchen, 4. Aufl., Berlin 1915.
Jakob, G., Die Kunst im Dienste der Kirche, Landshut, 2. Aufl., 1870.
Jähn, C. E., Das evangelische Kirchengebäude, Leipzig 1881–83 (= Deutsche bautechnische Taschenbibliothek, 12).
Klasen, L., Grundrißvorbilder, Abth. XI. Gebäude für Kirchliche Zwecke, Leipzig 1889.
Klenze, L. v., Anweisung zur Architektur des christlichen Cultus, München 1834.
Kreuser, J., Der christliche Kirchenbau, seine Geschichte, Symbolik, nebst Andeutungen für Neubauten, Bonn 1851.

Leixner, O. v., Kirchenbau und Stimmungsarchitektur, in: Architekton. Rundschau, 1904, S. 35 ff.
March, O., Unsere Kirchen und gruppierter Bau bei Kirchen, Berlin 1896.
Meurer, M., Der Kirchenbau vom Standpunkte und nach dem Brauche der lutherischen Kirche, Leipzig 1877.
Mothes, O., Handbuch des evangelisch-christlichen Kirchenbaues, Leipzig 1898.
Opitz, In welchem Stil sollen evangelische Kirchen gebaut werden?, in: Archiv für kirchliche Baukunst und Kirchenschmuck, 9. 1885, S. 1 ff.
Preuss, A. E., Über evangelischen Kirchenbau, Breslau 1837.
Prill, J., In welchem Stile sollen wir unsere Kirchen bauen?, in: Zeitschrift f. christliche Kunst, 1898, S. 245 ff, 267 ff; 1899, S. 83 ff, 247 ff; 1900, S. 149 ff.
Reichensperger, A., Die christlich-germanische Baukunst und ihr Verhältnis zur Gegenwart, 2. Aufl., Trier 1852.
ders., Fingerzeige auf dem Gebiete der kirchlichen Kunst, Leipzig 1855.
Schroers, H., Die kirchlichen Baustile im Lichte der allgemeinen Kulturentwicklung, in: Zeitschrift für christliche Kunst, 9. 1896, S. 7 ff, 35 ff, 81 ff, 131 ff, 169 ff, 182, 239 ff.
Semper, G., Über den Bau evangelischer Kirchen, Leipzig 1845.
Stöter, F., Andeutungen über die Aufgabe des evangelischen Kirchenbaues, Hamburg 1844.
Tschackert, P., Über evangelischen Kirchenbaustil, Berlin 1881.
Wolff, F., Über die Stellung der Kirchen im Stadtbild, in: Der Städtebau, 1. 1904, H. 2, S. 23 ff.

Neuere historische Darstellungen

Bandmann, Das Exotische in der europäischen Kunst, in: Der Mensch u. d. Künste. Festschr. f. H. Lützeler zum 60. Geburtstag, Düsseldorf 1962, S. 337 ff.
ders., Ikonologie der Architektur, Darmstadt 1969 (= Reprint aus: Jb. f. Aesthetik u. allgm. Kunstw., 1951, S. 67–109).
ders., Bemerkungen zu einer Ikonologie des Materials, in: Städel-Jahrbuch, N. F. 2. 1969, S. 75 ff.
ders., Der Wandel der Materialbewertung in der Kunsttheorie des 19. Jahrhunderts, in: Beiträge zur Theorie der Künste im 19. Jahrhundert, Bd. 1 = Studien zur Philosophie und Literatur des 19. Jh., Bd. 12, 1, Frankfurt/M. 1971, S. 129 ff.
Banham, R., Theory and design in the first machine age, London 1960.
Bauer, H., Architektur als Kunst. Von der Größe der idealistischen Architektur-Ästhetik und ihrem Verfall, in: Kunstgeschichte und Kunsttheorie im 19. Jahrhundert (= Probleme der Kunstwissenschaft, 1), Berlin 1963, S. 133 ff.
Baumgart, F., Ägyptische und klassizistische Baukunst. Ein Beitrag zu dem Wandel architektonischen Denkens in Europa, in: Humanismus und Technik, Bd. 1, Berlin 1953, S. 70 ff.
Beenken, H., Der Historismus in der Baukunst, in: Historische Zeitschr., 157. 1938, S. 27 ff.
ders., Das 19. Jahrhundert in der deutschen Kunst, München 1944.
ders., Schöpferische Bauideen der deutschen Romantik, Mainz 1952.
Beiträge zum Problem des Stilpluralismus, Hg. W. Hager u. N. Knopp, München 1977.
Benevolo, L., Geschichte der Architektur des 19. und 20. Jahrhunderts, München 1964.

Bialostocki, J., Das Modusproblem in den bildenden Künsten, in: ders., Stil und Ikonographie. Studien zur Kunstwissenschaft, Dresden 1966, S. 9 ff.
Börsch-Supan, E., Berliner Baukunst nach Schinkel, 1840–1870, München 1977.
Bringmann, M., Studien zur neuromanischen Architektur in Deutschland, Diss. Heidelberg 1968.
Brix, M. u. M. Steinhauser, Geschichte im Dienste der Baukunst, in: Geschichte allein ist zeitgemäß. Historismus in Deutschland, Gießen 1978, S. 199–328.
Carrott, R. G., The Egyptian Revival, Its Sources, Monuments and Meaning 1808–1858, Berkely 1978.
Clark, K., The Gothic Revival, London, 2. Aufl., 1950.
Collins, P., Changing Ideals in modern Architecture, 1750–1950, London 1965.
Döhmer, K., «In welchem Style sollen wir bauen?». Architekturtheorie zwischen Klassizismus und Jugendstil, München 1976.
Evers, H.-G., Vom Historismus zum Funktionalismus, Baden-Baden 1967.
Frankl, P., The Gothic: Literary Sources and Interpretations through eight Centuries, Princeton 1960.
Germann, G., Gothic Revival in Europe and Britain. Sources, Influences, and Ideas, London 1972, dt. Stuttgart 1974.
Giedion, S., Spätbarocker und romantischer Klassizismus, München 1922.
Götz, W., Historismus. Ein Versuch zur Definition, in: Zeitschrift für Kunstwissenschaft, 24. 1970, S. 196–212.
Gurlitt, C., Altes und neues Mittelalter, in: Die Zukunft, 13. 1895, S. 73 ff.
ders., Die deutsche Kunst des 19. Jahrhunderts, Berlin 1899.
ders., Die Theorien der Baukunst im 19. Jahrhundert, in: Der Bautechniker, 1904, S. 150 ff, 174 ff.
Hartlaub, G. F., Zur Sozialpsychologie des Historismus in der Baukunst, in: ders., Fragen an die Kunst, Stuttgart 1950, S. 57 ff.
Herrmann, W., Deutsche Baukunst des 19. und 20. Jahrhunderts, 2 Teile, Breslau 1932 (Neuaufl. Basel u. Stuttgart 1977 einschl. des 1933 unterdrückten 2. Teils).
Hildebrandt, H., Die Kunst des 19. und 20. Jahrhunderts, Wildpark-Potsdam 1931 (= Handbuch der Kunstwiss.).
Historismus und bildende Kunst. Vorträge und Diskussion im Oktober 1963, München 1965.
Hitchcock, H.-R., Architecture: Nineteenth and Twentieth Centuries, Harmondsworth, 3. Aufl., 1969.
Hubatsch, W., Geschichte der evangelischen Kirche Ostpreußens, 2. Bilder ostpreußischer Kirchen, bearb. von I. Gundermann, Göttingen 1968.
Hünermann, P., Der Durchbruch geschichtlichen Denkens im 19. Jahrhundert, Freiburg 1967.
Huse, N., ‹Neues Bauen›, 1918–1933. Moderne Architektur in der Weimarer Republik, München 1975.
Iversen, E., The Myth of Egypt and its Hieroglyphs in European Tradition, Kopenhagen 1961.
Joseph, D., Geschichte der Baukunst vom Altertum bis zur Neuzeit. Ein Handbuch, 2. Aufl., Leipzig o. J. (um 1908).
Kamphausen, A., Gotik ohne Gott. Ein Beitrag zur Deutung der Neugotik und des 19. Jahrhunderts. Tübingen 1952.
Klingenberg, K.-H., Bemerkungen zur Architekturanschauung in der zweiten Hälfte des 19. Jahrhunderts, in: Actes du 22e Congrès int. d'Histoire de l'Art, Budapest 1969, Budapest 1972, Bd. 2, S. 259 ff.

Klopfer, P., Von Palladio bis Schinkel. Eine Charakteristik der Baukunst des Klassizismus, Esslingen 1911.
Koch, G. F., Schinkels architektonische Entwürfe im gotischen Stil, 1810–1815, in: Zeitschr. f. Kunstgesch., 32. 1969, S. 262 ff.
Künzl, H., Der Einfluß des Alten Orient auf die europäische Kunst im 19. und 20. Jahrhundert, Diss. Köln 1973.
Langmaack, G., Evangelischer Kirchenbau im 19. und 20. Jahrhundert, Kassel 1971.
Lankheit, K., Revolution und Restauration, Baden-Baden 1965.
Major, M., Geschichte der Architektur. Bd. 3, Die Entwicklung der Architektur von der Französischen Revolution bis zur Gegenwart, Berlin 1960.
Mann, A., Die Neuromanik. Eine rheinische Komponente im Historismus des 19. Jahrhunderts, Köln 1966.
Middelton, R. u. D. J. Watkin, Architektur der Neuzeit, Stutgart 1977.
Miller Lane, B., Architecture and Politics in Germany, 1918–1945, Cambridge, Mass. 1968.
Morenz, S., Die Begegnung Europas mit Ägypten, Berlin 1968 (= Sitzber. d. Sächs. Akd. d. Wiss. Leipzig, Phil.-hist. Kl., Bd. 113, H. 5).
Müller, S., Kunst und Industrie. Ideologie und Organisation des Funktionalismus in der Architektur, München 1974.
Muthesius, S., Das englische Vorbild. Eine Studie zu der deutschen Reformbewegung in Architektur, Wohnbau und Kunstgewerbe im späten 19. Jahrhundert, München 1974.
Pevsner, N. u. S. Lang, The Egyptian Revival, in: Architectural Review, 119. 1956, S. 242 ff.
Platz, G. A., Die Baukunst der neuesten Zeit, Berlin 1927.
Posener, J., Berlin auf dem Wege zu einer neuen Architektur. Das Zeitalter Wilhelms II., München 1979.
Robson-Scott, The Literary Background of the Gothic Revival in Germany. A Chapter in the History of Taste, Oxford 1965.
Rosenblum, R., Transformations in late 18th century Art, Princeton 1967.
Schädlich, Chr., Stilbestrebungen in der deutschen Architektur des 19. Jahrhunderts. Ein Versuch über den Historismus, in: Wiss. Zeitschr. d. Hochschule f. Architektur und Bauwesen Weimar, 20. 1973, H. 2, S. 145 ff.
Termehr, L., Romanische Baukunst. Ein Beitrag zur Geistesgeschichte des Stilbegrifs, Diss. Bonn 1950 (MS).
Trier, E. u. Weyres, W., (Hg.), Kunst des 19. Jahrhunderts im Rheinland, Bd. 1, Architektur I, Kultbauten, Düsseldorf 1980.
Verbeek, A., Rheinischer Kirchenbau im 19. Jahrhundert, Köln 1956.
Vogel, H., Ägyptische Baukunst des Klassizismus, in: Zeitschrift für Bildende Kunst, 62. 1928/29, S. 160 ff.
Weyres, W. u. A. Mann, Handbuch zur Rheinischen Baukunst des 19. Jahrhunderts, 1800–1880, Köln 1968.
Zeitler, R., Die Kunst des 19. Jahrhunderts, Berlin 1966 (= Propyläen Kunstgeschichte, 11).

Ungedruckte Quellen

Archive, deren Bestände in der Arbeit nicht verwendet wurden, bzw., die nur Bild- und Planmaterial und gedruckte Quellen (besonders häufig sind Zeitungsausschnitte) besitzen, werden nicht genannt; siehe dazu die jeweiligen Anmerkungen. Verzeichnet sind nur Archivalien, die den Synagogenbau betreffen.

Aurich, Niedersächsisches Staatsarchiv, Synagoge in Norderney, Bestand: Rep. 21a, Nr. 8607.
Berlin, Landesarchiv, Synagoge in der Agricolastr., Bestand: Baupolizei Bez. Tiergarten, Rep. 202, Acc. 1719, Nr. 2898, 2899.
Landesarchiv, Synagoge in der Fasanenstr., Bestand: Baupolizei Bez. Charlottenburg, Rep. 207, Acc. 1039, Nr. 137–143.
Landesarchiv, Synagoge in der Levetzowstr., Bestand: Baupolizei Bez. Tiergarten, Rep. 202, Acc. 1023, Nr. 1327.
Landesarchiv, Synagoge in der Lützowstr., Bestand: Baupolizei Bez. Tiergarten, Rep. 202, Acc. 1559, Nr. 2284.
Bezirksamt Charlottenburg, Baupolizei. Synagoge Behaimstr., Bestand: Behaimstr. (Schulstr.) 11.
Bezirksamt Charlottenburg, Baupolizei. Synagoge Bismarckstr., Bestand: Bismarckstr. 40.
Bezirksamt Charlottenburg, Baupolizei. Synagoge Pestalozzistr., Bestand: Pestalozzistr. 14–15.
Bezirksamt Kreuzberg, Baupolizei. Synagoge Lindenstr., Bestand: Lindenstr. 48–50.
Bezirksamt Wilmersdorf, Baupolizei. Synagoge im Altersheim Berkaer Str., Bestand: Berkaer Str. 31–35.
Bezirksamt Wilmersdorf, Baupolizei. Synagoge in der Prinzregentenstr., Bestand: Prinzregentenstr. 69–70.
Datteln, Stadtarchiv, Synagoge in der Türkenstr. 1.
Gronau/Westf., Städt. Bauamt, Bauaufsicht, Synagoge Wallstr. 48.
Hamburg, Staatsarchiv, Bestand: Jüdische Gemeinden.
Nr. 437 Acta d. Synagogen-Bauverwaltungskomm., 1812–1867.
Nr. 442 Synagoge Elbstr. 20–21 (46–48).
Nr. 445 Brand der Synagoge am Alten Wall, 1841.
Nr. 446 a–g Synagoge Kohlhöfen, 1853–1860.
Nr. 447 Neubau Synagoge am Bornplatz, 1913–1929.
Nr. 515 Neubau des Isr. Krankenhauses, 1840–1867.
Nr. 551 Vereinigte Alte und Neue Klaus, 1840–1913.
Nr. 552 Levin-Salomon-Klaus, 1844–1857.
Nr. 556 Synagoge in Eimsbüttel, 1916.
Nr. 572 Korrespondenz der DIG mit dem Tempelverband und Bau des Tempels betr., 1934–1937.
Nr. 599 Div. Akten, Neue Dammtor-Synagoge.
Nr. 932 Synagogenumbau in Wandsbek, 1897.
Nr. 942 Synagogen und Kultus betr., 1871–1932.
  Bez. Amt Eimsbüttel, Bauprüfabteilung, Bestand:
Synagoge Hoheluftchaussee 25.
Synagoge Rutschbahn 11 A.
Hannover, Nieders. Hauptstaatsarchiv,
Synagoge in Dannenberg, Bestand: Hann 74 Dannenberg VI B Nr. 13.
Synagoge in Eldagsen, Bestand: Ha 80, Ha I, Cb Eldagsen, Nr. 143 und Hann 174, Springe III, 118 Bad Münder 1940–44.
Synagoge in Gronau/Nieders., Bestand: Hann 74 XI B Nr. 1b.
Synagoge in Hannover, Bestand: Hann 80 Hann IIe 2, Kirchensachsen, Nr. 138 (1862–1871).
Synagoge in Mollenfelde, Bestand: Hann 74, Reinhausen N, Nr. 6.
Synagoge in Uchte, Bestand: Hann 74, Stolzenau VI, Nr. 111.

Stadtarchiv Hannover,
Synagoge in Bleicherode, Bestand: Nachlaß E. Oppler und Nachlaß Kastenholz.
Synagoge in Breslau, Bestand: Ebd.
Synagoge in Hameln, Bestand: ebd.
Synagoge in Hannover, Bestand: ebd.
Synagoge in Karlsbad, Bestand: ebd.
Synagoge in München, Bestand: ebd.
Kaiserslautern, Stadtarchiv,
Synagoge in Kaiserslautern von L. Levy, Bestand: Abtl. B, Akten Nr. 186, 187.
Karlsruhe, Badisches General-Landesarchiv,
Synagoge in Baden-Baden, Bestand: 233/15237
Synagoge in Efringen-Kirchen, Bestand: 361/312, Zug. 1907, Nr. 4, 1789–1846, 1864.
Synagoge in Karlsruhe, Bestand: 206/2207, 357/2569–2570, 422/439.
Personalakte F. Weinbrenner, Bestand: 76/8414.
Personalakte L. Levy, Bestand: 76/9525–9526.
Marburg, Hessisches Staatsarchiv,
Synagoge in Kassel, Bestand: 16.XIV/2, Nr. 22.
München, Oberbayerisches Staatsarchiv,
Synagoge von Metivier, Bestand: RA 2090/33874 und RA 2091/33888.
Stadtarchiv München,
Synagoge von Schmidt, Bestand: Stadtchronik 1876, Bd. I, S. 334. Bauakten/Baukommissionsprotokolle, Grundstück Herzog-Max-Str. 7.
Synagoge in der Kanalstr. (orthodox), Bestand: Bauakten/Baukommissionsprotokolle, Grundstück Kanalstraße 23. Stadtchronik 1891, Bd. II, S. 1422.
Bayerische Staatsbibliothek, Handschriftensammlung, Selbstlebensbeschreibung des J. B. Metivier, sign.: Cod. gal. 892.
New York, Leo Baeck Institute, Archiv.
Reformtempel des Herz-Beer in Berlin, Bestand: Nachlaß I. M. Jost, sign: AR 4294, Brief vom 30. 9. 1817.
Synagoge in Buchau, Bestand: Nachlaß Vierfelder.
Synagoge in Dieburg, Bestand: Nachlaß R. Joseph, sign. ARC 770/2180.
Synagoge in Kappel, Bestand: Nachlaß Vierfelder.
Norden, Landkreis, Kreisbauamt, Bestand: Synagoge in Norderney, Schmiedestr. 6.
Speyer, Landesarchiv, Bestand: Synagoge in Ingenheim, H 3 Nr. 8229.
Straßburg, Archives de la Ville, Synagoge von L. Levy, Bestand: Bürgermeisteramt, Acten betr. Neubau einer Synagoge, sign.: 137/683 und 375/2101.
Stuttgart, Württembergisches Staatsarchiv, Synagoge in Stuttgart, Bestand: E 11 aus Bü 84.
Baurechtsamt, Aktei, Bestand: Synagoge, Hospitalstr. 38.
Ulm, Stadtarchiv, Synagoge in Ulm, Bestand: Neubau einer Synagoge, sign.: 377/40/1.
Wiesbaden, Hessisches Hauptstaatsarchiv, Synagoge in Wiesbaden, Bestand: Akten, Kgl. Regierung Ab. I, Reg. C, betr. Cultus der Israeliten sign.: 405/349, Vol. I, 1862–1869.
Wolfenbüttel, Niedersächsisches Staatsarchiv, Synagoge in Seesen, Bestand: 2 Alt Nr. 13294.
Würzburg, Bayerisches Staatsarchiv, Synagoge in Würzburg, Bestand: Regierung d. Unter-Main-Kreises, Kammer des Inneren, Regierungsabgabe 1943/45, Nr. 7108.
Stadtarchiv, Synagoge in Würzburg, Bestand: Bauakten Domerschulgasse 21.

REGISTER

Im Register wurden aus dem Textteil alle Orts- und Personennamen aufgenommen mit der Ausnahme, daß Ortsnamen, die nur der näheren geographischen Bestimmung eines anderen Ortes dienen, wegfallen (wie Langen bei Frankfurt/M.). Adjektivisch verwendete Ortsnamen sowie Orts- und Personennamen aus dem Literaturverzeichnis werden nicht aufgeführt. Aus dem Anmerkungsteil werden Orts- und Personennamen nur dann verzeichnet, wenn sie an entsprechender Stelle im Haupttext nicht vorkommen. Autorennamen in Verbindung mit Literaturangaben tauchen im Register nur dann auf, wenn sie in diskursivem Zusammenhang genannt werden.

Personen

Abdul Hamid 637
Abesser & Kröger 370 ff.; 400; 640
Adamy, R. 349
Adler, F. 648; Abb. 471
Albers, J. 525
Albrecht v. Preußen 605
Allmers, H. 222
Andreae, H. 203
Aretin, J. v. 41
Arndt, M. 477
Arnim, F. H. L. v. 595
Arnold, Ch. 555
Arnsberg, P. 365
Aron, Ph. 579
Ascher, F. 536 f.
Aub, H. 557; 562
Avis, J. 49

Baars, J. S. 648
Baehr, K. Ch. 565
Baerwald, L. 525; 533
Bartning, O. 535
Baumhorn, L. 590
Beenken, H. 596
Beer, A. 459; 514 ff.; 520 ff.; 649
Beer, B. 129; 145
Beer, J. H. 152

Behrendt, C. W. 536
Behrens, P. 494
Berger, M. 383
Bergmann, J. 639
Bernays, I. 156 f.; 585
Bernhard, E. 642
Biow, R. 557
Bismarck, O. v. 342
Bittinger 319
Bitzan, R. 642
Blau, Dr. 471
Blecher 478
Bloch, O. 524
Block & Hochfeld 652
Bluntschli, F. 407
Böhm, D. 320; 534
Börm, N. 36
Börne, N. 36
Bösser, E. 249
Boisserée, S. 221
Bonatz, P. 494; 652
Boswau & Knauer 481
Boumann, E. 48
Bräuning, F. 648
Bramante, D. 323
Brantzky, F. 412; 451; 453; 485
Breffny, B. de 545; 606

Breymann, G. 275 ff.
Bringmann, M. 221
Brion, J. A. 336
Bromeis, J. C. 65; 92 ff.
Brongniart, A.-T. 601
Brosse, S. de 48; 50
Brunner, A. W. 638
Bürger, W. 410
Bürklein, F. 261 ff.; 264
Büttner 67
Burckhardt, J. 392

Calmet, A. 614
Cania, L. 65; 84; 614
Cappel, L. 563
Caprivi, L. v. 342
Carlebach, J. 510
Carriere, M. 227; 599
Caveda, J. 252
Chalgrin, J. F. T. 50
Chateauneuf, A. de 159 f.
Cocceius, I. 612
Cohn, E. B. 642
Cohn, O. 515
Cohn-Wiener, E. 649
Cremer & Wolffenstein 200; 213; 400 f; 404; 416; 423; 424; 426; 430; 451; 452; 478; 481; 632

Dalberg, K. v. 58 f.
Dauthe, J. F. K. 81 f.
Diamant, A. 13; 421
Diebitsch, K. v. 301; 605
Dieterlin, W. 425
Dietsch, W. 489
Doflein, C. 409
Dorn, E. 457
Dossenberger, J. 257 f
Droste, L. 591
Dubnow, S. 438
Durand, J. N. L. 563
Durm, J. 322; 510
Du Ry, S. L. 109; 566; 567
Dylewski, V. 425; 441

Ebert 617
Eckert, A. 67; 559
Eckstein, A. 476
Egle, J. 275
Eilitz, P. 314; 619; 626

Eisenberg, A. 545
Eisenlohr, F. 115; 314
Eisler, M. 508 f.; 648
Eliasberg, A. 498
Ende & Böckmann 376 f.
Engel, S. 412
Eschwege, H. 10
Estienne, R. 614
Exter 388
Eyck, J. v. 229
Eyrich, Th. 312; 315

Fahrenkamp, E. 489
Fergusson, J. 359 f.
Ferstel, H. v. 614
Feuchtwanger, F. 449; Abb. 387; 388
Fischer, K. v. 43; 554
Fischer, Th. 477; 495; 496; 498
Fischer v. Erlach, E. 83; 256
Fleischer, M. 200; 332; 373; 433 ff.; 439 f.; 444; 522; 592; 618
Förster, L. v. 182 f.; 292 f.; 303 ff.; 433; 605
Fraenkel, M. 639
Frank 417
Frankel, Z. 124 ff.; 273 f.
Frankl, P. 233
Franz Joseph I. 636
Frauberger, H. 447 f.; 449; 451; 453; 648; Abb. 386
Freuding 122
Freyse, H. J. 588
Friedheim, E. 412; 415
Friedmann, L. 523
Friedmann, R. 536 f.
Friedrich II. d. Gr. 168; 430; 431
Friedrich II. v. Hessen-Kassel 89
Friedrich Wilhelm I. (Preußen) 31
Friedrich Wilhelm III. (Preußen) 103; 153; 154
Friedrich Wilhelm IV. (Preußen) 162; 585; 612
Fritsch, K. E. O. 384; 397; 629; 633
Fritsch, Th. 504
Fröhlich, M. 581
Fürst, M. 422
Fürstenau, E. 416; 419; 420
Fuß, F. 489

Gärtner, F. v. 43; 68; 69; 80; 172; 203; 259; 261; 384

Gartner, J. 362
Gau, F. Ch. 64
Gause, G. 647
Geier, Fr. X. 580
Geiger, A. 213f.; 217
George, E. 637
Gerlach, Ph. 458
Germann, G. 233
Gerstenberg 365
Gessert, M. A. 68f.
Geul, A. 312; 315
Ghezzi, G. 109
Giefers, W. E. 598
Gobineau, J. A. de 234
Görres, J. v. 225
Goerz, R. 615
Goldmann, N. 83
Gontard, K. v. 430
Gorge, H. 508ff.
Grässel, H. 645
Graetz, H. 340f.; 606
Graf & Röckle 467
Graf, W. 489f.
Graus, J. 629
Grohmann, J. G. 71; 73
Gropius, W. 539
Großmann 127
Grotte, A. 21; 22; 507; 520; 547; 646
Gruber, L. 533
Grünberger, A. 509
Grünfeld, R. 497
Grunwald, M. 414f.; 442; 444; 449; 454
Guggenheimer, E. 524
Gumpertz, R. S. 584
Gurlitt, C. 445; 451; 453; 545; 632
Gutfeld, L. 649

Haller, W. 652
Hallo, R. 88; 90; 92; 568
Hansen, F. 556
Hansen, Th. v. 306; 594
Hartmann, E. 651
Hase, C. W. 187; 199; 203; 211f.; 595
Haupt, A. 447; 592
Hecht, G. 519, 648
Hegelein, K. M. 73
Heger & Franke 452
Heideloff, C. 172; 218; 575
Heine, H. 159

Helas, V. 581
Hellner, F. A. L. 550
Herkommer, H. 530
Herodes 55
Hess, M. 340
Hessel, E. 452f.; 464
Hessemer & Schmidt 463
Hessemer, F. M. 252
Hetsch, G. F. 565
Heyden & Kyllmann 314
Heydenreich, K. H. 238f.; 602
Hildebrandt, H. 596
Hiller, E. 442; 449f.; 507; 643
Hiram 433
Hirsch 365
Hirsch, J. 52
Hirsch, S. R. 117
Hirt, A. 71; 72; 76; 78; 83; 262; 612
Hitler, A. 387; 504; 505
Hittorff, J. I. 251; 253
Hocheder, C. 495
Höniger & Sedelmeier 416; 464; 478
Höniger, J. 184; 427; 458; 634
Hoffmann, L. 452
Hoffmann, Ph. 307f.
Hohenlohe-Schillingsfürst, Ch. zu 397
Holdheim, S. 538
Holl, E. 497
Hooghe, R. de 555
Horovitz, M. 390; 392
Horwitz, L. 88
Hübsch, H. 110; 166; 172; 187; 195; 213; 276; 575; 591; 594; 597
Hülst, van 619
Humboldt, W. v. 74

Imberg, P. 523
Isaacs, A. S. 638
Ißleiber, M. 410
Ixnard, M. d' 80; 565

Jacobson, I. 149ff.; 155; 170; 567
Jan Wellem 34
Jaretzki 519; 648
Jérôme Bonaparte 87
Johann v. Sachsen 124
Joseph II. 22
Joseph, D. 545
Joseph, R. 528ff.
Jost, I. M. 584

697

Jürgensen & Bachmann 452; 464; 467; 638
Jussow, H. Chr. 89; 91; 109; 569

Käppler, A. 409
Kahn, L. 527
Kaiser, G. 297
Kampf 443
Kania, H. 431
Kanitz 267
Karl Wilhelm Friedrich (Ansbach) 32
Kastenholz, J. H. 593; 626
Kaufmann, R. 530
Kayser, D. 30
Keil, K. F. 612; 614
Kemmeter, M. 31
Kempf, F.-X. 293
Kenkenhof, 617
Kerwien, O. 430
Keyser, de 318
Kirchner, P. Chr. 114; 602
Klapheck, R. 480; 484; 485; 643
Klasen, L. 192; 261; 346; 545
Klees-Wülbern, J. H. 157; 585
Kleesattel, J. 411 f.; 481
Kleinsteuber, F. 524; 647
Klenze, L. v. 43; 44; 51 f.; 54 f.; 76; 78; 108; 172; 382
Kley, E. 153
Klingenberg, L. 399
Knoblauch, E. 216; 284; 297
Koch & Spiegel 493
Köhler, P. 237; 550
König, C. 373
Körner, E. 274; 467; 480 ff.; 485; 486
Kohtz, O. 638
Kopp, E. 64 ff; 71; 77 f.; 84; 95; 106; 143 f.; 256; 262
Kotzur, H.-J. 259
Krahe, P. J. 33; 64; 567
Krautheimer, R. 603
Kreis, W. 489
Kreyßig, E. 326
Kronfuß, J. 475 ff.
Krug, H. 154
Kruhl 618
Kühnert 95; 96; 602
Künzl, H. 643
Kugler, F. 222; 594
Kuhlmann, O. 412; 481; 638; 642

Kulviansky 520
Kusnitzky, S. 390

Landauer, F. 495; 509; 510; 511; 532 ff.; 536; 537
Landmann 332
Landsberger, F. 649
Lang, H. 115
Lange, E. 380
Langhans, K. F. 57
Laugier, M. A. 81 f.; 239; 602; Abb. 166
Lazarus, M. 526 f.
LeCorbusier 650
Leins, Ch. F. v. 275; 353 f.
Lendorff 115
Lenz 478
Leonhardt, C. F. W. 452; 467; 642
Leschnitzer, A. 309
Lesser, M. E. 648
Levi, A. 282
Levy, L. 200; 355 ff.; 404; 406 f.; 409; 451; 472; 475; 478; 495
Licht, H. 376
Liebmann, J. 31
Lippert, J. 649
Lömpl, H. 495
Löw, J. 454
Loewi, I. 245
Lohde, L. 256
Lossow & Kühne 487
Lubowski 121
Ludwig I. (Bayern) 44; 52 f.; 67; 68; 69
Ludwig II. (Bayern) 309; 605
Lübke, W. 235; 348; 391
Lueger, K. 438
Lund, J. 83

Maertens, H. E. 324
Maier, J. 281 ff.
Mannheimer, I. N. 302
Manteuffel, Z. v. 581
March, O. 465
Margold, M. J. 650
Maria Theresia 21
Marx, E. 52 f.
Marx, K. 594
Maximilian I. (IV.) (Bayern) 531; 551
May, W. 581
Mel, C. 83; 612

Melbeck 331
Mendelsohn, E. 487; 513; 653
Mendelssohn, M. 146
Menking, K. 481
Menna, A. 649
Menzel, O. 489; 640
Mertz, F. 355
Messel, A. 536
Metivier, J. B. 37ff.; 43f.; 50f.; 54; 62; 92; 129; 143; 563; 602
Metzendorf, G. 365f.
Meyer, B. 644
Meyer, I. 494
Meyer, J. F. v. 65; 78; 95; 612; 614
Meyer, S. E. 249; 619
Mezger, E. 222; 598
Möckel, G. L. 315
Mohl, M. 207
Moller, G. 556
Moses, E. 567
Mothes, O. 222; 234; 255; 296; 349; 594
Müller, A. 616
Münchhausen, 371
Münzenberger, F. A. H. 325
Muschel 118
Muyschel, G. 590

Nachtlicht, L. 520; 648; 652
Napoleon I. 51; 61; 72; 87; 152
Napoleon III. 592
Nash, J. 292
Nathan, F. 653
Neubauer, M. 513
Neufeld, S. 285
Neumann, H. 519; 648
Neutra, R. 509
Ney, W. 176; 178
Niklas, J. 306
Nohl, M. A. 289
Norden, F. 71

Opfermann, I. 276
Oppenheim, A. 300
Oppler, E. 198ff.; 214ff.; 224; 232; 249; 291; 311; 312ff.; 318; 320; 321; 329ff.; 331; 345f.; 349; 353; 355; 356; 357; 372; 380ff.; 393; 395; 400f.; 425; 446f.; 449; 451; 545
Orth, A. 396; 398; 408; 634

Otto, J. 481
Otzen, J. 398; 400; 401; 409; 424; 426; 444; 478; 481

Paffendorf, L. 632
Paine, T. O. 612
Palladio, A. 634
Palm, G. 226; 227; 234
Panofsky, E. 229
Pappenheimer, J. H. 52f.
Paucker, A. 395
Perrault, C. 65; 78; 95
Perret, A. 529
Pertsch, F. 44
Piranesi, G. 71
Pococke, R. 564
Poelzig, H. 449; 450; 518
Prisac 598
Prokop, A. 604
Pützer, F. 467
Pulzer, P. 479
Puttrich, L. 140; 267

Quatremère de Quincy, A. 64; 72f.

Redtenbacher, R. 346
Regel, A. 292; Abb. 208
Rehnig, O. 481
Reichensperger, A. 230f.; 234; 418; 599; 629
Reindel, A. v. 244
Renk, J. W. 117
Retti, L. 32
Reuters & Friedenthal 463
Reyer, S. 563
Richardson, H. H. 643
Riedheim, v. 380
Riesser, G. 155f.; 207; 233
Röckle, F. 467; 489; 640
Romano, J. J. 119
Romberg, J. A. 219
Rosenau, H. 48; 581
Rosengarten, A. 96; 99; 100ff.; 102; 104ff.; 114; 115; 119; 183ff.; 189ff.; 215; 230; 242f.; 277; 294; 298; 329; 353; 580
Rosenthal 252
Rosenthal, H. 520; 536; Abb. 470
Rosso, J. del 71
Rothschild 116f.; 326

699

Rothschild, A. v. 131; 579
Rotteck, C. v. 228
Rudolph, J. C. 571
Ruhl, J. E. 99f.; 105; 242
Runge, L. 193

Salomon, G. 154; 156; 157f.; 585
Salzgeber, J. N. 26
Samuel Ben Meier Halevi 498
Samuel, S. 455; 483f.
Sauerwald, E. 456
Scheffler, F. 35
Scheffler, F. W. 35
Schie, M. 124
Schiffer, A. 642
Schinkel, C. F. 70; 82; 110; 159; 164; 166; 167; 169f.; 186; 219; 284; 292; 332; 607
Schmid, K. 315
Schmidt, A. 380ff.; 626
Schmidt, Fr. 331; 434; 435ff.; 441
Schmidt, O. J. 81
Schmieden, H. 478
Schmitz, B 425; 643
Schmitz, F. 331
Schmohl, R. 481
Schnaase, C. 253f.; 255; 256; 258
Schneider, J. 194
Schnell, H. 545
Schreiber, L. 404
Schreiterer & Below 402
Schreiterer & Schreiber 633
Schrötter, F. L. v. 74; 232
Schuchardt, A. 92ff.; 100f.; 104
Schudt, J. 549
Schultze-Naumburg, P. 539
Schumacher, F. 159; 637
Schwarz, F. 491
Schwarz, K. 649
Schwarzenberg, Fürst zu 435
Schwarzschild, E. 577
Schwechten, F. 372; 411; 479
Schwendenwein, A. 119
Seckbach, M. 694
Seidel, G. v. 386
Sekkel 125
Seligmann, C. 466
Semper, G. 123; 130ff.; 136ff; 188; 192; 193; 215; 267; 287; 292; 346; 347; 353; 359; 451; 582; 616
Siebert, M. v. 260

Simonson, O. 267; 269ff.; 305
Sinasohn, M. 421
Sokolowsky, J. 648
Sonnin, E. G. 189
Spillar, J. 48f.
Spitzemberg, H. Hugo v. 621
Springer, R. 295
Stähelin, A. 602
Statz, V. 234
Stein, J. 584
Stein, L. 299f.
Stephan, H. v. 416
Stern, R. 523
Stiassny, W. 200; 355; 439ff.; 492; 624
Stieglitz, Ch. L. 64; 71; 76; 78; 79; 81f.; 262; 612
Stier, G. 163; 284; 291
Stier, H. 418
Stier, W. 228
Stoecker, A. 342
Stöter, F. 227; 598
Strack, J. H. 595
Strauss, H. 649
Streicher, J. 319
Stüler, A. 220; 289; 297; 596
Sturm, L. 83
Sulzer, J. G. 72; 76; 238

Taubenheim, W. A. v. 282
Thenius, O. 614
Thiersch, F. v. 407
Thurn u. Taxis 249
Tieffenbach 399; 404
Toeplitz, E. 527
Toffel, M. 619
Treitschke, H. v. 295; 340ff.; 639
Troplowitz 121

Uhde, C. 327; 369
Uhde, H. 212; 594
Uhl, E. 637
Ungewitter, G. G. 199; 234
Unruh, G. 614

Vatable, F. 614
Vetterlein, E. 518; 638
Villalpandus, J. B. 79; 83
Viollet le Duc, E. 199; 203; 210
Vogel, F. R. 485

Vogué, M. de 318; 612
Voit, A. v. 259 ff.; 563; 607

Wagner, G. 172 f.; 580; 594
Wagner, O. 457
Wallot, P. 355; 478
Weinbrenner, F. 58; 63; 235 ff.; 322
Weinreis 361
Weiß, F. J. 523
Wellerdick, W. 467; 490
Wickop, G. 473; 476
Wiedenfeld, H. v. 636
Wiegmann, R. 166; 223
Wiener, P. L. 519; 648
Wilhelm I. 403; 417

Wilhelm II. 395; 416; 430 f.; 455
Wilhelm I. (Hessen-Kassel) 87
Wilhelm I. (Württemberg) 279 ff.
Winter, L. v. 376
Wischnitzer, R. 10; 170; 547; 557; 565; 603
Wolff, A. 276; 278 f.; 312; 315; 316; 317; 319 ff.; 354; 592; 599; 611
Wolfram, L. F. 594

Zaar & Vahl 404
Zanth, L. 280; 301; 605
Ziegler, R. 638
Zunz, L. 155
Zwirner, E. 300 f.

Orte

Aachen 580
Ahlerstedt 212
Allenstein 327
Altdorf 261; 590; 623
Altenstadt-Illereichen 25; 26 f.; 334; 560; Abb. 16; 17
Altstrelitz 29
Amberg 386
Amiens 199
Ammonsgrün 22
Amsterdam 48; 50; 51; 92; 549; 648; Abb. 52
Andernach 530; Abb. 502
Ansbach 18; 31; 32; 46; Abb. 27
Antwerpen 590
Arnstadt 488; Abb. 442
Aschaffenburg 357; Abb. 271
Augsburg 454; 486; 495 ff.; 506; 509; 532; 589; Abb. 450–455
Aurich 34
Auxerre 593

Babylon 304
Bad Cannstatt 279; 336
Bad Ems 321
Bad Homburg 321; 357; 578
Bad Kissingen 358
Bad Kreuznach 547
Bad Münder 547
Bad Nauheim 241 f.; 243; 248; 530 f.; 544; Abb. 169; 170; 491; 492

Bad Wildungen 488; 490
Baden-Baden 321; 355; 357 f.; 404; Abb. 272
Baltimore 155
Bamberg 176 ff.; 260; 475 ff.; Abb. 133; 134; 421–423
Bardejow 241
Barmen 187; 355; 404; Abb. 142
Baar/El. 545; 620
Bartfeld 241
Basel 196; 453; 626; Abb. 148
Bechhofen 525; 527
Bergheim 545
Bergzellern 607
Berlin 18; 31; 35; 54; 110; 155; 161; 166; 167; 169; 184; 204; 213; 245; 266; 284 ff.; 343; 356; 372; 379; 396; 400; 401; 409; 411; 416; 421 ff.; 452 ff.; 462; 471; 472; 483; 494; 496; 507; 512 ff.; 522; 535; 539; 545; 576; 583; 585; 607; Abb. 117; 119; 227; 295; 317; 327
Berlin, Synagogen
Agricolastraße 514; 518; 520 ff.; Abb. 472; 473
Artilleriestraße 427 ff.; 455; 462; Abb. 365–368
Beer-/Jacobsonscher Tempel 152 f.; 154; 155; 158; 162; 555; 584
Behaimstraße 423; 514; Abb. 346
Berkaerstraße/Altersheim 649

Bismarckstraße 444; Abb. 385
Fasanenstraße 452 ff.; 459; 460; 462; 464; 465; 467; 471; 488; 640; Abb. 389 bis 393; Tafel 3
Franzensbaderstraße 513
Georgenstraße 162 f.
Gipsstraße 422
Heidereutergasse 19; 31 f.; 46; 152; 164; 284 f.; 458; Abb. 24; 25; 200
Johannisstraße/Tempel 118; 162 ff.; 284; 291; Abb. 114; 115
Kaiserstraße 422
Klopstockstraße 518 ff.; 535; 538; Abb. 466–469
Kottbuser Ufer 459 ff.; Abb. 400–402
Levetzowstraße 458 f.; 461; 514; Abb. 397–399
Lindenstraße 424; 425 f.; 427; 428; 441; 455; Abb. 353–359
Lützowstraße 424 f.; 428; Abb. 348 bis 352
Markgraf-Albrecht-Straße 513; Abb. 460
Münchener Straße 457; 471; Abb. 395
Oranienburger Straße 122; 123; 215; 216; 277; 285 ff.; 297; 302; 304; 346; 368; 422; 425; 427; 447; 452; 456; 634; 639; Abb. 201–207; Tafel 1
Passauer Straße 423; Abb. 347
Pestalozzistraße 457 f.; Abb. 396
Prinzenallee 456; 457; 471; Abb. 394
Prinzregentenstraße 489; 512; 513 ff.; 520; 522; 535; 541; 649; Abb. 461–465
Rykestraße 427 ff.; 455; 462; Abb. 361 bis 364
Schöneberger Ufer 422
Schönhauser Allee/Friedhof 427; 633 f.
Schulstraße 423; 514; Abb. 346

Siegmundshof 513; 514
Wilhelmstraße/Entwurf 634
Anonymer Entwurf von 1848 588
Beuel 360 f.
Beuthen 122; Abb. 99
Bielefeld 419 f.; 592; Abb. 345
Bilin 590
Bingen 355; 472; 478; 587; Abb. 415
Binswangen 261; Abb. 184
Bisenz 122; Abb. 98

Bleicherode 199; 329; 330; Abb. 254
Bochum 583; 592
Böhmisch-Krumau 475
Bonn 323 f.; 361; 590; Abb. 240
Bonn-Beuel 360 f.
Bonn-Poppelsdorf 172; Abb. 277
Braunsbach 556
Braunschweig 149; 307; 327; 487; Abb. 247
Bremen 546
Bremerhaven 588
Breslau 56 ff.; 80; 156; 199; 206; 211; 213 ff.; 224; 266; 295; 312; 329 f.; 372; 380; 400; 416; 425; 462; 507; 611; Abb. 58; 159–161
Brieg 33
Brighton 292
Brody 266
Bromberg 21; 359 f.; 367; Abb. 8; 274
Bruchsal 322 f.; 486; 527 f.; Abb. 238; 483–485
Bruck a. d. L. 646
Brückenau 488
Brünn 119 f.; Abb. 94
Brüssel 317; 318; Abb. 231
Brüx 590
Buchau 28; 80; 171; 334; 583; Abb. 64; 123
Budapest 123; 204; 254; 258; 292 f.; 433; 590; 614; Abb. 209
Budweis 335; 433 f.; 435; 437 f.; 442; 592; 593; 618; 636; Abb. 374; 375
Bückeburg 242; Abb. 171
Bühl/B. 590
Bulach 591
Burghaun 363
Butzbach 522; Abb. 475

Caen 593
Caslau 440
Castrop-Rauxel 588
Celle 34; 547; 555
Charenton 48; 50
Charleston 155
Chartres 209 f.; 216; Abb. 157
Chemnitz 410 f.; 416; 427; Abb. 330
Cincinnati 250
Cleveland 487
Coburg 249

Cottbus 373
Czernowitz 590; 616

Dannenberg 547; 585f.
Danzig 168; 375ff.; 393; 417f.; 444; Abb. 297–299
Danzig-Langfuhr 523; Abb. 477
Darmstadt 325f.; 473f.; 526; 556; 590; Abb. 242; 243; 418; 419
Datteln 530; Abb. 490
Debut 70
Delmenhorst 523
Den Haag 92
Denver 526
Dessau 266; 415; 584; Abb. 340; 341
Detmold 478; 481; 492; Abb. 427
Dettingen 26
Deutsch-Krone 21; 556; Abb. 6
Deutz 34; 46; 555; Abb. 34; 35
Dieburg 528ff.; 531; Abb. 486–489
Diedenhofen 355; 478; Abb. 426
Dortmund 397; 415ff.; 430; 483; 632; Abb. 342–344
Dresden 50; 123ff.; 165; 166; 175; 188; 189; 190; 191; 192; 193; 204; 211; 215; 223; 265; 266; 269; 287; 292; 346; 353; 359; 448; 592; 593; 616; Abb. 101–105; 386
Dünsbach 181
Düren 181
Dürrmaul 22
Düsseldorf 34; 36; 46; 64; 213; 237; 331; 397; 411f.; 415; 416; 427; 451; 453; 454; 483; 494; 567; Abb. 31–33; 331 bis 334
Duisburg 332; 590; Abb. 257
Dyhernfurth 174; Abb. 129

Eberswalde 373
Efringen-Kirchen 63f.; 84; 576; Abb. 73; 74
Eger 590
Eichstetten 24; 49f.; 84; 559; Abb. 55
Einbeck 360; Abb. 276
Eisenach 366; Abb. 284
Eldagsen 249; Abb. 178
Ellrich 18f.; 170; 547; 556; Abb. 1; 2
Emden 475
Endingen 24
Eppingen 335f.; 590; Abb. 260

Erfurt 587; 590
Eschwege 171
Essen 34; 123; 274; 306f.; 454; 465; 467; 478; 480ff.; 487; 488; 490; 492; 494; 498; 499; 506; 507; 509; Abb. 223; 431 bis 439; Tafel 4
Ettenheim 363

Fellheim 264; Abb. 187
Flatow 327f.; Abb. 249
Floersheim 29
Floss 46; 179; 244; Abb. 49
Fordon 169
Frankfurt a. M. 30; 65; 89; 156; 204; 214; 356; 368; 375; 406; 427; 462ff.; 496; 512; 530; 554; 579; Abb. 48
Frankfurt a. M., Synagogen
Börneplatz 389ff.; 466; Abb. 311; 312
Börnestraße/Hauptsynagoge 123; 297ff.; 302; 590; Abb. 210–212
Compostellhof 54; 58ff.; 65; 66; 79; 116; 154; Abb. 59; 60
Friedberger Anlage 452; 462ff.; 467; 471; 485; 507; Abb. 403–408
Judengasse 30f.; 33; 45; 48; 590; Abb. 22; 23
Schützenstraße 116f.; 279; 306; 389; Abb. 92
Westend 465ff.; 471; 478; 481; 487; 489; 490; 496; 640; Abb. 409–414
Isr. Friedhof 653
Isr. Krankenhaus 640
Frankfurt/O. 83; Abb. 70
Freiburg i. B. 194ff.; 196f.; 522; Abb. 147; 474
Friedrichstadt 587
Fritzlar 358; 360
Fürth 48; 243ff.; 249; 312; 456; Abb. 51; 167; 173; 174
Fulda 590

Gablonz 440; 492
Gaggstatt 477; Abb. 424
Gambach 587
Gelnhausen 29
Gelsenkirchen 369
Gernsbach 444
Gießen 327; 379; Abb. 248
Gleiwitz 121f.; 434; Abb. 97

703

Glogau 370 ff.; 400; 483; 590; Abb. 293; 294
Göppingen 353 f.; Abb. 265
Görlitz 487 f.; 490; Abb. 440; 441
Gondelsheim 173
Granada 272; 278; 290; 297; 378; Abb. 199
Groß-Gerau 370; Abb. 292
Groß-Meseritsch 603 f.
Günzburg 25

Hadamer 603
Hagen 187 f.; 369; 409; Abb. 140; 141
Hagenburg 587
Halberstadt 149; 266
Hamburg 153 ff.; 161; 183 ff.; 188 ff.; 213; 245; 246; 266; 273 f.; 329; 353; 397; 444; 462; 517; 546; 598
Hamburg, Synagogen
Alte u. Neue Klaus 185 f.; 190; Abb. 139
Bornplatz 412 ff.; 415; 534; 591; Abb. 336–338
Brunnenstraße/1. Tempel 54; 103; 153 ff.; Abb. 109
Elbstraße 189; 190
Kohlhöfen 188 ff.; 195; 204; 211; 215; 223; 277; 294; 363; 413; 414; Abb. 143 bis 146
Neues Dammtor 414 f.; Abb. 339
Portugiesische Synagoge 183 ff.; Abb. 138
Oberstraße/3. Tempel 160; 512; 520; 534 ff.; 544; Abb. 496–501
Poolstraße/2. Tempel 157 ff.; 414; 534; 539; 590; Abb. 110–112
Hamburg-Altona 80; 81 f.; 84; 183; 184; Abb. 65
Hameln 199; 329; 330; Abb. 252; 253
Hamm 182
Hannover 35; 46; 49; 118; 179; 187; 194; 198 ff.; 203 ff.; 215 f.; 224; 232; 249; 285; 291; 295; 312; 313; 314; 329; 335; 380; 400; 406; 416; 425; 596; 611; Abb. 54; 149–155; 158
Harmuthsachsen 583
Hebenshausen 583
Heidenheim/Fr. 261 ff.; Abb. 185; 186
Heidingsfeld 33 f.; 36; 66; Abb. 29; 30

Heilbronn, 321; 354; 590; 609; 616; Abb. 233
Helmarshausen 588
Heppenheim 365 f.; 471; 478; Abb. 283
Herford 443; 588; Abb. 383
Herxheim 607
Hildesheim 175; 590; Abb. 132
Hindenburg 122; 367; Abb. 285
Hirschberg 585
Hockenheim 590
Höchst i. O. 363
Hörde 361
Hof 525
Hofgeismar 19 f.; 118; Abb. 5
Hohebach 587
Hohenau 434
Hohenems 548
Hoppenstädten 173
Horb 525
Hornburg 19; 151; Abb. 3; 4
Huchlingen 548

Ibbenbüren 472 f.; Abb. 417
Ichenhausen 25 ff.; Abb. 14; 15
Iglau 120 f.; 182; Abb. 95
Ingenheim 69; 78; 80; 259; 260; 261; Abb. 63; 180
Iserlohn 587

Jassy 614
Jerusalem 282; 328; 345; 451; 453; 527; 614
Jerusalem, Tempel 30; 55; 64 ff.; 72; 75 ff.; 82 ff.; 93; 94 f.; 98; 105; 111; 112; 151; 152; 174; 180; 182; 195; 202; 256; 257; 262; 268 ff.; 276; 292 f.; 304 f.; 318; 322; 323; 335 f.; 359; 433; 449; 451; 464; 475; 485; 498; 499; 527; 555 f.; 575; 595; 601; 602; Abb. 61; 62; 67; 69; 71; 72; 77; 239; 275
Jever 623

Kairo 105; 238; 251; 272; 279; 301
Kairuan 577
Kaiserslautern 260; 261; 307; 355 ff.; 362; 404; 407; 408; Abb. 183; 269
Kanth 169; Abb. 120
Kappel 28; 334; Abb. 19
Karl-Marx-Stadt 410; 416; 427; Abb. 330

Karlsbad 199; 264; 321; 329; 592; 609; Abb. 188; 234; 235
Karlsruhe 34f.; 58; 63; 64; 66; 235ff.; 321f.; 368; 379; 556; 559; Abb. 163 bis 165; 236; 237
Kassel 50; 65; 77; 82; 87ff.; 114ff.; 119; 140f.; 143; 165; 175; 180; 193; 202; 204; 230; 242f.; 263f.; 298; 329; 336; 577; 579; 583; 602; Abb. 80–87; 172
Kattowitz 174; 182; 361f.; Abb. 131; 278
Kefr Birim 453
Kempen/Posen 35f.; 37; 170; 333; Abb. 36; 37
Kiel 488
Kirchhain 369
Kirchheim 455; 525
Kirchheimbolanden 259f.; 362; Abb. 181
Kitzingen 368f.; Abb. 287
Kleinheubach 547
Kleinschüttüber 22
Kleve 36f.; 174; Abb. 39; 40
Köln 178; 204; 250; 331; 397; 411; 415; 483; 579
Köln, Synagogen
 Glockengasse 300ff.; 307; 611; Abb. 213–215
 Orthodoxe Synagoge 414
 Roonstraße 401ff.; 407; 416; 420; 545; 590; Abb. 318–321
 Werkbund, Ausstellungs-Synagoge 648; Abb. 471
Köln-Deutz 34; 46; 555; Abb. 34; 35
Köln-Ehrenfeld 523; Abb. 476
Königgrätz 590
Königsberg 49; 398ff.; 402; 403; 404; 410; 416; 422; 479; 510; 653; Abb. 53; 313 bis 316
Königsberg a. E. 556
Königstein/T. 370; Abb. 290
Königswart 21f.; Abb. 9
Konstantinopel 135
Konstanz 366; 565
Kopenhagen 64; 84; 545; 556; 565
Krakau 266
Krefeld 171f.; 176; Abb. 125
Krems 434
Krojanke 174; Abb. 128
Krumbach-Hürben 25; 27f.; 334; Abb. 18

Künzelsau 369; Abb. 288
Kuttenplan 22
Kyffhäuser-Denkmal 476f.

Ladenburg 241; Abb. 168
Landau 354f.; 626; Abb. 267
Landsberg/W. 262; 583; 590
Langen 526; Abb. 480; 481
Langenhorst 386
Laupheim 334f.; 367; Abb. 258
Leer 359
Lehrensteinsfeld 556
Leipzig 81; 124; 127; 155; 158; 265ff.; 305; 315; 409; 579; Abb. 66; 190–195
Leobschütz 305; 306; 370; Abb. 291
Liegnitz 114f.; Abb. 89
Limburg 224
Linz/D. 578; Abb. 96
Lissa 475
London 48f.; 51
Lorsch 337; 590; Abb. 263
Luck 588
Luckenwalde 365; Abb. 282
Ludwigsburg 354; Abb. 266
Ludwigshafen 260
Lübbecke 523; 526; Abb. 482
Lübeck 36; 37; 324f.; 555; Abb. 38; 241
Lüneburg 443f.; Abb. 384
Lundenburg 120; 434; 590
Luxemburg 355; 357; 404

Mährisch-Ostrau 616
Mährisch-Weißkirchen 120
Märkisch-Friedland 168ff.; Abb. 118
Mailand 134; Abb. 105
Mainz 204; 276; 305; 326; 357; 406; 467; 487; 488ff.; 493; 496; 499; 580; Abb. 220; 244; 444–446
Malaczka 440; 441
Mannheim 115f.; 117; 118; 204; 279; 305; 306; 307; 320; 336; 368; 647; Abb. 90; 91
Mantua 354
Marburg/L 358; 360; 384; 385; 628; Abb. 273
Maria Laach 580; 589
Marienbad 590
Marienburg/Nds. 199
Marienburg/Ostpr. 377; 378

705

Marienwerder 523; 541; Abb. 478
Maursmünster 580
Meiningen 366
Mekka 499
Memmingen 494; Abb. 449
Merzig 526
Meseritz 547
Moisling, s.: Lübeck
Mollenfelde 560
Mühringen 29; 46; Abb. 20; 21
Mülheim/R. 213; 331; 412; 483; Abb. 335
Müllheim 173; Abb. 126
München 37; 51 f.; 68 f.; 172; 199; 204; 375; 376 ff.; 483; 505; Abb. 46; 48; 56; 57; 308
München, Synagogen
  Herzog-Max-Straße 329; 370; 379 ff.; 393; 420; Abb. 300–307; Tafel 2
  Kanalstraße 388 f.; 411; Abb. 309; 310
  Westenriederstraße 37 ff.; 62 f.; 69; 79; 89; 92; 107; 113; 129; 143; 380; 562; Abb. 41–45
  Isr. Friedhof 645
Münster/W. 326; Abb. 245
Münstereifel 331

Neisse 114
Neumagen 526 f.
Neunkirchen 590
Neustadt-Gödens 171
Neuweiler/El. 545
Neuwied 23 f.; Abb. 11
Neuzedlisch 22
New York 155; 250
Niederzündorf 337
Nikolsburg 117; 434
Niniveh 305
Nördlingen 369
Nonnenweier 265; Abb. 189
Norderney 330; Abb. 255
Nordhausen 114
Nordstetten 556
Nürnberg 123; 199; 227; 243; 307; 312; 318 f.; 321; 323; 329; 379; 449; 590; 609; Abb. 225; 226; 228–230

Oberehnheim/El. 336; 545; Abb. 261
Obernai 336; 545; Abb. 261
Ober-Seemen 363
Oderberg 556

Offenbach/M. 31; 32; 83; 126; 174; 467; 487; 488; 490; 491 f.; 493; 496; Abb. 26; 68; 447
Offenburg 314
Olmütz 122; 362
Olnhausen 336; Abb. 264
Osnabrück 371
Ottobeuren 565

Palermo 238
Paphos 565
Paris 50; 51; 199; 203; 601; 650
Passau 235
Peine 151; 472; 547; Abb. 416
Petschau 22
Pflaumloch 174; Abb. 127
Pforzheim 355; 357; 404; Abb. 270
Piacenza 193
Pilgram 433 f.; 438
Pilsen 122; 590; Abb. 100
Pinne 556; 646
Pirmasens 260
Plauen i. V. 486; 525; 528; 532 ff.; 536; 537; 540; 544; 589; 641; Abb. 493–495
Ploschkowitz 256
Pohl-Göns 649
Pohrlitz 118 f.; Abb. 93
Pommersfelden 34
Poppelsdorf, s.: Bonn
Porta-Westfalica-Denkmal 642
Posen 359; 455; 478 ff.; 481; 564; 646; Abb. 428–430
Potsdam 430 ff.; Abb. 369–371
Prag 202; 206; 216; 235; 381; 447
Prag, Synagogen
  Altschul 246 f.; 249; 306; Abb. 175; 222
  Großenhof 256; 272; Abb. 179
  Weinberge 440; 624

Radautz 367
Randegg 24; Abb. 12
Rastatt 355
Rastenburg 625
Ratibor 122; 367 f.; Abb. 286
Ravenna 108; 223; 403
Recklinghausen 370; 590
Rees 556
Rendsburg 587
Regensburg 247 ff.; 249; 463; 488; 490; 492 ff.; 496; Abb. 176; 177; 448

Reichenberg 373; 392; Abb. 296
Rexingen 171; 576; Abb. 121; 122
Rimini 108
Rödelheim 65; Abb. 79
Rom 71; 89; 323; 456
Ronsperg 22; 555
Rosheim/El. 336; 545; Abb. 262
Rostock 355
Rottenburg 110; Abb. 88
Rouen 199
Rülzheim 606
Rüsselsheim 174
Rust 363; Abb. 279

Saarbrücken 355; Abb. 268
Sadagora 590
San Francisco 250
Sankt Gallen 565
Sankt Johann, s.: Saarbrücken
Schönwald 22; Abb. 10
Schwäbisch Gmünd 524; 525
Schweidnitz 199; 321; 329f.; 364; Abb. 250; 251
Schwerin a. d. W. 166ff.; Abb. 116
Seesen 54; 149ff.; 334; 456; 567; 588; Abb. 107; 108
Seligenstadt 182
Sevilla 258; 259; 577
Siegen 419f.
Sinsheim 587
Sofia 590
Solingen 331f.; Abb. 256
Sondershausen 551
Spandau 370; 430
Speyer 116; 210; 259; 260f.; 357; Abb. 182
Stadthagen 171; Abb. 124
Staedtel/Schl. 241
Steinbach 590
Stettin 307; 326f.; 564; Abb. 246
Stolp 624
Straßburg/El. 80; 179; 238; 336; 355; 356; 365; 397; 402; 404ff.; 410f.; 412; 420; 454; 462; 480; Abb. 322–326; 328; 329
Straubing 472
Stuttgart 154; 197; 204; 275ff.; 301; 307; 312; 353; 494; 590; 611; 652; Abb. 196 bis 198
Suhl 369
Sulzbach 46f.; 179; Abb. 50

Sulzburg 24; Abb. 13
Szegedin 454; 507; 589; 643

Tachau 646
Tann/Rhön 335; 367; Abb. 259
Tennenbach 195
Teplitz 124; 354f.; 440
Thionville 355; 478; Abb. 426
Tilsit 169
Toledo 258; 259; 498
Treuchtlingen 567
Trier 526
Troppau 122; 362
Tudela 258
Tübingen 363f.; Abb. 280

Uehlfeld 181
Ulm 25; 319ff.; 323; 477; 609; Abb. 232; 425
Unna 249
Unterlimburg 525

Verona 622

Waldenburg/Schl. 364; Abb. 281
Warschau 266
Wattenscheid 181
Weinheim/B. 358
Weseritz 22
Wesermünde 588
Wielun 551
Wien 204; 246; 306; 355; 433; 438; 441f.; 492; 556; 594; 618; Abb. 221
Wien, Synagogen
    Allgem. Krankenhaus 522; 636
    Braunhubergasse 623
    Hietzing 508ff.; 520; Abb. 456–459
    Humboldtgasse 623
    Kluckystraße 623
    Leopoldgasse, poln. Synagoge 439f.; Abb. 382
    Müllnergasse 433f.; 435; 437; 592; Abb. 376–378
    Neudeggergasse 434; 436; Abb. 379; 380
    Schmalzhofgasse 433; 435; 437; 590; Abb. 372; 373
    Seitenstettengasse 160ff.; 557; Abb. 113

Tempelgasse 182f.; 302ff.; 326; 439; 440; 590; Abb. 216–219
Turnergasse 392; 625
Zirkusgasse, türk. Synagoge 439; 590; Abb. 381
Wiesbaden 205; 301; 307; 357; 406; 426; 590; Abb. 224; 360
Wildbad 357
Wilhelmshaven 488; Abb. 443
Winzig/Schl. 174; 624; Abb. 130
Wittlich 249; 474f.; 476; Abb. 420
Witzenhausen 80
Wörlitz 568
Wolfenbüttel 369; Abb. 289
Wolfhagen 114; 181f.; 260; 326; Abb. 136; 137
Wollstein 266
Worms 108; 179f.; 202; 206; 209; 212; 215f.; 260; 312f.; 330f.; 357; 381; 408; 447; Abb. 135; 156; 162
Würzburg 65; 66ff.; 77; 84; 113; 509; 524f.; 532; Abb. 75; 76; 479
Würzburg-Heidingsfeld 33f.; 36; Abb. 29; 30
Wunstorf 444
Wuppertal-Unterbarmen 187; 355; 404; Abb. 142

Zabern/El. 625
Zabrze 122; 367f.; Abb. 285
Zagreb 590
Znaim 590
Zülz 32f.; 36; 590; Abb. 28
Zweibrücken 260
Zwickau 409
Zwingenberg 363
Zwönitz 79

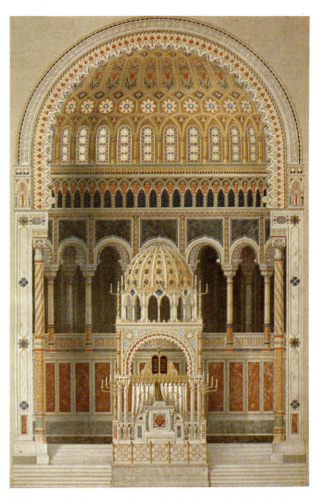

Tafel I Berlin, Synagoge in der Oranienburger Straße, 1866, Apsis mit Hl. Schrein, Arch. E. Knoblauch/A. Stüler

Tafel II   E. Oppler, Entwurf für eine Synagoge in München, um 1872

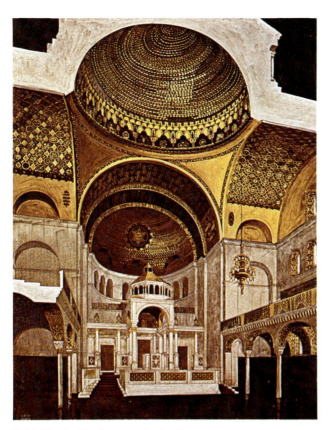

Tafel III Berlin, Synagoge in der Fasanenstr., 1912,
Inneres nach Osten, Arch. E. Hessel

Tafel IV   Essen, Synagoge, 1913, Inneres nach Osten, Arch. E. Körner

1 Ellrich, Synagoge, 1730, Nordseite

2 Ellrich, Inneres der Synagoge nach Osten

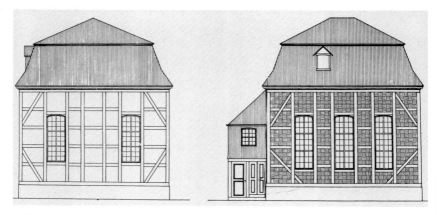

3 Hornburg, Synagoge, 1766, Ost- und Südseite, Bauaufnahme von 1924

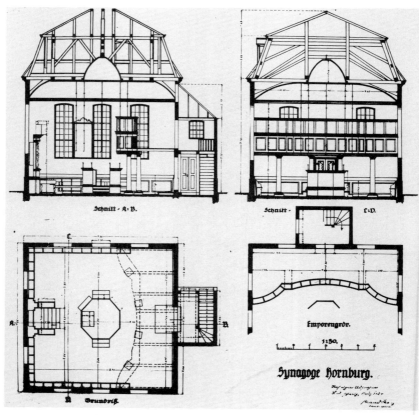

4 Hornburg, Synagoge, Längsschnitt, Querschnitt, Grundriß, Empore, Bauaufnahme 1924

5 Hofgeismar, Synagoge um 1765, Ansicht von Südosten

6 Deutsch-Krone, Synagoge um 1790, Ansicht von Nordwesten

7 Protestantische Kirche, Musterentwurf der preußischen Bauverwaltung, um 1780

8 Bromberg, Alte Synagoge, 1832

9 Königswart, Synagoge, 1764, Ansicht von Westen

10 Schönwald, Synagoge, um 1790, Ansicht von Osten

11 Neuwied, Synagoge, 1748

12 Randegg, Synagoge um 1800

13 Sulzburg, Synagoge, 1823

14 Ichenhausen, Synagoge von 1781, Ansicht von Südosten

15 Ichenhausen, Inneres der Synagoge nach Osten

16 Altenstadt-Illereichen, Synagoge, 1802, Ansicht von Südosten

17 Altenstadt-Illereichen, Ortsbild von Nordwesten mit Synagoge (S)

18 Krumbach-Hürben, Synagoge, 1819, Ansicht von Osten

19 Kappel, Synagoge, 1802, Ansicht von Westen

20 Mühringen, Synagoge, 1810, Ansicht von Nordosten

21 Mühringen, Inneres der Synagoge nach Westen

22 Frankfurt a. M., Synagoge von 1711

23 Frankfurt a. M., Inneres
der Synagoge von 1711
nach Osten

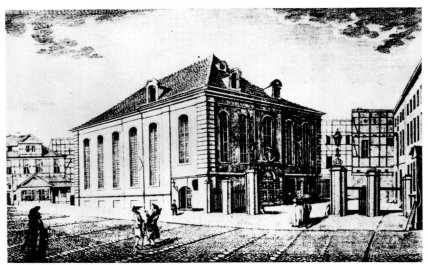

24 Berlin, Synagoge Heidereutergasse, 1712–14, Arch. M. Kemmeter,
Ansicht von Nordwesten, Radierung von F. A. Calau

25 Berlin, Inneres der
Synagoge Heide-
reutergasse nach Osten

26 Offenbach/M., Synagoge, 1729

27 Ansbach, Synagoge, 1744–46, Arch.
L. Retti, Ansicht von Nordwesten.

28 Zülz, Synagoge, 1774

29 Heidingsfeld, Synagoge, 1780

30 Heidingsfeld, Synagoge, Inneres

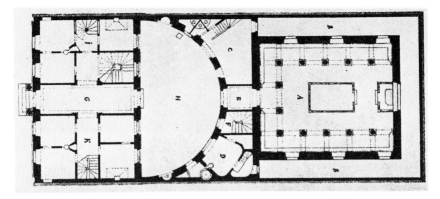

31 Düsseldorf, Entwurf für eine Synagoge von P. J. Krahe, 1787, Grundriß

32 Düsseldorf, Entwurf für das Rabbinerhaus

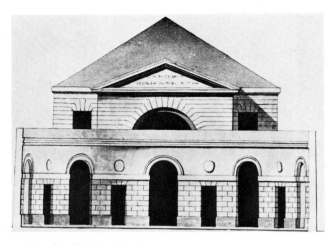

33 Düsseldorf, Vorhof mit Eingang
   in die Synagoge, Entwurf

35 Köln-Deutz, Vorderhaus und Synagoge,
   Grundriß

34 Köln-Deutz, Vorderhaus und Synagoge,
   Ansicht von Norden, 1786

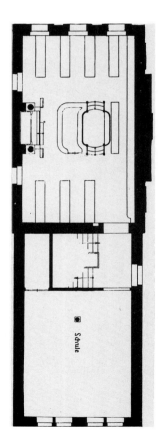

36 Kempen/Posen, Synagoge von 1815, Arch. F. Scheffler

37 Kempen/Posen, Inneres der Synagoge

38 Lübeck-Moisling, Synagoge, 1826.

39 Kleve, Synagoge, 1821, Ansicht von Nordwesten

40 Kleve, Inneres der Synagoge nach Osten

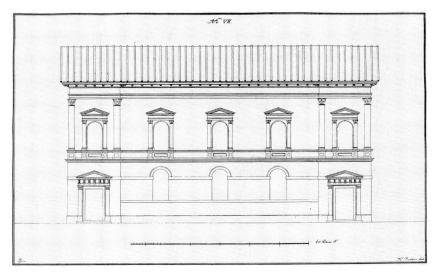

41 München, Synagoge, 1825, Ansicht von Norden, Arch. J. B. Metivier

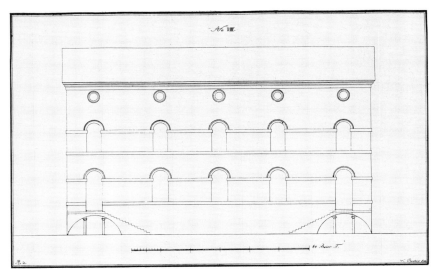

42 München, Synagoge, 1825, Südseite/Rückseite

43 München, Synagoge, 1825, Inneres nach Osten, Aquarell von J. B. Metivier

44 München, Westenriederstr. mit Synagoge, um 1845

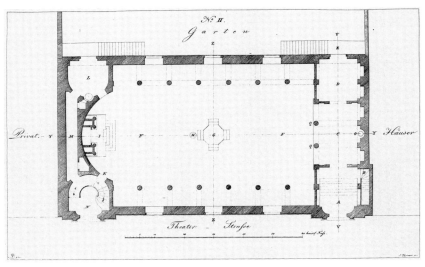

45 München, Synagoge, 1825, Grundriß

46 München, ehem. Wohnhaus Maillot, 1823. Arch. Metivier

47 München, St. Matthäus, 1827, Arch. Fr. Pertsch

48 Frankfurt/M., Deutsch-Reformierte Kirche, 1793

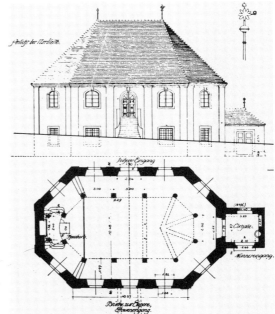

49 Floss/Oberpfalz, Synagoge von 1815, Nordseite mit Fraueneingang, Grundriß

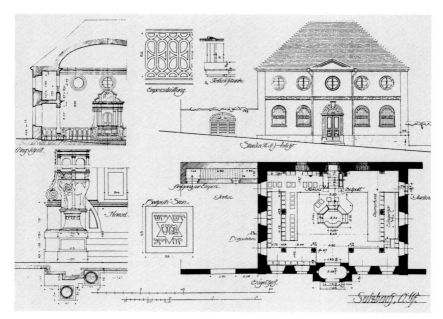

50 Sulzbach/Oberpfalz, Synagoge, 1824, Westseite, Grundriß, Querschnitt mit Schrein

51 Fürth, Inneres der Synagoge nach dem Umbau von 1692

52 Amsterdam, Portugiesische Synagoge. Gemälde von E. de Witte, Baubeginn 1671

53 Königsberg, Synagoge, 1815

54 Hannover, Alte Synagoge, 1826

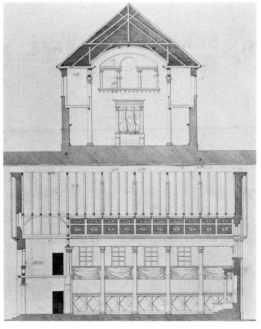

55 Eichstetten, Synagoge, 1830, Querschnitt, Längsschnitt

56 Paris, Stadthaus, Sitzungssaal des Großen Synhedrions, 1807

57 München, Sitzungssaal der Ständeversammlung, 1819, Arch. L. v. Klenze

58 Breslau, Storchsynagoge, 1827/28

59 Frankfurt a. M., Synagoge der Reformgemeinde, Eingang

60 Frankfurt a. M., Inneres der Synagoge der Reformgemeinde

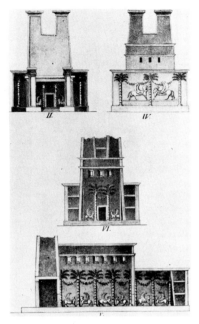

61 Ch. L. Stieglitz, Rekonstruktion des Tempels in Jerusalem, 1834

62 Villalpandus, Tempel Salomons, Allerheiligstes, 1600

63 Ingenheim, Synagoge,
   1830–1832,
   Arch. F. v. Gärtner

64 Buchau, Inneres der
   Synagoge, 1839

65 Hamburg-Altona, Große Synagoge, Umbau von 1832

66 Leipzig, Nikolaikirche nach dem Umbau durch Dauthe von 1784–96

67 N. Goldmann, Tempel Salomons, Rekonstruktion nach Sturm von 1708

68 Offenbach/M., Synagoge, 1729

69 J. Lund, Rekonstruktion des Tempels in Jerusalem, 1738

70 Frankfurt/O., Inneres der Synagoge, 1822

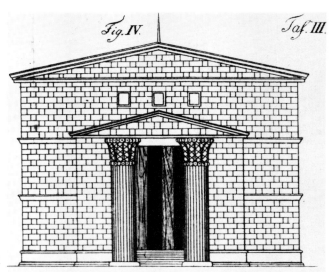

71 A. Hirt, Tempel Salomons, 1809

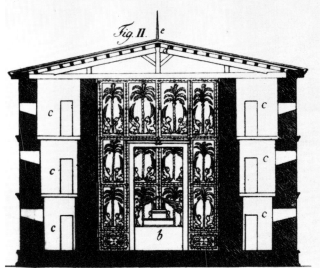

72 Kopp, Rekonstruktion des Tempels in Jerusalem, 1839

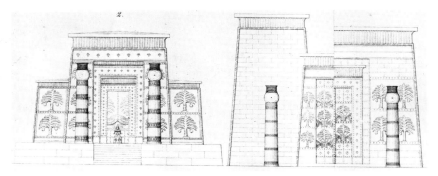

73 Efringen-Kirchen,
Synagoge, Westseite,
1831

74 Efringen-Kirchen, Inneres der Synagoge nach Osten

75 Würzburg, Synagoge, 1841, Bauaufnahme von 1928, Südseite

76 Würzburg, Inneres der Synagoge nach Osten

77 L. Canina, Tempel Salomons, 1844

78 Tempel von Dekkeh nach einem Kupferstich von Gau, 1818

79 Rödelheim, Synagoge, 1828

80 Kassel, Entwurf für eine Synagoge von H. Chr. Jussow, 1781

81 Kassel, Entwurf für eine Synagoge von Bromeis, 1833 (?)

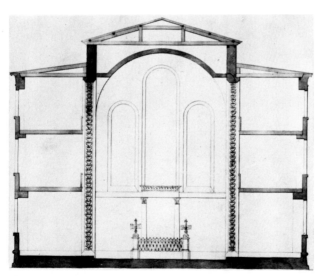

82 Kassel, Entwurf für eine Synagoge von Bromeis, 1833 (?), Querschnitt

83 Kassel, Entwurf für eine Synagoge von Ruhl, 1834

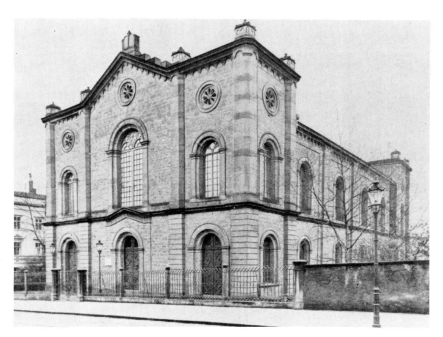

84 Kassel, Synagoge, 1836–39, Ansicht von Südwesten, Arch. A. Rosengarten

85 Kassel, Inneres der Synagoge

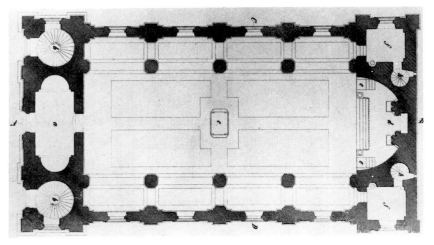

86 Kassel, Grundriß der Synagoge

87 Kassel, Garnisonkirche, 1770

88 Rottenburg, Entwurf für eine Kathedrale von H. Hübsch, um 1830

89 Liegnitz, Synagoge, 1847, Arch. Kirchner

90 Mannheim, Synagoge, 1855, Arch. Lendorff

91 Mannheim, Synagoge, Inneres

92 Frankfurt a. M., Synagoge der Isr. Religionsgesellschaft, 1853

93 Pohrlitz, Synagoge, 1855

94 Brünn, Tempel, 1855, Arch. Schwendenwein

95 Iglau, Synagoge, 1863

96 Linz/D., Synagoge, 1877

97 Gleiwitz, Synagoge, 1861, Arch. Lubowski

98 Bisenz, Synagoge, 1863

99 Beuthen, Synagoge, 1869, Arch. Freuding

100 Pilsen, Synagoge, 1861

101 Dresden, Synagoge von Süden, Arch. G. Semper, 1840

102 Dresden, Synagoge, Westseite

103 Dresden, Synagoge, Längsschnitt

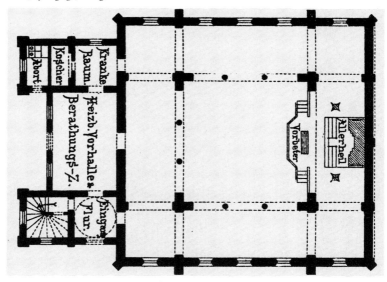

104 Dresden, Synagoge, Grundriß

105 Mailand, S. Lorenzo

106 E. Kopp, Entwurf für eine Synagoge, Ansicht von Westen, 1837

107 Seesen, Tempel, 1810, Ansicht von Südosten

108 Seesen, Inneres des Tempels nach Osten

109 Hamburg, Erster Tempel, 1818

111 Hamburg, Zweiter Tempel, Inneres

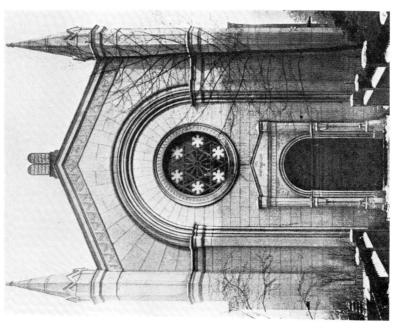

110 Hamburg, Zweiter Tempel, Poolstraße, Westseite, 1844

112 A. de Chateauneuf, Entwurf für eine Synagoge (?), 1841

113 Wien, Synagoge, Seitenstettengasse, 1826, Inneres nach Osten, Arch. J. Kornhäusel

114 Berlin, Reformsynagoge, Johannisstraße, 1854, Arch. G. Stier

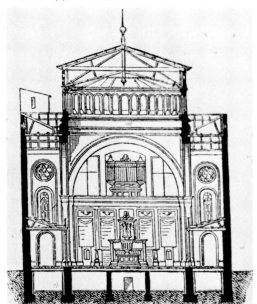

115 Berlin, Reformsynagoge, Querschnitt

116 Schwerin a. d. W., Synagoge, 1841

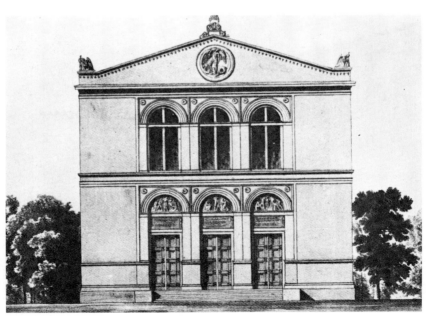

117 K. F. Schinkel, Entwurf für eine Kirche in Berlin, 1828

118 Märkisch-Friedland, Synagoge, 1840

119 K. F. Schinkel, Entwurf für eine Kirche in Berlin, 1832

120 Kanth/ Schl., prot. Kirche, 1836

121 Rexingen, Synagoge, 1837, Westseite

122 Rexingen, Inneres der Synagoge nach Osten

123 Buchau, Synagoge, 1839

124 Stadthagen, Synagoge, 1848 (Zustand 1976)

125 Krefeld, Synagoge, 1853

126 Müllheim, Synagoge, um 1835

127 Pflaumloch, Synagoge, 1846

128 Krojanke, Synagoge, 1842

129 Dyhernfurth, Synagoge, um 1855

130 Winzig, Synagoge, 1862

131 Kattowitz, alte Synagoge, 1862

132 Hildesheim, Synagoge, 1849

133 Bamberg, Synagoge, 1853

134 Bamberg, Inneres der Synagoge nach Osten

136 Wolfhagen, Synagoge, 1859, Ansicht von Nordwesten

135 Worms, mittelalterliche Synagoge, Vorhof

137 Wolfhagen, Inneres der Synagoge nach Osten

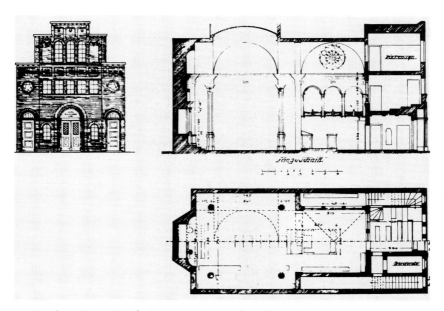

138 Hamburg, Portugiesische Synagoge, 1855, Arch. A. Rosengarten

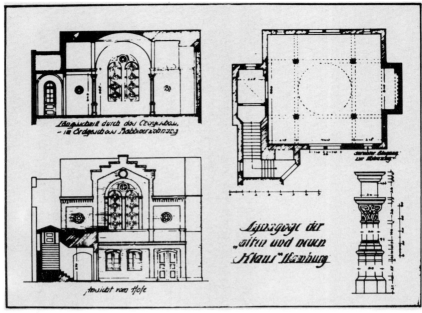

139 Hamburg, Synagoge der Alten u. Neuen Klaus, 1853, Arch. A. Rosengarten

140 Hagen, Synagoge, 1859

141 Hagen, Synagoge
nach dem Umbau, 1895

142 Wuppertal-Unterbarmen, prot. Kirche,
Entwurf von H. Hübsch, 1829

143 Hamburg, Synagoge Kohlhöfen, 1857, Arch. A. Rosengarten

144 Hamburg, Inneres der Synagoge Kohlhöfen

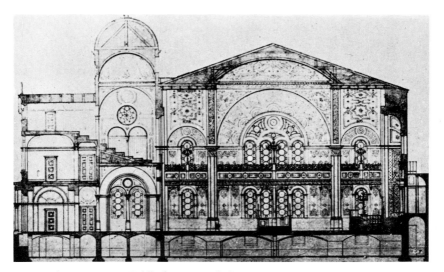

145 Hamburg, Synagoge Kohlhöfen, Längsschnitt

146 Hamburg, Synagoge Kohlhöfen, Grundriß

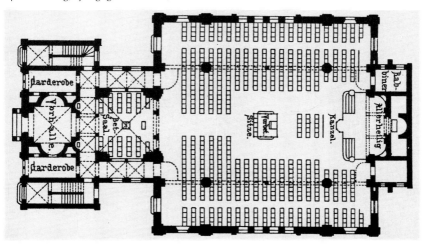

147 Freiburg/Br., Synagoge, 1870, Arch. J. Schneider

148 Basel, Synagoge, 1868, Arch. H. Gauss

149 Hannover, Entwurf für eine Synagoge, 1862 (?), Arch. E. Oppler

150 Hannover, Entwurf für eine Synagoge, 1864, Arch. E. Oppler

151 Hannover, Synagoge, 1864–70, Arch. E. Oppler, Ansicht von Südwesten

152 Hannover, Synagoge, Südseite

153 Hannover, Inneres der Synagoge von der Westempore

154 Hannover, Inneres der Synagoge nach Westen

155 Hannover, Synagoge, Grundriß

156 Worms, Dom, Ostseite

157 Chartres, Kathedrale, Südquerhaus

158 Hannover, Christuskirche, 1862

159 Breslau, Synagoge, 1865–72, Arch. E. Oppler, Nordseite

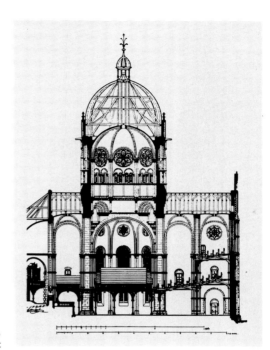

160 Breslau, Synagoge, Längsschnitt

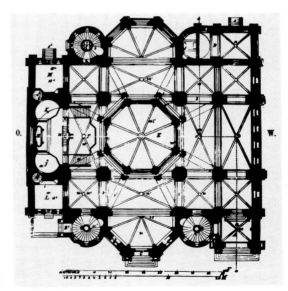

161 Breslau, Synagoge, Grundriß des ersten Entwurfs

162 Worms, Dom, Westseite

163 Karlsruhe, Synagoge, 1798–1806, Arch. F. Weinbrenner, Ansicht der Eingangsbauten

BIRGIT · SOS-KINDERDÖRFER DEUTSCHLAND

(Postleitzahl) (Bestimmungsort)

(Postfach oder Straße und Hausnummer)

W 5/84

164 Karlsruhe, Synagoge, Blick von der Eingangshalle über den Vorhof auf den Westgiebel

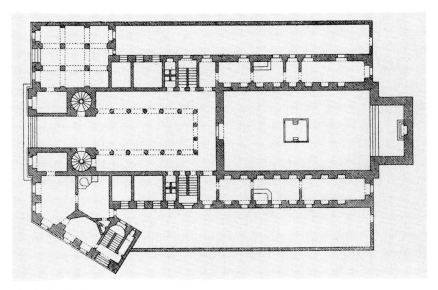

165 Karlsruhe, Synagoge von Weinbrenner, Grundriß

166 Titelkupfer zu Laugier, ‹Essais sur l'architecture›, 1753

167 P. Ch. Kirchner, Jüd. Ceremonial, 1724. Laubhütte vor der alten Synagoge in Fürth

168 Ladenburg, Synagoge, 1832

169 Bad Nauheim, Erster Entwurf zu einer Synagoge, 1866 (nicht ausgeführt)

170 Bad Nauheim, Synagoge, 1867

171 Bückeburg, Synagoge, 1866, Südseite (Zustand 1977)

172 Kassel, Entwurf für eine Synagoge, 1834, Arch. Ruhl

173 Fürth, Inneres der Synagoge nach dem Umbau von 1831, Stich von G. C. Wilder

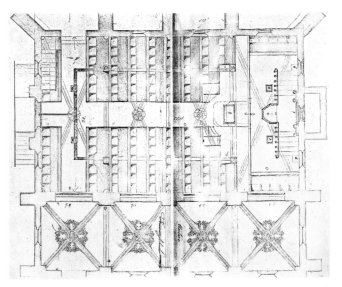

174 Fürth, Synagoge, Grundriß und Gewölbeplan für den Umbau, 1831, Arch. Reindel

175 Prag, Alt-Schul, Umbau von 1837

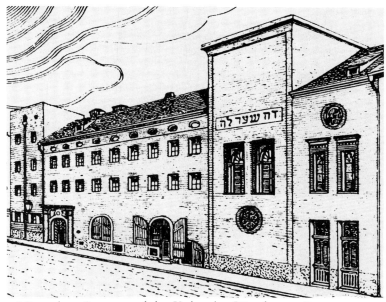

176 Regensburg, Synagoge nach dem Umbau eines Bürgerhauses, 1841

177 Regensburg, Inneres der Synagoge

178 Eldagsen, Synagoge, um 1865

179 Prag, Großenhof-Synagoge, um 1760

180 Ingenheim, Synagoge,
1832, Arch. F. von Gärtner

181 Kirchheim-
bolanden,
Synagoge,
Arch. A. v. Voit,
1835

182 Speyer, Synagoge, Ostteil 1837 von A. v. Voit, Westteil 1862

183 Kaiserslautern, Synagoge, 1847

184 Binswangen, Synagoge, 1835

185 Heidenheim, Synagoge, 1849, Arch. Bürklein

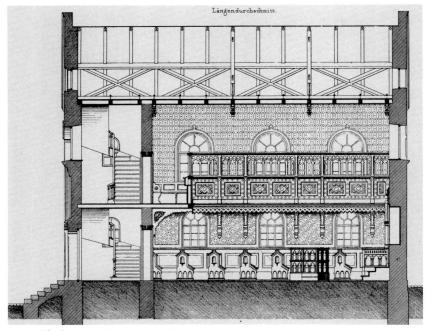

186 Heidenheim, Synagoge, Längsschnitt

187 Fellheim, Synagoge nach dem Umbau von 1860

188 Karlsbad, Alte Synagoge, um 1860

189 Nonnenweier, Synagoge, 1865

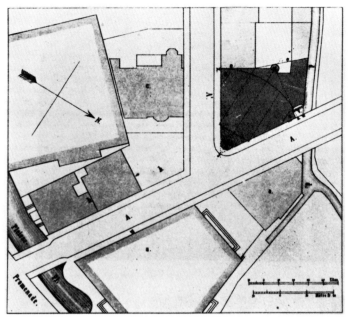

190 Leipzig, Lageplan der neuen Synagoge

191 Leipzig, Synagoge, 1855, Arch. Simonson, Ansicht von Osten

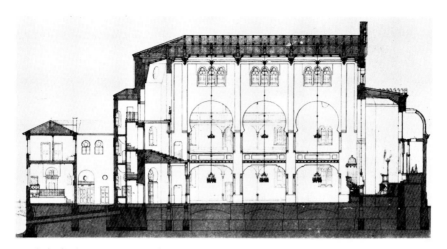

192 Leipzig, Synagoge, Längsschnitt

193 Leipzig, Synagoge, Ostteil

194 Leipzig, Synagoge, Inneres nach Osten

195 Leipzig, Synagoge, Grundriß

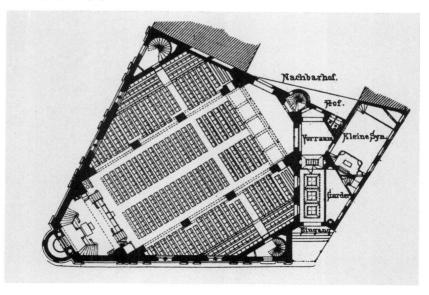

196 Stuttgart, Synagoge von Osten, 1861, Arch. Breymann u. Wolff

197 Stuttgart, Inneres der Synagoge, Blick von der Westempore

198 Stuttgart, Synagoge, Entwurf, 1858, Grundriß

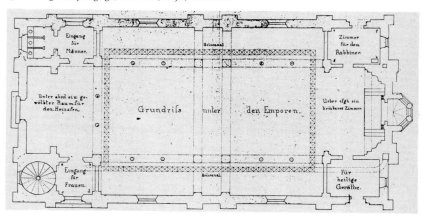

199 Granada, Alhambra, Arkaden des Löwenhofs

200 Berlin, Synagoge in der Heidereutergasse nach dem Umbau 1856 durch E. Knoblauch

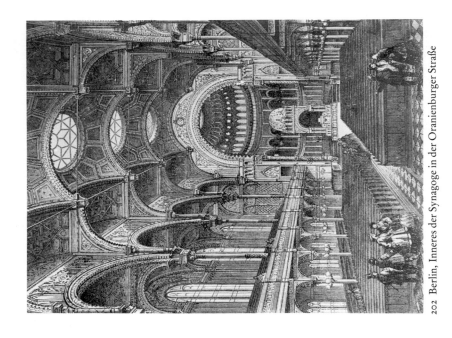

202 Berlin, Inneres der Synagoge in der Oranienburger Straße

201 Berlin, Synagoge Oranienburger Straße, 1859–66, Westfassade

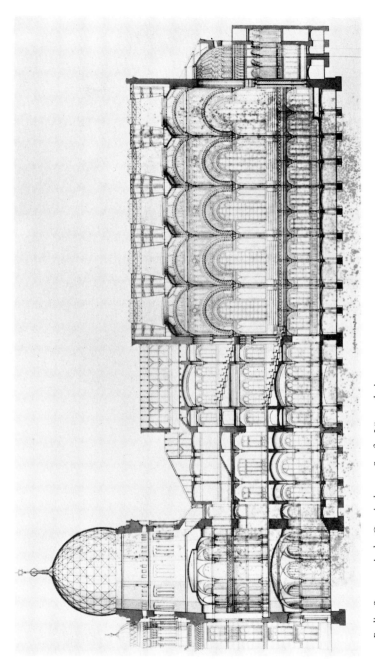

203 Berlin, Synagoge in der Oranienburger Straße, Längsschnitt

204 Berlin, Synagoge in der Oranienburger Straße, Querschnitt, Ostteil

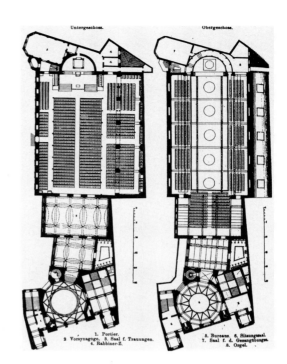

205/206 Berlin, Grundriß der Synagoge in der Oranienburger Straße, Erdgeschoß u. Emporengeschoß

207 Lageplan der Synagoge Berlin, Oranienburger Straße

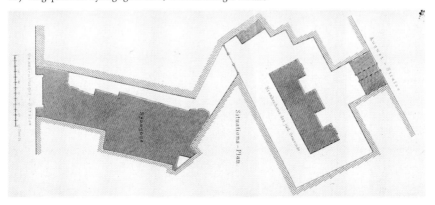

208 Entwurf für eine Synagoge, 1841, Arch. Regel.

209 Budapest, Synagoge, 1859, Arch. Förster

210 Frankfurt a. M., Hauptsynagoge, 1860, Arch. J. G. Kayser

211 Frankfurt a. M., Hauptsynagoge, Inneres nach Osten

212 Frankfurt a. M., Hauptsynagoge, Grundriß

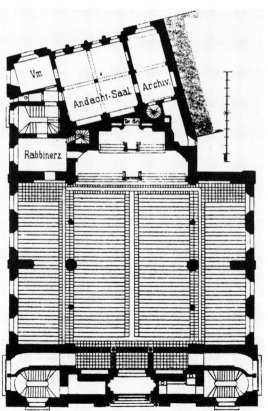

213 Köln, Synagoge, Glockengasse, 1861, Nordseite, Arch. Zwirner

214 Köln, Synagoge in der Glockengasse, Inneres nach Osten

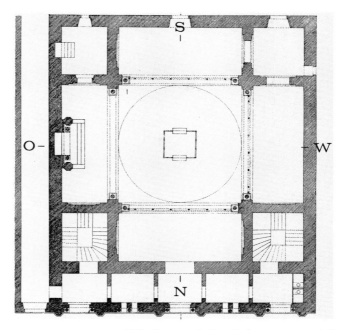

215 Köln, Synagoge in der Glockengasse, Grundriß

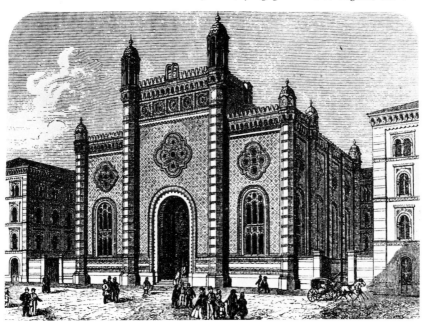

216 Wien, Synagoge, Tempelgasse, 1858, Arch. L. v. Förster

217 Wien, Synagoge in der Tempelgasse, Inneres von der Westempore

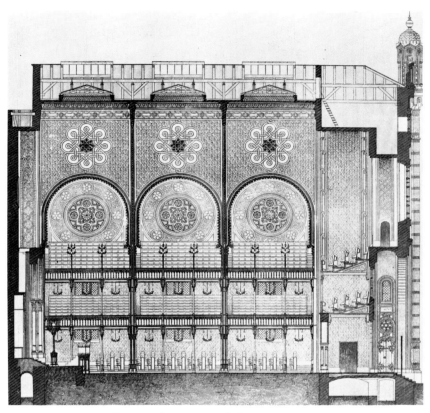

218 Wien, Synagoge in der Tempelgasse, Längsschnitt

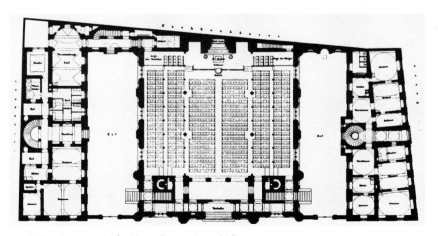

219 Wien, Synagoge in der Tempelgasse, Grundriß

220 Mainz, Synagoge, 1853, Arch. Opfermann

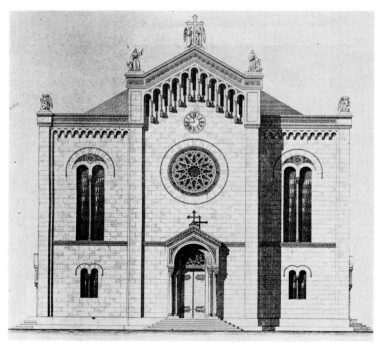

221 Wien, protestantische Kirche, 1849, Arch. L. v. Förster

222 Prag, Alt-Schul, Neubau von 1865–1868, Arch. J. Niklas

223 Essen, Synagoge von 1869

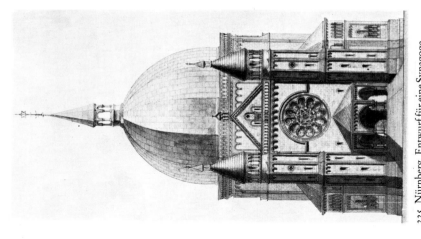

225 Nürnberg, Entwurf für eine Synagoge, Arch. E. Oppler, 1868

224 Wiesbaden, Synagoge, 1869, Arch. P. Hoffmann

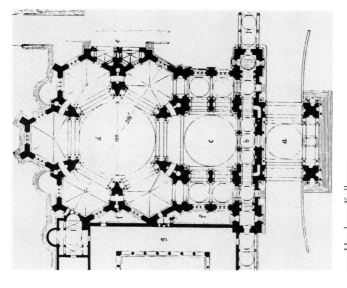

227 Heyden u. Kyllmann,
Entwurf für den Berliner Dom, 1868

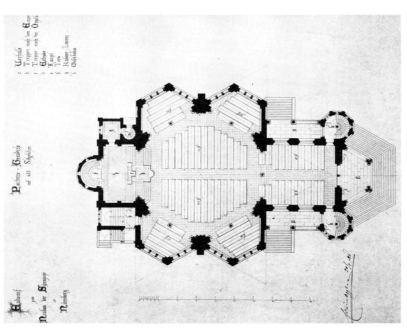

226 Nürnberg, Entwurf für eine Synagoge, Grundriß von E. Oppler

229 Nürnberg, Synagoge, 1874, Ansicht von Südwesten

228 Nürnberg, Synagoge, 1874, im Stadtbild. Arch. Wolff

230 Nürnberg, Synagoge, 1874, Inneres

231 Brüssel, Synagoge, 1878

232 Ulm, Synagoge, 1873, Arch. Wolff

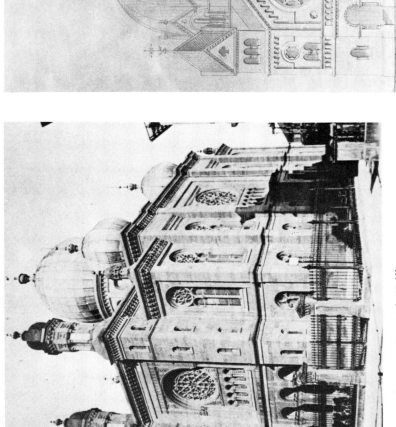

233 Heilbronn, Synagoge, 1877, Arch. Wolff

234 Karlsbad, Entwurf für eine Synagoge von E. Oppler, 1874

235 Karlsbad, Synagoge, 1877, Arch. Wolff

236 Karlsruhe, Synagoge, 1875, Westseite, Arch. J. Durm

237 Karlsruhe, Synagoge, Inneres

238 Bruchsal, Synagoge, 1881, Westseite

239 Tempel in Jerusalem, Holzschnitt, Venedig 16. Jhdt.

240 Bonn, Synagoge, 1879, Arch. Maertens

241 Lübeck, Synagoge, 1880

242 Darmstadt, Synagoge, 1876

243 Darmstadt, orthodoxe Synagoge, 1876

244 Mainz, Synagoge, 1879, Arch. Kreyßig

245 Münster, Synagoge, 1880

246 Stettin, Synagoge, 1875

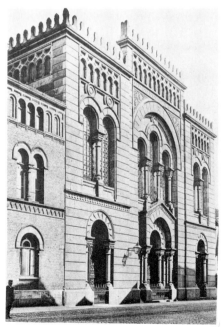

247 Braunschweig, Synagoge, 1875, Arch. Uhde

248 Gießen, orth. Synagoge, 1878

249 Flatow, Synagoge, 1879

250 Schweidnitz, Synagoge, Ausführungsentwurf von E. Oppler, 1877

251 Schweidnitz, Synagoge, Grundriß

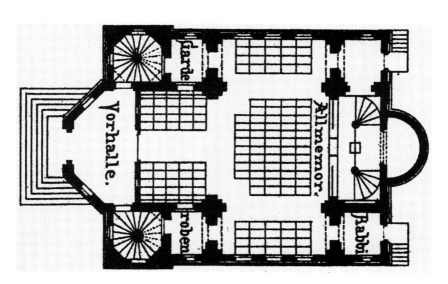

252 Hameln, Synagoge, Westseite, 1879, Arch. E. Oppler

253 Hameln, Synagoge, Längsschnitt

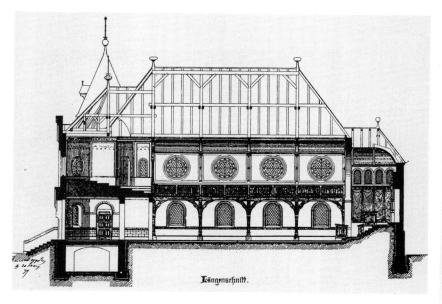

254 Bleicherode, Synagoge, 1882, Arch. E. Oppler

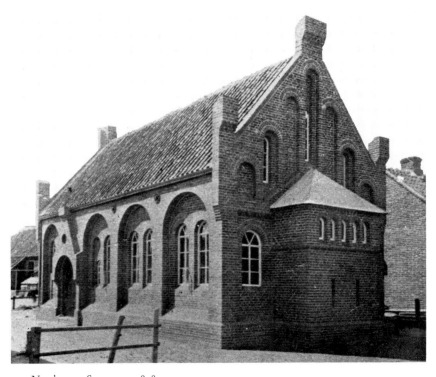

255 Norderney, Synagoge, 1878

256 Solingen, Synagoge, 1872

257 Duisburg, Synagoge, 1875

258 Laupheim, Synagoge, 1822, Umbau 1876

259 Tann, Synagoge, 1879

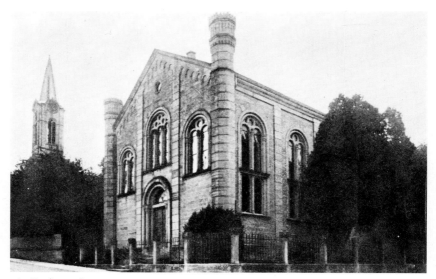

260 Eppingen, Synagoge, 1873

261 Obernai/Oberehn-
heim, Synagoge, 1876,
Arch. Brion

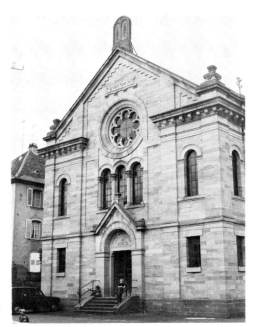

262 Rosheim, Synagoge, 1884,
   Arch. Brion

263 Lorsch, Synagoge, 1885

264 Olnhausen, Synagoge, 1881

265 Göppingen, Synagoge, 1881, Arch. v. Leins

266 Ludwigsburg, Synagoge, 1884

267 Landau, Synagoge, 1884, Südseite

268 Saarbrücken-St. Johann, Synagoge, 1890

269 Kaiserslautern, Synagoge, 1886, Arch. L. Levy

270 Pforzheim, Synagoge,
    1893, Arch. L. Levy

271 Aschaffenburg, Synagoge,
    1893

272 Baden-Baden, Synagoge, 1899, Arch. L. Levy

273 Marburg/L., Synagoge, 1897

274 Bromberg, Neue Synagoge, 1884

275 J. Fergusson, Rekonstruktion des Tempels in Jerusalem, 1878

276 Einbeck, Synagoge, 1896

277 Bonn-Poppelsdorf, Synagoge, 1902

278 Kattowitz, Neue
Synagoge, 1900

279 Rust, Synagoge, 1895

280 Tübingen, Synagoge, 1882

283 Heppenheim, Synagoge, 1900, Arch. Metzendorf

282 Luckenwalde, Synagoge, 1897

281 Waldenburg/Schl. Synagoge, 1883

284 Eisenach, Synagoge, 1884

285 Zabrze/Hindenburg, Synagoge vor dem Umbau, 1873

286 Ratibor, Synagoge, 1889

287 Kitzingen, Synagoge, 1883

288 Künzelsau, Synagoge, 1907

289 Wolfenbüttel, Synagoge, 1893, Arch. Uhde

290 Königstein/T., Synagoge, 1906

291 Leobschütz, Synagoge, 1865

292 Groß-Gerau, Synagoge, 1892

293 Glogau, Entwurf für eine Synagoge, 1889, Arch. Abesser

294 Glogau, Synagoge, 1892. Arch. Abesser

295 Berlin, Kaiser-Wilhelm-Gedächtniskirche, Entwurf von Schwechten, 1890

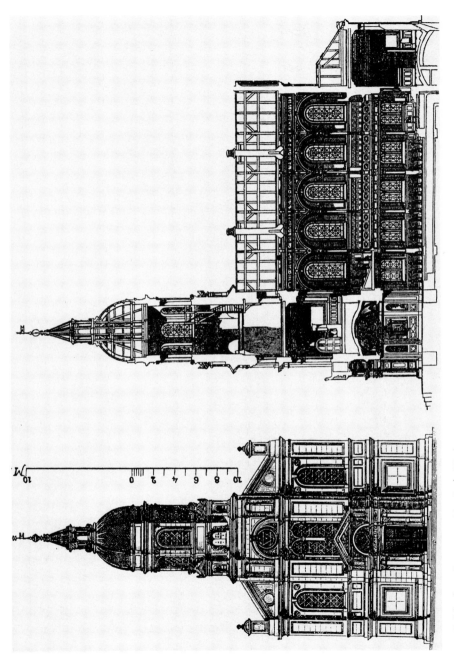

296 Reichenberg, Synagoge, 1889, Arch. König

297 Danzig, Synagoge, 1887, Arch. Ende u. Böckmann

298 Danzig, Synagoge, Inneres nach Osten

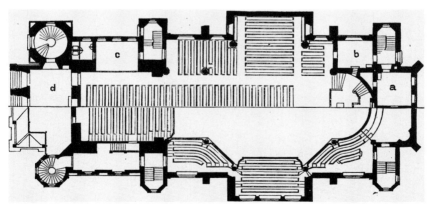

299 Danzig, Synagoge, Grundriß, Erdgeschoß/Emporengeschoß

300 E. Oppler, Entwurf für eine Synagoge in München, 1872

301 E. Oppler, Entwurf für eine Synagoge in München, 1871/72

302 A. Schmidt, Entwurf für eine Synagoge in München, Wittelsbacher Platz, 1871

303 A. Schmidt, Entwurf für eine Synagoge in München an der Frauenstr., 1878

304 M. Berger, Entwurf für eine Synagoge in München, 1880

305 München, Synagoge, 1887, Arch. A. Schmidt

306 München, Synagoge, Inneres nach Osten

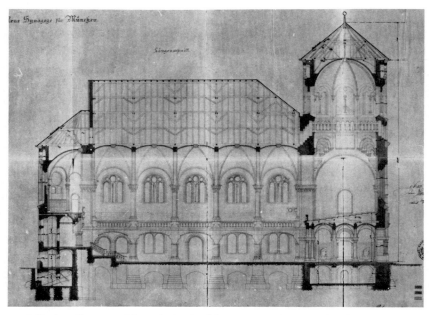

307 München, Synagoge, Längsschnitt, Ausführungsentwurf von A. Schmidt

308 München, St. Anna-Kirche, 1887–92

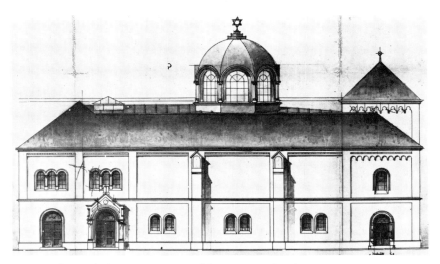

309 München, orth. Synagoge, 1892, Ausführungsentwurf, Südseite

310 München, orth. Synagoge, 1892

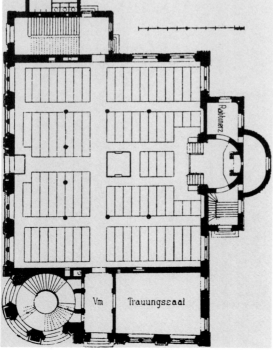

311/312 Frankfurt/M., orth. Gemeindesynagoge, Börneplatz, 1882, Ansicht von Südwesten und Grundriß

313 Königsberg, Entwurf für eine Synagoge, 1893, Arch. Tieffenbach

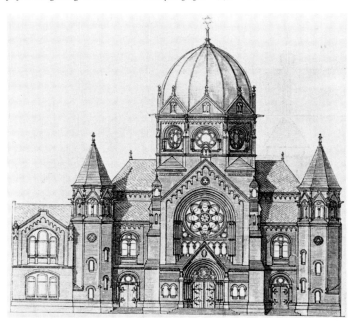

314 Königsberg, Entwurf für eine Synagoge, 1893, Arch. Cremer u. Wolffenstein

315 Königsberg, Entw. für eine Synagoge, 1893, Arch. Abesser u. Kröger

316 Königsberg, Synagoge, 1896, Arch. Cremer u. Wolffenstein

317 Berlin, Heilig-Kreuz-Kirche, 1888, Arch. J. Otzen

318 Köln, Synagoge in der Roonstr., 1895, Südseite, Arch. Schreiterer u. Below

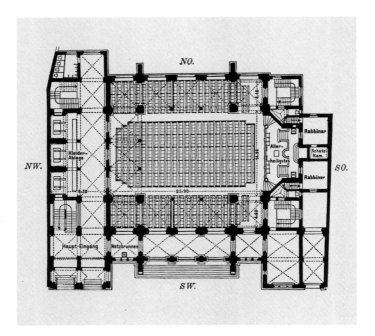

319 Köln, Synagoge in der Roonstr., Grundriß

320 Köln, Synagoge in der Roonstr., Inneres von der Westempore

321 Köln, Entwurf für eine Synagoge von Zaar u. Vaal, 1894

322 Straßburg, Synagoge von Südwesten, 1898, Arch. L. Levy

323 Straßburg, Synagoge von Südosten

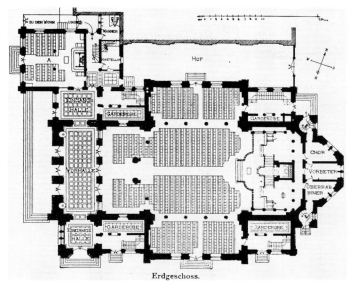
324 Straßburg, Synagoge, Grundriß

325 Straßburg, Synagoge, 1898, Inneres

326 Straßburg, Entwurf für eine Synagoge, 1878, Arch. A. Orth

327 Berlin, Entwurf für die Gedächtniskirche, Arch. Doflein, 1890

328 Straßburg, orth. Synagoge, Vorderhaus, 1892, Arch. Ißleiber

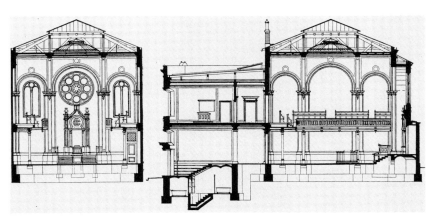

329 Straßburg, orth. Synagoge, Querschnitt u. Längsschnitt

330 Chemnitz/Karl-Marx-Stadt, Synagoge, 1899, Arch. W. Bürger

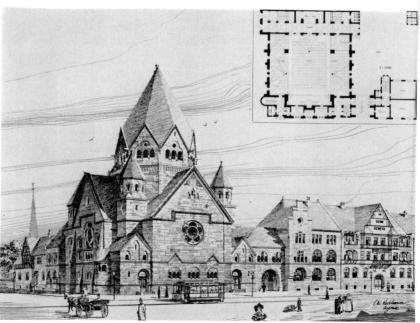

331 Düsseldorf, Entwurf für eine Synagoge, 1900, Arch. Kuhlmann

332 Düsseldorf, Synagoge, 1904, Inneres, Ostteil, Arch. Kleesattel

333 Düsseldorf, Synagoge, 1904

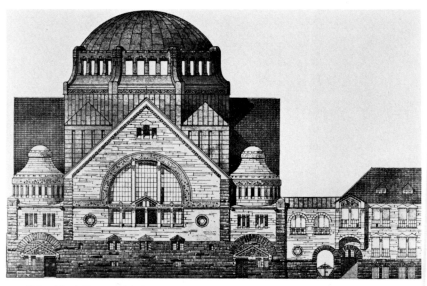

334 Düsseldorf, Entwurf für eine Synagoge, 1900, Arch. Brantzky

335 Mülheim/R., Synagoge, 1907, Arch. Kleesattel

336 Hamburg, Synagoge am Bornplatz, 1906, Arch. Friedheim, Ansicht von Südwesten

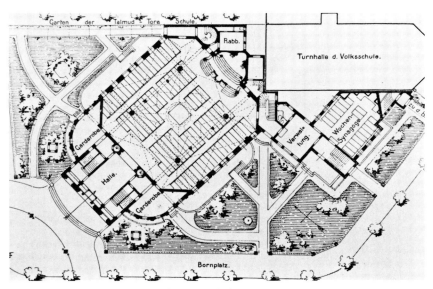

337 Hamburg, Synagoge am Bornplatz, Grundriß

338 Hamburg, Synagoge am Bornplatz, Inneres nach Osten

339 Hamburg, Neue Dammtor-Synagoge, 1895

340 Dessau, Synagoge, 1909, Arch. Cremer u. Wolffenstein

341 Dessau, Synagoge, 1909, Inneres

342 Dortmund, Entwurf für eine Synagoge, Arch. Cremer u. Wolffenstein

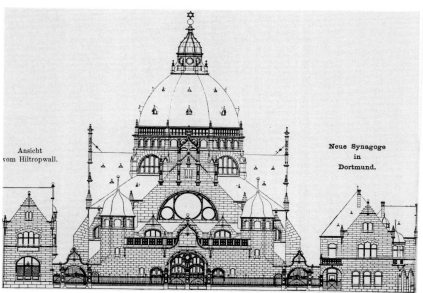

343 Dortmund, Synagoge, 1900, Arch. Fürstenau

344 Dortmund, Synagoge, 1900, Inneres

345 Bielefeld, Synagoge, 1905, Arch. Fürstenau

346 Berlin, Synagoge Behaimstraße, 1889, Querschnitt

347 Berlin, Synagoge Passauer Straße, 1895

348 Berlin, Synagoge in der Lützowstr., Vorderhaus, Ausführungsentwurf von 1896, Arch. Cremer u. Wolffenstein

349 Berlin, Synagoge in der Lützowstr., südlicher Haupteingang

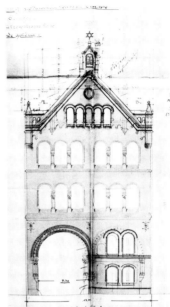

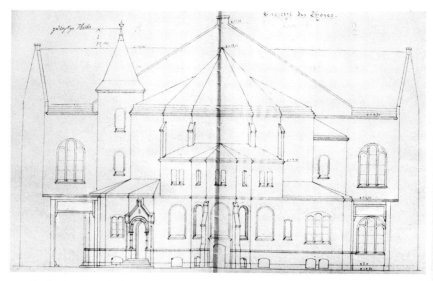

350 Berlin, Synagoge in der Lützowstr., Ostseite, Ausführungsentwurf

351 Berlin, Synagoge in der Lützowstr., Inneres von der Westempore

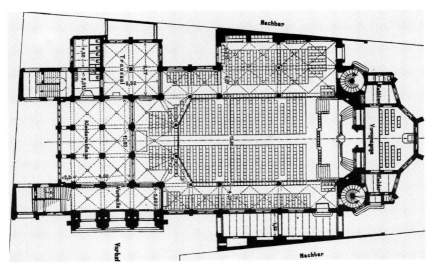

352 Berlin, Synagoge in der Lützowstr., Grundriß

353 Berlin, Entwurf für eine Synagoge in der Lindenstraße, Vorderhaus, 1889, Arch. B. Schmitz

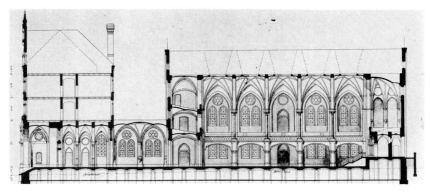

354 Berlin, Synagoge in der Lindenstr. Entwurf, Arch. Dylewsky

355 Berlin, Entwurf für eine Synagoge in d. Lindenstr.,
Arch. Cremer u. Wolffenstein, 1889

356 Berlin, Synagoge in der Lindenstr., Vorderhaus, 1891, Arch. Cremer u. Wolffenstein

357 Berlin, Synagoge in der Lindenstr., Westseite, 1891

358 Berlin, Synagoge in der Lindenstr., Inneres

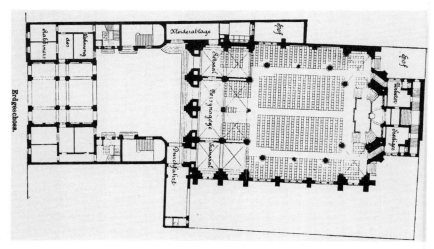

359 Berlin, Synagoge in der Lindenstr., Grundriß

360 Wiesbaden, Ringkirche, Arch. J. Otzen, 1894

362 Berlin, Synagoge in der Rykestr., südlicher Haupteingang

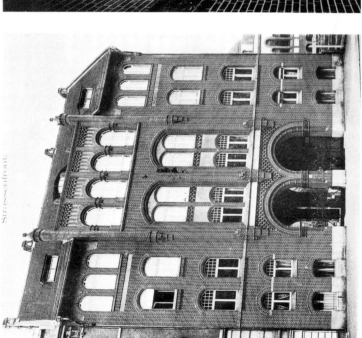

361 Berlin, Synagoge in der Rykestr., Vorderhaus, 1904, Arch. Höniger u. Sedelmeier

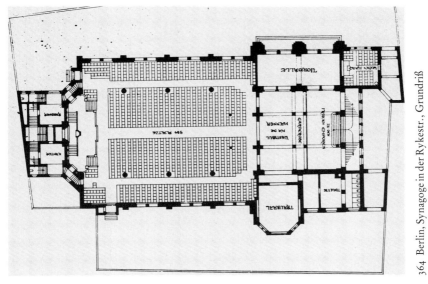

364 Berlin, Synagoge in der Rykestr., Grundriß

363 Berlin, Synagoge in der Rykestr., Inneres nach Osten

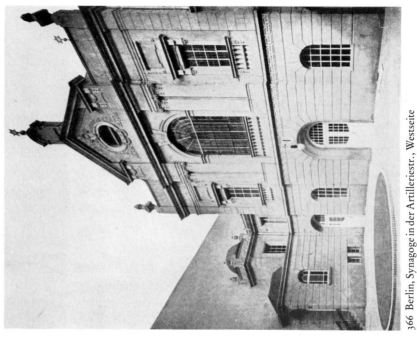

366 Berlin, Synagoge in der Artilleriestr., Westseite

365 Berlin, Synagoge in der Artilleriestr., 1904, Vorderhaus, Arch. Höniger u. Sedelmeier

367 Berlin, Synagoge in der Artilleriestr., Inneres nach Osten

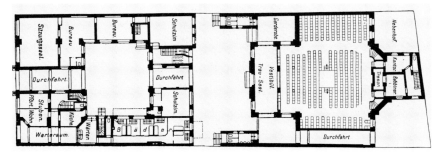

368 Berlin, Synagoge in der Artilleriestr., Grundriß

369 Potsdam, Synagoge, 1903, Westseite

370 Potsdam, Synagoge, Inneres von der Westempore

371 Potsdam, Synagoge, Grundrisse von Erdgeschoß und erstem Emporengeschoß

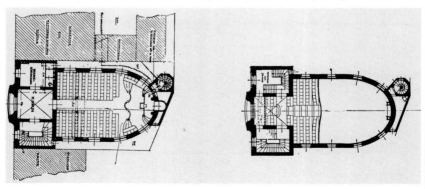

372 Wien, Synagoge Schmalzhofgasse, 1884, Arch. M. Fleischer

373 Wien, Synagoge Schmalzhofgasse, Inneres nach Osten

374 Budweis, Synagoge,
1888, Ansicht von Süden,
Arch. M. Fleischer

375 Budweis, Synagoge,
Inneres nach Osten

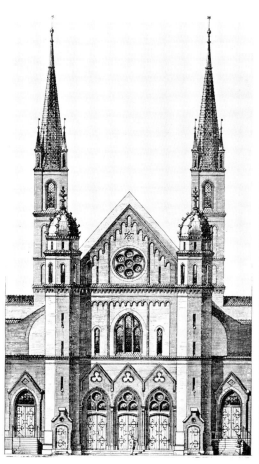 

376 Wien, Synagoge Müllnergasse, 1889, M. Fleischer, Westseite

377 Wien, Synagoge Müllnergasse, Ostseite

379 Wien, Synagoge Neudeggergasse, 1903, Westseite, Arch. M. Fleischer

378 Wien, Synagoge, Müllnergasse, Inneres nach Osten

380 Wien, Synagoge Neudeggergasse, Inneres nach Osten

381 Wien, Türkische Synagoge, Inneres, 1887, Arch. H. v. Wiedenfeld

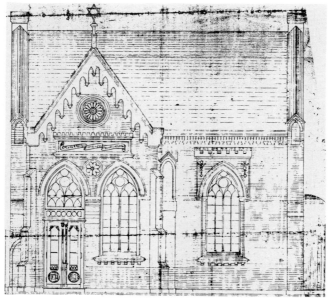

382 Wien, Polnische Synagoge, 1893, Westseite, Arch. W. Stiassny

383 Herford, Synagoge, 1851, Umbau von 1892, Südseite

384 Lüneburg, Synagoge, 1894

385 Berlin, Synagoge, Bismarckstr., nach Plänen von 1897

386 Dresden, Synagoge auf der Kunstgewerbeausstellung 1906

387 Entwurf für eine Synagoge von F. Feuchtwanger, 1903, Querschnitt

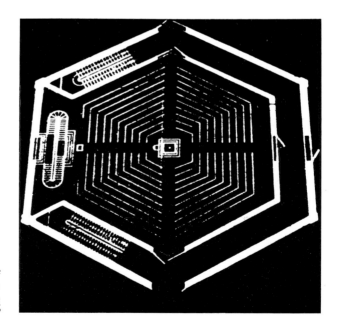

388 Entwurf für eine Synagoge von F. Feuchtwanger, Grundriß

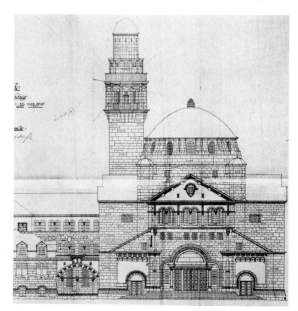

389 Berlin, Synagoge in der Fasanenstr., Entwurf für die Westfassade, 1909, Arch. E. Hessel

390 Berlin, Synagoge in der Fasanenstr., 1912, Ansicht von Nordwesten, Arch. E. Hessel

392 Berlin, Synagoge in der Fasanenstr., Inneres nach Osten

391 Berlin, Synagoge in der Fasanenstr., Westfassade

393 Berlin, Synagoge in der Fasanenstr., Inneres nach Westen

394 Berlin, Synagoge Prinzenallee, 1912

395 Berlin, Synagoge Münchener Str., 1910

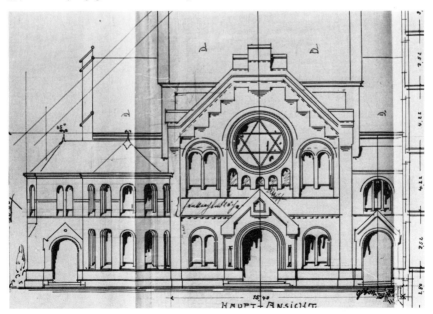

396 Berlin, Synagoge Pestalozzistr., Entwurf von 1911

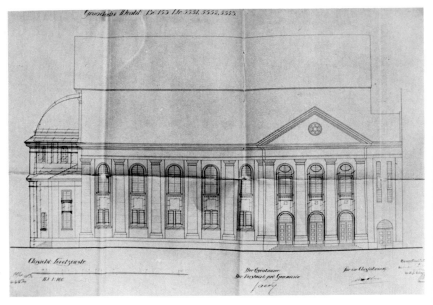

397 Berlin, Synagoge in der Levetzowstr., Ausführungsentwurf von 1912/14, Nordseite, Arch. Hoeniger

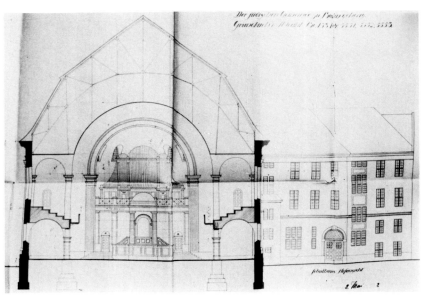

398 Berlin, Synagoge in der Levetzowstr., Ausführungsentwurf von 1912/14, Querschnitt

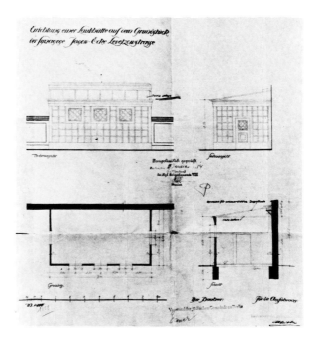

399 Berlin, Laubhütte an der Synagoge in der Levetzowstr.

400 Berlin, Synagoge Kottbuser Ufer, 1916, Südseite, Arch. A. Beer

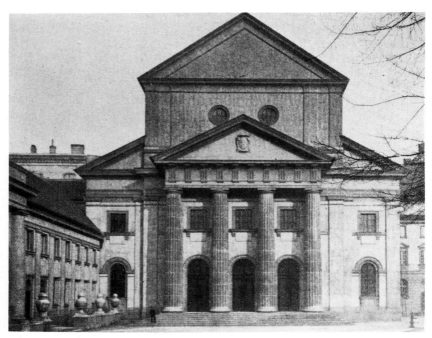

401 Berlin, Synagoge Kottbuser Ufer, Westseite

402 Berlin, Synagoge Kottbuser Ufer, Grundriß

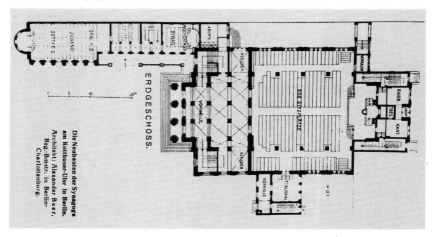

403 Frankfurt/M., Entwurf für eine Synagoge, Friedberger Anlage, 1905, Arch. Friedenthal

404 Frankfurt/M., Entwurf für eine Synagoge, Friedberger Anlage, 1905, Arch. Höniger u. Sedelmeier

405 Frankfurt/M., Synagoge, Friedberger Anlage, 1907, Arch. Jürgensen u. Bachmann, Westseite

406 Frankfurt a. M., Synagoge. Friedberger Anlage, 1907, Ostseite

407 Frankfurt a. M., Synagoge, Friedberger Anlage, Inneres nach Osten

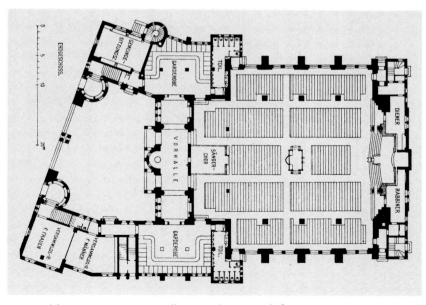

408 Frankfurt a. M., Synagoge, Friedberger Anlage, Grundriß

409 Frankfurt/M., Synagoge, Westend, Entwurf, 1907, Arch. Wellerdick

410 Frankfurt/M., Entwurf zu einer Synagoge im Westend, 1907, Arch. E. Körner

411 Frankfurt, Synagoge, Westend, 1910, Arch. Roeckle

412 Frankfurt a. M., Synagoge Westend, Blick über den Vorhof auf den Haupteingang

413 Frankfurt a. M., Synagoge
Westend, Inneres nach Osten

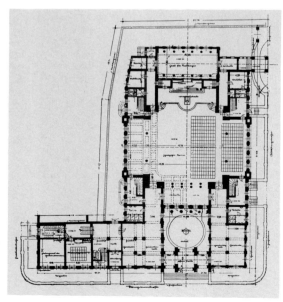

414 Frankfurt a. M., Synagoge
Westend, Grundriß

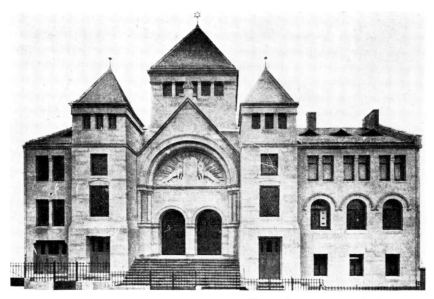

415 Bingen, Synagoge, 1905, Arch. L. Levy

416 Peine, Synagoge, 1908

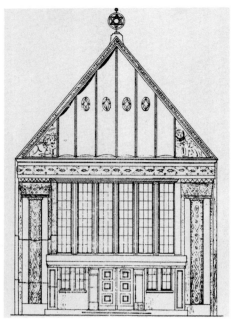

417 Ibbenbüren, Synagoge, 1913

418 Darmstadt, orth. Synagoge, 1906, Ansicht von Nordwesten, Arch. Wickop

419 Darmstadt, orth. Synagoge, Inneres von der Westempore

420 Wittlich, Synagoge, 1910,
heutiger Zustand

421 Bamberg, Neue Synagoge, 1910, Inneres von der Westempore

422 Bamberg, Neue Synagoge, Westfassade

423 Bamberg, Neue Synagoge, Ansicht von Nordosten

424 Gaggstatt, Kirche, 1904, Arch. Th. Fischer

425 Ulm, Garnisonkirche, 1910, Arch. Th. Fischer

426 Diedenhofen/Thionville, Synagoge, 1913

427 Detmold, Synagoge, 1907

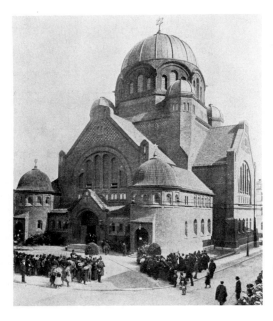

428 Posen, Synagoge, 1907, Ansicht von Südwesten, Arch. Cremer u. Wolffenstein

429 Posen, Synagoge, Ansicht von Nordosten

430 Posen, Synagoge, Blick von der Westempore

431 Entwurf für eine neue Synagoge in Essen, Arch. Büro Boswau u. Knauer, 1908

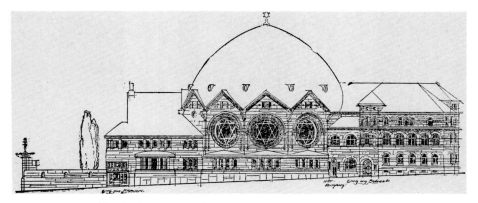

432 Essen, Entwurf für eine Synagoge, Arch. E. Körner, 1908

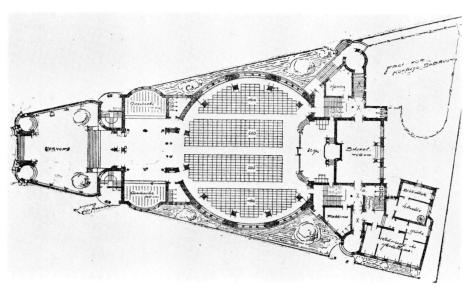

433 Essen, Entwurf für eine Synagoge, 1908, Arch. E. Körner, Grundriß

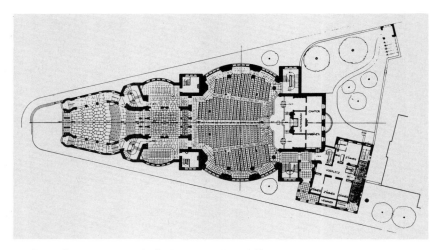

434 Essen, Synagoge, 1913, Arch. E. Körner, Grundriß

435 Essen, Synagoge, Inneres nach Osten

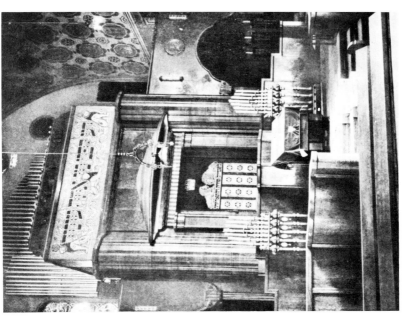

436 Essen, Synagoge, Hl. Schrein

437 Essen, Synagoge, Westfassade

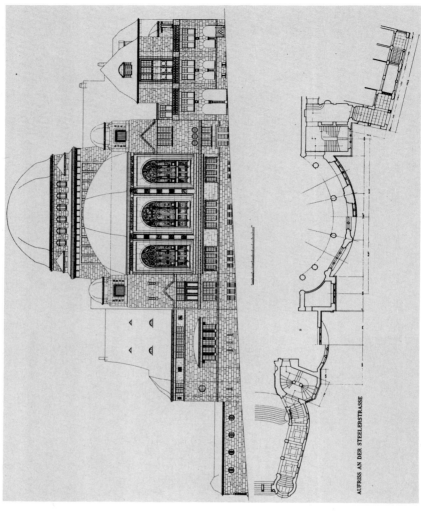

438 Essen, Synagoge, Südseite

439 Essen, Synagoge, Haupteingang, linkes Portal

440 Görlitz, Synagoge, 1911, Arch. Lossow u. Kühne

441 Görlitz, Synagoge, Inneres nach Osten

442 Arnstadt, Synagoge, 1913

443 Wilhelmshaven, Synagoge, 1915

444 Mainz, Entwurf für eine Synagoge, 1910, Arch. Menzel

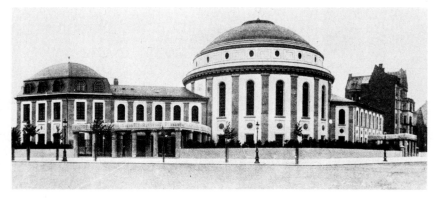

445 Mainz, Synagoge, 1912, Arch. W. Graf

446 Mainz, Synagoge, 1912, Inneres

447 Offenbach, Synagoge, 1916

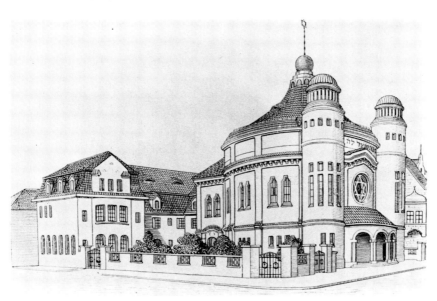

448 Regensburg, Synagoge, 1912

449 Memmingen, Synagoge, 1909

450 Augsburg, Entwurf für eine Synagoge, Arch. Landauer, 1912

451 Augsburg, Ausführungsentwurf zur Synagoge, Weihe 1917, Arch. Landauer u. Lömpl

452 Augsburg, Synagoge, Südseite

453 Augsburg, Synagoge, Inneres nach Westen, Aquarell von Landauer, um 1913

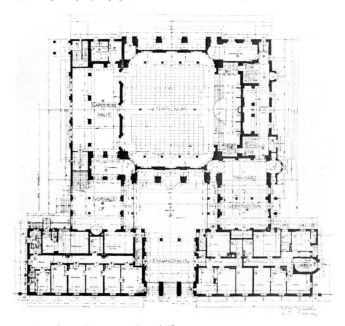

454 Augsburg, Synagoge, Grundriß

455 Augsburg, Synagoge, Schmuckschild am nordöstl. Kuppelzwickel

456 Wien-Hietzing, Entwurf für eine Synagoge, 1918, Arch. Gorge

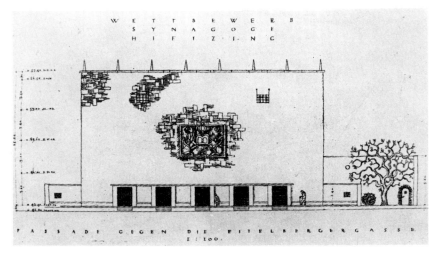

457 Wien-Hietzing, Entwurf für eine Synagoge, 1925, Arch. Gorge

458 Wien-Hietzing, Entwurf für eine Synagoge, 1925, Arch. Landauer

459 Wien-Hietzing, Entwurf für eine Synagoge, Ausführungsprojekt, 1924, Arch. Grünberger

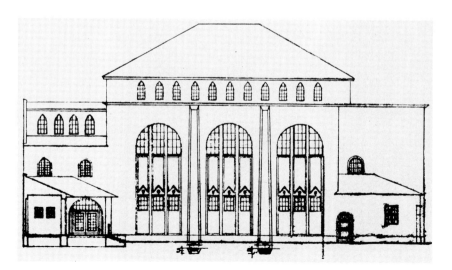

460 Berlin, Synagoge, Markgraf-Albrecht-Str., 1923

461 Berlin, Entwurf für ein Synagoge in der Prinzregentenstr. von A. Beer, um 1925, Westfassade

462 Berlin, Entwurf für ein Synagoge in der Prinzregentenstr., Inneres, Arch. A. Beer

463 Berlin, Synagoge
in der Prinzregentenstr.,
1930, Ansicht von Nord-
westen, Arch. A. Beer

464 Berlin, Synagoge
in der Prinzregentenstr.,
Inneres nach Osten

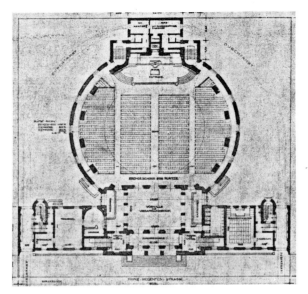

465 Berlin, Synagoge in der Prinzregentenstr., Grundriß

466 Berlin, Entwurf für eine Synagoge in der Klopstockstr., 1929, Arch. Hecht u. Neumann

467 Berlin, Entwurf für eine Synagoge in der Klopstockstr., 1929, Inneres, Arch. Hecht u. Neumann

468 Berlin, Entwurf für eine Synagoge in der Klopstockstr., 1929, Arch. Wiener u. Jaretzki

469 Berlin, Entwurf für eine Synagoge in der Klopstockstr., 1929, Arch. L. Nachtlicht

470 Harry Rosenthal,
Privatsynagoge, um 1930

471 Friedrich Adler, Synagoge auf
der Werkbundausstellung,
Köln 1914.

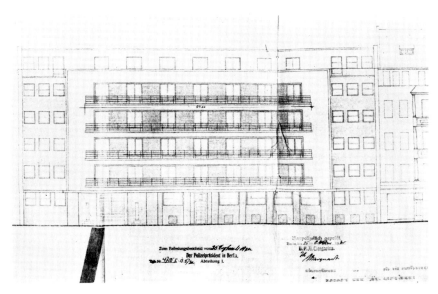

472 Berlin, Entwurf für eine Synagoge in der Agricolastraße,
Vorderhaus, Arch. A. Beer, um 1930

473 Berlin, Entwurf für eine Synagoge in der Agricolastraße,
Synagogengebäude im Hof, Arch. A. Beer

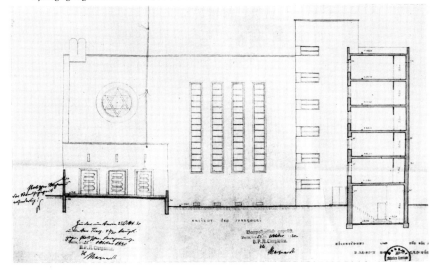

474 Freiburg, Synagogenerweiterung, 1925 (vergl. Abb. 147)

475 Butzbach, Synagoge, 1926

476 Köln-Ehrenfeld, Synagoge, 1927

477 Danzig-Langfuhr, Synagoge, 1927

478 Marienwerder, Synagoge, 1930

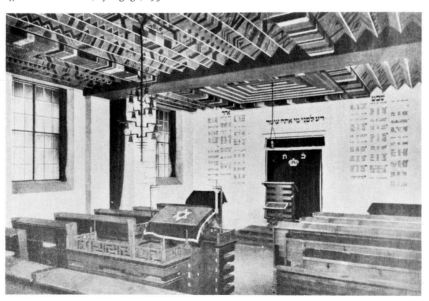

479 Würzburg, Synagoge des Lehrerseminars, 1927

480/481 Langen, Synagoge, Ausmalung von 1927, Ostseite u. Südseite

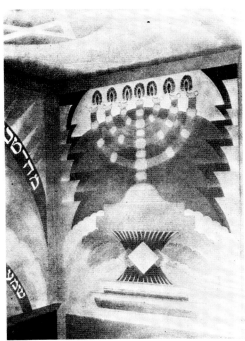

482 Lübbecke, Ausmalung der Synagoge, um 1928

483 Bruchsal, Synagoge, Ausmalung von 1927/28, Gewölbe im Chorvorjoch

484 Bruchsal, Synagoge, Apsis mit Hl. Schrein

485 Bruchsal, Synagoge, Ausmalung, Gewölbe im ‹Chor›

486 Dieburg, Modell einer Synagoge, 1927, Arch. Joseph

487 Dieburg, Synagoge, 1929, Ostseite, Arch. Joseph

488 Dieburg, Synagoge, Inneres nach Osten

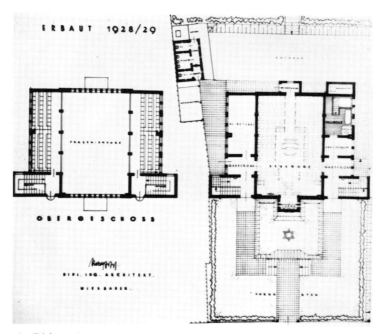

489 Dieburg, Synagoge, Grundriß

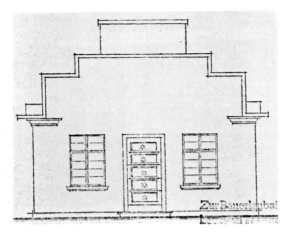

490 Datteln, Synagoge, 1929

491 Bad Nauheim, Neue Synagoge, 1929, Ansicht von Nordwesten, Arch. R. Kaufmann

492 Bad Nauheim, Neue Synagoge, Ostseite

493 Plauen i. V., Synagoge,
1930, Arch. Landauer

494 Plauen i. V., Synagoge,
Inneres

495 Plauen i. V., Synagoge, Malereien im Bereich des Schreins

496 Hamburg, Entwurf für eine Synagoge, 1929, Arch. Ascher

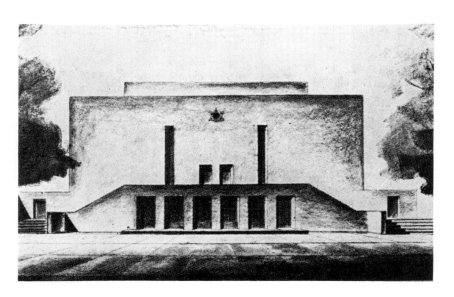

497 Hamburg, Entwurf für eine Synagoge, 1929, Arch. Landauer

498 Hamburg, Entwurf für eine Synagoge, 1929, Arch. Friedmann

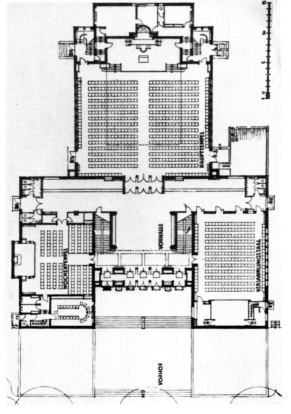

499 Hamburg, Synagoge/Tempel in der Oberstr., 1931, Arch. Friedmann u. Ascher

500 Hamburg, Synagoge/Tempel in der Oberstr., Grundriß

501 Hamburg, Synagoge/Tempel in der Oberstr., Inneres

502 Andernach, Synagoge, 1933

Abbildungsnachweis

Notizbl. Ges. Erf. jüd. Kdm. 1911, H. 7: 1. Monatsh. f. Kunstw., 1918: 6. Schriften des Vereins f. Gesch. d. Neumark, 13. 1906: 7. H. Sinz, Gesch. vom Markte... Ichenhausen, 1926: 15. Ganzenmüller, Ichenhausen, 1970: 14. Rose, Gesch. Kultusgmd. Altenstadt, 1931: 16. Illereichen-Altenstadt. Beiträge, 1965: 17. Konrad, Landkreis Krumbach, 2, 1970: 18. Baudenkmäler in Frankfurt a. M., 1896, Bd. 1: 22, 23, 48. Berlin-Museum, Berlin: 24. Guggenheim, Aus Gesch. u. Verg.... Gmde. Offenbach, 1915: 26, 68. Chrzaszcz, Gesch. d. Stadt Zülz, 1926: 28. Nordelbingen, 44. 1975: 38. Metivier, Grund-Plaene, o. J.: 41, 42, 45. München, Planslg. der TU: 43. Nagler, 8 Tage in München, 1845: 44. Ztsch. f. Kw., 1934: 46. Gessert, Fünf neue Kirchen, 1847: 47. Kirchner, Jüd. Ceremonial, 1724: 51, 167. Gans, Memorboek, 1974: 52. Vogelstein, 48. Bericht... Synagogengmde. Königsberg, 1915: 53. Arnold, Practische Anleitung zum bürgerl. Baukunst, 1832: 55. Reidelbach, König Max I. Joseph, 1919: 57. Kunstdkm. d. Prov. Niederschlesien, Bd. 1, 2, 1933: 58. Stieglitz, Beiträge... zur Baukunst, 1834: 61. Villalpandus, Tempel, Bd. 2, 1605: 62. Kunstdkm. d. Pfalz, 4, 1935: 63. Jb. f. d. jüd. Gmden. Schl.-Hol. u. d. Hansest., 6. 1933/35: 65. Dt. Kunstdkm., Bildhandb., Sachsen, 1970: 66. Goldmann, Vollst. Anweisung, 1708: 67. Lundius, Heiligtümer, 1738: 69. Kunstdkm. Prov. Brandenburg., VI, 2, 1912: 70. Hirt, Tempel, 1809: 71. Kopp, Tempel, 1839: 72. Würzburg, Stadtarchiv: 75. Einweihungd. Syn. Würzburg, 1970: 76. Canina, Architettura antica, 1844: 77. Gau, Aegypten, 1818: 78. E. Hartmann, Alt-Roedelheim, 1921: 79. Kassel, Kunstsammlungen: 80. Marburg, Staatsarchiv: 81, 82. Horwitz, Kassler Synagoge, 1907: 84. Bau- u. Kdm. im Regbez. Kassel, 6, 1923: 87. Hübsch, Bau-Werke, 1838: 88, 142. Peritz, Geschichte Gmde. Liegnitz, 1912: 89. Mannheim, Stadtarchiv: 90, 91. Meyer, Frankfurter Juden, 1966, 92, 211. Stadt u. Landkr. Gleiwitz, 1961: 97. Mittlg. d. Beuthener Gesch.- u. Altertv., 24. 1962: 99. Schumann, Dresden, 1924: 101. Kopp, Baustyl, 2, 1837: 106. Bau- u. Kdm. Herzogt. Braunschw., 5, 1910: 107, 108. Leimdörfer, Festschr. z. 100-jähr. Bestehen d. Tempels, 1918: 111. Jesse-Schwerin, Gesch. d. Stadt Schwerin, 1913: 116. H. Schubert, Chronik d. Stadt Winzig, 1914: 130. Majowski, 100 Jahre Stadt Kattowitz, 1965: 131. Krefeld, Stadtarchiv: 125. Hildesheim, Stadtarchiv: 132. Friedrich-Brettinger, Juden Bamberg, 1963: 133. Krautheimer, Ma. Synagogen, 1927: 135. Siegel, Gesch. d. Stadt Wolfhagen, 1929: 136, 137. Gedenkbuch... Schicksal d. Juden in Hagen, 1961: 140, 141. Lehmann, Gemdesyn. Kohlhöfen, 1934: 143. Wolfsberg-Aviad, Drei-Gmde., 1960: 144. Hist. Top. Hamburg, 1868: 146. Freiburg, die Stadt u. ihre Bauten, 1898: 147. Zentenarium d. Basler Syn., 1968: 148. Gaz. Arch. et Bat., 1876: 152. Gall, Dome, 1956: 156, 162. Busch, Gotik, 1958: 157. Hannover, Führer durch d. Stadt u. ihre Bauten, 1882: 158. Schorbach, Opplers Entwürfe: 160, 161. Karlsruhe, Bad. Gen. Landesarchiv: 163. Weinbrenner. Slg. Grundrisspläne, 1858: 165. Laugier, Essai, 1753: 166. R. Stahl, Gesch. d. Nauheimer Juden, 1929: 170, 171, 491. Nürnberg, Germ. Nationalmuseum: 173. Fürth, Stadtarchiv: 174. Herman, Prager Synagogen, 1970: 175, 179, 222. J. Mayer, Gesch. d. Juden Regensbg., 1913: 176, 177, 448. Arnold, Juden in der Pfalz, 1967: 180, 267. Döhm, Kirchheimbolanden, 1968: 181. Herz, Gedenkschrift Synagoge Speyer, 1937: 182. Pfälzer Heimat, 19. 1968: 183. Rapp, Geschichte d. Dorfes Fellheim, 1960: 187. Simonson, Synagoge Leipzig, 1858: 190, 192, 193. Neue Isr. Tempel in Leipzig, 1855: 194. Klasen, Grundriss-Vorbilder, XI, 1889: 195, 216, 251, 265, 299. Festschr. z. 50-jähr. Bestehen d. Syn. Stuttgart, 1911: 197. Adamy, Architektonik, II, 2, 1884: 199. Strauss, Gegenwart im Rückblick, 1970: 200. Licht, Arch. d. Gegenw., II, 1892: 201.

Berlin u. s. Bauten, 1. A.: 202. Knoblauch, Synagoge, 1866: 203, 204. Berlin, Planslg. d. TU: 208. Frankfurt a. M., Stadtarchiv: 210. Frankfurt u. s. Bauten, 1886: 212, 312. Asaria, Juden in Köln, 1959: 214. Essen, Stadtarchiv: 223. Wiesbaden, Stadtarchiv: 224. Stuttgart, Erben Arch. Wolff: 228–230, 232. Heilbronn, Stadtarchiv: 233. Durm. Slg. ausgef. Bauten, 1876: 236, 237. Bruchsal, Stadtarchiv: 238. Kirjath Sepher, 15. 1938/39: 239. Peiser, Gesch. Syngmd. Stettin, 1965: 246. Uhde, Braunschweigs Baudkm., 1894: 247. Darmstadt, Stadtarchiv: 242. Münster, Stadtarchiv: 245. Mainz, Stadtarchiv: 244. Norderney, Stadtarchiv: 255. Rosenthal, Solingen, 3, 1975: 256. Duisburg, Stadtarchiv: 257. Zänker, Dortmund: 262. Laurissa Jubilans, 1964: 263. Saarbrücken – 50 Jahre Großstadt, 1959: 268. Kaiserslauter, Stadtarchiv: 269. Pforzheim, Stadtarchiv: 270. Munk, Einweihung, 1897: 273. Fergusson, Tempels, 1878: 275. Einbeck, Stadtarchiv: 276. J. Cohn, Gesch. d. Gmd. Kattowitz, 1900: 278. A. Meyer, Gesch. Syngmde. Waldenburg, 1933: 281. Freudenthal, Chronik Syngmde. Luckenwalde, 1919: 282. Monogr. dt. Städte, 32, 1929: 284. Hupka, Ratibor, 1962: 286. Gesch. d. Judenv. Kitzingen, 1908: 287. Braunschweig, Landesmuseum: 289. Königstein/T., Stadtarchiv: 290. Fritsch, Synagoge München, 1889: 302. München, Stadtmuseum: 304. München, Stadtarchiv: 307, 309. Gottesdienstl. Einrichtg. Gmde. Königsberg, 1921: 316. Bahns, Otzen, 1971: 317. Synagoge zu Straßburg, 1902: 322, 323, 325. Orth, Entwurf Bebauungspl. Straßburg, 1878: 326. Straßburg u. s. Bauten, 1894: 329. Neue Synagoge zu Düsseldorf, 1958: 332. Mülheim/R., Stadtarchiv: 335. Hamburg u. s. Bauten, 1914: 337, 338. Dortmunder Ztg., 8. 6. 1900: 344. Sammelmappe hervorr. Concurrenz-Entw., 18. 1889: 353–355. Hartel/Seibertz, Mod. Kirchenbauten, 1900: 357, 358. Synagoge Berlin Rykestr., 1905: 361–364. Kälter, Jüd. Gmde. Potsdam, 1903: 370. Die aussäen unter Tränen, 1959: 374. Lüneburg, Museumsverein Fürstentum Lüneburg: 384. Herford, Stadtarchiv: 385. Kunstgewerbeblatt, 17. 1906: 386. Ost u. West, 1903: 387, 388. Kunstwelt, 2/1: 392, T. 3. Roeckle, Westend-Synagoge, 1911: 411–413. Grünfeld, Gesch. Juden Bingen, 1905: 415. Peine, Stadtarchiv: 416. Ibbenbüren, Bauaufsichtsamt: 417. Wittlich, Stadtarchiv: 420. Bamberg, Stadtarchiv: 422, 423. Profanbau, 1911: 424, 425. Ordnung f. d. Einweihungsfeier Synagoge Posen, 1907: 430. Essen, General-Anzeiger, 1908: 431–433. Klapheck, Neue Synagoge in Essen, 1915: 434–439, T. 4. Wilhelmshaven, Stadtarchiv: 443. Festschrift Einweihung neuen Synagoge Mainz, 1912: 445, 446. Offenbach/M., Stadtarchiv: 447. Miedel, Juden in Memmingen, 1909: 449. Jb. d. Münchner Kunst, 1917/18: 454. Augsburg, Stadtarchiv: 452, 453. Jüdisches Jb., 1931: 464, 478. Deutsche Bauten, 1930: 470. Jb. d. dt. Werkbundes, 1915: 471. Wetterauer Geschbll., 1968: 475. Bünde, Lübbecke, Minden..., 1930: 482. Datteln, Stadtarchiv: 490. Italiener, Festschrift z. 120jähr. Bestehen Tempels Hamburg, 1937: 499, 500. Pal. Expl. Quart., 1937: 501. Andernach, Stadtarchiv: 502. Südd. Bz., 1913: 450. Neudt. Bz., 1911: 414. Allgm. Bz., 1840: 86. 1847: 102–104. 1849: 221. 1854: 185, 186. 1859: 218, 219. 1885: 213, 215. 1894: 382. Architekt, 1898: 310. Archit. Monatsh.: 1901: 334. Arch. Rundschau, 1895: 308. 1904: 331. Baugilde, 1929: 466. 1932: 495. Baumeister, 1907: 407. 1909: 418, 419. 1913: 390, 393. 1930: 498. Bautechniker, 1903: 380. 1904: 376–378. Bauwelt, 1928: 477. 1929: 467–469. 1930: 497. Berliner Archwelt., 1904: 369, 371. 1905: 365–368. 1912/13: 391. 1919: 341, 349, 351, 356, 428. Bll. f. Arch. u. Kunsthandw., 1908: 405. Dt. Bz., 1880: 114, 115. 1886: 305. 1889: 293. 1890: 240. 1891: 359. 1895: 360. 1899: 324. 1907: 406, 408. 1909: 340. 1916: 400–402. 1930: 463, 465. 1931: 493, 496. Dt. Konk., 1893: 313, 315. 1896: 342. 1905: 403, 404. 1907: 409, 410. 1911: 444. 1913: 451. Mod. Bauformen, 1911: 440, 441. Österr. Bau- u. Werkbl., 1925/26: 457–459. Österr. Monatschr. f. d. öff. Baudienst, 1899: 318, 320. Rhein. Ver. f. Dplg. u. Heimatsch., 1931: 31–35, 39, 40. Wiener Bauind. Ztg., 1886: 372, 373. 1892: 209. Ztschr. d. österr. Ing.- u. Archver., 1904: 379. Ztschr. f. Bauk.,

1878: 303. Ztschr. f. Bauhandw., 1884: 252. 1885: 253. Ztschr. f. Bauw., 1886: 205–207. 1868: T. 1. Zbl. d. Bauv., 1893: 314. 1894: 321. 1898: 352. 1899: 319. 1904: 343. 1923: 112. Arnsberg, Hessen, 3, 1973: 243, 248, 259, 292. Encycl. Judaica, 1972: 56, 100. Fritsch, Kirchenbau Protest., 1893: 227, 295, 327. Gold, Mähren, 1929: 93–95, 98. Gold, Böhmen, 1934: 188, 296. Goldenberg, Synagogen, 1927: 109, 110, 138, 139, 145, 339. Grotte, Dt., böhm., Synagogen, 1915: 9, 10, 36, 37, 49, 50. Grundmann, Schinkel, Lebenswerk, Schlesien: 120. Hallo, Volkskunde Hessen, 1928: 5, 83. Hallo, Gesch. Gmde. Kassel, 1931: 85, 172. Herzberg, Gesch. d. Juden Bromberg, 1903: 8, 274. Hundsnurscher, Baden, 1968: 12, 73, 74, 155, 164, 168, 189, 260, 272, 279, 474. Jew. Encycl.: 25, 217, 235, 241. Joseph, Baukunst: 105, 231. Jüd. Gottesh. Württembg., 20, 21, 64, 121–123, 258, 264, 265, 280, 288. Kohut, Geschichte, 1898: 294, 311. Kohut, Berühmte Männer, 1900: 332. Müller, Bilderatlas Frankfurt, 1916: 60. Rave, Schinkel, Lebenswerk, Berlin I: 117, 119. Sauer, Juden, 1966: 102. Wischnitzer, Synagogues, 1964: 27. Bayer. Isr. Gmdeztg., 1927: 479. 1929: 271. 1930: 455. 1931: 494. Ill. Ztg., Lpz., 1854: 191. 1870: 159. 1887: 306. 1888: 381. 1899: 330. 1904: 333. 1906: 336. 1907: 429. Isr. Fambl., Hambg., 1913: 442. 1925: 461, 462. 1926: 476. 1927: 480, 481. 1930: 492. Menorah, 1925: 29, 30. 1926: 2, 113. 1927: 96, 220. 1929: 11. 1930: 456. 1931: 118. Über Land u. Meer: 1865: 291. 1888: 297. Hammer-Schenk: 171, 178, 261, 277, 298, 328, 345, 385, 426, 427. Berlin, Landesarchiv: 348, 350, 389, 397–399, 472, 473. Berlin, Bauaufsicht, Bezamt. Charlottenburg: 346, 396. Berlin, Jüd. Gemd.: 347, 394, 395, 460. Hannover, Hist. Museum: 54, 151, 153, 154. Hannover, Inst. f. Dpfl.: 3, 4, 124. Hannover, Stadtarchiv: 149, 150, 155, 225, 226, 234, 250, 254, 300, 301, T. 2. New York, Leo Baeck Inst.: 19, 128, 129, 249, 285, 483–489. Freya, 2. 1862: 196.